Benedictus Arias Montanus

Dauidis regis ac prophetae Psalmorum liber

Benedictus Arias Montanus

Dauidis regis ac prophetae Psalmorum liber

ISBN/EAN: 9783741141768

Manufactured in Europe, USA, Canada, Australia, Japa

Cover: Foto ©Thomas Meinert / pixelio.de

Manufactured and distributed by brebook publishing software
(www.brebook.com)

Benedictus Arias Montanus

Dauidis regis ac prophetae Psalmorum liber

ΠΡΟΦΗΤΟΥ ΚΑΙ ΒΑΣΙΛΕΩΣ ΤΟΥ ΔΑΒΙΔ.

AVIDIS REGIS AC PROPHETÆ PSALMORVM LIBER.

Ad exemplar Complutense.

ΒΙΒΛΟΣ ΨΑΛΜΩΝ.

LIBER PSALMORVM.

Ψαλμὸς τοῦ Δαβὶδ, ἀνεπίγραφος παρ' Ἑβραίοις.

Psalmus Dauid, sine titulo apud Hebraeos.

Ψαλ. α.

ΑΚΑΡΙΟΣ ἀνὴρ 1
ὃς οὐκ ἐπορεύθη ἐν
βουλῇ ἀσεβῶν, καὶ ἐν
ὁδῷ ἁμαρτωλῶν οὐκ
ἔστη, καὶ ἐπὶ καθέδρᾳ
λοιμῶν οὐκ ἐκάθισεν.
Ἀλλ' ἢ ἐν τῷ νόμῳ κυρίου τὸ θέ- 2
λημα αὐτοῦ, καὶ ἐν τῷ νόμῳ αὐτοῦ
μελετήσει ἡμέρας καὶ νυκτός.
Καὶ ἔσται ὡς τὸ ξύλον τὸ πεφυ- 3
τευμένον παρὰ τὰς διεξόδους τῶν
ὑδάτων, ὃ τὸν καρπὸν αὐτοῦ δώσει
ἐν καιρῷ αὐτοῦ.
Καὶ τὸ φύλλον αὐτοῦ οὐκ ἀποῤ- 4
ῥυήσεται, καὶ πάντα ὅσα ἂν ποιῇ κα-
τευοδωθήσεται.
Οὐχ οὕτως οἱ ἀσεβεῖς, οὐχ οὕτως, 5
ἀλλ' ἢ ὡσεὶ χνοῦς ὃν ἐκρίπτει ὁ ἄνε-
μος ἀπὸ προσώπου τῆς γῆς.
Διὰ τοῦτο οὐκ ἀναστήσονται ἀσεβεῖς 6
ἐν κρίσει, οὐδὲ ἁμαρτωλοὶ ἐν βουλῇ
δικαίων.
Ὅτι γινώσκει κύριος ὁδὸν δικαίων, 7
καὶ ὁδὸς ἀσεβῶν ἀπολεῖται.

Psal. 1.

BEATVS vir qui
non abiit in consi-
lio impiorum, & in via
peccatorum non stetit,
& in cathedra pestilen-
tiæ non sedit.
† Sed in lege Domi-
ni voluntas eius: & in
lege eius meditabitur
die ac nocte.
† Et erit tanquam li-
gnum quod plãtatum
est secus decursus aqua-
rum: quod fructũ suũ
dabit in tempore suo,
† Et folium eius non
defluet: & omnia quę-
cunque faciet, prospe-
rabuntur.
† Non sic impij, non
sic: sed tanquam pul-
uis quem proiicit ven-
tus à facie terræ.
† Ideo non resurgent
impij in iudicio: ne-
que peccatores in con-
silio iustorum.
† Quoniam nouit Do-
minus viam iustorũ: &
iter impiorum peribit.

Psalmus David. II.

QVare fremuerunt Gentes: & populi meditati sunt inania?

† Astiterunt reges terræ, & principes cōuenerunt in vnum aduersus Dominum & aduersus Christum eius.

† Dirumpamus vincula eorum: & proiiciamus à nobis iugum ipsorum. † Qui habitat in cœlis irridebit eos: & Dñs subsannabit eos. † Tunc loquetur ad eos in ira sua: & in furore suo conturbabit eos.

†Ego autem constitutus sum rex ab eo super Sion montem sanctum eius: prædicans præceptum Domini.

† Dominus dixit ad me, Filius meus es tu; ego hodie genui te.

†Postula à me, & dabo tibi Gētes hæreditatem tuā, & possessionē tuam terminos terræ.

†Reges eos in virga ferrea: tanquam vasa figuli confringes eos.

† Et nunc reges intelligite: erudimini omnes qui iudicatis terrā.

Ψαλμὸς τοῦ Δαυίδ. β'.

1 Ἵνα τί ἐφρύαξαν ἔθνη, καὶ λαοὶ
ἐμελέτησαν κενά;
2 Παρέστησαν οἱ βασιλεῖς τῆς γῆς, καὶ
οἱ ἄρχοντες συνήχθησαν ἐπὶ τὸ αὐ-
τὸ, κατὰ τοῦ κυρίου καὶ κατὰ τοῦ χριστοῦ
αὐτοῦ.
3 Διαρρήξωμεν τοὺς δεσμοὺς αὐτῶν,
καὶ ἀπορρίψωμεν ἀφ' ἡμῶν τὸν ζυ-
γὸν αὐτῶν.
4 Ὁ κατοικῶν ἐν οὐρανοῖς ἐκγελά-
σεται αὐτοὺς, καὶ ὁ κύριος ἐκμυ-
κτηριεῖ αὐτούς.
5 Τότε λαλήσει πρὸς αὐτοὺς ἐν ὀρ-
γῇ αὐτοῦ, καὶ ἐν τῷ θυμῷ αὐτοῦ
ταράξει αὐτούς.
6 Ἐγὼ δὲ κατεστάθην βασιλεὺς
ὑπ' αὐτοῦ ἐπὶ Σιὼν ὄρος τὸ ἅγιον
αὐτοῦ, διαγγέλλων τὸ πρόσταγμα
κυρίου.
7 Κύριος εἶπε πρός με, υἱός μου
εἶ σὺ, ἐγὼ σήμερον γεγέννηκά σε.
8 Αἴτησαι παρ' ἐμοῦ, καὶ δώσω σοι
ἔθνη τὴν κληρονομίαν σου, καὶ τὴν
κατάσχεσίν σου τὰ πέρατα τῆς γῆς.
9 Ποιμανεῖς αὐτοὺς ἐν ῥάβδῳ σι-
δηρᾷ, ὡς σκεύη κεραμέως συντρί-
ψεις αὐτούς.
10 Καὶ νῦν βασιλεῖς συνίετε, παι-
δεύθητε πάντες οἱ κρίνοντες τὴν γῆν.

Δουλεύ-

Δουλεύσατε τῷ κυρίῳ ἐν φόβῳ, 11
καὶ ἀγαλλιᾶσθε αὐτῷ ἐν τρόμῳ.
Δράξασθε παιδείας, μήποτε ὀρ- 12
γισθῇ κύριος, καὶ ἀπολεῖσθε ἐξ ὁδοῦ
δικαίας.
Ὅταν ἐκκαυθῇ ἐν τάχει ὁ θυμὸς 13
αὐτοῦ, μακάριοι πάντες οἱ πεποι-
θότες ἐπ' αὐτῷ.

Ψαλμὸς τῷ Δαβίδ, ὁπότε ἀπεδί- 1
δρασκεν ἀπὸ προσώπου Ἀβεσ-
σαλὼμ τοῦ υἱοῦ αὐτοῦ.

γ'.

Κύριε τί ἐπληθύνθησαν οἱ θλί- 2
βοντές με; πολλοὶ ἐπανίστανται
ἐπ' ἐμέ. † πολλοὶ λέγουσι τῇ ψυ- 3
χῇ μου, οὐκ ἔστι σωτηρία αὐτῷ ἐν
τῷ θεῷ αὐτοῦ. διάψαλμα.
Σὺ δὲ κύριε ἀντιλήπτωρ μου εἶ, 4
δόξα μου καὶ ὑψῶν τὴν κεφαλήν μου.
Φωνῇ μου πρὸς κύριον ἐκέκρα- 5
ξα, καὶ ἐπήκουσέ μου ἐξ ὄρους ἁγίου
αὐτοῦ.
Ἐγὼ δὲ ἐκοιμήθην καὶ ὕπνω- 6
σα. ἐξηγέρθην, ὅτι κύριος ἀντιλή-
ψεταί μου.
Οὐ φοβηθήσομαι ἀπὸ μυριά- 7
δων λαοῦ, τῶν κύκλῳ συνεπιτιθε-
μένων μοι· ἀνάστα κύριε, σῶσόν με
ὁ θεός μου.

† Seruite Domino in
timore: & exultate ei
in tremore. † Appre-
hẽdite disciplinam, ne-
quando irascatur Dñs:
& pereatis de via iusta.
† Cùm exarserit in bre-
ui ira eius, beati omnes
qui confidunt in eo.

Psalmus Dauid cũ in fu-
geret à facie Absa-
lom filij sui.

III.

Domine quid mul-
tiplicati sunt qui tri
bulãt me? multi insur-
gunt aduersum me.
† Multi dicunt animæ
meæ, Non est salus ipsi
in Deo eius. † Tu autẽ
Dñe susceptor meus es,
gloria mea, & exaltans
caput meum. Voce
mea ad Dominum cla-
maui: & exaudiuit me
de monte sancto suo.
† Ego autẽ dormiui, &
soporatus sum, exur-
rexi: quia Dñs suscipiet
me. † Nõ timebo mil-
lia populi circundantis
me: Exurge Domine,
saluum me fac Deus
meus.

† Quoniam tu percuſ-
ſiſti omnes aduerſantes
mihi ſine cauſa: dentes
peccatorũ contriuiſti.
† Dñi eſt ſalus: & ſuper
populum tuum bene-
dictio tua.

In finem, in carmini-
bus, Pſalmus Dauid.
IIII.

CVm inuocarẽ ego
exaudiuit me De⁹
iuſtitiæ meæ: in tribu-
latione dilataſti mihi.
Miſerere mei, & exaudi
orationem meam.
† Filij hominum vſ-
quequo graui corde? vt
quid diligitis vanita-
tem, & quæritis men-
dacium? † Et ſcitote
quoniã mirificauit Do-
minus ſanctum ſuum:
Dñs exaudiet me cũ cla
mauero ad eũ. † Iraſci-
mini, & nolite peccare:
quæ dicitis in cordibus
veſtris, in cubilibus
veſtris compungimini.
† Sacrificate ſacrificiũ
iuſtitiæ, & ſperate in
Dño. multi dicũt, Quis
oſtendet nobis bona?
† Signatũ eſt ſuper nos
lumẽ vultus tui, Dñe:
dediſti lætitiã in corde
meo.

8 Ὅτι σὺ ἐπάταξας πάντας τοὺς
ἐχθραίνοντάς μοι ματαίως· ὀδόντας
9 ἁμαρτωλῶν συνέτριψας. Τοῦ κυ-
ρίου ἡ σωτηρία, καὶ ἐπὶ τὸν λαόν σου ἡ
εὐλογία σου.

1 Εἰς τὸ τέλος ἐν ὕμνοις ψαλμὸς
τῷ Δαβίδ. δ'.

2 ἘΝ τῷ ἐπικαλεῖσθαί με εἰσήκου-
σέ μου ὁ θεὸς τῆς δικαιοσύνης
μου, ἐν θλίψει ἐπλάτυνάς με.
οἰκτείρησόν με, καὶ εἰσάκουσον τῆς
προσευχῆς μου.
3 Υἱοὶ ἀνθρώπων, ἕως πότε βαρυ-
κάρδιοι; ἱνατί ἀγαπᾶτε ματαιό-
τητα; καὶ ζητεῖτε ψεῦδος;
4 Καὶ γνῶτε ὅτι ἐθαυμάστωσε κύ-
ριος τὸν ὅσιον αὐτοῦ, κύριος εἰσακού-
σεταί μου ἐν τῷ κεκραγέναι με
πρὸς αὐτόν.
5 Ὀργίζεσθε καὶ μὴ ἁμαρτάνετε,
ἃ λέγετε ἐν ταῖς καρδίαις ὑμῶν, ἐπὶ
ταῖς κοίταις ὑμῶν κατανύγητε.
6 Θύσατε θυσίαν δικαιοσύνης καὶ
ἐλπίσατε ἐπὶ κύριον. πολλοὶ λέ-
γουσι, τίς δείξει ἡμῖν τὰ ἀγαθά;
7 Ἐσημειώθη ἐφ' ἡμᾶς τὸ φῶς τοῦ
προσώπου σου κύριε. ἔδωκας εὐ-
φροσύνην εἰς τὴν καρδίαν μου.

ἀπὸ

Ἀπὸ καρποῦ σίτου, οἴνου, καὶ ἐλαίου 8
αὐτῶν ἐπληθύνθησαν.
Ἐν εἰρήνῃ ἐπὶ τὸ αὐτὸ κοιμηθή- 9
σομαι καὶ ὑπνώσω.
Ὅτι σὺ, κύριε, κατὰ μόνας ἐπ' ἐλ-
πίδι κατῴκισάς με.

Ὑπὲρ τῆς κληρονομούσης ψαλμὸς τῷ 1
δαβίδ. ε.

ΤΑ ῥήματά μου ἐνώτισαι κύριε, 2
σύνες τῆς κραυγῆς μου.
Πρόσχες τῇ φωνῇ τῆς δεήσεώς μου, 3
ὁ βασιλεύς μου καὶ ὁ θεός μου.
Ὅτι πρὸς σὲ προσεύξομαι, † κύ- 4
ριε, τὸ πρωὶ εἰσακούσῃ τῆς φωνῆς
μου.
Τὸ πρωὶ παραστήσομαί σοι, καὶ
ἐπόψει με, † ὅτι οὐχὶ θεὸς θέλων 5
ἀνομίαν σὺ εἶ.
Οὐ παροικήσει σοι πονηρευό-
μενος, † οὐδὲ διαμενοῦσι παράνο- 6
μοι κατέναντι τῶν ὀφθαλμῶν σου.
Ἐμίσησας πάντας τοὺς ἐργαζο-
μένους τὴν ἀνομίαν. † ἀπολεῖς 7
πάντας τοὺς λαλοῦντας τὸ ψεῦδος.
Ἄνδρα αἱμάτων καὶ δόλιον βδε-
λύσσεται κύριος. † ἐγὼ δὲ ἐν τῷ 8
πλήθει τοῦ ἐλέους σου.
Εἰσελεύσομαι εἰς τὸν οἶκόν σου,

A fructu frumenti,
vini, & olei sui multi-
plicati sunt. † In pace
in idipsum dormiã &
requiescam, Quoniam
tu Domine singulariter
in spe constituisti me.

[In finem] pro ea quæ
hæreditatem conse-
quitur, Psalmus Da-
uid. v.

VErba mea auribus
percipe Dñe: in-
tellige clamoré meum.
† Intéde voci orationis
meæ, rex meus & Deus
meus. Quoniam ad te
orabo: † Dñe, mané ex-
audies vocem meam.
Mané astabo tibi & vi-
debis me: † quoniã nõ
Deus volens iniquitaté
tu es. Non habitabit
iuxta te malignus: † neq;
permanebũt iniusti an-
te oculos tuos. Odisti
omnes qui operantur
iniquitaté; † perdes om
nes qui loquũtur men-
dacium. † Virum san-
guinũ & dolosum abo
minabitur Dñs. † Ego
autem in multitudine
misericordiæ tuæ In-
troibo in domũ tuam:

adorabo ad templum sanctũ tuum in timore tuo. † Domine, deduc me in iustitia tua: propter inimicos meos dirige in conspectu tuo viam meam.

† Quoniam non est in ore eorum veritas: cor eorum vanum est.

Sepulchrũ patens est guttur eorũ: linguis suis dolosè agebãt, † iudica illos Deus. Decidant à cogitationibus suis, secũdum multitudinem impietatum eorum expelle eos, quoniam irritauerunt te Domine.

† Et lætentur omnes qui sperant in te: in æternum exultabunt, & habitabis in eis.

Et gloriabuntur in te qui diligunt nomen tuum: † quoniam tu benedices iusto: Dñe, vt scuto bonæ voluntatis coronasti nos.

In finẽ in carminibus, Psalmus Dauid pro octaua. VI.

DOmine, ne in furore tuo arguas me: neque in ira tua corripias me.

προσκυνήσω πρὸς ναὸν ἅγιόν σου
ἐν φόβῳ σου.
9 Κύριε ὁδήγησόν με ἐν τῇ δι-
καιοσύνῃ σου, ἕνεκα τῶν ἐχθρῶν
μου κατεύθυνον ἐνώπιόν σου τὴν ὁ-
δόν μου.
10 Ὅτι οὐκ ἔστιν ἐν τῷ στόματι αὐτῶν
ἀλήθεια, ἡ καρδία αὐτῶν ματαία.
Τάφος ἀνεῳγμένος ὁ λάρυγξ
αὐτῶν, ταῖς γλώσσαις αὐτῶν ἐδο-
11 λιοῦσαν, † κρῖνον αὐτοὺς ὁ θεός.
Ἀποπεσάτωσαν ἀπὸ τῶν διαβουλιῶν
αὐτῶν, κατὰ τὸ πλῆθος τῶν ἀσε-
βειῶν αὐτῶν ἔξωσον αὐτούς, ὅτι παρ-
επίκρανάν σε κύριε.
12 Καὶ εὐφρανθείησαν πάντες οἱ
ἐλπίζοντες ἐπὶ σέ, εἰς αἰῶνα ἀγαλ-
λιάσονται, καὶ κατασκηνώσεις ἐν
αὐτοῖς.
Καὶ καυχήσονται ἐν σοὶ οἱ
13 ἀγαπῶντες τὸ ὄνομά σου, † ὅτι
σὺ εὐλογήσεις δίκαιον κύριε,
ὡς ὅπλῳ εὐδοκίας ἐστεφάνωσας
ἡμᾶς.

1 Εἰς τὸ τέλος ἐν ὕμνοις ὑπὲρ τῆς ὀγ-
δόης ψαλμὸς τῷ Δαβίδ. ς'.
2 ΚΥριε, μὴ τῷ θυμῷ σου ἐλέγξῃς
με, μηδὲ τῇ ὀργῇ σου παιδεύ-
σῃς με.

Ἐλέησόν

Ἐλέησόν με κύριε, ὅτι ἀσθενής 3
εἰμι· ἴασαί με κύριε, ὅτι ἐταράχθη
τὰ ὀστᾶ μου.
Καὶ ἡ ψυχή μου ἐταράχθη σφό- 4
δρα, καὶ σὺ κύριε ἕως πότε; † ἐπί- 5
στρεψον, κύριε, ῥῦσαι τὴν ψυχήν
μου.
Σῶσόν με ἕνεκεν τοῦ ἐλέους σου. 6
ὅτι οὐκ ἔστιν ἐν τῷ θανάτῳ ὁ μνη-
μονεύων σου, ἐν δὲ τῷ ᾅδῃ τίς ἐξο-
μολογήσεταί σοι;
Ἐκοπίασα ἐν τῷ στεναγμῷ μου, 7
λούσω καθ' ἑκάστην νύκτα τὴν κλί-
νην μου, ἐν δάκρυσί μου τὴν στρω-
μνήν μου βρέξω.
Ἐταράχθη ἀπὸ θυμοῦ ὁ ὀφθαλ- 8
μός μου, ἐπαλαιώθην ἐν πᾶσι τοῖς
ἐχθροῖς μου.
Ἀπόστητε ἀπ' ἐμοῦ πάντες οἱ ἐρ- 9
γαζόμενοι τὴν ἀνομίαν, ὅτι εἰσή-
κουσε κύριος τῆς φωνῆς τοῦ κλαυ-
θμοῦ μου.
Ἤκουσε κύριος τῆς δεήσεώς μου, 10
κύριος τὴν προσευχήν μου προσε-
δέξατο.
Αἰσχυνθείησαν καὶ ταραχθείη- 11
σαν πάντες οἱ ἐχθροί μου, ἀποστρα-
φείησαν καὶ καταισχυνθείησαν σφό-
δρα διὰ τάχους.

Miserere mei Dñe,
quoniã infirmus sum:
sana me Dñe, quoniam
cõturbata sũt ossa mea.
† Et anima mea turba-
ta est valde: & tu Dñe
vsquequo? † Cõuerte-
re Dñe, eripe animam
meã: saluũ me fac pro-
pter misericordiã tuã,
† Quoniam non est in
morte qui memor sit
tui: in inferno autẽ quis
cõfitebitur tibi? † La-
boraui in gemitu meo,
lauabo per singulas no
ctes lectũ meum, in la-
chrymis meis stratum
meũ rigabo. † Turba-
tus est à furore oculus
meus: inueteraui inter
omnes inimicos meos.
† Discedite à me omnes
qui operamini iniqui-
tatem: quoniam exau-
diuit Dominus vocem
fletus mei. † Exaudiuit
Dominus deprecatio-
nem meam: Dominus
orationem meam sus-
cepit. † Erubescant, &
conturbentur [vehe-
menter] omnes inimici
mei: conuertantur &
erubescant valdè velo-
citer.

Psalmus David quem cantauit Dño pro verbis Chusi filij Iemini. VII.

DOmine Deus meus in te speraui : saluũ me fac ex omnib9 persequẽtibus me, & libera me. † Nequãdo rapiat vt leo animã meã, dũ nõ est qui redimat, neque qui saluũ faciat. † Dñe Deus meus si feci istud, si est iniquitas in manib. meis, † Si reddidi retribuentib. mihi mala: decidã merito ab inimicis meis inanis. † Persequatur merito inimicus animã meã, & cõprehendat, & cõculcet in terra vitã meã, & gloriã meam in puluerẽ collocet. † Exurge Domine in ira tua : exaltare in finibus inimicorum tuorum. Et exurge Dñe Deus meus in præcepto quod mãdasti: † & synagoga populorũ circundabit te. Et propter hanc in altũ regredere: † Dñs iudicabit populos. Iudica me Dñe secundum iustitiã meam, & secundũ innocẽtiã meã sup me.

1 Ψαλμὸς τῷ Δαβὶδ, ὃν ᾖσε τῷ κυρίῳ
ὑπὲρ τῶν λόγων χουσὶ υἱοῦ Ἰε-
μινί. ζ'.
2 ΚΥριε ὁ θεός μου ἐπὶ σοὶ ἤλπισα,
σῶσόν με ἐκ πάντων τῶν διω-
κόντων με, καὶ ῥῦσαί με.
3 Μήποτε ἁρπάσῃ ὡς λέων τὴν
ψυχήν μου, μὴ ὄντος λυτρουμένου
μηδὲ σώζοντος.
4 Κύριε ὁ θεός μου εἰ ἐποίησα τοῦτο,
εἰ ἔστιν ἀδικία ἐν χερσί μου·
5 Εἰ ἀνταπέδωκα τοῖς ἀνταποδι-
διδοῦσί μοι κακὰ, ἀποπέσοιμι ἄρα
ἀπὸ τῶν ἐχθρῶν μου κενός.
6 Καταδιώξαι ἄρα ὁ ἐχθρὸς τὴν
ψυχήν μου καὶ καταλάβοι, καὶ κατα-
πατήσαι εἰς γῆν τὴν ζωήν μου,
καὶ τὴν δόξαν μου εἰς χοῦν κατα-
σκηνώσαι.
7 Ἀνάστηθι κύριε ἐν ὀργῇ σου, ὑ-
ψώθητι ἐν τοῖς πέρασι τῶν ἐχ-
θρῶν σου.
Καὶ ἐξεγέρθητι κύριε ὁ θεός μου
8 ἐν προστάγματι ᾧ ἐνετείλω, † καὶ
συναγωγὴ λαῶν κυκλώσει σε.
Καὶ ὑπὲρ ταύτης εἰς ὕψος ἐπί-
9 στρεψον, † κύριος κρινεῖ λαούς.
Κρῖνόν μοι κύριε κατὰ τὴν δι-
καιοσύνην μου, καὶ κατὰ τὴν ἀκακίαν
μου ἐπ' ἐμοί.

Συντελεσθήτω δὴ πονηρία ἁ- 10
μαρτωλῶν, καὶ κατευθυνεῖς δί-
καιον, ἐτάζων καρδίας καὶ νεφροὺς
ὁ θεὸς δικαίως.
Ἡ βοήθειά μου παρὰ τοῦ θεοῦ τοῦ 11
σώζοντος τοὺς εὐθεῖς τῇ καρδίᾳ.
Ὁ θεὸς κριτὴς δίκαιος καὶ 12
ἰσχυρὸς καὶ μακρόθυμος, καὶ μὴ
ὀργὴν ἐπάγων καθ' ἑκάστην ἡμέραν;
Ἐὰν μὴ ἐπιστραφῆτε, τὴν ῥομ- 13
φαίαν αὐτοῦ στιλβώσει, τὸ τόξον αὐτοῦ
ἐνέτεινε καὶ ἡτοίμασεν αὐτό.
Καὶ ἐν αὐτῷ ἡτοίμασε σκεύη 14
θανάτου, τὰ βέλη αὐτοῦ τοῖς καιο-
μένοις ἐξειργάσατο.
Ἰδοὺ ὠδίνησεν ἀδικίαν, συνέλαβε 15
πόνον, καὶ ἔτεκεν ἀνομίαν.
Λάκκον ὤρυξε καὶ ἀνέσκαψεν 16
αὐτὸν, καὶ ἐμπεσεῖται εἰς βόθρον
ὃν εἰργάσατο.
Ἐπιστρέψει ὁ πόνος αὐτοῦ εἰς κε- 17
φαλὴν αὐτοῦ, καὶ ἐπὶ κορυφὴν αὐτοῦ ἡ
ἀδικία αὐτοῦ καταβήσεται.
Ἐξομολογήσομαι τῷ κυρίῳ κατὰ 18
τὴν δικαιοσύνην αὐτοῦ, καὶ ψαλῶ τῷ
ὀνόματι κυρίου τοῦ ὑψίστου.

† Cōsummetur iā ne-
quitia peccatorum, &
diriges iustum, scrutans
corda & renes Deus iustè.
† Adiutorium meum
à Deo, qui saluos fa-
cit rectos corde.
† Deus iudex iustus, &
fortis, & patiēs, & nun
quid irascitur per sin-
gulos dies? † Nisi con-
uersi fueritis, gladium
suum vibrabit, arcum
suum tetendit, & pa-
rauit illum. † Et in eo
parauit vasa mortis: sa-
gittas suas ardentibus
effecit. † Ecce parturijt
iniustitiā, concepit do-
lorem: & peperit ini-
quitatem. † Lacū ape-
ruit, & effodit eum: &
incidet in foueā quam
fecit. † Conuertetur
dolor eius in caput e-
ius: & in verticē ipsius
iniquitas eius descen-
det. † Confitebor Do-
mino secundùm iusti-
tiam eius: & psallam
nomini Domini al-
tissimi.

Εἰς τὸ τέλος, ὑπὲρ τῶν ληνῶν, 1
ψαλμὸς τῷ Δαβίδ.

η.

In finem pro torcula-
ribus, Psalmus Da-
uid.

VIII.

Domine Dominus noster, quàm admirabile est nomen tuum in vniuersa terra! Quoniam eleuata est magnificentia tua super cælos. † Ex ore infantium & lactentium perfecisti laudem propter inimicos tuos: vt destruas inimicum & vltorem. † Quoniam videbo cælos opera digitorum tuorũ: lunam & stellas quæ tu fundasti: † Quid est homo quòd memor es eius? aut filius hominis, quoniam visitas eum? † Minuisti eum paulo minus ab angelis: gloria & honore coronasti eum, † & constituisti eum super opera manuũ tuarum. Omnia subiecisti sub pedibus eius: † oues & boues vniuersas: insuper & pecora campi, † Volucres cæli & pisces maris, qui perambulant semitas maris. † Domine Dominus noster, quàm admirabile est nomen tuum in vniuersa terra.

2 Κύριε ὁ κύριος ἡμῶν ὡς θαυ-
μαστὸν τὸ ὄνομά σου ἐν πάσῃ
τῇ γῇ.
Ὅτι ἐπήρθη ἡ μεγαλοπρέπειά σου
ὑπεράνω τῶν οὐρανῶν.
3 Ἐκ στόματος νηπίων καὶ θηλαζόν-
των κατηρτίσω αἶνον,
Ἕνεκα τῶν ἐχθρῶν σου, τοῦ καταλῦ-
σαι ἐχθρὸν καὶ ἐκδικητήν.
4 Ὅτι ὄψομαι τοὺς οὐρανοὺς ἔργα τῶν
δακτύλων σου, σελήνην καὶ ἀστέρας
ἃ σὺ ἐθεμελίωσας.
5 Τί ἐστιν ἄνθρωπος, ὅτι μιμνήσκῃ
αὐτοῦ; ἢ υἱὸς ἀνθρώπου, ὅτι ἐπισκέπτῃ
αὐτόν;
6 Ἠλάττωσας αὐτὸν βραχύ τι παρ'
ἀγγέλους, δόξῃ καὶ τιμῇ ἐστεφάνω-
7 σας αὐτόν, † καὶ κατέστησας αὐτὸν
ἐπὶ τὰ ἔργα τῶν χειρῶν σου.
Πάντα ὑπέταξας ὑποκάτω τῶν
8 ποδῶν αὐτοῦ, † πρόβατα καὶ βόας
ἁπάσας, ἔτι δὲ καὶ τὰ κτήνη τοῦ
πεδίου.
9 Τὰ πετεινὰ τοῦ οὐρανοῦ καὶ τοὺς
ἰχθύας τῆς θαλάσσης, τὰ διαπο-
ρευόμενα τρίβους θαλασσῶν.
10 Κύριε ὁ κύριος ἡμῶν ὡς θαυμα-
στὸν τὸ ὄνομά σου ἐν πάσῃ τῇ γῇ.

Εἰς τὸ

Εἰς τὸ τέλος ὑπὲρ τῶν κρυφίων τοῦ υἱοῦ, 1
ψαλμὸς τῷ Δαβίδ. θʹ.

Ἐξομολογήσομαί σοι κύριε ἐν 2
ὅλῃ καρδίᾳ μου, διηγήσομαι
πάντα τὰ θαυμάσιά σου.

Εὐφρανθήσομαι καὶ ἀγαλλιά- 3
σομαι ἐν σοί, ψαλῶ τῷ ὀνόματί σου
ὕψιστε.

Ἐν τῷ ἀποστραφῆναι τὸν ἐχθρόν 4
μου εἰς τὰ ὀπίσω, ἀσθενήσουσι καὶ
ἀπολοῦνται ἀπὸ προσώπου σου.

Ὅτι ἐποίησας τὴν κρίσιν μου καὶ 5
τὴν δίκην μου, ἐκάθισας ἐπὶ θρό-
νου ὁ κρίνων δικαιοσύνην.

Ἐπετίμησας ἔθνεσι, καὶ ἀπώλετο 6
ὁ ἀσεβής, τὸ ὄνομα αὐτοῦ ἐξήλει-
ψας εἰς τὸν αἰῶνα, καὶ εἰς τὸν αἰῶνα
τοῦ αἰῶνος.

Τοῦ ἐχθροῦ ἐξέλιπον αἱ ῥομφαῖαι 7
εἰς τέλος, καὶ πόλεις καθεῖλες.

Ἀπώλετο τὸ μνημόσυνον αὐτοῦ
μετ᾽ ἤχου, † καὶ ὁ κύριος εἰς τὸν 8
αἰῶνα μένει.

Ἡτοίμασεν ἐν κρίσει τὸν θρόνον
αὐτοῦ, † καὶ αὐτὸς κρινεῖ τὴν οἰ- 9
κουμένην ἐν δικαιοσύνῃ, κρινεῖ
λαοὺς ἐν εὐθύτητι.

Καὶ ἐγένετο κύριος καταφυ- 10
γὴ τῷ πένητι, βοηθὸς ἐν εὐκαιρίαις
ἐν θλίψεσι.

Καὶ

In finem pro occultis
filij, Psalmus Dauid.
IX.

Confitebor tibi Do-
mine in toto cor-
de meo: narrabo om-
nia mirabilia tua.
† Lætabor & exultabo
in te, psallã nomini tuo
Altissime. † In cõuer-
tendo inimicũ meum
retrorsum: infirmabũ-
tur, & peribunt à facie
tua. † Quoniam fecisti
iudicium meũ & cau-
sam meã: sedisti super
thronũ qui iudicas iu-
stitiam. † Increpasti
Gẽtes, & periit impius:
nomen eius delesti in
æternum & in secu-
lum seculi.
† Inimici defecerũt fra-
meæ in finẽ: & ciuita-
tes destruxisti. † Periit
memoria eius cum so-
nitu, † Et Dominus in
æternum permanet. Pa-
rauit in iudicio thro-
num suum: † & ipse
iudicabit orbem terræ
in æquitate, iudicabit
populos in iustitia.
† Et factus est Domi-
nus refugium pauperi:
adiutor in opportuni-
tatibus, in tribulatione.

† Et sperẽt in te qui cognoscũt nomen tuum: quoniã non dereliquisti quærentes te, Dñe.

† Psallite Dño qui habitat in Sion: annuntiate inter Gentes studia eius: † Quoniam requirens sanguinem eorũ recordatus est: non est oblitus clamorem pauperum. † Miserere mei Domine: vide humilitatẽ meam de inimicis meis. Qui exaltas me de portis mortis, † vt annũtiem omnes laudationes tuas in portis filiæ Sion.

† Exultabim° in salutari tuo: † infixæ sunt Gẽtes in interitu quem fecerunt. In laqueo isto quem absconderunt, comprehensus est pes eorum. † Cognoscitur Dominus iudicia faciẽs: in operibus manuum suarum comprehensus est peccator.

† Conuertantur peccatores in infernum, omnes gentes quæ obliuiscũtur Deũ. † Quoniam non in finẽ obliuio erit pauperis: patiẽtia pauperum nõ peribit in finem.

11 Καὶ ἐλπισάτωσαν ἐπὶ σοὶ οἱ γι-
νώσκοντες τὸ ὄνομά σου, ὅτι οὐκ
ἐγκατέλιπες τοὺς ἐκζητοῦντάς σε
κύριε.
12 Ψάλατε τῷ κυρίῳ τῷ κατοικοῦντι
ἐν Σιὼν, ἀναγγείλατε ἐν τοῖς ἔθνεσι
τὰ ἐπιτηδεύματα αὐτοῦ.
13 Ὅτι ὁ ἐκζητῶν τὰ αἵματα αὐτῶν
ἐμνήσθη, οὐκ ἐπελάθετο τῆς κραυγῆς
τῶν πενήτων.
14 Ελέησόν με κύριε, ἴδε τὴν τα-
πείνωσίν μου ἐκ τῶν ἐχθρῶν μου.
Ὁ ὑψῶν με ἐκ τῶν πυλῶν τοῦ θανά-
15 του, † ὅπως ἂν ἐξαγγείλω πάσας
τὰς αἰνέσεις σου ἐν ταῖς πύλαις τῆς
θυγατρὸς Σιών.
Ἀγαλλιασόμεθα ἐπὶ τῷ σωτηρίῳ
16 σου, † ἐνεπάγησαν ἔθνη ἐν δια-
φθορᾷ ᾗ ἐποίησαν.
Ἐν παγίδι ταύτῃ ᾗ ἔκρυψαν, συνε-
λήφθη ὁ πούς αὐτῶν.
17 Γινώσκεται κύριος κρίματα
ποιῶν, ἐν τοῖς ἔργοις τῶν χειρῶν αὐτοῦ
συνελήφθη ὁ ἁμαρτωλός.
18 Ἀποστραφήτωσαν οἱ ἁμαρτωλοὶ
εἰς τὸν ᾅδην, πάντα τὰ ἔθνη τὰ ἐπι-
λανθανόμενα τοῦ θεοῦ.
19 Ὅτι οὐκ εἰς τέλος ἐπιλησθήσεται
ὁ πτωχὸς, ἡ ὑπομονὴ τῶν πενήτων οὐκ
ἀπολεῖται εἰς τέλος.

Ἀνάστηθι

Ἀνάστηθι κύριε, μὴ κραταιούσθω 20
ἄνθρωπος, κριθήτωσαν ἔθνη ἐνώ-
πιόν σου.
Κατάστησον κύριε νομοθέτην 21
ἐπ᾽ αὐτούς. γνώτωσαν ἔθνη ὅτι ἄν-
θρωποί εἰσιν.

Ἱνατί, κύριε, ἀφέστηκας μα- 1
κρόθεν; ὑπερορᾷς ἐν εὐκαιρίαις
ἐν θλίψεσιν;
Ἐν τῷ ὑπερηφανεύεσθαι τὸν ἀσε- 2
βῆ ἐμπυρίζεται ὁ πτωχός, συλ-
λαμβάνονται ἐν διαβουλίοις οἷς δια-
λογίζονται.
Ὅτι ἐπαινεῖται ὁ ἁμαρτωλὸς ἐν 3
ταῖς ἐπιθυμίαις τῆς ψυχῆς αὐτοῦ, καὶ
ὁ ἀδικῶν εὐλογεῖται.
Παρώξυνε τὸν κύριον † ὁ ἁμαρ- 4
τωλός, κατὰ τὸ πλῆθος τῆς ὀργῆς
αὐτοῦ οὐκ ἐκζητήσει.
Οὐκ ἔστιν ὁ θεὸς ἐνώπιον αὐτοῦ,
† βεβηλοῦνται αἱ ὁδοὶ αὐτοῦ ἐν 5
παντὶ καιρῷ.
Ἀνταναιρεῖται τὰ κρίματά σου
ἀπὸ προσώπου αὐτοῦ· πάντων τῶν ἐχ-
θρῶν αὐτοῦ κατακυριεύσει.
Εἶπε γὰρ ἐν καρδίᾳ αὐτοῦ, οὐ μὴ 6
σαλευθῶ, ἀπὸ γενεᾶς εἰς γενεὰν
ἄνευ κακοῦ.
Οὗ ἀρᾶς τὸ στόμα αὐτοῦ γέμει καὶ 7
πικρίας

† Exurge, Dñe, non confortetur homo: iudicentur Gentes in conspectu tuo. † Constitue, Dñe, legislatorem super eos: sciant Gẽtes quoniã homines sunt.

Psalmus x. secundum Hebraeos.

† Vt quid Dñe recessisti longe? despicis in opportunitatibus, in tribulationibus? † Dum superbit impius, incẽditur pauper: cõprehenduntur in consiliis quibus cogitant. † Quoniam laudatur peccator in desideriis animę suę: & iniquus benedicitur. Exacerbauit Dñm † peccator, secũdũ multitudinem irae suae non quaeret. Non est Deus in conspectu eius: † inquinatae sunt viae illius in omni tempore. Auferuntur iudicia tua à facie eius: omnium inimicorum suorum dominabitur. † Dixit enim in corde suo, Non mouebor à generatione in generationẽ, sine malo. † Cuius maledictione os plenũ est, &

amaritudine, & dolo: sub lingua eius labor & dolor. † Sedet in insidiis cum diuitibus: in occultis, vt interficiat innocentem. Oculi eius in pauperem respiciunt: † insidiatur in abscondito quasi leo in spelunca sua. Insidiatur vt rapiat pauperē: rapere pauperem dum attrahit eum In laqueo suo: † humiliabit eum, inclinabit se, & cadet cū ipse dominatus fuerit pauperum. † Dixit enim in corde suo, Oblitus est Deus: auertit faciem suam ne videat in finem. † Exurge Dñe Deus meus, exaltetur manus tua: ne obliuiscaris pauperum tuorum in finem.

† Propter quid irritauit impius Deum? dixit enim in corde suo, Non requiret.

† Vides, quoniam tu laborem & dolorem consyderas: vt tradas eum in manus tuas. Tibi derelictus est pauper: orphano tu fuisti adiutor. † Contere brachium peccatoris & maligni: quæretur

πικρίας καὶ δόλου· ὑπὸ τὴν γλῶσ-
σαν αὐτοῦ κόπος καὶ πόνος.
8 Ἐγκάθηται ἐν ἐνέδρᾳ μετὰ πλουσίων
ἐν ἀποκρύφοις τοῦ ἀποκτεῖναι ἀθῷον.
Οἱ ὀφθαλμοὶ αὐτοῦ εἰς τὸν πέ-
9 νητα ἀποβλέπουσιν· † ἐνεδρεύει
ἐν ἀποκρύφῳ ὡς λέων ἐν τῇ μάνδρᾳ
αὐτοῦ.
Ἐνεδρεύει τοῦ ἁρπάσαι πτωχόν,
ἁρπάσαι πτωχὸν ἐν τῷ ἑλκύσαι
αὐτόν.
10 Ἐν τῇ παγίδι αὐτοῦ † ταπεινώ-
σει αὐτόν, κύψει καὶ πεσεῖται ἐν τῷ
αὐτὸν κατακυριεῦσαι τῶν πενήτων.
11 Εἶπε γὰρ ἐν καρδίᾳ αὐτοῦ, Ἐπι-
λέλησται ὁ θεός, ἀπέστρεψε τὸ πρό-
σωπον αὐτοῦ τοῦ μὴ βλέπειν εἰς τέλος.
12 Ἀνάστηθι κύριε ὁ θεός μου, ὑψω-
θήτω ἡ χείρ σου, μὴ ἐπιλάθῃ τῶν
πενήτων σου εἰς τέλος.
13 Ἕνεκεν τίνος παρώξυνεν ὁ ἀσε-
βὴς τὸν θεόν; εἶπε γὰρ ἐν καρδίᾳ αὐτοῦ,
Οὐκ ἐκζητήσει.
14 Βλέπεις ὅτι σὺ πόνον καὶ θυμὸν
κατανοεῖς, τοῦ παραδοῦναι αὐτὸν εἰς
χεῖράς σου.
Σοὶ ἐγκαταλέλειπται ὁ πτωχός,
ὀρφανῷ σὺ ἦσθα βοηθός.
15 Σύντριψον τὸν βραχίονα τοῦ
ἁμαρτωλοῦ καὶ πονηροῦ, ζητηθή-
σεται,

σεται ἡ ἁμαρτία αὐτοῦ, καὶ οὐ μὴ
εὑρεθῇ.
Κύριος βασιλεύσει εἰς τὸν αἰῶνα, 16
καὶ εἰς τὸν αἰῶνα τοῦ αἰῶνος, ἀπολεῖσθε
ἔθνη ἐκ τῆς γῆς αὐτοῦ.
Τὴν ἐπιθυμίαν τῶν πενήτων εἰσή- 17
κουσας κύριε, τῇ ἑτοιμασίᾳ τῆς καρ-
δίας αὐτῶν προσέσχε τὸ οὖς σου,
κρῖναι ὀρφανῷ καὶ ταπεινῷ, ἵνα 18
μὴ προσθῇ ἔτι τοῦ μεγαλαυχεῖν ἄν-
θρωπος ἐπὶ τῆς γῆς.

Εἰς τὸ τέλος ψαλμὸς τῷ δαυίδ. 1
ί.

Ἐπὶ τῷ κυρίῳ πέποιθα, πῶς
ἐρεῖτε τῇ ψυχῇ μου, μετανα-
στεύου ἐπὶ τὰ ὄρη ὡς στρουθίον;
Ὅτι ἰδοὺ οἱ ἁμαρτωλοὶ ἐνέτειναν 2
τόξον, ἡτοίμασαν βέλη εἰς φαρέ-
τραν, τοῦ κατατοξεῦσαι ἐν σκοτομήνῃ
τοὺς εὐθεῖς τῇ καρδίᾳ.
Ὅτι ἃ σὺ κατηρτίσω, αὐτοὶ καθεῖ- 3
λον· ὁ δὲ δίκαιος τί ἐποίησε;
Κύριος ἐν ναῷ ἁγίῳ αὐτοῦ, κύ- 4
ριος ἐν οὐρανῷ ὁ θρόνος αὐτοῦ.
Οἱ ὀφθαλμοὶ αὐτοῦ εἰς τὸν πένητα
ἀποβλέπουσι, τὰ βλέφαρα αὐτοῦ ἐξε-
τάζει τοὺς υἱοὺς τῶν ἀνθρώπων.
Κύριος ἐξετάζει τὸν δίκαιον καὶ 5
τὸν ἀσεβῆ, ὁ δὲ ἀγαπῶν τὴν ἀδικίαν,

peccatum illius, & nō
inuenietur.
† Dominus rex in æ-
ternum & in seculum
seculi: peribitis gentes
de terra illius. † De-
siderium pauperū ex-
audisti Domine, præ-
parationi cordis eorum
attendit auris tua,
† Iudicare pupillo &
humili, vt non appo-
nat vltra magnificare
se homo super terram.

In finē Psalmus Dauid.
x, *& eandē Heb. xi, &
sic de seq. vsq. ad ps. 115.*

IN Domino confido:
quomodo dicitis a-
nimæ meæ, Trāsmigra
in montē sicut passer?
† Quoniam ecce pec-
catores intenderunt ar-
cū, parauerunt sagittas
in pharetra, vt sagittēt
in obscuro rectos cor-
de. † Quoniā quę tu
perfecisti, ipsi destru-
xerūt. iustus autē quid
fecit? † Dn̄s in tēplo san
cto suo, Dn̄s in cælo
sedes eius. Oculi eı' in
pauperē respiciunt, pal
pebræ eius interrogant
filios hominum.
† Dn̄s interrogat iu-
stum & impiū. qui au
tem diligit iniquitatē,

odit suam animam.
† Pluet super peccato-
res laqueos, ignis & sul
phur & spiritus procel-
larum pars calicis eorũ.
† Quoniam iustus
Dñs, & iustitias dile-
xit: æquitatem vidit
vultus eius.

μισεῖ τὴν ἑαυτοῦ ψυχήν.
6 ἐπιβρέξει ἐπὶ ἁμαρτωλοὺς παγί-
δας, πῦρ καὶ θεῖον καὶ πνεῦμα κα-
ταιγίδος ἡ μερὶς τοῦ ποτηρίου αὐτῶν.
7 ὅτι δίκαιος κύριος καὶ δικαιο-
σύνας ἠγάπησεν, εὐθύτητα εἶδε τὸ
πρόσωπον αὐτοῦ.

† In finem pro octaua,
Psalmus Dauid. xi.
SAluum me fac Do-
mine, quoniam de-
fecit sanctus, quoniam
diminutæ sunt verita-
tes à filiis hominum.
† Vana locutus est v-
nusquisque ad proxi-
mum suum; labia do-
losa in corde, & in cor-
de locutus est mala.
† Disperdat Domi-
nus vniuersa labia do-
losa, linguam magni-
loquam. † Qui dixe-
rũt, Linguam nostram
magnificabimus: labia
nostra à nobis sunt.
quis noster Dñs est?
† Propter miseriam
inopum & gemitum
pauperum, nunc exur-
gam, dicit Dominus.
ponam in salutari, fi-
ducialiter agam in eo.
† Eloquia Domini
eloquia casta,

1 Εἰς τὸ τέλος ὑπὲρ τῆς ὀγδόης ψαλ-
μὸς τῷ δαυίδ. ια.
2 Σῶσόν με κύριε, ὅτι ἐκλέλοι-
πεν ὅσιος, ὅτι ὠλιγώθησαν
αἱ ἀλήθειαι ἀπὸ τῶν υἱῶν τῶν ἀν-
θρώπων.
3 μάταια ἐλάλησεν ἕκαστος πρὸς
τὸν πλησίον αὐτοῦ, χείλη δόλια ἐν
καρδίᾳ, καὶ ἐν καρδίᾳ ἐλάλησε
κακά.
4 ἐξολοθρεύσαι κύριος πάντα τὰ
χείλη τὰ δόλια, γλῶσσαν μεγα-
λοῤῥήμονα.
5 τοὺς εἰπόντας, τὴν γλῶσσαν ἡμῶν
μεγαλυνοῦμεν, τὰ χείλη ἡμῶν παρ'
ἡμῖν ἐστι· τίς ἡμῶν κύριός ἐστιν;
6 ἕνεκεν τῆς ταλαιπωρίας τῶν πτω-
χῶν καὶ τοῦ στεναγμοῦ τῶν πενήτων,
νῦν ἀναστήσομαι, λέγει κύριος·
θήσομαι ἐν σωτηρίᾳ, παῤῥησιάσο-
μαι ἐν αὐτῷ.
7 τὰ λόγια κυρίου λόγια ἁγνά,
ἀργύριον

ἀργύριον πεπυρωμένον, δοκίμιον
τῇ γῇ, κεκαθαρισμένον ἑπταπλα-
σίως.
Σὺ κύριε φυλάξαις ἡμᾶς καὶ διατ- 8
ηρήσαις ἡμᾶς ἀπὸ τῆς γενεᾶς ταύ-
της, καὶ εἰς τὸν αἰῶνα.
κύκλῳ οἱ ἀσεβεῖς περιπατοῦσι, 9
κατὰ τὸ ὕψος σου ἐπολυώρησας τοὺς
υἱοὺς τῶν ἀνθρώπων.

Εἰς τὸ τέλος ψαλμὸς τοῦ Δαβίδ. 1
ιβ'.

Ἕως πότε κύριε ἐπιλήσῃ μου εἰς 2
τέλος; ἕως πότε ἀποστρέψεις τὸ
πρόσωπόν σου ἀπ' ἐμοῦ;
ἕως τίνος θήσομαι βουλὰς ἐν 3
ψυχῇ μου, ὀδύνας ἐν καρδίᾳ μου
ἡμέρας καὶ νυκτός; ἕως πότε ὑψω-
θήσεται ὁ ἐχθρός μου ἐπ' ἐμέ;
ἐπίβλεψον, εἰσάκουσόν μου κύριε 4
ὁ θεός μου. φώτισον τοὺς ὀφθαλμούς
μου, μήποτε ὑπνώσω εἰς θάνατον.
μήποτε εἴπῃ ὁ ἐχθρός μου ἴσχυσα 5
πρὸς αὐτόν. οἱ θλίβοντές με ἀγαλ-
λιάσονται ἐὰν σαλευθῶ.
ἐγὼ δὲ ἐπὶ τῷ ἐλέει σου ἤλπισα. 6
ἀγαλλιάσεται ἡ καρδία μου ἐπὶ τῷ
σωτηρίῳ σου· ᾄσω τῷ κυρίῳ τῷ εὐ-
εργετήσαντί με, καὶ ψαλῶ τῷ ὀνό-
ματι κυρίου τοῦ ὑψίστου.

argentum igne examinatum, probatum terræ, purgatum septuplũ. † Tu Domine seruabis nos, & custodies nos à generatione hac & in æternum. † In circuitu impij ambulant, secundùm altitudinem tuam multiplicasti filios hominum.

† In finem Psalmus David. XII.

Vsquequo Domine obliuisceris me in finẽ, vsquequo auertis faciem tuam à me? † Quàm diu ponam consilia in anima mea, dolorem in corde meo per diem & noctem? Vsquequo exaltabitur inimicus meus sup me? † Respice, exaudi me Dñe Deus meus. Illumina oculos meos, ne vnquã obdormiam in morte. † Nequãdo dicat inimicus meus: Præualui aduersus eũ. Qui tribulãt me, exultabũt si motus fuero: † Ego autẽ in mĩa tua speraui. Exultabit cor meũ in salutari tuo: cãtabo Dño qui bona tribuit mihi, & psallam nomini Domini altissimi.

† In finem Psalmus
David. XIII.
xiiii Dixit insipiens in
corde suo: Nõ est
Deus. Corrupti sunt &
abominabiles facti sũt
in studiis: non est qui
faciat bonum. †Dñs de
cęlo prospexit super fi-
lios hominũ, vt videat
si est intelligens, aut re-
quirens Deũ. † Omnes
declinauerũt: simul in-
utiles facti sunt: nõ est
qui faciat bonum, non
est vsq. ad vnũ. †Nõne
cognoscent omnes qui
operãtur iniquitatem,
qui deuorãt plebẽ meã
in escam panis? Dñm
nõ inuocauerũt: †Illic
trepidauerunt timore,
vbi non erat timor,
Quoniã Dñs in gña-
tione iustorum. †Con-
siliũ inopis cõfudistis,
at Dñs spes eius est.
†Quis dabit ex Siõ sa-
lutarẽ Israel? cum auer-
terit Dñs captiuitatem
plebis suę, exultabit Ia-
cob & lętabitur Israel.

1 Εἰς τὸ τέλος ψαλμὸς τοῦ δαυίδ.
ιγ'.
Εἶπεν ἄφρων ἐν καρδίᾳ αὐτοῦ, οὐκ
ἔστι θεός. διεφθάρησαν καὶ ἐβδε-
λύχθησαν ἐν ἐπιτηδεύμασιν, οὐκ
ἔστι ποιῶν χρηστότητα.
2 κύριος ἐκ τοῦ οὐρανοῦ διέκυψεν
ἐπὶ τοὺς υἱοὺς τῶν ἀνθρώπων, τοῦ ἰδεῖν
εἰ ἔστι συνιῶν, ἢ ἐκζητῶν τὸν θεόν.
3 πάντες ἐξέκλιναν, ἅμα ἠχρειώ-
θησαν, οὐκ ἔστι ποιῶν χρηστότητα,
οὐκ ἔστιν ἕως ἑνός.
4 οὐχὶ γνώσονται πάντες οἱ ἐργα-
ζόμενοι τὴν ἀνομίαν, οἱ ἐσθίοντες
τὸν λαόν μου ἐν βρώσει ἄρτου; τὸν
κύριον οὐκ ἐπεκαλέσαντο.
5 ἐκεῖ ἐδειλίασαν φόβον, οὗ οὐκ ἦν
φόβος. ὅτι κύριος ἐν γενεᾷ δι-
καίων.
6 βουλὴν πτωχοῦ κατῃσχύνατε, ὁ
δὲ κύριος ἐλπὶς αὐτοῦ ἐστι.
7 τίς δώσει ἐκ σιὼν τὸ σωτήριον τοῦ
Ἰσραήλ; ἐν τῷ ἐπιστρέψαι κύριον
τὴν αἰχμαλωσίαν τοῦ λαοῦ αὐτοῦ,
ἀγαλλιάσεται Ἰακὼβ καὶ εὐφραν-
θήσεται Ἰσραήλ.

† In finem Psalmus Da
uid. XIIII.
XV Domine, quis ha-
bitabit in taber-
naculo tuo? aut quis re-

1 Εἰς τὸ τέλος ψαλμὸς τοῦ δαυίδ. ιδ'.
Κύριε τίς παροικήσει ἐν τῷ
σκηνώματί σου; ἢ τίς κατα-
σκηνώσει

κατασκηνώσει ἐν ὄρει ἁγίῳ σου;
πορευόμενος ἄμωμος, καὶ ἐργα- 2
ζόμενος δικαιοσύνην. λαλῶν ἀλή-
θειαν ἐν καρδίᾳ αὐτοῦ.
ὃς οὐκ ἐδόλωσεν ἐν γλώσσῃ αὐ- 3
τοῦ, καὶ οὐκ ἐποίησε τῷ πλησίον αὐτοῦ
κακόν, καὶ ὀνειδισμὸν οὐκ ἔλαβεν
ἐπὶ τοῖς ἔγγιστα αὐτοῦ.
ἐξουδένωται ἐνώπιον αὐτοῦ πονη- 4
ρευόμενος, τοὺς δὲ φοβουμένους τὸν
κύριον δοξάζει. ὁ ὀμνύων τῷ πλη-
σίον αὐτοῦ καὶ οὐκ ἀθετῶν·
τὸ ἀργύριον αὐτοῦ οὐκ ἔδωκεν ἐπὶ 5
τόκῳ, καὶ δῶρα ἐπ᾽ ἀθώοις οὐκ
ἔλαβεν. ὁ ποιῶν ταῦτα, οὐ σαλευ-
θήσεται εἰς τὸν αἰῶνα.

Στηλογραφία τῷ Δαβίδ. ιε. 1
Φύλαξόν με, κύριε, ὅτι ἐπὶ σοὶ
ἤλπισα.
εἶπα τῷ κυρίῳ, κύριός μου εἶ 2
σὺ ὅτι τῶν ἀγαθῶν μου οὐ χρείαν ἔχεις.
τοῖς ἁγίοις τοῖς ἐν τῇ γῇ αὐτοῦ ἐ- 3
θαυμάστωσεν ὁ κύριος πάντα τὰ θε-
λήματα αὐτοῦ ἐν αὐτοῖς.
ἐπληθύνθησαν αἱ ἀσθένειαι αὐτῶν, 4
μετὰ ταῦτα ἐτάχυναν. οὐ μὴ συνα-
γάγω τὰς συναγωγὰς αὐτῶν ἐξ αἱμά-
των, οὐδ᾽ οὐ μὴ μνησθῶ τῶν ὀνομάτων

quiescet in monte san-
cto tuo? † Qui ingre-
ditur sine macula, &
operatur iustitiã. qui lo
quitur veritatẽ in cor-
de suo: † Qui non egit
dolũ in lingua sua, nec
fecit proximo suo ma-
lum, & opprobriũ non
accepit aduersus pro-
ximos suos. † Ad nihi
lũ deductus est in con-
spectu eius malignus;
timẽtes autẽ Dñm glo-
rificat. Qui iurat proxi-
mo suo, & nõ decipit;
† Qui pecuniã suã non
dedit ad vsurã, & mu-
nera super innocentes
non accepit. Qui facit
hæc, non mouebitur in
æternum.

† Tituli inscriptio ipsi
David. xv.
Conserua me Dñe,
quoniã in te spe-
raui. † Dixi Dño: Dñs
meus es tu, quoniã bo-
norũ meorũ non eges.
† Sãctis qui in terra eius
mirificauit Dñs, omnes
voluntates suas in eis.
† Multiplicatæ sunt in-
firmitates eorũ, postea
accelerauerũt. Nõ con-
gregabo conuenticula
eorum de sanguinibus,
nec memor ero nominum

corum per labia mea.
Dñs pars hæreditatis
meæ & calicis mei : tu
es qui restitues hæredi-
tatem meam mihi.
Funes ceciderũt mihi
in præclaris meis : &
enim hæreditas mea
præclara mihi est. Be-
nedicam Dñm qui tri-
buit intellectum mihi:
insuper & vsq. ad no-
ctẽ increpuerũt me re-
nes mei. Prouidebam
Dñm in cõspectu meo
semper, quoniã à dex-
tris meis est, ne cõmo-
uear. Propter hoc læ-
tatũ est cor meũ, & ex-
ultauit lingua mea; in-
super & caro mea re-
quiescet in spe. Quo-
niã nõ derelinques ani-
mã meã in inferno, ne-
que dabis sanctũ tuum
videre corruptionem.
Notas fecisti mihi vias
vitæ ; adimplebis me
lætitia cum vultu tuo,
delectationes in dexte-
ra tua vsque in finem.

Oratio Dauid, Ps. xvi.
XVI Exaudi Dñe iusti-
tiam meã, intende
deprecationẽ meã. auri-
bus percipe orationẽ meã
non in labiis dolosis.

αὐτῶν διὰ χειλέων μου.
5 κύριος μερὶς τῆς κληρονομίας μου,
καὶ τοῦ ποτηρίου μου· σὺ εἶ ὁ ἀποκαθι-
στῶν τὴν κληρονομίαν μου ἐμοί.
6 σχοινία ἐπέπεσε μοι ἐν τοῖς κρα-
τίστοις μου, καὶ γὰρ ἡ κληρονομία μου
κρατίστη μοι ἐστίν.
7 εὐλογήσω τὸν κύριον τὸν συνε-
τίσαντά με· ἔτι δὲ καὶ ἕως νυκτὸς
ἐπαίδευσάν με οἱ νεφροί μου.
8 προωρώμην τὸν κύριον ἐνώπιόν
μου διαπαντὸς, ὅτι ἐκ δεξιῶν μου
ἐστὶν, ἵνα μὴ σαλευθῶ.
9 διὰ τοῦτο εὐφράνθη ἡ καρδία μου,
καὶ ἠγαλλιάσατο ἡ γλῶσσά μου, ἔτι
δὲ καὶ ἡ σάρξ μου κατασκηνώσει
ἐπ' ἐλπίδι.
10 ὅτι οὐκ ἐγκαταλείψεις τὴν ψυ-
χήν μου εἰς ᾅδην, οὐδὲ δώσεις τὸν
ὅσιόν σου ἰδεῖν διαφθοράν.
11 ἐγνώρισάς μοι ὁδοὺς ζωῆς, πλη-
ρώσεις με εὐφροσύνης μετὰ τοῦ προσ-
ώπου σου, τερπνότης ἐν τῇ δεξιᾷ
σου εἰς τέλος.

1 Προσευχὴ τοῦ δαυίδ. ιϛʹ.
Εἰσάκουσον κύριε δικαιοσύνης
μου, πρόσχες τῇ δεήσει μου.
ἐνώτισαι τὴν προσευχήν μου οὐκ
ἐν χείλεσι δολίοις.

ἐν

ἐκ προσώπου σου τὸ κρίμα μου 2
ἐξέλθοι, οἱ ὀφθαλμοί μου ἰδέτωσαν
εὐθύτητας.
ἐδοκίμασας τὴν καρδίαν μου, 3
ἐπεσκέψω νυκτὸς, ἐπύρωσάς με, καὶ
οὐχ εὑρέθη ἐν ἐμοὶ ἀδικία. ὅπως ἂν
μὴ λαλήσῃ τὸ στόμα μου
τὰ ἔργα τῶν ἀνθρώπων, διὰ τοὺς 4
λόγους τῶν χειλέων σου ἐγὼ ἐφύλα-
ξα ὁδοὺς σκληράς.
κατάρτισαι τὰ διαβήματά μου 5
ἐν ταῖς τρίβοις σου, ἵνα μὴ σαλευ-
θῶσι τὰ διαβήματά μου.
ἐγὼ ἐκέκραξα, ὅτι ἐπήκουσάς 6
μου ὁ θεός· κλῖνον τὸ οὖς σου ἐμοὶ, καὶ
εἰσάκουσον τῶν ῥημάτων μου.
θαυμάστωσον τὰ ἐλέη σου ὁ σώζων 7
τοὺς ἐλπίζοντας ἐπὶ σέ. ἐκ τῶν ἀν-
θεστηκότων τῇ δεξιᾷ σου,
φύλαξόν με κύριε ὡς κόρην ὀφ- 8
θαλμοῦ. ἐν σκέπῃ τῶν πτερύγων
σου σκεπάσεις με,
ἀπὸ προσώπου ἀσεβῶν τῶν τα- 9
λαιπωρησάντων με. οἱ ἐχθροί μου
τὴν ψυχήν μου περιέσχον,
τὸ στέαρ αὐτῶν συνέκλεισαν, τὸ στό- 10
μα αὐτῶν ἐλάλησεν ὑπερηφανίαν,
ἐκβαλόντες με νυνὶ περιεκύκλω- 11
σάν με, τοὺς ὀφθαλμοὺς αὐτῶν
[illegible] [illegible]κλῖναι

2 † De vultu tuo indi-
cium meum prodeat,
oculi mei videãt æqui-
tatem. † Probasti cor
3 meum, visitasti nocte:
igne examinasti me, &
non est inuenta in me
iniquitas. Vt nõ loqua-
tur os meum † opera
4 hominum, propter ver-
ba labiorum tuorum
ego custodiui vias du-
ras. † Perfice gressus
5 meos in semitis tuis, vt
non moueantur vesti-
gia mea. Ego clama-
6 ui, quoniam exaudisti
me Deus; inclina aurẽ
tuam mihi, & exaudi
verba mea. † Mirifi-
7 ca misericordias tuas,
qui saluos facis speran-
tes in te. A resistẽtibus
dexteræ tuæ, † custodi
8 me Dñe vt pupillã ocu-
li. Sub vmbra alarum
tuarum proteges me,
9 † à facie impiorum qui
afflixerunt me. Inimici
mei animam meã cir-
cumdederunt: † Adipem
10 suum concluserunt, os
eorum locutum est su-
perbiam. † Proiicien-
11 tes me nunc circumde-
derũt me, oculos suos
statuerunt declinare in

† Susceperunt me sicut leo paratus ad prædã, & sicut catulus leonis habitans in abditis.

† Exurge Domine, præueni eos, & supplanta eos: eripe animam meã ab impio, frameã tuam

† ab inimicis manus tuæ. Domine à paucis de terra diuide eos in vita eorum, & de absconditis tuis adimpletus est venter eorum. Saturati sunt filiis, & dimiserunt reliquias paruulis suis. † Ego autem in iustitia apparebo conspectui tuo. Satiabor cùm apparuerit mihi gloria tua.

† In finem puero Dñi Dauid, quæ locutus est Dño verba cantici huius, in die qua eripuit eum Dñs de manu omnium inimicorum eius, & de manu Saul: & dixit:

XVII.

DIligã te Dñe fortitudo mea. † Dñs firmamentũ meum, & refugiũ meũ, & liberator meus: Deus meus adiutor meus, & spe-
rab[illegible]

12 ὑπέλαβόν με ὡσεὶ λέων ἕτοιμος
εἰς θήραν, καὶ ὡσεὶ σκύμνος οἰκῶν
ἐν ἀποκρύφοις.
13 ἀνάστηθι κύριε, πρόφθασον αὐ-
τοὺς, καὶ ὑποσκέλισον αὐτοὺς, ῥῦ-
σαι τὴν ψυχήν μου ἀπὸ ἀσεβοῦς,
ῥομφαίαν σου
14 ἀπὸ ἐχθρῶν τῆς χειρός σου. κύριε
ἀπὸ ὀλίγων ἀπὸ γῆς διαμέρισον
αὐτοὺς ἐν τῇ ζωῇ αὐτῶν, καὶ τῶν κε-
κρυμμένων σου ἐπλήσθη ἡ γαστὴρ
αὐτῶν. ἐχορτάσθησαν υἱῶν, καὶ ἀφῆκαν
τὰ κατάλοιπα τοῖς νηπίοις αὐτῶν.
15 ἐγὼ δὲ ἐν δικαιοσύνῃ ὀφθήσο-
μαι τῷ προσώπῳ σου. χορτασθή-
σομαι ἐν τῷ ὀφθῆναί μοι τὴν δό-
ξαν σου.

1 Εἰς τὸ τέλος τῷ παιδὶ κυρίου τῷ
δαυίδ, ἃ ἐλάλησε τῷ κυρίῳ τοὺς
λόγους τῆς ᾠδῆς ταύτης, ἐν ἡμέ-
ρᾳ ᾗ ἐῤῥύσατο αὐτὸν ὁ κύριος ἐκ
χειρὸς πάντων τῶν ἐχθρῶν αὐτοῦ, καὶ
ἐκ χειρὸς σαοὺλ· καὶ εἶπε·

ιζ΄.

2 ΑΓαπήσω σε κύριε ἡ ἰσχύς μου·
3 κύριος στερέωμά μου, καὶ
καταφυγή μου, καὶ ῥύστης μου. ὁ θεός
μου βοηθός μου, καὶ ἐλπιῶ ἐπ᾽ αὐ-
τόν. [illegible] μου.

τηρίας μου, καὶ ἀντιλήπτωρ μου.
αἰνῶν ἐπικαλέσομαι τὸν κύριον, καὶ 4
ἐκ τῶν ἐχθρῶν μου σωθήσομαι.
περιέσχον με ὠδῖνες θανάτου, καὶ 5
χείμαρροι ἀνομίας ἐξετάραξάν με.
ὠδῖνες ᾅδου περιεκύκλωσάν με, 6
προέφθασάν με παγίδες θανάτου.
καὶ ἐν τῷ θλίβεσθαί με ἐπεκαλε- 7
σάμην τὸν κύριον, καὶ πρὸς τὸν θεόν
μου ἐκέκραξα. ἤκουσεν ἐκ ναοῦ ἁ-
γίου αὐτοῦ φωνῆς μου, καὶ ἡ κραυ-
γή μου ἐνώπιον αὐτοῦ εἰσελεύσεται
εἰς τὰ ὦτα αὐτοῦ.
καὶ ἐσαλεύθη καὶ ἔντρομος ἐγε- 8
νήθη ἡ γῆ, καὶ τὰ θεμέλια τῶν ὀρέων
ἐταράχθησαν καὶ ἐσαλεύθησαν, ὅτι
ὠργίσθη αὐτοῖς ὁ θεός.
ἀνέβη καπνὸς ἐν ὀργῇ αὐτοῦ, καὶ 9
πῦρ ἀπὸ προσώπου αὐτοῦ κατεφλε-
γήσεται, ἄνθρακες ἀνήφθησαν ἀπ᾽
αὐτοῦ.
καὶ ἔκλινεν οὐρανοὺς καὶ κατέβη, καὶ 10
γνόφος ὑπὸ τοὺς πόδας αὐτοῦ.
καὶ ἐπέβη ἐπὶ χερουβὶμ καὶ 11
ἐπετάσθη, ἐπετάσθη ἐπὶ πτερύγων
ἀνέμων.
καὶ ἔθετο σκότος ἀποκρυφὴν αὐτοῦ, 12
κύκλῳ αὐτοῦ ἡ σκηνὴ αὐτοῦ, σκοτεινὸν
ὕδωρ ἐν νεφέλαις ἀέρων.

rator, & susceptor meꝰ.
† Laudans inuocabo
4 Dñm, & ab inimicis
meis saluus ero. † Cir-
5 cundederunt me dolo-
res mortis, & torrentes
iniquitatis cõturbaue-
6 runt me. † Dolores in-
ferni circũdederũt me,
preoccupauerũt me la-
7 quei mortis. † Et in tri-
bulatione mea inuo-
caui Dñm, & ad Deũ
meum clamaui, exau-
diuit de templo sancto
suo vocẽ meã, & cla-
mor meus in cõspectu
eius introibit in aures
8 eius. † Et cõmota est &
cõtremuit terra, & fun-
daměta montiũ cõtur-
bata sunt & commota
sunt, quoniã iratus est
9 eis Deus. † Ascẽdit fu-
mus in ira eius, & ignis
à facie eius exardescet,
carbones succensi sunt
10 ab eo. † Et inclinauit cæ
los & descẽdit, & cali-
go sub pedibus eius.
11 † Et ascẽdit super Che-
rubim & volauit, vo-
lauit super pennas ven-
12 torũ. † Et posuit tene-
bras latibulum suũ, in
circuitu eius taberna-
culum eius, tenebrosa
aqua in nubibus aëris.

† Præ fulgore in conspectu eius nubes trãsierunt, grando & carbones ignis. † Et intonuit de cęlo Dominus, & Altissimus dedit vocem suam. † Misit sagittas & dissipauit eos, & fulgura multiplicauit, & cõturbauit eos.

† Et apparuerũt fontes aquarum, & reuelata sunt fundamenta orbis terræ, ab increpatione tua Domine, ab inspiratione spiritus irę tuæ. † Misit de summo, & accepit me, assumpsit me de aquis multis.

† Eripiet me de inimicis meis fortissimis, & ab iis qui oderunt me, quoniam confortati sunt super me.

† Præuenerunt me in die afflictionis meæ, & factus est Dominus protectio mea. † Et eduxit me in latitudinem: saluum faciet me, quoniam voluit me. † Et retribuet mihi Dñs secundũm iustitiã meã, & secũdũm puritatem manuum mearum retribuet mihi. † Quia custodiui vias Dñi,

13 ἀπὸ τῆς τηλαυγήσεως ἐνώπιον
αὐτοῦ αἱ νεφέλαι διῆλθον, χάλαζα
καὶ ἄνθρακες πυρός.
14 καὶ ἐβρόντησεν ἐξ οὐρανοῦ ὁ κύ-
ριος, καὶ ὁ ὕψιστος ἔδωκε φωνὴν
αὐτοῦ.
15 ἐξαπέστειλε βέλη καὶ ἐσκόρπισεν
αὐτούς, καὶ ἀστραπὰς ἐπλήθυνε, καὶ
συνετάραξεν αὐτούς.
16 καὶ ὤφθησαν αἱ πηγαὶ τῶν ὑδά-
των, καὶ ἀνεκαλύφθη τὰ θεμέλια τῆς
οἰκουμένης· ἀπὸ ἐπιτιμήσεώς σου
κύριε, ἀπὸ ἐμπνεύσεως πνεύματος
ὀργῆς σου.
17 ἐξαπέστειλεν ἐξ ὕψους καὶ ἔλαβέ
με, προσελάβετό με ἐξ ὑδάτων
πολλῶν.
18 ῥύσεταί με ἐξ ἐχθρῶν μου δυνα-
τῶν, καὶ ἐκ τῶν μισούντων με, ὅτι
ἐστερεώθησαν ὑπὲρ ἐμέ.
19 προέφθασάν με ἐν ἡμέρᾳ κακώ-
σεώς μου, καὶ ἐγένετο κύριος ἀντιστή-
ριγμά μου.
20 καὶ ἐξήγαγέ με εἰς πλατυσμόν,
ῥύσεταί με, ὅτι ἠθέλησέ με.
21 καὶ ἀνταποδώσει μοι κύριος κατὰ
τὴν δικαιοσύνην μου, καὶ κατὰ τὴν
καθαριότητα τῶν χειρῶν μου ἀνταπο-
δώσει μοι.
22 ὅτι ἐφύλαξα τὰς ὁδοὺς κυρί-

καὶ οὐκ ἠσέβησα ἀπὸ τοῦ θεοῦ μου.
ὅτι πάντα τὰ κρίματα αὐτοῦ ἐνώ- 23
πιόν μου, καὶ τὰ δικαιώματα αὐτοῦ
οὐκ ἀπέστησα ἀπ' ἐμοῦ.
καὶ ἔσομαι ἄμωμος μετ' αὐτοῦ, 24
καὶ φυλάξομαι ἀπὸ τῆς ἀνομίας μου.
καὶ ἀνταποδώσει μοι κύριος κατὰ 25
τὴν δικαιοσύνην μου, καὶ κατὰ τὴν
καθαριότητα τῶν χειρῶν μου, ἐνώπιον
τῶν ὀφθαλμῶν αὐτοῦ.
μετὰ ὁσίου ὅσιος ἔσῃ, καὶ μετὰ ἀνδρὸς 26
ἀθώου ἀθῷος ἔσῃ·
καὶ μετὰ ἐκλεκτοῦ ἐκλεκτὸς ἔσῃ, 27
καὶ μετὰ στρεβλοῦ διαστρέψεις.
ὅτι σὺ λαὸν ταπεινὸν σώσεις, καὶ 28
ὀφθαλμοὺς ὑπερηφάνων ταπεινώσεις.
ὅτι σὺ φωτιεῖς λύχνον μου κύριε ὁ 29
θεός μου, φωτιεῖς τὸ σκότος μου.
ὅτι ἐν σοὶ ῥυσθήσομαι ἀπὸ πει- 30
ρατηρίου, καὶ ἐν τῷ θεῷ μου ὑπερ-
βήσομαι τεῖχος.
ὁ θεός μου ἄμωμος ἡ ὁδὸς αὐτοῦ, 31
τὰ λόγια κυρίου πεπυρωμένα, ὑπερ-
ασπιστής ἐστι πάντων τῶν ἐλπιζόντων
ἐπ' αὐτόν.
ὅτι τίς θεὸς πάρεξ τοῦ κυρίου, ἢ τίς 32
θεὸς πλὴν τοῦ θεοῦ ἡμῶν;
ὁ θεὸς ὁ περιζωννύων με δύναμιν, 33
καὶ

nec impiè gessi à Deo
meo. † Quoniã omnia
iudicia eius in cõspectu
meo, & iustitias eius
non repuli à me. † Et
ero immaculatus cum
eo: & obseruabo me
ab iniquitate mea. † Et
retribuet mihi Dñs se-
cundũ iustitiã meam,
& secũdũ puritatẽ ma
nuum mearũ in con-
spectu oculorum eius.
† Cũ sancto sanctus e-
ris, & cũ viro innocẽte
innocẽs eris: † Et cũ ele-
cto electus eris, & cum
peruerso peruertêris.
† Quoniã tu populum
humilẽ saluũ facies, &
oculos superborũ hu-
miliabis. † Quoniã tu
illuminabis lucernam
meã Dñe Deus meus,
illuminabis tenebras
meas. † Quoniã in te e-
ripiar à tẽtatione, & in
Deo meo transgrediar
murũ. † Deus meus im-
polluta via ei⁹, eloquia
Dñi igne examinata,
protector est omnium
sperãtium in se. † Quo-
niam quis Deus præter
Dñm? aut quis Deus
præter Deum nostrũ?
† Deus qui præcin-
git me virtute,

& posuit immaculatá viam meam. †Qui perfecit pedes meos tanquam cerui, & super excelsa statuens me.

† Qui docet manus meas ad prælium, & posuisti arcum æreum brachia méa. † Et dedisti mihi protectionem salutis, & dextera tuá suscepit me. & disciplina tua correxit me in finem, & disciplina tua ipsa me docebit.

†Dilatasti gressus meos subtus me, & non sunt infirmata vestigia mea.

† Persequar inimicos meos & comprehendá illos, & non conuertar donec deficiant.

† Cõfringam illos, nec poterunt stare, cadent subtus pedes meos.

† Et præcinxisti me virtute ad bellũ, supplantasti omnes insurgẽtes in me subtus me.

† Et inimicos meos dedisti mihi dorsum, & odientes me disperdidisti. Clamauerunt, nec erat qui saluos faceret: ad Dñm, nec exaudiuit eos. † Et cõminuam eos vt puluerem

καὶ ἔθετο ἄμωμον τὴν ὁδόν μου.
34 καταρτιζόμενος τοὺς πόδας μου ὡσεὶ ἐλάφου, καὶ ἐπὶ τὰ ὑψηλὰ ἱστῶν με.
35 διδάσκων χεῖράς μου εἰς πόλεμον, καὶ ἔθου τόξον χαλκοῦν τοὺς βραχίονάς μου.
36 καὶ ἔδωκάς μοι ὑπερασπισμὸν σωτηρίας, καὶ ἡ δεξιά σου ἀντελάβετό μου. καὶ ἡ παιδεία σου ἀνώρθωσέ με εἰς τέλος, καὶ ἡ παιδεία σου αὐτή με διδάξει.
37 ἐπλάτυνας τὰ διαβήματά μου ὑποκάτω μου, καὶ οὐκ ἠσθένησαν τὰ ἴχνη μου.
38 καταδιώξω τοὺς ἐχθρούς μου, καὶ καταλήψομαι αὐτοὺς, καὶ οὐκ ἀποστραφήσομαι ἕως ἂν ἐκλείπωσιν.
39 ἐκθλίψω αὐτοὺς καὶ οὐ μὴ δύνωνται στῆναι, πεσοῦνται ὑπὸ τοὺς πόδας μου.
40 καὶ περιέζωσάς με δύναμιν εἰς πόλεμον, συνεπόδισας πάντας τοὺς ἐπανιστανομένους ἐπ' ἐμὲ ὑποκάτω μου.
41 καὶ τοὺς ἐχθρούς μου ἔδωκάς μοι νῶτον, καὶ τοὺς μισοῦντάς με ἐξωλόθρευσας.
42 ἐκέκραξαν καὶ οὐκ ἦν ὁ σώζων αὐτοὺς κύριον, καὶ οὐκ εἰσήκουσεν αὐτῶν.
43 καὶ λεπτυνῶ αὐτοὺς ὡσεὶ χοῦν

κα

κατὰ πρόσωπον ἀνέμου, ὡς πηλὸν
πλατειῶν λεανῶ αὐτούς.
ῥῦσαί με ἐξ ἀντιλογίας λαοῦ, κα- 44
ταστήσεις με εἰς κεφαλὴν ἐθνῶν. λαὸς
ὃν οὐκ ἔγνων, ἐδούλευσέ μοι·
εἰς ἀκοὴν ὠτίου ὑπήκουσέ μου. 45
υἱοὶ ἀλλότριοι ἐψεύσαντό μοι·
υἱοὶ ἀλλότριοι ἐπαλαιώθησαν. 46
καὶ ἐχώλαναν ἀπὸ τῶν τρίβων αὐτῶν.
ζῇ κύριος, καὶ εὐλογητὸς ὁ 47
θεός, καὶ ὑψωθήτω ὁ θεὸς τῆς σωτη-
ρίας μου.
ὁ θεὸς ὁ διδοὺς ἐκδικήσεις ἐμοί, καὶ 48
ὑποτάξας λαοὺς ὑπ' ἐμέ·
ὁ ῥύστης μου ἐξ ἐχθρῶν μου ὀργί- 49
λων. ἀπὸ τῶν ἐπανιστανομένων ἐπ' ἐμὲ
ὑψώσεις με, ἀπὸ ἀνδρὸς ἀδίκου ῥύ-
σῃ με.
διὰ τοῦτο ἐξομολογήσομαί σοι ἐν 50
ἔθνεσι κύριε, καὶ τῷ ὀνόματί σου
ψαλῶ.
μεγαλύνων τὰς σωτηρίας τοῦ βα- 51
σιλέως, καὶ ποιῶν ἔλεος τῷ χρι-
στῷ αὐτοῦ τῷ δαυίδ, καὶ τῷ σπέρματι
αὐτοῦ ἕως αἰῶνος.

ante faciem venti, vt
lutum platearum de-
lebo eos. † Eripies me
de contradictione po-
puli, constitues me in
caput gentiũ. Populus
quẽ non cognoui ser-
uiuit mihi: † in auditu
auris obediuit mihi.
Filij alieni mẽtiti sunt
mihi: † Filij alieni in-
ueterati sunt: & claudi-
cauerunt à semitis suis.
† Viuit Dñs & benedi-
ctus Deus, & exaltetur
Deus salutis meæ. † Deus
qui das vindictas mihi,
& subdis populos sub
me: † Liberator meus
de inimicis meis iracũ-
dis. ab insurgẽtibus in
me exaltabis me, à viro
iniquo eripies me.
† Propterea confitebor
tibi in nationibus Dñe,
& nomini tuo psalmũ
dicam. † Magnificans
salutes regis, & faciens
misericordiam christo
suo Dauid, & semini
eius vsq. in seculum.

Εἰς τὸ τέλος ψαλμὸς τῷ δαυίδ. 1
ιη.

ΟΙ οὐρανοὶ διηγοῦνται δόξαν 2
θεοῦ, ποίησιν δὲ χειρῶν αὐτοῦ
ἀναγγέλ-

† In finem Psalmus
Dauid. XVIII. XIX

CÆli enarrant glo-
riam Dei, opera
autem manuum eius

annũciat firmamentũ.
† Dies diei eructat ver-
bũ, & nox nocti indi-
cat scientiam. † Non
sunt loquelæ neq; ser-
mones, quorũ non au-
diantur voces eorum.
† In omnem terrã exi-
uit sonus eorum, & in
fines orbis terræ verba
eorũ. In sole posuit ta-
bernaculũ suũ, † & ipse
tanquã sponsus proce-
dens de thalamo suo.
exultabit vt gigas ad
currendã viã, † A sum-
mo cælo egressio eius,
& occursus eius vsque
ad summũ cæli: nec est
qui se abscondat à ca-
lore eius. † Lex Dñi im-
maculata cõuertẽs ani-
mas, testimonium Dñi
fidele, sapientiam præ-
stans paruulis. † Iustitię
Dñi rectæ lætificantes
cor, præceptũ Dñi luci-
dũ illuminans oculos.
† Timor Dñi sanctus
permanens in seculum
seculi, iudicia Dñi ve-
ra, iustificata in semet-
ipsa. † Desiderabilia su-
per aurũ & lapidẽ pre-
ciosum multũ, & dul-
ciora super mel & fa-
uum. † Etenim seruus
tuus custodit ea:

ἀναγγέλλει τὸ στερέωμα.
3 ἡμέρα τῇ ἡμέρᾳ ἐρεύγεται ῥῆμα,
καὶ νὺξ νυκτὶ ἀναγγέλλει γνῶσιν.
4 οὐκ εἰσὶ λαλιαὶ οὐδὲ λόγοι, ὧν
οὐχὶ ἀκούονται αἱ φωναὶ αὐτῶν.
5 εἰς πᾶσαν τὴν γῆν ἐξῆλθεν ὁ
φθόγγος αὐτῶν, καὶ εἰς τὰ πέρατα
τῆς οἰκουμένης τὰ ῥήματα αὐτῶν.
ἐν τῷ ἡλίῳ ἔθετο τὸ σκήνωμα αὐτοῦ.
6 καὶ αὐτὸς ὡς νυμφίος ἐκπορευ-
όμενος ἐκ παστοῦ αὐτοῦ. ἀγαλλιάσεται
ὡς γίγας δραμεῖν ὁδόν.
7 ἀπ' ἄκρου τοῦ οὐρανοῦ ἡ ἔξοδος
αὐτοῦ, καὶ τὸ κατάντημα αὐτοῦ ἕως
ἄκρου τοῦ οὐρανοῦ, καὶ οὐκ ἔστιν ὃς ἀπο-
κρυβήσεται τῆς θέρμης αὐτοῦ.
8 ὁ νόμος κυρίου ἄμωμος ἐπιστρέ-
φων ψυχάς, ἡ μαρτυρία κυρίου
πιστὴ σοφίζουσα νήπια.
9 τὰ δικαιώματα κυρίου εὐθέα εὐ-
φραίνοντα καρδίαν, ἡ ἐντολὴ κυρίου
τηλαυγὴς φωτίζουσα ὀφθαλμούς.
10 ὁ φόβος κυρίου ἁγνός, διαμένων
εἰς αἰῶνα αἰῶνος. τὰ κρίματα
κυρίου ἀληθινά, δεδικαιωμένα ἐπὶ
τὸ αὐτό.
11 ἐπιθυμητὰ ὑπὲρ χρυσίον καὶ
λίθον τίμιον πολύν, καὶ γλυκύτερα
ὑπὲρ μέλι καὶ κηρίον.
12 καὶ γὰρ ὁ δοῦλός σου φυλάσσει αὐ-

τα, ἐν τῷ φυλάσσειν αὐτὰ ἀνταπό-
δοσις πολλή.
παραπτώματα τίς συνήσει; ἐκ τῶν 13
κρυφίων μου καθάρισόν με,
καὶ ἀπὸ ἀλλοτρίων φεῖσαι τοῦ 14
δούλου σου. ἐὰν μή μου κατακυριεύ-
σωσι, τότε ἄμωμος ἔσομαι, καὶ
καθαρισθήσομαι ἀπὸ ἁμαρτίας με-
γάλης.
καὶ ἔσονται εἰς εὐδοκίαν τὰ λό- 15
για τοῦ στόματός μου, καὶ ἡ μελέτη τῆς
καρδίας μου ἐνώπιόν σου διαπαν-
τός. κύριε βοηθέ μου καὶ λυτρω-
τά μου.

Εἰς τὸ τέλος ψαλμὸς τῷ δαυίδ. 1
ιθ'.

Ἐπακούσαι σου κύριος ἐν ἡμέρᾳ 2
θλίψεως, ὑπερασπίσαι σου τὸ
ὄνομα τοῦ θεοῦ ἰακώβ.
ἐξαποστείλαι σοι βοήθειαν ἐξ ἁ- 3
γίου, καὶ ἐκ σιὼν ἀντιλάβοιτό σου.
μνησθείη πάσης θυσίας σου, καὶ τὸ 4
ὁλοκαύτωμά σου πιανάτω.
δῴη σοι κύριος κατὰ τὴν καρ- 5
δίαν σου, καὶ πᾶσαν τὴν βουλήν σου
πληρώσαι.
ἀγαλλιασόμεθα ἐπὶ τῷ σωτηρίῳ 6
σου, καὶ ἐν ὀνόματι κυρίου θεοῦ ἡμῶν
μεγαλυνθησόμεθα. πληρώσαι κύ-
ριος

in custodiendis illis
retributio multa.
† Delicta quis intelli-
get? ab occultis meis
mūda me: † Et ab alie-
nis parce seruo tuo. Si
mei non fuerint domi-
nati, tunc immaculatus
ero, & mūdabor à de-
licto maximo.
† Et erunt vt com-
placeant eloquia oris
mei, & meditatio cor-
dis mei in cōspectu tuo
semper. Domine ad-
iutor meus & redem-
ptor meus.

† In finem Psalmus
Dauid. xix.

EXaudiat te Domi-
nus in die tribula-
tionis, protegat te no-
men Dei Iacob. † Mit-
tat tibi auxilium de san
cto, & de Sion tueatur
te. † Memor sit omnis
sacrificij tui, & holo-
caustum tuum pingue
fiat. † Tribuat tibi Do-
minus secundùm cor
tuum, & omne cōsiliū
tuum impleat. † Læta-
bimur in salutari tuo,
& in nomine Domini
Dei nostri magnifica-
bimur. Impleat Dūs

μεγάλη ἡ δόξα αὐτοῦ ἐν τῷ σωτη- 6
ρίῳ σου, δόξαν καὶ μεγαλοπρέπειαν
ἐπιθήσεις ἐπ' αὐτόν.
ὅτι δώσεις αὐτῷ εὐλογίαν εἰς αἰῶ- 7
να αἰῶνος, εὐφρανεῖς αὐτὸν ἐν χα-
ρᾷ μετὰ τοῦ προσώπου σου·
ὅτι ὁ βασιλεὺς ἐλπίζει ἐπὶ κύ- 8
ριον, καὶ ἐν τῷ ἐλέει τοῦ ὑψίστου οὐ
μὴ σαλευθῇ.
εὑρεθείη ἡ χείρ σου πᾶσι τοῖς ἐχ- 9
θροῖς σου· ἡ δεξιά σου εὕροι πάντας
τοὺς μισοῦντάς σε.
ὅτι θήσεις αὐτοὺς εἰς κλίβανον 10
πυρὸς εἰς καιρὸν τοῦ προσώπου σου·
κύριος ἐν ὀργῇ αὐτοῦ συνταράξει αὐ-
τούς, καὶ καταφάγεται αὐτοὺς πῦρ.
τὸν καρπὸν αὐτῶν ἀπὸ τῆς γῆς 11
ἀπολεῖς, καὶ τὸ σπέρμα αὐτῶν ἀπὸ
υἱῶν ἀνθρώπων.
ὅτι ἔκλιναν εἰς σὲ κακά, διελο- 12
γίσαντο βουλὰς αἷς οὐ μὴ δύνωνται
στῆσαι.
ὅτι θήσεις αὐτοὺς νῶτον, ἐν τοῖς 13
περιλοίποις σου ἑτοιμάσεις τὸ πρό-
σωπον αὐτῶν.
ὑψώθητι κύριε ἐν τῇ δυνάμει 14
σου, ᾄσομεν καὶ ψαλοῦμεν τὰς δυ-
ναστείας σου.
Εἰς τὸ τέλος ὑπὲρ τῆς ἀντιλήψεως 1
τῆς ἑωθινῆς, ψαλμὸς τῷ Δαυίδ.

6 † Magna est gloria eius
in salutari tuo: gloriam
& magnum decorem
impones super eum.
7 † Quoniam dabis ei be-
nedictionem in seculũ
seculi: lætificabis eum
in gaudio cum vultu
8 tuo. † Quoniam rex
sperat in Dño, & in mi
sericordia Altissimi nõ
9 commouebitur. † Inue-
niatur manus tua om-
nibus inimicis tuis: de-
xtera tua inueniat om-
nes qui oderunt te.
10 † Quoniam pones eos
vt clibanũ ignis in tem
pore vultus tui: Dñs in
ira sua conturbabit eos,
& deuorabit eos ignis.
11 † Fructũ eorum de ter-
ra perdes, & semen eo-
rum à filiis hominum.
12 † Quoniam declinaue-
runt in te mala, cogi-
tauerunt consilia quæ
non potuerũt stabilire.
13 † Quoniam pones eos
dorsum, in reliquiis tuis
præparabis vultum eo-
14 rum. † Exaltare Dñe in
virtute tua, cãtabimus
& psallemus virtutes
tuas.
1 † In finē pro susceptio-
ne matutina, Psal-
mus Dauid.

xxi. Hebr. xxii

DEus Deus meus, respice in me; quare dereliquisti me? longè à salute mea verba delictorũ meorum. † Deus meus clamabo per diem & non exaudies, & nocte; & non ad insipientiam mihi. † Tu autem in sancto habitas laus Israel. † In te sperauerunt patres nostri, sperauerunt, & liberasti eos. † Ad te clamauerunt, & salui facti sunt: in te sperauerunt, & non sunt confusi. † Ego autem sum vermis, & non homo; opprobrium hominum & abiectio plebis. † Omnes videntes me deriserunt me: locuti sunt labiis, mouerunt caput. † Sperauit in Domino, eripiat eũ; saluũ faciat eum, quoniam vult eum.

† Quoniam tu es qui extraxisti me de ventre, spes mea ab vberibus matris meæ. † In te proiectus sum ex vtero. De ventre matris meæ Deus meus es tu, † ne discesseris à me, Quoniam tribulatio

κα.

2 Ὁ Θεὸς ὁ θεός μου πρόσχες μοι,
ἱνατί ἐγκατέλιπές με; μα-
κρὰν ἀπὸ τῆς σωτηρίας μου οἱ λόγοι τῶν
παραπτωμάτων μου.
3 ὁ θεός μου κεκράξομαι ἡμέρας,
καὶ οὐκ εἰσακούσῃ, καὶ νυκτός, καὶ οὐκ
εἰς ἄνοιαν ἐμοί.
4 Σὺ δὲ ἐν ἁγίῳ κατοικεῖς ὁ ἔπαινος
τοῦ Ἰσραήλ.
5 ἐπὶ σοὶ ἤλπισαν οἱ πατέρες ἡ-
μῶν, ἤλπισαν, καὶ ἐρρύσω αὐτούς.
6 πρὸς σὲ ἐκέκραξαν καὶ ἐσώθη-
σαν, ἐπὶ σοὶ ἤλπισαν καὶ οὐ κατῃ-
σχύνθησαν.
7 ἐγὼ δέ εἰμι σκώληξ καὶ οὐκ ἄν-
θρωπος, ὄνειδος ἀνθρώπων καὶ ἐξου-
θένημα λαοῦ.
8 πάντες οἱ θεωροῦντές με ἐξε-
μυκτήρισάν με, ἐλάλησαν ἐν χεί-
λεσιν, ἐκίνησαν κεφαλήν.
9 ἤλπισεν ἐπὶ κύριον, ῥυσάσθω
αὐτόν, σωσάτω αὐτόν, ὅτι θέλει
αὐτόν.
10 ὅτι σὺ εἶ ὁ ἐκσπάσας με ἐκ γα-
στρός· ἡ ἐλπίς μου ἀπὸ μαστῶν τῆς μη-
τρός μου·
11 ἐπὶ σὲ ἐπερρίφην ἐκ μήτρας, ἀ-
πὸ γαστρὸς μητρός μου θεός μου εἶ σύ·
12 μὴ ἀποστῇς ἀπ᾽ ἐμοῦ, ὅτι θλῖψις
ἐγγύς,

ἐγγὺς, ὅτι οὐκ ἔστιν ὁ βοηθῶν μοι.
περιεκύκλωσάν με μόσχοι πολλοὶ, 13
ταῦροι πίονες περιέσχον με.
ἤνοιξαν ἐπ' ἐμὲ τὸ στόμα αὐτῶν, 14
ὡς λέων ἁρπάζων καὶ ὠρυόμενος.
ὡσεὶ ὕδωρ ἐξεχύθη καὶ διεσκορ- 15
πίσθη πάντα τὰ ὀστᾶ μου· ἐγενήθη ἡ
καρδία μου ὡσεὶ κηρὸς τηκόμενος
ἐν μέσῳ τῆς κοιλίας μου.
ἐξηράνθη ὡς ὄστρακον ἡ ἰσχύς μου, 16
καὶ ἡ γλῶσσά μου κεκόλληται τῷ λά-
ρυγγί μου, καὶ εἰς χοῦν θανάτου κα-
τήγαγές με.
ὅτι ἐκύκλωσάν με κύνες πολλοί· 17
συναγωγὴ πονηρευομένων περιέσχον
με. ὤρυξαν χεῖράς μου καὶ πό-
δας μου·
ἐξηρίθμησαν πάντα τὰ ὀστᾶ μου, 18
αὐτοὶ δὲ κατενόησαν καὶ ἐπεῖδόν με.
διεμερίσαντο τὰ ἱμάτιά μου ἑαυ- 19
τοῖς, καὶ ἐπὶ τὸν ἱματισμόν μου ἔ-
βαλον κλῆρον.
σὺ δὲ κύριε μὴ μακρύνῃς τὴν βο- 20
ήθειάν σου ἀπ' ἐμοῦ, εἰς τὴν ἀντί-
ληψίν μου πρόσχες.
ῥῦσαι ἀπὸ ῥομφαίας τὴν ψυχήν 21
μου, καὶ ἐκ χειρὸς κυνὸς τὴν μονο-
γενῆ μου.

proxima, quoniam nõ est qui adiuuet me. † Circundederunt me vituli multi, tauri pingues obsederunt me. † Aperuerunt super me os suũ, sicut leo rapiẽs & rugiens. † Sicut aqua effusa sunt & dispersa sunt omnia ossa mea: factũ est cor meũ tanquam cera liquescẽs in medio ventris mei. † Aruit tanquam testa virtus mea, & lingua mea adhæsit faucibus meis, & in puluerem mortis deduxisti me. † Quoniam circũdederunt me canes multi, conciliũ malignãtium obsederũt me. Foderũt manus meas & pedes meos, † dinumerauerũt oĩa ossa mea; ipsi verò considerauerunt & inspexerunt me. † Diuiserũt vestimẽta mea sibi, & super vestẽ meã miserunt sortem. † Tu autem Dñe ne elongaueris auxiliũ tuum à me, ad defensionem meam conspice. † Erue à framea animam meam, & de manu canis vnicam meam.

† Salua me ex ore leonis, & à cornibus vnicornium humilitatem meam. † Narrabo nomen tuum fratribus meis, in medio ecclesię laudabo te. † Qui timetis Dñm, laudate eum, vniuersum semen Iacob glorificate eum. timeat iam eum omne semen Israel. † Quoniam non spreuit neq; despexit deprecationẽ pauperis. Neque auertit faciem suam à me; & cùm clamarem ad eũ, exaudiuit me.

† A te laus mea, in ecclesia magna confitebor tibi: vota mea reddam in conspectu timentium eum.

† Edent pauperes & saturabuntur, & laudabũt Dominum qui requirunt eum: viuent corda eorum in seculũ seculi. † Reminiscentur & conuertentur ad Dominum vniuersi fines terræ. & adorabũt in conspectu eius vniuersæ familiæ gentiũ.

† Quoniã Dñi regnũ, & ipse dñatur gentiũ.

† Manducauerunt & adorauerunt omnes

22 Σῶσόν με ἐκ στόματος λέοντος,
καὶ ἀπὸ κεράτων μονοκερώτων τὴν
ταπείνωσίν μου.
23 διηγήσομαι τὸ ὄνομά σου τοῖς ἀ-
δελφοῖς μου, ἐν μέσῳ ἐκκλησίας
ὑμνήσω σε.
24 οἱ φοβούμενοι τὸν κύριον αἰνέσατε
αὐτόν, ἅπαν τὸ σπέρμα ἰακὼβ δο-
ξάσατε αὐτόν. φοβηθήτω δὴ ἀπ'
αὐτοῦ ἅπαν τὸ σπέρμα ἰσραήλ.
25 ὅτι οὐκ ἐξουδένωσεν οὐδὲ προσώ-
χθισε τῇ δεήσει τοῦ πτωχοῦ. οὐδὲ ἀ-
πέστρεψε τὸ πρόσωπον αὐτοῦ ἀπ' ἐ-
μοῦ, ἐν τῷ κεκραγέναι με πρὸς
αὐτὸν εἰσήκουσέ μου.
26 παρὰ σοῦ ὁ ἔπαινός μου, ἐν ἐκ-
κλησίᾳ μεγάλῃ ἐξομολογήσομαί
σοι, τὰς εὐχάς μου ἀποδώσω ἐνώ-
πιον τῶν φοβουμένων αὐτόν.
27 φάγονται πένητες καὶ ἐμπλησθή-
σονται, καὶ αἰνέσουσι κύριον οἱ ἐκ-
ζητοῦντες αὐτόν· ζήσονται αἱ καρ-
δίαι αὐτῶν εἰς αἰῶνα αἰῶνος.
27 μνησθήσονται καὶ ἐπιστραφήσονται
πρὸς κύριον πάντα τὰ πέρατα τῆς
γῆς. καὶ προσκυνήσουσιν ἐνώπιον αὐ-
τοῦ πᾶσαι αἱ πατριαὶ τῶν ἐθνῶν.
29 ὅτι τοῦ κυρίου ἡ βασιλεία, καὶ αὐτὸς
δεσπόζει τῶν ἐθνῶν.
30 ἔφαγον καὶ προσεκύνησαν πάντες

οἱ πίο-

οἱ πίονες τῆς γῆς, ἐνώπιον αὐτοῦ
προπεσοῦνται πάντες οἱ καταβαί-
νοντες εἰς γῆν. καὶ ἡ ψυχή μου αὐ-
τῷ ζῇ.
καὶ τὸ σπέρμα μου δουλεύσει αὐ- 31
τῷ. ἀναγγελήσεται τῷ κυρίῳ γενεὰ
ἡ ἐρχομένη, καὶ ἀναγγελοῦσι τὴν δι- 32
καιοσύνην αὐτοῦ λαῷ τῷ τεχθησο-
μένῳ, ὃν ἐποίησεν ὁ κύριος.

Ψαλμὸς τῷ Δαυίδ. κβ'. 1

ΚΥριος ποιμαίνει με, καὶ οὐδέν
με ὑστερήσει.
εἰς τόπον χλόης ἐκεῖ με κατεσκή- 2
νωσεν. ἐπὶ ὕδατος ἀναπαύσεως ἐξέ-
θρεψέ με.
τὴν ψυχήν μου ἐπέστρεψεν. ὁ- 3
δήγησέ με ἐπὶ τρίβους δικαιοσύνης,
ἕνεκεν τοῦ ὀνόματος αὐτοῦ.
ἐὰν γὰρ καὶ πορευθῶ ἐν μέσῳ σκι- 4
ᾶς θανάτου, οὐ φοβηθήσομαι κακά,
ὅτι σὺ μετ' ἐμοῦ εἶ. ἡ ῥάβδος σου καὶ
ἡ βακτηρία σου, αὗταί με παρε-
κάλεσαν.
ἡτοίμασας ἐνώπιόν μου τράπε- 5
ζαν, ἐξεναντίας τῶν θλιβόντων με.
ἐλίπανας ἐν ἐλαίῳ τὴν κεφαλήν
μου, καὶ τὸ ποτήριόν σου μεθύσκον με
ὡσεὶ κράτιστον.
καὶ τὸ ἔλεός σου καταδιώξεταί με 6

pingues terræ, in conspectu eius cadent omnes qui descendunt in terram. Et anima mea illi viuit: † Et semen meum seruiet ipsi. Annunciabitur Domino generatio † ventura, & annunciabūt iustitiam eius populo qui nascetur, quem fecit Dominus.

† Psalmus David. xxii.

DOminus regit me & nihil mihi deerit. † In loco pascuæ ibi me collocauit. Super aquam refectionis educauit me: † Animam meam conuertit. deduxit me super semitas iustitiæ, propter nomē suum. † Nam & si ambulauero in medio vmbræ mortis, non timebo mala, quoniam tu mecum es: virga tua & baculus tuus, ipsa me consolata sunt. † Parasti in conspectu meo mensam, aduersus eos qui tribulant me. impinguasti in oleo caput meum, & calix tuus inebrians me quā præclarus. † Et misericordia tua subsequetur me

omnibus diebus vitæ
meæ, & vt inhabitem
in domo Dñi in longi-
tudinem dierum.

Hebr. XXIV

† Psalmus Dauid pri-
ma Sabbatorũ. XXIII.

DOmini terra &
plenitudo eius, or
bis terrarum & vniuer-
si qui habitant in eo.
† Ipse super maria fun-
dauit eum, & super flu
mina præparauit eum.
† Quis ascẽdet in mon
tem Domini, aut quis
stabit in loco sancto
eius? † Innocens ma-
nibus & mundus cor-
de, qui non accepit in
vano animam suam,
nec iurauit in dolo
proximo suo.
† Hic accipiet benedi-
ctionem à Domino, &
misericordiam à Deo
salutari suo.
† Hæc generatio quæ-
rentium Dominũ, quæ-
rentium faciem Dei Ia-
cob. † Attollite portas
principes vestras, & e-
leuamini portæ æterna-
les, & introibit rex glo-
riæ. † Quis est iste rex
gloriæ? Dominus for-
tis & potens,

πάσας τὰς ἡμέρας τῆς ζωῆς μου, καὶ
τὸ κατοικεῖν με ἐν οἴκῳ κυρίου εἰς
μακρότητα ἡμερῶν.

1 Ψαλμὸς τῷ δαυὶδ τῆς μιᾶς τῶν
σαββάτων, κγ΄.

ΤΟῦ κυρίου ἡ γῆ καὶ τὸ πλήρω-
μα αὐτῆς. ἡ οἰκουμένη καὶ πάν-
τες οἱ κατοικοῦντες ἐν αὐτῇ.
2 αὐτὸς ἐπὶ θαλασσῶν ἐθεμελίωσεν
αὐτὴν, καὶ ἐπὶ ποταμῶν ἡτοίμασεν
αὐτήν.
3 τίς ἀναβήσεται εἰς τὸ ὄρος τοῦ κυ-
ρίου, ἢ τίς στήσεται ἐν τόπῳ ἁγίῳ
αὐτοῦ;
4 ἀθῶος χερσὶ καὶ καθαρὸς τῇ καρ-
δίᾳ, ὃς οὐκ ἔλαβεν ἐπὶ ματαίῳ τὴν
ψυχὴν αὐτοῦ, καὶ οὐκ ὤμοσεν ἐπὶ δό-
λῳ τῷ πλησίον αὐτοῦ.
5 οὗτος λήψεται εὐλογίαν παρὰ κυ-
ρίου, καὶ ἐλεημοσύνην παρὰ θεοῦ
σωτῆρος αὐτοῦ.
6 αὕτη ἡ γενεὰ ζητούντων τὸν κύ-
ριον, ζητούντων τὸ πρόσωπον τοῦ
θεοῦ ἰακώβ.
7 ἄρατε πύλας οἱ ἄρχοντες ὑμῶν,
καὶ ἐπάρθητε πύλαι αἰώνιοι, καὶ εἰσε-
λεύσεται ὁ βασιλεὺς τῆς δόξης.
8 τίς ἐστιν οὗτος ὁ βασιλεὺς τῆς δό-
ξης; κύριος κραταιὸς καὶ δυνατὸς,

κύριος

κύριος δυνατὸς ἐν πολέμῳ. 8
ἄρατε πύλας οἱ ἄρχοντες ὑμῶν, 9
καὶ ἐπάρθητε πύλαι αἰώνιοι, καὶ εἰσε-
λεύσεται ὁ βασιλεὺς τῆς δόξης.
τίς ἐστιν οὗτος ὁ βασιλεὺς τῆς δό- 10
ξης; κύριος τῶν δυνάμεων αὐτός
ἐστιν ὁ βασιλεὺς τῆς δόξης.

Ψαλμὸς τοῦ Δαυίδ. κδ'. 1
ΠΡὸς σὲ κύριε ἦρα τὴν ψυχήν 2
μου, ὁ θεός μου ἐπὶ σοὶ πέ-
ποιθα, μὴ καταισχυνθείην εἰς τὸν αἰ-
ῶνα. μηδὲ καταγελασάτωσάν με οἱ
ἐχθροί μου·
καὶ γὰρ πάντες οἱ ὑπομένοντές σε, 3
οὐ μὴ καταισχυνθῶσιν. αἰσχυνθήτω-
σαν οἱ ἀνομοῦντες διακενῆς.
τὰς ὁδούς σου κύριε γνώρισόν μοι, 4
καὶ τὰς τρίβους σου δίδαξόν με.
ὁδήγησόν με ἐπὶ τὴν ἀλήθειάν 5
σου, καὶ δίδαξόν με. ὅτι σὺ εἶ ὁ θεὸς
ὁ σωτήρ μου, καὶ σὲ ὑπέμεινα ὅλην
τὴν ἡμέραν.
μνήσθητι τῶν οἰκτιρμῶν σου κύριε, 6
καὶ τὰ ἐλέη σου, ὅτι ἀπὸ τοῦ αἰῶ-
νός εἰσιν.
ἁμαρτίας νεότητός μου καὶ ἀγνοίας 7
μου μὴ μνησθῇς. κατὰ τὸ ἔλεός σου
μνήσθητί μου σύ, ἕνεκεν τῆς χρηστό-
τητός σου κύριε.

8 Dñs potens in prœlio.
9 † Attollite portas prin-
cipes vestras, & eleua-
mini portæ æternales,
& introibit rex gloriæ.
10 † Quis est iste rex glo-
riæ? † Dominus virtutũ
ipse est rex gloriæ.

† Psalmus Dauid.
1 XXIIII.
2 AD te Dñe leuaui a-
nimam meam, De-
meus in te cõfido, non
erubescam in æternũ.
Neque irrideat me ini-
mici mei. † Etenim v-
3 niuersi qui sustinẽt te,
non confundẽtur. Cõ-
fundantur iniquè agen
tes superuacuè. † Vias
4 tuas Domine demon-
stra mihi, & semitas
tuas edoce me. † Diri-
5 ge me in veritate tua,
& doce me, quia tu es
Deus saluator meus, &
te sustinui tota die.
6 † Reminiscere misera-
tionum tuarum Dñe,
& misericordiarũ tua-
rũ, quia à seculo sunt.
7 † Delicta iuuentutis
meæ, & ignorantias
meas ne memineris. se-
cũdũ misericordiã tuã
memento mei tu, pro-
pter bonitatẽ tuã Dñe.

† Dulcis & rectus Dominus, propter hoc legem dabit delinquentibus in via. † Diriget mansuetos in iudicio, docebit mites vias suas. † Vniuersæ viæ Domini misericordia & veritas, requirentibus testamentum eius, & testimonia eius. † Propter nomen tuum, Dñe, & propiciabis peccato meo: multum enim est. † Quis est homo qui timet Dñm? legem statuet ei in via quam elegit. † Anima eius in bonis demorabitur, & semen eius hæreditabit terram. † Firmamentum Dominus timentibus eum, & testamentum ipsius manifestabit illis. † Oculi mei semper ad Dominum, quoniam ipse euellet de laqueo pedes meos. † Respice in me & miserere mei, quia vnicus & pauper sum ego. † Tribulationes cordis mei multiplicatæ sunt: de necessitatibus meis erue me. † Vide humilitatem meam &

8 χρηστὸς καὶ εὐθὴς ὁ κύριος, διὰ
τοῦτο νομοθετήσει ἁμαρτάνουσιν ἐν
ὁδῷ.
9 ὁδηγήσει πραεῖς ἐν κρίσει, διδάξει
πραεῖς ὁδοὺς αὐτοῦ.
10 πᾶσαι αἱ ὁδοὶ κυρίου ἔλεος καὶ
ἀλήθεια, τοῖς ἐκζητοῦσι τὴν δια-
θήκην αὐτοῦ καὶ τὰ μαρτύρια αὐτοῦ.
11 ἕνεκεν τοῦ ὀνόματός σου κύριε, καὶ
ἱλάσθητι τῇ ἁμαρτίᾳ μου, πολλὴ
γάρ ἐστι.
12 τίς ἐστιν ἄνθρωπος ὁ φοβούμενος
τὸν κύριον; νομοθετήσει αὐτῷ ἐν ὁ-
δῷ, ᾗ ᾑρετίσατο.
13 ἡ ψυχὴ αὐτοῦ ἐν ἀγαθοῖς αὐλι-
σθήσεται, καὶ τὸ σπέρμα αὐτοῦ κληρο-
νομήσει γῆν.
14 κραταίωμα κύριος τῶν φοβου-
μένων αὐτόν, καὶ ἡ διαθήκη αὐτοῦ
δηλώσει αὐτοῖς.
15 οἱ ὀφθαλμοί μου διαπαντὸς πρὸς
τὸν κύριον, ὅτι αὐτὸς ἐκσπάσει ἐκ
παγίδος τοὺς πόδας μου.
16 ἐπίβλεψον ἐπ' ἐμὲ καὶ ἐλέησόν
με, ὅτι μονογενὴς καὶ πτωχός εἰ-
μι ἐγώ.
17 αἱ θλίψεις τῆς καρδίας μου ἐπλη-
θύνθησαν, ἐκ τῶν ἀναγκῶν μου ἐξ-
άγαγέ με.
18 ἴδε τὴν ταπείνωσίν μου καὶ τὸν

κόπον

πόνον μου, καὶ ἄφες πάσας τὰς ἁ-
μαρτίας μου.
ἴδε τοὺς ἐχθρούς μου, ὅτι ἐπλη- 19
θύνθησαν, καὶ μῖσος ἄδικον ἐμί-
σησάν με.
φύλαξον τὴν ψυχήν μου, καὶ ῥῦ- 20
σαί με, μὴ καταισχυνθείην, ὅτι ἤλ-
πισα ἐπὶ σέ.
ἄκακοι καὶ εὐθεῖς ἐκολλῶντό μοι, 21
ὅτι ὑπέμεινά σε κύριε.
λύτρωσαι ὁ θεὸς τὸν ἰσραὴλ ἐκ 22
πασῶν τῶν θλίψεων αὐτοῦ.

Ψαλμὸς τῷ δαυίδ. κε'. 1
Κρῖνόν με κύριε, ὅτι ἐγὼ ἐν
ἀκακίᾳ μου ἐπορεύθην, καὶ
ἐπὶ τῷ κυρίῳ ἐλπίζων οὐ μὴ ἀ-
σθενήσω.
δοκίμασόν με κύριε καὶ πείρασόν 2
με, πύρωσον τοὺς νεφρούς μου καὶ τὴν
καρδίαν μου.
ὅτι τὸ ἔλεός σου κατέναντι τῶν 3
ὀφθαλμῶν μού ἐστι, καὶ εὐηρέστησα ἐν
τῇ ἀληθείᾳ σου.
οὐκ ἐκάθισα μετὰ συνεδρίου μα- 4
ταιότητος, καὶ μετὰ παρανομούντων οὐ
μὴ εἰσέλθω.
ἐμίσησα ἐκκλησίαν πονηρευο- 5
μένων, καὶ μετὰ ἀσεβῶν οὐ μὴ καθίσω.
νίψομαι ἐν ἀθῴοις τὰς χεῖράς 6

laborem meum, & di-
mitte vniuersa delicta
mea. † Respice inimicos
meos, quoniam multi-
plicati sunt, & odio
iniquo oderunt me.
† Custodi animã meã,
& erue me; non eru-
bescam, quoniam spe-
raui in te. † Innocen-
tes & recti adhæserunt
mihi, quia sustinui te
Domine. † Libera Deus
Israel ex omnibus tri-
bulationibus suis.

† Psalmus Dauid. xxv.
IVdica me Dñe, quo-
niam ego in innocẽ-
tia mea ingressus sum,
& in Domino sperans
non infirmabor.
† Proba me Domine
& tenta me: vre renes
meos & cor meum.
† Quoniam misericor-
dia tua ante oculos
meos est, & complacui
in veritate tua.
† Non sedi cum conci-
lio vanitatis, & cum
iniqua gerentibus non
introibo. † Odiui ec-
clesiam malignãtium,
& cum impiis non se-
debo. † Lauabo inter
innocentes manus

meas, & circundabo
altare tuum Domine:
† Vt audiam vocem
laudis tuæ, & enarrem
vniuersa mirabilia tua.
† Domine dilexi deco-
rem domus tuæ, & lo-
cum habitationis glo-
riæ tuæ. † Ne perdas
cum impiis animam
meã, & cum viris san-
guinum vitam meam.
† Quorum in manibus
iniquitates, dextera eo-
rum repleta est mune-
ribus. † Ego autẽ in in-
nocentia mea ingressus
sum; redime me Dñe
& miserere mei. † Pes
meus stetit in directo,
in ecclesiis benedicam
te Domine.

† Psalmus Dauid, an-
tequam liniretur.

Ps. XXVII. XXVI.

DOminus illumi-
natio mea & sa-
lus mea, quem timebo?
Dñs protector vitæ meæ,
a quo trepidabo? † Dũ
appropiant super me
nocentes, vt edant car-
nes meas, qui tribulãt
me & inimici mei, ipsi
infirmati sunt & ceci-
derunt. † Si consistant
aduersũ me castra, non
timebit cor meum.

μου, καὶ κυκλώσω τὸ θυσιαστήριόν
σου κύριε·
7 τοῦ ἀκοῦσαί με φωνῆς αἰνέσεώς
σου, καὶ διηγήσασθαι πάντα τὰ θαυ-
μάσιά σου.
8 κύριε ἠγάπησα εὐπρέπειαν οἴκου
σου, καὶ τόπον σκηνώματος δόξης σου.
9 μὴ συναπολέσῃς μετὰ ἀσεβῶν τὴν
ψυχήν μου, καὶ μετὰ ἀνδρῶν αἱμάτων
τὴν ζωήν μου.
10 ὧν ἐν χερσὶν αἱ ἀνομίαι, ἡ δεξιὰ
αὐτῶν ἐπλήσθη δώρων.
11 ἐγὼ δὲ ἐν ἀκακίᾳ μου ἐπορεύθην,
λύτρωσαί με κύριε καὶ ἐλέησόν με.
12 ὁ πούς μου ἔστη ἐν εὐθύτητι, ἐν ἐκ-
κλησίαις εὐλογήσω σε κύριε.

1 Ψαλμὸς τοῦ Δαυίδ, πρὸ τοῦ χρι-
σθῆναι, κϛʹ.

ΚΥριος φωτισμός μου καὶ σω-
τήρ μου, τίνα φοβηθήσομαι;
κύριος ὑπερασπιστὴς τῆς ζωῆς μου,
ἀπὸ τίνος δειλιάσω;
2 ἐν τῷ ἐγγίζειν ἐπ' ἐμὲ κακοῦν-
τας, τοῦ φαγεῖν τὰς σάρκας μου, οἱ
θλίβοντές με καὶ οἱ ἐχθροί μου, αὐτοὶ
ἠσθένησαν καὶ ἔπεσον.
3 ἐὰν παρατάξηται ἐπ' ἐμὲ παρεμ-
βολή, οὐ φοβηθήσεται ἡ καρδία μου.
ἐὰν

ἐὰν ἐπαναστῇ ἐπ' ἐμὲ πόλεμος,
ἐν ταύτῃ ἐγὼ ἐλπίζω.
μίαν ᾐτησάμην παρὰ κυρίου, 4
ταύτην ζητήσω, τὸ κατοικεῖν με ἐν
οἴκῳ κυρίου πάσας τὰς ἡμέρας τῆς
ζωῆς μου, τοῦ θεωρεῖν με τὴν τερπνό-
τητα κυρίου, καὶ ἐπισκέπτεσθαι τὸν ναὸν
τὸν ἅγιον αὐτοῦ.
ὅτι ἔκρυψέ με ἐν σκηνῇ αὐτοῦ, ἐν 5
ἡμέρᾳ κακῶν μου ἐσκέπασέ με ἐν
ἀποκρύφῳ τῆς σκηνῆς αὐτοῦ. ἐν πέ-
τρᾳ ὕψωσέ με·
καὶ νῦν ἰδοὺ ὕψωσε κεφαλήν μου 6
ἐπ' ἐχθρούς μου. ἐκύκλωσα καὶ ἔθυσα
ἐν τῇ σκηνῇ αὐτοῦ θυσίαν αἰνέσεως
καὶ ἀλαλαγμοῦ, ᾄσω καὶ ψαλῶ τῷ
κυρίῳ.
εἰσάκουσον κύριε τῆς φωνῆς μου, 7
ἧς ἐκέκραξα. ἐλέησόν με, καὶ εἰσά-
κουσόν μου.
σοὶ εἶπεν ἡ καρδία μου, κύριον 8
ζητήσω. ἐξεζήτησέ σε τὸ πρόσωπόν
μου, τὸ πρόσωπόν σου κύριε ζη-
τήσω.
μὴ ἀποστρέψῃς τὸ πρόσωπόν σου 9
ἀπ' ἐμοῦ, καὶ μὴ ἐκκλίνῃς ἐν ὀργῇ
ἀπὸ τοῦ δούλου σου. βοηθός μου γενοῦ,
μὴ ἀποσκορακίσῃς με, καὶ μὴ ἐγκατα-
λίπῃς με ὁ θεὸς ὁ σωτήρ μου.
ὅτι

si exurgat aduersum
me prœlium, in hoc e-
go spero. † Vnam pe-
tij à Dño, hanc requi-
ram, vt inhabitem in
domo Dñi omnibus
diebus vitæ meæ: vt vi-
deam voluptatẽ Dñi,
& visitem templũ san-
ctum eius. † Quoniam
abscondit me in taber-
naculo suo, in die ma-
lorum meorum pro-
texit me in abscondito
tabernaculi sui. In pe-
tra exaltauit me: † &
nunc ecce exaltauit ca-
put meum super inimi-
cos meos. Circuiui &
immolaui in taberna-
culo eius hostiam lau-
dis & iubilationis, can-
tabo & psalmũ dicam
Dño. † Exaudi Dñe vo-
cem meam, qua clama-
ui: miserere mei, & ex-
audi me. † Tibi dixit
cor meum, Dñm re-
quiram. exquisiuit te
facies mea, faciẽ tuam
Dñe requiram. † Ne
auertas faciem tuam à
me, & ne declines in ira
à seruo tuo. Adiutor
meus esto, ne derelin-
quas me, neque dimit-
tas me Deus salutaris
meus.

† Quoniam pater meus & mater mea dereliquerunt me, Dñs autẽ assumpsit me. † Legem pone mihi Dñe in via tua, & dirige me in semita recta propter inimicos meos. † Ne tradideris me in animas tribulantium me, quoniam insurrexerunt in me testes iniqui, & mẽtita est iniquitas sibi.

† Credo videre bona Dñi in terra viuẽtium.

† Expecta Dominum, viriliter age, & confortetur cor tuum, & sustine Dominum.

10 ὅτι ὁ πατήρ μου καὶ ἡ μήτηρ μου
ἐγκατέλιπόν με· ὁ δὲ κύριος προσ-
ελάβετό με.
11 νομοθέτησόν με κύριε ἐν τῇ ὁδῷ
σου, καὶ ὁδήγησόν με ἐν τρίβῳ εὐ-
θείᾳ ἕνεκα τῶν ἐχθρῶν μου.
12 μὴ παραδῷς με εἰς ψυχὰς θλι-
βόντων με, ὅτι ἐπανέστησάν μοι μάρ-
τυρες ἄδικοι, καὶ ἐψεύσατο ἡ ἀδικία
ἑαυτῇ.
13 πιστεύω τοῦ ἰδεῖν τὰ ἀγαθὰ κυ-
ρίου ἐν γῇ ζώντων.
14 ὑπόμεινον τὸν κύριον, ἀνδρίζου,
καὶ κραταιούσθω ἡ καρδία σου, καὶ
ὑπόμεινον τὸν κύριον.

† Psalmus David.

VIII XXVII.

AD te Domine clamabo, Deus meus ne sileas à me: ne quando taceas, & assimilabor descendentibus in lacum. † Exaudi Dñe vocem deprecationis meæ, dum oro ad te, dum extollo manus meas ad templum sanctum tuum.

† Ne simul trahas me cum peccatoribus, & cum operantibus iniquitatem ne perdas me: qui loquuntur

1 Ψαλμὸς τῷ Δαυίδ.

κζ΄.

ΠΡὸς σὲ κύριε κεκράξομαι, ὁ
θεός μου μὴ παρασιωπήσῃς
ἀπ᾿ ἐμοῦ, μήποτε παρασιωπήσῃς καὶ
ὁμοιωθήσομαι τοῖς καταβαίνουσιν εἰς
λάκκον.
2 εἰσάκουσον κύριε τῆς φωνῆς τῆς
δεήσεώς μου, ἐν τῷ δέεσθαί με πρὸς
σέ, ἐν τῷ αἴρειν με χεῖράς μου πρὸς
ναὸν ἅγιόν σου.
3 μὴ συνελκύσῃς με μετὰ ἁμαρτω-
λῶν, καὶ μετὰ ἐργαζομένων ἀδικίαν
μὴ συναπολέσῃς με, τῶν λαλούντων
εἰρήνην

εἰρήνην μετὰ τῶν πλησίον αὐτῶν, κακὰ δὲ
ἐν ταῖς καρδίαις αὐτῶν.
δὸς αὐτοῖς κύριε κατὰ τὰ ἔργα αὐ-
τῶν, καὶ κατὰ τὴν πονηρίαν τῶν ἐπιτη-
δευμάτων αὐτῶν· κατὰ τὰ ἔργα τῶν χει-
ρῶν αὐτῶν δὸς αὐτοῖς, ἀπόδος τὸ ἀν-
ταπόδομα αὐτῶν αὐτοῖς.
ὅτι οὐ συνῆκαν εἰς τὰ ἔργα κυρίου,
καὶ εἰς τὰ ἔργα τῶν χειρῶν αὐτοῦ κα-
θελεῖς αὐτοὺς, καὶ οὐ μὴ οἰκοδομή-
σεις αὐτούς.
εὐλογητὸς κύριος, ὅτι εἰσήκουσε
τῆς φωνῆς τῆς δεήσεώς μου.
κύριος βοηθός μου καὶ ὑπερα-
σπιστής μου, ἐπ' αὐτῷ ἤλπισεν ἡ
καρδία μου, καὶ ἐβοηθήθην. καὶ ἀνέθα-
λεν ἡ σάρξ μου, καὶ ἐκ θελήματός μου
ἐξομολογήσομαι αὐτῷ.
κύριος κραταίωμα τοῦ λαοῦ αὐ-
τοῦ καὶ ὑπερασπιστὴς τῶν σωτηρίων τοῦ
χριστοῦ αὐτοῦ ἐστι.
σῶσον τὸν λαόν σου, καὶ εὐλόγη-
σον τὴν κληρονομίαν σου, καὶ ποί-
μανον αὐτοὺς, καὶ ἔπαρον αὐτοὺς
ἕως τοῦ αἰῶνος.

ψαλμὸς τῷ δαυίδ, ἐξοδίου σκηνῆς.
κη.

Ἐνέγκατε τῷ κυρίῳ υἱοὶ θεοῦ, ἐνέγκατε τῷ κυρίῳ υἱοὺς κριῶν·

pacem cum proximo
suo, mala autē in cor-
dibus eorum. † Da illis
4 Dñe secundum opera
eorū, & secundum ne-
quitiā adinuentionum
ipsorū. Secundū opera
manuū eorū tribue il-
lis, redde retributionē
5 eorū ipsis. † Quoniam
non intellexerūt in o-
pera Dñi: & in opera
manuum eius destrues
illos, & non ædificabis
6 eos. † Benedictus Dñs,
quoniā exaudiuit vocē
depcationis meæ. † Dñs
7 adiutor meus & prote-
ctor meus: in ipso spe-
rauit cor meū, & adiu-
tus sum, & refloruit
caro mea, & ex volun-
tate mea cōfitebor ei.
8 † Dñs fortitudo plebis
suæ, & protector salua-
tionum christi sui est.
9 † Saluum fac populū
tuum, & benedic hæ-
reditati tuæ; & rege
eos, & extolle illos vs-
que in æternum.

Hebr. XXIX

1 † Psalmus Dauid, in
consummatione ta-
bernaculi XXVIII.

Afferte Dño filij Dei,
afferte Dño filios

arietum. afferte Dño gloriam & honorem: † Afferte Domino gloriam nomini eius, adorate Dominum in atrio sancto eius.

† Vox Domini super aquas, Deus maiestatis intonuit, Dominus super aquas multas.

† Vox Domini in virtute, vox Domini in magnificentia.

† Vox Domini confringentis cedros, & confringet Dominus cedros Libani. † Et comminuet eas tanquã vitulum Libani, & dilectus quemadmodum filius vnicornium.

† Vox Domini intercidentis flammã ignis.

† Vox Domini concutientis desertum, & commouebit Dominus desertum Cades.

† Vox Dñi præparantis ceruos, & reuelabit cõdensa, & in templo eius omnis dicit gloriam.

† Dñs diluuium inhabitare faciet, & sedebit Dñs rex in æternum.

† Dñs virtutẽ populo suo dabit: Dñs benedicet populo suo in pace.

κριῶν, ἐνέγκατε τῷ κυρίῳ δόξαν
καὶ τιμήν.
2 ἐνέγκατε τῷ κυρίῳ δόξαν ὀνό-
ματι αὐτοῦ, προσκυνήσατε τῷ κυ-
ρίῳ ἐν αὐλῇ ἁγίᾳ αὐτοῦ.
3 Φωνὴ κυρίου ἐπὶ τῶν ὑδάτων· ὁ θεὸς
τῆς δόξης ἐβρόντησε, κύριος ἐπὶ ὑ-
δάτων πολλῶν.
4 φωνὴ κυρίου ἐν ἰσχύϊ, φωνὴ κυρίου
ἐν μεγαλοπρεπείᾳ.
5 φωνὴ κυρίου συντρίβοντος κέ-
δρους, καὶ συντρίψει κύριος τὰς
κέδρους τοῦ λιβάνου.
6 καὶ λεπτυνεῖ αὐτὰς ὡς τὸν μόσχον
τὸν λίβανον, καὶ ὁ ἠγαπημένος ὡς υἱὸς
μονοκερώτων.
7 φωνὴ κυρίου διακόπτοντος φλόγα
πυρός·
8 φωνὴ κυρίου συσσείοντος ἔρημον,
καὶ συσσείσει κύριος τὴν ἔρημον
κάδης.
9 φωνὴ κυρίου καταρτιζομένου ἐλά-
φους, καὶ ἀποκαλύψει δρυμοὺς, καὶ
ἐν τῷ ναῷ αὐτοῦ πᾶς τις λέγει δόξαν.
10 κύριος τὸν κατακλυσμὸν κατοι-
κιεῖ, καὶ καθιεῖται κύριος βασιλεὺς εἰς
τὸν αἰῶνα.
11 κύριος ἰσχὺν τῷ λαῷ αὐτοῦ δώσει·
κύριος εὐλογήσει τὸν λαὸν αὐτοῦ
ἐν εἰρήνῃ.

1 Ψαλμὸς ᾠδῆς τοῦ ἐγκαινισμοῦ
τοῦ οἴκου Δαυίδ.
κθ'.

2 Ὑψώσω σε κύριε ὅτι ὑπέλα-
βές με, καὶ οὐκ εὔφρανας τοὺς
ἐχθρούς μου ἐπ' ἐμέ.

3 κύριε ὁ θεός μου ἐκέκραξα πρὸς
σὲ καὶ ἰάσω με.

4 κύριε ἀνήγαγες ἐξ ᾅδου τὴν ψυ-
χήν μου, ἔσωσάς με ἀπὸ τῶν κατα-
βαινόντων εἰς λάκκον.

5 ψάλατε τῷ κυρίῳ οἱ ὅσιοι αὐτοῦ,
καὶ ἐξομολογεῖσθε τῇ μνήμῃ τῆς ἁγιω-
σύνης αὐτοῦ.

6 ὅτι ὀργὴ ἐν τῷ θυμῷ αὐτοῦ, καὶ
ζωὴ ἐν τῷ θελήματι αὐτοῦ· τὸ ἑσπέ-
ρας αὐλισθήσεται κλαυθμός, καὶ εἰς
τὸ πρωῒ ἀγαλλίασις.

7 ἐγὼ δὲ εἶπα ἐν τῇ εὐθηνίᾳ μου,
οὐ μὴ σαλευθῶ εἰς τὸν αἰῶνα.

8 κύριε ἐν τῷ θελήματί σου παρέ-
σχου τῷ κάλλει μου δύναμιν, ἀπέ-
στρεψας δὲ τὸ πρόσωπόν σου, καὶ ἐγενή-
θην τεταραγμένος.

9 πρὸς σὲ κύριε κεκράξομαι, καὶ
πρὸς τὸν θεόν μου δεηθήσομαι.

10 τίς ὠφέλεια ἐν τῷ αἵματί μου,
ἐν τῷ καταβαίνειν με εἰς διαφθοράν;
μὴ ἐξομολογήσεταί σοι χοῦς, ἢ ἀ-
ναγγελεῖ τὴν ἀλήθειάν σου;

ἤκουσε

†Psalmus cantici in de-
dicatione domus
David, xxix. Heb. xxx

EXaltabo te Dñe,
quoniam suscepi-
sti me, & nõ delectasti
inimicos meos super
me. †Dñe Deus meus
clamaui ad te, & sana-
sti me. †Dñe eduxisti
ab inferno animã meã,
saluasti me à descen-
dentibus in lacum.
†Psallite Dño sancti
eius, & cõfitemini me-
moriæ sanctitatis eius.
†Quoniam ira in
indignatione eius, &
vita in voluntate eius.
Ad vesperum demora-
bitur fletus, & ad ma-
tutinum lætitia. †Ego
autem dixi in abun-
dantia mea: Non mo-
uebor in æternum.
†Dñe in voluntate tua
præstitisti decori meo
virtutẽ. auertisti autẽ
faciem tuam, & factus
sum conturbatus. †Ad
te Dñe clamabo, & ad
Deũ meũ deprecabor.
†Quæ vtilitas in san-
guine meo, dum descẽ-
do in corruptionem?
nunquid confitebitur
tibi puluis? aut annun-
ciabit veritatẽ tuam?

† Audiuit Dñs & mi-
sertꝰ est mei: Dñs factꝰ
est adiutor meus. † Cõ-
uertisti planctũ meũ in
gaudiũ mihi, cõscidisti
saccum meum, & cir-
cundedisti me lætitia.
† Vt cantet tibi gloria
mea, & non compun-
gar: Dñe Deus meus in
æternũ confitebor tibi.

XXX.

† In finem Psalmus Da-
uid, pro ecstasi. xxx.

IN te Domine spera-
ui, non confundar in
æternum; in iustitia tua
libera me & eripe me.
† Inclina ad me aurem
tuam, accelera vt eruas
me. esto mihi in Deũ
protectorem, & in do-
mum refugij, vt sal-
uum me facias.
† Quoniam fortitudo
mea & refugium meũ
es tu, & propter nomẽ
tuum deduces me, &
enutries me.
† Educes me de laqueo
hoc quem absconde-
runt mihi, quoniam tu
es protector meꝰ Dñe.
† In manus tuas com-
mendabo spiritũ meũ:
redemisti me Domine
Deus veritatis.

11 ἤκουσε κύριος καὶ ἠλέησέ με·
κύριος ἐγενήθη βοηθός μου.
12 ἔστρεψας τὸν κοπετόν μου εἰς χα-
ρὰν ἐμοί· διέῤῥηξας τὸν σάκκον μου,
καὶ περιέζωσάς με εὐφροσύνην.
13 ὅπως ἂν ψάλῃ σοι ἡ δόξα μου,
καὶ οὐ μὴ κατανυγῶ· κύριε ὁ θεός
μου εἰς τὸν αἰῶνα, ἐξομολογήσο-
μαί σοι.

1 Εἰς τὸ τέλος ψαλμὸς τῷ δαυίδ,
ἐκστάσεως. λ.

2 ΕΠὶ σοὶ κύριε ἤλπισα, μὴ κα-
ταισχυνθείην εἰς τὸν αἰῶνα, ἐν
τῇ δικαιοσύνῃ σου ῥῦσαί με καὶ
ἐξελοῦ με.
3 κλῖνον πρός με τὸ οὖς σου, τά-
χυνον τοῦ ἐξελέσθαι με. γενοῦ μοι εἰς
θεὸν ὑπερασπιστὴν, καὶ εἰς οἶκον κα-
ταφυγῆς τοῦ σῶσαί με.
4 ὅτι κραταίωμά μου καὶ καταφυγή
μου εἶ σὺ, καὶ ἕνεκεν τοῦ ὀνόματός
σου ὁδηγήσεις με, καὶ διαθρέ-
ψεις με.
5 ἐξάξεις με ἐκ παγίδος ταύτης
ἧς ἔκρυψάν μοι, ὅτι σὺ εἶ ὁ ὑπερα-
σπιστής μου κύριε·
6 εἰς χεῖράς σου παραθήσομαι τὸ
πνεῦμά μου. ἐλυτρώσω με κύριε ὁ
θεὸς τῆς ἀληθείας.

ἐμίση-

ἐμίσησας τοὺς διαφυλάσσοντας 7
ματαιότητας διακενῆς. ἐγὼ δὲ ἐπὶ
τῷ κυρίῳ ἤλπισα.
ἀγαλλιάσομαι καὶ εὐφρανθήσο- 8
μαι ἐπὶ τῷ ἐλέει σου, ὅτι ἐπεῖδες
ἐπὶ τὴν ταπείνωσίν μου, ἔσωσας ἐκ
τῶν ἀναγκῶν τὴν ψυχήν μου.
καὶ οὐ συνέκλεισάς με εἰς χεῖρας 9
ἐχθρῶν, ἔστησας ἐν εὐρυχώρῳ τοὺς
πόδας μου.
ἐλέησόν με κύριε, ὅτι θλίβομαι. 10
ἐταράχθη ἐν θυμῷ ὁ ὀφθαλμός μου,
ἡ ψυχή μου καὶ ἡ γαστήρ μου.
ὅτι ἐξέλιπεν ἐν ὀδύνῃ ἡ ζωή μου, 11
καὶ τὰ ἔτη μου ἐν στεναγμοῖς. ἠσθέ-
νησεν ἐν πτωχείᾳ ἡ ἰσχύς μου, καὶ τὰ
ὀστᾶ μου ἐταράχθησαν.
παρὰ πάντας τοὺς ἐχθρούς μου 12
ἐγενήθην ὄνειδος, καὶ τοῖς γείτοσί μου
σφόδρα, καὶ φόβος τοῖς γνωστοῖς μου.
οἱ θεωροῦντές με ἔξω ἔφυγον ἀπ'
ἐμοῦ.
ἐπελήσθην ὡσεὶ νεκρὸς ἀπὸ καρ- 13
δίας. ἐγενήθην ὡσεὶ σκεῦος ἀπο-
λωλός.
ὅτι ἤκουσα ψόγον πολλῶν παροι- 14
κούντων κυκλόθεν. ἐν τῷ ἐπισυνα-

† Odisti obseruantes
vanitates superuacuè.
ego autem in Domino
speraui. † Exultabo
& lætabor in misericor
dia tua: quoniam re-
spexisti in humilitatē
meā: saluasti de neces-
sitatibus animā meam.
† Et non cōclusisti me
in manus inimicorum,
statuisti in loco spacio-
so pedes meos. † Mise-
rere mei Dñe, quoniam
tribulor. conturbatus
est in ira oculus meus,
anima mea & venter
meus. † Quoniā defe-
cit in dolore vita mea,
& anni mei in gemiti-
bus. Infirmata est in
paupertate virtus mea,
& ossa mea conturba-
ta sunt. † Super omnes
inimicos meos factus
sum opprobriū, & vi-
cinis meis valdè, & ti-
mor notis meis. Qui
videbant me foras fu-
gerunt à me. † Obli-
uioni datus sum tan-
quam mortuus à cor-
de. Factus sum tanquā
vas perditum: † Quo-
niam audiui vitupera-
tionem multorū com-
morātium in circuitu.
In eo dum conuenirēt

ipsi simul aduersũ me, accipere animã meam consiliati sunt. † Ego autem in te Dñe speraui. dixi: Tu es Deus meus: † In manibus tuis sortes meæ. † Eripe me de manu inimicorum meorum & a persequentibus me. † Illustra faciem tuam super seruum tuum. saluum me fac in misericordia tua. † Dñe non cõfundar, quoniam inuocaui te. Erubescant impij & deducãtur in infernũ. † Muta fiant labia dolosa, quæ loquũtur aduersus iustum iniquitatem in superbia & contemptu. † Quàm magna multitudo dulcedinis tuæ Dñe, quam abscondisti timentibus te! Perfecisti eis qui sperant in te, in conspectu filiorũ hominum. † Abscondes eos in abscõdito faciei tuæ à conturbatione hominum. proteges eos in tabernaculo à contradictione linguarum. † Benedictus Dñs, quoniam mirificauit misericordiam suam in ciuitate munita.

χθῆναι αὐτοὺς ἅμα ἐπ' ἐμὲ, τοῦ λα-
βεῖν τὴν ψυχήν μου ἐβουλεύσαντο.
15 ἐγὼ δὲ ἐπὶ σοὶ κύριε ἤλπισα·
εἶπα, σὺ εἶ ὁ θεός μου·
16 ἐν ταῖς χερσί σου οἱ κλῆροί μου.
ῥῦσαί με ἐκ χειρὸς ἐχθρῶν μου, καὶ
ἐκ τῶν καταδιωκόντων με.
17 ἐπίφανον τὸ πρόσωπόν σου ἐπὶ
τὸν δοῦλόν σου, σῶσόν με ἐν τῷ
ἐλέει σου.
18 κύριε μὴ καταισχυνθείην ὅτι ἐπε-
καλεσάμην σε. αἰσχυνθείησαν ἀσε-
βεῖς καὶ καταχθείησαν εἰς ᾅδου.
19 ἄλαλα γενηθήτω τὰ χείλη τὰ
δόλια, τὰ λαλοῦντα κατὰ τοῦ δικαίου
ἀνομίαν ἐν ὑπερηφανίᾳ καὶ ἐξου-
δενώσει.
20 ὡς πολὺ τὸ πλῆθος τῆς χρηστό-
τητός σου κύριε, ἧς ἔκρυψας τοῖς
φοβουμένοις σε. ἐξειργάσω τοῖς ἐλ-
πίζουσιν ἐπὶ σέ, ἐναντίον τῶν υἱῶν
τῶν ἀνθρώπων.
21 κατακρύψεις αὐτοὺς ἐν ἀποκρύ-
φῳ τοῦ προσώπου σου ἀπὸ ταραχῆς
ἀνθρώπων σκεπάσεις αὐτοὺς ἐν σκη-
νῇ ἀπὸ ἀντιλογίας γλωσσῶν.
22 εὐλογητὸς κύριος, ὅτι ἐθαυμά-
στωσε τὸ ἔλεος αὐτοῦ ἐν πόλει πε-
ριοχῆς.

ἐγὼ δ' εἶπα ἐν τῇ ἐκστάσει μου, 23
ἀπέρριμμαι ἀπὸ προσώπου τῶν ὀφ-
θαλμῶν σου. διὰ τοῦτο εἰσήκουσας
τῆς φωνῆς τῆς δεήσεώς μου ἐν τῷ κε-
κραγέναι με πρὸς σέ.
ἀγαπήσατε τὸν κύριον πάντες 24
οἱ ὅσιοι αὐτοῦ, ὅτι ἀληθείας ἐκζητεῖ
κύριος, καὶ ἀνταποδίδωσι τοῖς πε-
ρισσῶς ποιοῦσιν ὑπερηφανίαν.
ἀνδρίζεσθε καὶ κραταιούσθω ἡ 25
καρδία ὑμῶν πάντες οἱ ἐλπίζοντες
ἐπὶ κύριον.

Ψαλμὸς τῷ Δαυὶδ συνέσεως. 1
λά.

Μακάριοι ὧν ἀφέθησαν αἱ ἀνο-
μίαι, καὶ ὧν ἐπεκαλύφθησαν
αἱ ἁμαρτίαι.
μακάριος ἀνήρ, ᾧ οὐ μὴ λογίση- 2
ται κύριος ἁμαρτίαν, οὐδὲ ἔστιν ἐν τῷ
στόματι αὐτοῦ δόλος.
ὅτι ἐσίγησα, ἐπαλαιώθη τὰ ὀστᾶ 3
μου, ἀπὸ τοῦ κράζειν με ὅλην τὴν
ἡμέραν.
ὅτι ἡμέρας καὶ νυκτὸς ἐβαρύνθη 4
ἐπ' ἐμὲ ἡ χείρ σου, ἐστράφην εἰς τα-
λαιπωρίαν, ἐν τῷ ἐμπαγῆναί μοι
ἄκανθαν.
τὴν ἀνομίαν μου ἐγνώρισα, καὶ 5
τὴν ἁμαρτίαν μου οὐκ ἐκάλυψα.

† Ego autem dixi in
excessu mentis meæ,
Proiectus sum à facie
oculorum tuorũ. Pro-
pter hoc exaudisti vo-
cem orationis meæ dũ
clamarem ad te. † Di-
ligite Dñm omnes san-
cti eius, quoniam veri-
tates requirit Dñs, &
retribuit abũdanter fa-
cientibus superbiam.
† Viriliter agite & con-
fortetur cor vestrum
omnes qui speratis in
Domino.

† Psalmus Dauid intel-
lectus. XXXI. XXXII

Beati quorum re-
missæ sunt iniqui-
tates, & quorum tecta
sunt peccata. † Beatus
vir cui non imputabit
Dñs peccatum, neque
est in ore eius dolus.
† Quoniam tacui, in-
ueterauerunt ossa mea,
dum clamarẽ tota die.
† Quoniam die ac no-
cte grauata est super
me manus tua, cõuer-
sus sum in ærumnam,
dum configitur mihi
spina. † Delictum
meum cognitum feci,
& iniustitiam meam
non abscondi.

Dixi, Confitebor aduersum me iniustitiam meam Dño, & tu remisisti impietaté cordis mei. † Pro hac orabit ad te omnis sanctus in tempore oportuno. Veruntamen in diluuio aquarum multarum ad eum non approximabűt. † Tu meű es refugium à tribulatione quæ circundedit me, exultatio mea, erue me à circűdātibus me. † Intellectum tibi dabo & instruam te in via hac qua gradieris, firmabo super te oculos meos. † Nolite fieri sicut equus & mulus, quibus non est intellectus. In camo & freno maxillas eorum constringe qui non approximant ad te. † Multa flagella peccatoris; sperantem autem in Dño misericordia circundabit. † Lætamini in Dño & exultate iusti, & gloriamini oẽs recti corde.

Psalmus David, sine titulo apud Hebr. XXXII.

xxxiii EXultate iusti in Domino, rectos decet collaudatio.

εἶπα, ἐξαγορεύσω κατ' ἐμοῦ τὴν ἀνο-
μίαν μου τῷ κυρίῳ, καὶ σὺ ἀφῆκας
τὴν ἀσέβειαν τῆς καρδίας μου.
6 ὑπὲρ ταύτης προσεύξεται πρὸς σὲ
πᾶς ὅσιος ἐν καιρῷ εὐθέτῳ. πλὴν
ἐν κατακλυσμῷ ὑδάτων πολλῶν
πρὸς αὐτὸν οὐκ ἐγγιοῦσι.
7 Σύ μου εἶ καταφυγὴ ἀπὸ θλίψεως
τῆς περιεχούσης με, τὸ ἀγαλλίαμά
μου λύτρωσαί με ἀπὸ τῶν κυκλω-
σάντων με.
8 Συνετιῶ σε καὶ συμβιβῶ σε ἐν ὁδῷ
ταύτῃ ᾗ πορεύσῃ, ἐπιστηριῶ ἐπὶ σὲ
τοὺς ὀφθαλμούς μου
9 μὴ γίνεσθε ὡς ἵππος καὶ ἡμίονος,
οἷς οὐκ ἔστι σύνεσις. ἐν κημῷ καὶ χα-
λινῷ τὰς σιαγόνας αὐτῶν ἄγξαις, τῶν
μὴ ἐγγιζόντων πρὸς σέ.
10 πολλαὶ αἱ μάστιγες τοῦ ἁμαρτωλοῦ,
τὸν δὲ ἐλπίζοντα ἐπὶ κύριον ἔλεος
κυκλώσει.
11 εὐφράνθητε ἐπὶ κύριον καὶ ἀγαλ-
λιᾶσθε δίκαιοι, καὶ καυχᾶσθε πάν-
τες οἱ εὐθεῖς τῇ καρδίᾳ.

Ψαλμὸς τῷ δαυίδ, ἀνεπίγραφος
παρ' Ἑβραίοις. λβ'.

1 ΑΓαλλιᾶσθε δίκαιοι ἐν κυρίῳ,
τοῖς εὐθέσι πρέπει αἴνεσις.

ἐξομο-

ἐξομολογεῖσθε τῷ κυρίῳ ἐν κι- 2
θάρᾳ, ἐν ψαλτηρίῳ δεκαχόρδῳ
ψάλατε αὐτῷ.
ᾄσατε αὐτῷ ᾆσμα καινόν· κα- 3
λῶς ψάλατε αὐτῷ ἐν ἀλαλαγμῷ.
ὅτι εὐθὺς ὁ λόγος τοῦ κυρίου, καὶ 4
πάντα τὰ ἔργα αὐτοῦ ἐν πίστει.
ἀγαπᾷ ἐλεημοσύνην καὶ κρίσιν ὁ 5
κύριος, τοῦ ἐλέους κυρίου πλήρης ἡ γῆ.
τῷ λόγῳ κυρίου οἱ οὐρανοὶ ἐστε- 6
ρεώθησαν, καὶ τῷ πνεύματι τοῦ στό-
ματος αὐτοῦ πᾶσα ἡ δύναμις αὐτῶν.
συνάγων ὡσεὶ ἀσκὸν ὕδατα θα- 7
λάσσης, τιθεὶς ἐν θησαυροῖς ἀ-
βύσσους·
φοβηθήτω τὸν κύριον πᾶσα ἡ 8
γῆ· ἀπ' αὐτοῦ δὲ σαλευθήτωσαν πάν-
τες οἱ κατοικοῦντες τὴν οἰκουμένην.
ὅτι αὐτὸς εἶπε καὶ ἐγενήθησαν· αὐ- 9
τὸς ἐνετείλατο καὶ ἐκτίσθησαν.
κύριος διασκεδάζει βουλὰς ἐ- 10
θνῶν, ἀθετεῖ δὲ λογισμοὺς λαῶν, καὶ
ἀθετεῖ βουλὰς ἀρχόντων.
ἡ δὲ βουλὴ τοῦ κυρίου εἰς τὸν αἰῶνα 11
μένει, λογισμοὶ τῆς καρδίας αὐτοῦ
εἰς γενεὰν καὶ γενεάν.
μακάριον τὸ ἔθνος οὗ ἐστι κύριος 12
ὁ θεὸς αὐτοῦ, λαὸς ὃν ἐξελέξατο εἰς
κληρονομίαν ἑαυτῷ.
ἐξ οὐρανοῦ ἐπέβλεψεν ὁ κύριος, 13

† Confitemini Dño in
cithara, in psalterio de-
cem chordarũ psallite
illi. † Cantate ei canti-
cum nouũ: bene psalli-
te ei in vociferatione.
† Quia rectum verbum
Dñi, & omnia opera e-
ius in fide. † Diligit mi-
sericordiã & iudicium
Dñs, misericordia Dñi
plena terra. † Verbo Dñi
cæli firmati sunt, & spi
ritu oris eius omnis vir-
tus eorũ. † Congregans
sicut vtrem aquas ma-
ris, ponens in thesauris
abyssos. † Timeat Dñm
omnis terra; ab eo au-
tem cõmoueantur om-
nes inhabitantes orbẽ.
† Quoniam ipse dixit,
& facta sunt, ipse man
dauit & creata sunt.
† Dominus dissipat cõ-
silia gentium, reprobat
autem cogitationes po
pulorum, & reprobat
consilia principum.
† Consiliũ autem Dñi
in æternum manet, co-
gitationes cordis eius
in gñatione & gñatio-
nẽ. † Beata gẽs cuius est
Dñs Deus eius, popu-
lus quem elegit in hæ-
reditatem sibi. † De
cælo respexit Dñs,

λγ'.

Εὐλογήσω τὸν κύριον ἐν παντὶ 2
καιρῷ, διαπαντὸς ἡ αἴνεσις
αὐτοῦ ἐν τῷ στόματί μου.
ἐν τῷ κυρίῳ ἐπαινεθήσεται ἡ 3
ψυχή μου, ἀκουσάτωσαν πραεῖς καὶ
εὐφρανθήτωσαν.
μεγαλύνατε τὸν κύριον σὺν ἐ- 4
μοὶ, καὶ ὑψώσωμεν τὸ ὄνομα αὐτοῦ
ἐπὶ τὸ αὐτό.
ἐξεζήτησα τὸν κύριον, καὶ ἐπήκου- 5
σέ μου, καὶ ἐκ πασῶν τῶν θλίψεών
μου ἐῤῥύσατό με.
προσέλθετε πρὸς αὐτὸν καὶ φω- 6
τίσθητε, καὶ τὰ πρόσωπα ὑμῶν οὐ μὴ
καταισχυνθῇ.
οὗτος ὁ πτωχὸς ἐκέκραξε, καὶ 7
ὁ κύριος εἰσήκουσεν αὐτοῦ, καὶ ἐκ
πασῶν τῶν θλίψεων αὐτοῦ ἔσωσεν
αὐτόν.
παρεμβαλεῖ ἄγγελος κυρίου 8
κύκλῳ τῶν φοβουμένων αὐτὸν, καὶ
ῥύσεται αὐτούς.
γεύσασθε καὶ ἴδετε, ὅτι χρηστὸς 9
ὁ κύριος· μακάριος ἀνὴρ, ὃς ἐλ-
πίζει ἐπ' αὐτόν.
φοβήθητε τὸν κύριον πάντες οἱ 10
ἅγιοι αὐτοῦ, ὅτι οὐκ ἔστιν ὑστέρημα τοῖς
φοβουμένοις αὐτόν.
πλούσιοι ἐπτώχευσαν καὶ ἐπεί- 11

XXXIII. Κεφ.

Benedicam Dominū
in omni tempore,
semper laus eius in ore
meo. † In Domino
laudabitur anima mea,
audiant mansueti &
lætentur.
† Magnificate Domi-
num mecum, & exal-
temus nomen eius in
idipsum.
† Exquisiui Dominum,
& exaudiuit me, & ex
omnibus tribulationi-
bus meis eripuit me.
† Accedite ad eum &
illuminamini, & facies
vestræ non confun-
dentur.
† Iste pauper clama-
uit, & Dominus exau-
diuit eum, & ex omni-
bus tribulationibus e-
ius saluauit eum.
† Castrametabitur an-
gelus Domini in cir-
cuitu timentium eum,
& eripiet eos.
† Gustate & videte,
quoniā suauis est Do-
minus, beatus vir qui
sperat in eo. † Timete
Dñm oẽs sancti eius,
quoniam non est ino-
pia timẽtibus eũ. † Di-
uites eguerunt & esu-

tierunt: inquirentes autem Dominum, non minuentur omni bono.
† Venite filij audite me, timorem Domini docebo vos.
† Quis est homo qui vult vitam, diligens dies videre bonos?
† Prohibe linguam tuam à malo, & labia tua ne loquantur dolum. † Diuerte à malo, & fac bonum; inquire pacem & persequere eam. † Oculi Domini super iustos, & aures eius in preces eorũ.
† Vultus autem Domini super facientes mala, vt perdat de terra memoriam eorum.
† Clamauerunt iusti, & Dominus exaudiuit eos, & ex omnibus tribulationibus eorum liberauit eos. † Iuxtà Dñs iis qui tribulato sunt corde, & humiles spiritu saluabit.
† Multæ tribulationes iustorum, & de omnibus iis liberabit eos Dominus. † Custodit Dominus omnia ossa eorum, vnum ex iis non conteretur.

νησαν· οἱ δὲ ἐκζητοῦντες τὸν κύ-
ριον, οὐκ ἐλαττωθήσονται παντὸς
ἀγαθοῦ.
12 δεῦτε τέκνα ἀκούσατέ μου, φόβον
κυρίου διδάξω ὑμᾶς.
13 τίς ἐστιν ἄνθρωπος ὁ θέλων ζωὴν,
ἀγαπῶν ἡμέρας ἰδεῖν ἀγαθάς;
14 παῦσον τὴν γλῶσσάν σου ἀπὸ κα-
κοῦ, καὶ χείλη σου τοῦ μὴ λαλῆσαι
δόλον.
15 ἔκκλινον ἀπὸ κακοῦ, καὶ ποίησον
ἀγαθόν, ζήτησον εἰρήνην καὶ δίωξον
αὐτήν.
16 ὀφθαλμοὶ κυρίου ἐπὶ δικαίους, καὶ
ὦτα αὐτοῦ εἰς δέησιν αὐτῶν.
17 πρόσωπον δὲ κυρίου ἐπὶ ποιοῦντας
κακὰ, τοῦ ἐξολοθρεῦσαι ἐκ γῆς τὸ
μνημόσυνον αὐτῶν.
18 ἐκέκραξαν οἱ δίκαιοι, καὶ ὁ κύ-
ριος εἰσήκουσεν αὐτῶν, καὶ ἐκ πα-
σῶν τῶν θλίψεων αὐτῶν ἐρρύσατο αὐτούς.
19 ἐγγὺς κύριος τοῖς συντετριμ-
μένοις τὴν καρδίαν, καὶ τοὺς ταπει-
νοὺς τῷ πνεύματι σώσει.
20 πολλαὶ αἱ θλίψεις τῶν δικαίων,
καὶ ἐκ πασῶν αὐτῶν ῥύσεται αὐτοὺς
ὁ κύριος.
21 φυλάσσει κύριος πάντα τὰ ὀ-
στᾶ αὐτῶν, ἓν ἐξ αὐτῶν οὐ συντρι-
βήσεται.

θάνατος ἁμαρτωλῶν πονηρός, 22
καὶ οἱ μισοῦντες τὸν δίκαιον πλημ-
μελήσουσι.
λυτρώσεται κύριος ψυχὰς δούλων 23
αὐτοῦ, καὶ οὐ μὴ πλημμελήσωσι πάν-
τες οἱ ἐλπίζοντες ἐπ' αὐτόν.

Ψαλμὸς τῷ δαυίδ. λδ'. 1

Δίκασον κύριε τοὺς ἀδικοῦν-
τάς με, πολέμησον τοὺς πο-
λεμοῦντάς με.
ἐπιλαβοῦ ὅπλου καὶ θυρεοῦ, καὶ ἀνά- 2
στηθι εἰς τὴν βοήθειάν μου.
ἔκχεον ῥομφαίαν, καὶ σύγκλει- 3
σον ἐξ ἐναντίας τῶν καταδιωκόντων
με· εἰπὸν τῇ ψυχῇ μου, σωτηρία
σου εἰμὶ ἐγώ.
αἰσχυνθήτωσαν καὶ ἐντραπήτω- 4
σαν οἱ ζητοῦντες τὴν ψυχήν μου·
ἀποστραφήτωσαν εἰς τὰ ὀπίσω, καὶ
καταισχυνθήτωσαν οἱ λογιζόμενοί
μοι κακά.
γενηθήτωσαν ὡσεὶ χνοῦς κατὰ 5
πρόσωπον ἀνέμου, καὶ ἄγγελος κυρίου
ἐκθλίβων αὐτούς.
γενηθήτω ἡ ὁδὸς αὐτῶν σκότος καὶ 6
ὀλίσθημα, καὶ ἄγγελος κυρίου κα-
ταδιώκων αὐτούς.
ὅτι δωρεὰν ἔκρυψάν μοι δια- 7
φθορὰν παγίδος αὐτῶν, μάτην

D 5 ὠνείδι-

† Mors peccatorum pessima, & qui oderūt iustum, delinquent.

† Redimet Dominus animas seruorum suorum, & non delinquēt omnes qui sperant in eo.

† Psalmus David. XXXIIII. Heb. XXXV

IVdica Domine nocentes me, expugna impugnantes me.
† Apprehende arma & scutum, & exurge in adiutorium meum.
† Effunde frameam, & conclude aduersus eos qui persequuntur me: dic animæ meæ, Salus tua sum ego. † Confundantur & reuereantur quærētes animam meam. Auertantur retrorsum, & confundantur cogitantes mihi mala.
† Fiant tanquam puluis ante faciem vēti, & angelus Domini coarctans eos. † Fiat via eorum tenebræ & lubricum, & angelus Dñi persequens eos.
† Quoniam gratis absconderūt mihi interitū laquei sui, superuacuē

exprobrauerunt ani-
mam meam. † Veniat
illi laqueus, quē igno-
rat, & captio quā ab$-
condit, apprehēdat eū,
& in laqueum cadat
in ipsum. † Anima
autem mea exultabit
in Dño, delectabitur
super salutari suo.
† Omnia ossa mea di-
cent, Dñe Dñe quis si-
milis tibi? Eripiēs ino-
pem de manu fortio-
rum eius, & egenum &
pauperem à diripienti-
bus eum. † Surgentes
mihi testes iniqui quæ
ignorabam interroga-
bant me. † Retribuebāt
mihi mala pro bonis,
& sterilitatem animæ
meæ. † Ego autem cùm
ipsi molesti essent mihi
induebar cilicio. Et hu
miliabam in ieiunio
animam meam, & o-
ratio mea in sinu meo
conuertetur. † Quasi
proximo quasi fratri
nostro sic complace-
bā, quasi lugens & con
tristatus sic humiliabar.
† Et aduersū me lætati
sunt & cōuenerūt, con
gregata sunt sup me fla
gella & ignoraui. dissi-
pati sunt nec cōpuncti.

ὠνείδισαν τὴν ψυχήν μου.
8 ἐλθέτω αὐτῷ παγὶς, ἣν οὐ γι-
νώσκει· καὶ ἡ θήρα ἣν ἔκρυψε, συλ-
λαβέτω αὐτόν· καὶ ἐν τῇ παγίδι πε-
σεῖται ἐν αὐτῇ.
9 ἡ δὲ ψυχή μου ἀγαλλιάσεται ἐπὶ
τῷ κυρίῳ, τερφθήσεται ἐπὶ τῷ σω-
τηρίῳ αὐτοῦ.
10 πάντα τὰ ὀστᾶ μου ἐροῦσι, κύριε
κύριε τίς ὅμοιός σοι; ῥυόμενος πτω-
χὸν ἐκ χειρὸς στερεωτέρων αὐτοῦ, καὶ
πτωχὸν καὶ πένητα ἀπὸ τῶν διαρπα-
ζόντων αὐτόν.
11 ἀναστάντες μοι μάρτυρες ἄδικοι,
ἃ οὐκ ἐγίνωσκον ἠρώτων με.
12 ἀνταπεδίδοσάν μοι πονηρὰ ἀντὶ
ἀγαθῶν, καὶ ἀτεκνίαν τῇ ψυχῇ μου.
13 ἐγὼ δὲ ἐν τῷ αὐτοὺς παρενοχλεῖν
μοι, ἐνεδυόμην σάκκον· καὶ ἐταπεί-
νουν ἐν νηστείᾳ τὴν ψυχήν μου, καὶ
ἡ προσευχή μου εἰς κόλπον μου ἀπο-
στραφήσεται.
14 ὡς πλησίον ὡς ἀδελφῷ ἡμετέ-
ρῳ οὕτως εὐηρέστουν, ὡς πενθῶν καὶ
σκυθρωπάζων οὕτως ἐταπεινούμην.
15 καὶ κατ' ἐμοῦ εὐφράνθησαν καὶ
συνήχθησαν, συνήχθησαν ἐπ' ἐμὲ
μάστιγες καὶ οὐκ ἔγνων. διεσχίσθησαν
καὶ οὐ κατενύγησαν.

ἐπείρασάν με, ἐξεμυκτήρισάν 16
με μυκτηρισμῷ, ἔβρυξαν ἐπ' ἐμὲ
τοὺς ὀδόντας αὐτῶν.

κύριε πότε ἐπόψῃ; ἀποκατάστη- 17
σον τὴν ψυχήν μου ἀπὸ τῆς κακουρ-
γίας αὐτῶν, ἀπὸ λεόντων τὴν μονο-
γενῆ μου.

ἐξομολογήσομαί σοι ἐν ἐκκλη- 18
σίᾳ πολλῇ, ἐν λαῷ βαρεῖ αἰνέσω σε.

μὴ ἐπιχαρείησάν μοι οἱ ἐχθραί- 19
νοντές μοι ἀδίκως, οἱ μισοῦντές με
δωρεάν, καὶ διανεύοντες ὀφθαλμοῖς.

ὅτι ἐμοὶ μὲν εἰρηνικὰ ἐλάλουν, καὶ 20
ἐπ' ὀργὴν δόλους διελογίζοντο.

ἐπλάτυναν ἐπ' ἐμὲ τὸ στόμα 21
αὐτῶν· εἶπον εὖγε εὖγε, εἴδοσαν οἱ ὀφ-
θαλμοὶ ἡμῶν.

εἶδες κύριε, μὴ παρασιωπήσῃς, 22
κύριε μὴ ἀποστῇς ἀπ' ἐμοῦ.

ἐξεγέρθητι κύριε καὶ πρόσχες τῇ 23
κρίσει μου, ὁ θεός μου καὶ ὁ κύριός
μου εἰς τὴν δίκην μου.

κρῖνόν με κύριε κατὰ τὴν δικαιο- 24
σύνην σου κύριε ὁ θεός μου, καὶ μὴ
ἐπιχαρείησάν μοι.

μὴ εἴποισαν ἐν καρδίαις αὐτῶν 25
εὖγε εὖγε τῇ ψυχῇ ἡμῶν· μὴ δὲ εἴ-
ποιεν, κατεπίομεν αὐτόν.

αἰσχυν-

† Tentauerũt me, ſub-
ſannauerunt me ſub-
ſannatione, frenduerũt
ſuper me dẽtibus ſuis.
† Dñe quãdo reſpicies?
reſtitue animã meam
à malignitate eorum,
à leonibus vnicã meã.
† Cõfitebor tibi in ec-
cleſia magna, in popu-
lo graui laudabo te.
† Non ſupergaudeant
mihi qui aduerſãtur
mihi inique, qui ode-
runt me gratis, & an-
nuunt oculis. † Quo-
niam mihi quidem pa
cificè loquebantur, &
in iracundia dolos co-
gitabant. † Dilatauerũt
ſuper me os ſuum: di-
xerunt, Euge euge, vi-
derunt oculi noſtri.
† Vidiſti Dñe, ne ſileas,
Dñe ne diſcedas à me.
† Exurge Dñe & inten-
de iudicio meo: Deus
meus & Dñs meus in
cauſam meam. † Iudi-
ca me Dñe ſecundùm
iuſtitiam tuã Domine
Deus meus, & non ſu-
pergaudeant mihi.
† Non dicant in cordi-
bus ſuis, Euge euge a-
nimæ noſtræ: nec di-
cant, Deuorauimus
eum.

† Erubescant & reuereantur simul qui gratulantur malis meis. induantur confusione & reuerentia qui magna loquuntur super me.
† Exultent & lætentur qui volunt iustitiam meam. Et dicant semper, Magnificetur Dominus, qui volunt pacem serui eius.
† Et lingua mea meditabitur iustitiam tuam, tota die laudem tuam.

26 αἰσχυνθείησαν καὶ ἐντραπείησαν
ἅμα οἱ ἐπιχαίροντες τοῖς κακοῖς
μου. ἐνδυσάσθωσαν αἰσχύνην καὶ
ἐντροπὴν οἱ μεγαλορρημονοῦντες
ἐπ' ἐμέ.
27 ἀγαλλιάσθωσαν καὶ εὐφρανθήτω-
σαν οἱ θέλοντες τὴν δικαιοσύνην
μου καὶ εἰπάτωσαν διαπαντός, με-
γαλυνθήτω ὁ κύριος, οἱ θέλοντες
τὴν εἰρήνην τοῦ δούλου αὐτοῦ.
28 καὶ ἡ γλῶσσά μου μελετήσει τὴν
δικαιοσύνην σου, ὅλην τὴν ἡμέ-
ραν τὸν ἔπαινόν σου.

† In finem seruo Domini Dauid.

XXXVI XXXV.

Dicit iniust' vt delinquat in semetipso, Non est timor Dei ante oculos eius.
† Quoniam dolose egit in conspectu eius, vt inueniret iniquitatem suam, & odiret.
† Verba oris eius iniquitas & dolus; noluit intelligere vt bene ageret. † Iniquitatem meditatus est in cubili suo: astitit omni viæ non bonæ, malitiã autem non odiuit. † Dñe in cælo misericordia tua, & veritas tua vsque ad nubes.

1 Εἰς τὸ τέλος τῷ παιδὶ κυρίου
τῷ δαυίδ. λε.
2 Φησὶν ὁ παράνομος τοῦ ἁμαρ-
τάνειν ἐν ἑαυτῷ, οὐκ ἔστι φό-
βος θεοῦ ἀπέναντι τῶν ὀφθαλμῶν
αὐτοῦ.
3 ὅτι ἐδόλωσεν ἐνώπιον αὐτοῦ, τοῦ
εὑρεῖν τὴν ἀνομίαν αὐτοῦ καὶ μισῆσαι.
4 τὰ ῥήματα τοῦ στόματος αὐτοῦ ἀνο-
μία καὶ δόλος, οὐκ ἠβουλήθη συνιέ-
ναι τοῦ ἀγαθῦναι.
5 ἀνομίαν διελογίσατο ἐπὶ τῆς κοί-
της αὐτοῦ, παρέστη πάσῃ ὁδῷ οὐκ
ἀγαθῇ· κακίᾳ δὲ οὐ προσώχθισε.
6 κύριε ἐν τῷ οὐρανῷ τὸ ἔλεός σου,
καὶ ἡ ἀλήθειά σου ἕως τῶν νεφελῶν.

ἡ δι-

ἡ δικαιοσύνη σου ὡς ὄρη θεοῦ, τὰ 7
κρίματά σου ἄβυσσος πολλή. ἀν-
θρώπους καὶ κτήνη σώσεις κύριε.

ὡς ἐπλήθυνας τὸ ἔλεός σου ὁ θεός. 8
οἱ δὲ υἱοὶ τῶν ἀνθρώπων ἐν σκέπῃ τῶν
πτερύγων σου ἐλπιοῦσι.

μεθυσθήσονται ἀπὸ πιότητος οἴκου 9
σου, καὶ τὸν χειμάρρουν τῆς τρυφῆς σου
ποτιεῖς αὐτούς.

ὅτι παρὰ σοὶ πηγὴ ζωῆς, ἐν τῷ 10
φωτί σου ὀψόμεθα φῶς.

παράτεινον τὸ ἔλεός σου τοῖς γι- 11
νώσκουσί σε, καὶ τὴν δικαιοσύνην
σου τοῖς εὐθέσι τῇ καρδίᾳ.

μὴ ἐλθέτω μοι ποὺς ὑπερηφανίας· 12
καὶ χεὶρ ἁμαρτωλοῦ μὴ σαλεύ-
σαι με.

ἐκεῖ ἔπεσον πάντες οἱ ἐργαζό- 13
μενοι τὴν ἀνομίαν· ἐξώσθησαν, καὶ
οὐ μὴ δύνωνται στῆναι.

Ψαλμὸς τῷ δαυίδ. λϛ'. 1

ΜΗ παραζήλου ἐν πονηρευο-
μένοις, μηδὲ ζήλου τοὺς ποι-
οῦντας τὴν ἀνομίαν.

ὅτι ὡσεὶ χόρτος ταχὺ ἀποξηραν- 2
θήσονται, καὶ ὡσεὶ λάχανα χλόης τα-
χὺ ἀποπεσοῦνται.

ἔλπισον ἐπὶ κύριον, καὶ ποίει χρη- 3
στότητα,

† Iustitia tua sicut mō-
tes Dei, iudicia tua a-
byssus multa. Homines
& iuméta saluabis Do-
mine. † Quemadmodū
multiplicasti miseri-
cordiam tuam Deus.
Filij autem hominum
in tegmine alarū tuarū
sperabunt. † Inebriabū-
tur ab vbertate domus
tuæ, & torrente volu-
ptatis tuæ potabis eos.
† Quoniā apud te fons
vitæ: in lumine tuo vi-
debimus lumen. † Præ-
tende misericordiam
tuam scientibus te, &
iustitiam tuam his qui
recto sunt corde. † Non
veniat mihi pes super-
biæ; & manus pecca-
toris non moueat me.
† Ibi ceciderunt omnes
qui operantur iniqui-
tatem: expulsi sunt,
nec potuerunt stare.

Hebr. XXXVII

† Psalm. Dauid. XXXVI.

NOli æmulari in
malignantibus,
neque zelaueris facien-
tes iniquitatem. † Quo-
niam tanquam fœnum
velociter arescent, &
quemadmodum olera
herbarum citò deci-
dent. † Spera in Do-
mino, & fac bonita-

tem, & inhabita terram, & pasceris in diuitiis eius.

† Delectare in Domino, & dabit tibi petitiones cordis tui.

† Reuela ad Dominũ viam tuam, & spera in eo, & ipse faciet.

† Et educet quasi lumen iustitiam tuam, & iudicium tuum tanquam meridiem.

† Subditus esto Domino, & ora eum. Noli æmulari in eo qui prosperatur in via sua, in homine faciente iniustitias. † Desine ab ira, & derelinque furorem, noli æmulari, vt maligneris. † Quoniam qui malignãtur, exterminabuntur, sustinentes autem Dñm, ipsi hæreditabunt terram.

† Et adhuc pusillum, & non erit peccator, & quæres locum eius, & non inuenies. † Mansueti autem hæreditabunt terram, & delectabuntur in multitudine pacis.

† Obseruabit peccator iustum, & stridebit super eum dentibus suis.

στότητα, καὶ κατασκήνου τὴν γῆν,
καὶ ποιμανθήσῃ ἐπὶ τῷ πλούτῳ
αὐτῆς.

4 κατατρύφησον τοῦ κυρίου, καὶ δώσει
σοι τὰ αἰτήματα τῆς καρδίας σου.

5 ἀποκάλυψον πρὸς κύριον τὴν ὁ-
δόν σου, καὶ ἔλπισον ἐπ' αὐτόν, καὶ
αὐτὸς ποιήσει.

6 καὶ ἐξοίσει ὡς φῶς τὴν δικαιοσύ-
νην σου, καὶ τὸ κρίμα σου ὡς με-
σημβρίαν.

7 ὑποτάγηθι τῷ κυρίῳ, καὶ ἱκέ-
τευσον αὐτόν· μὴ παραζήλου ἐν τῷ
κατευοδουμένῳ ἐν τῇ ὁδῷ αὐτοῦ, ἐν
ἀνθρώπῳ ποιοῦντι παρανομίαν.

8 παῦσαι ἀπὸ ὀργῆς, καὶ ἐγκατά-
λιπε θυμόν· μὴ παραζήλου, ὥστε
πονηρεύεσθαι.

9 ὅτι οἱ πονηρευόμενοι ἐξολεθρευ-
θήσονται· οἱ δὲ ὑπομένοντες τὸν κύ-
ριον, αὐτοὶ κληρονομήσουσι γῆν.

10 καὶ ἔτι ὀλίγον καὶ οὐ μὴ ὑπάρξῃ ὁ
ἁμαρτωλός, καὶ ζητήσεις τὸν τόπον
αὐτοῦ, καὶ οὐ μὴ εὕρῃς.

11 οἱ δὲ πραεῖς κληρονομήσουσι γῆν,
καὶ κατατρυφήσουσιν ἐπὶ πλήθει
εἰρήνης.

12 παρατηρήσεται ὁ ἁμαρτωλὸς τὸν
δίκαιον, καὶ βρύξει ἐπ' αὐτὸν τοὺς
ὀδόντας αὐτοῦ.

οἱ δὲ

ὁ δὲ κύριος ἐκγελάσεται αὐ- 13
τόν, ὅτι προβλέπει ὅτι ἥξει ἡ ἡμέ-
ρα αὐτοῦ.
ῥομφαίαν ἐσπάσαντο οἱ ἁμαρ- 14
τωλοί, ἐνέτειναν τόξον αὐτῶν, τοῦ
καταβαλεῖν πτωχὸν καὶ πένητα, τοῦ
σφάξαι τοὺς εὐθεῖς τῇ καρδίᾳ.
ἡ ῥομφαία αὐτῶν εἰσέλθοι εἰς τὰς 15
καρδίας αὐτῶν, καὶ τὰ τόξα αὐτῶν
συντριβείη.
κρεῖσσον ὀλίγον τῷ δικαίῳ ὑπὲρ 16
πλοῦτον ἁμαρτωλῶν πολύν.
ὅτι βραχίονες ἁμαρτωλῶν συν- 17
τριβήσονται, ὑποστηρίζει δὲ τοὺς δι-
καίους ὁ κύριος.
γινώσκει κύριος τὰς ὁδοὺς τῶν 18
ἀμώμων, καὶ ἡ κληρονομία αὐτῶν
εἰς αἰῶνα ἔσται.
οὐ καταισχυνθήσονται ἐν καιρῷ 19
πονηρῷ, καὶ ἐν ἡμέραις λιμοῦ χορ-
τασθήσονται, ὅτι οἱ ἁμαρτωλοὶ
ἀπολοῦνται.
οἱ δὲ ἐχθροὶ τοῦ κυρίου ἅμα τῷ 20
δοξασθῆναι αὐτοὺς καὶ ὑψωθῆναι,
ἐκλείποντες ὡσεὶ καπνὸς ἐξέλιπον.
δανείζεται ὁ ἁμαρτωλὸς, καὶ οὐκ 21
ἀποτίσει· ὁ δὲ δίκαιος οἰκτείρει, καὶ
δίδωσιν.
ὅτι οἱ εὐλογοῦντες αὐτὸν κληρο- 22

νομήσουσι

†Dominus autem irridebit eum, quoniam prospicit quòd veniet dies eius. †Gladium euaginauerunt peccatores, intenderunt arcum suum: vt deiiciat pauperem & inopem, vt trucident rectos corde. †Gladius eorũ intret in corda ipsorum, & arcus eorum confringatur. †Melius est modicum iusto super diuitias peccatorũ multas. †Quoniã brachia peccatorum conterentur, confirmat autem iustos Dominus.

†Nouit Dominus vias immaculatorũ, & hæreditas eorum in æternum erit. †Non confundentur in tempore malo, & in diebus famis saturabuntur, quia peccatores peribunt.

†Inimici verò Dñi mox vt honorificati fuerint ipsi & exaltati, deficiẽtes quemadmodum fumus defecerũt. †Mutuatur peccator, & non soluet. iustus autem miseretur, & tribuit. †Quia benedicentes ei hæreditabunt

terram, maledicentes autem ei disperibunt. † A Domino gressus hominis diriguntur, & viam eius volet valdè. † Cùm ceciderit, non collidetur; quia Dominus supponit manum ei.

† Iunior fui, & enim senui, & non vidi iustum derelictum, neque semen eius quærens panem. † Tota die miseretur & commodat iustus, & semen illius in benedictione erit. † Declina à malo, & fac bonum, & inhabita in seculum seculi. † Quia Dominus amat iudicium, & non derelinquet sanctos suos: in æternum conseruabuntur. Iniusti autem punientur, & semẽ impiorum peribit. † Iusti autẽ hereditabunt terram, & inhabitabunt in seculum seculi super eam. † Os iusti meditabitur sapientiam, & lingua eius loquetur iudicium. † Lex Dei eius in corde ipsius, & non supplantabuntur gressus eius.

νομήσουσι γῆν, οἱ δὲ καταρώμενοι
αὐτὸν ἐξολοθρευθήσονται.
23 παρὰ κυρίου τὰ διαβήματα ἀν-
θρώπου κατευθύνεται, καὶ τὴν ὁδὸν
αὐτοῦ θελήσει σφόδρα.
24 ὅταν πέσῃ οὐ καταραχθήσεται,
ὅτι κύριος ἀντιστηρίζει χεῖρα αὐτοῦ.
25 νεώτερος ἐγενόμην, καὶ γὰρ ἐγή-
ρασα, καὶ οὐκ εἶδον δίκαιον ἐγκατα-
λελειμμένον, οὐδὲ τὸ σπέρμα αὐτοῦ
ζητοῦν ἄρτους.
26 ὅλην τὴν ἡμέραν ἐλεεῖ καὶ δανεί-
ζει ὁ δίκαιος, καὶ τὸ σπέρμα αὐτοῦ
εἰς εὐλογίαν ἔσται.
27 ἔκκλινον ἀπὸ κακοῦ, καὶ ποίησον
ἀγαθὸν, καὶ κατασκήνου εἰς αἰῶ-
να αἰῶνος.
28 ὅτι κύριος ἀγαπᾷ κρίσιν, καὶ οὐκ
ἐγκαταλείψει τοὺς ὁσίους αὐτοῦ, εἰς
τὸν αἰῶνα φυλαχθήσονται. ἄνομοι δὲ
ἐκδιωχθήσονται, καὶ σπέρμα ἀ-
σεβῶν ἐξολοθρευθήσεται.
29 δίκαιοι δὲ κληρονομήσουσι γῆν,
καὶ κατασκηνώσουσιν εἰς αἰῶνα αἰῶ-
νος ἐπ' αὐτῆς.
30 στόμα δικαίου μελετήσει σοφίαν,
καὶ ἡ γλῶσσα αὐτοῦ λαλήσει κρίσιν.
31 ὁ νόμος τοῦ θεοῦ αὐτοῦ ἐν καρδίᾳ αὐτοῦ,
καὶ οὐχ ὑποσκελισθήσεται τὰ δια-
βήματα αὐτοῦ.

κατα-

κατανοεῖ ὁ ἁμαρτωλὸς τὸν δίκαιον, 32
καὶ ζητεῖ τοῦ θανατῶσαι αὐτόν.
ὁ δὲ κύριος οὐ μὴ ἐγκαταλίπῃ αὐ- 33
τὸν εἰς τὰς χεῖρας αὐτοῦ, οὐδ' οὐ μὴ
καταδικάσηται αὐτὸν, ὅταν κρίνη-
ται αὐτῷ.
ὑπόμεινον τὸν κύριον, καὶ φύλα- 34
ξον τὴν ὁδὸν αὐτοῦ, καὶ ὑψώσει σε
τοῦ κατακληρονομῆσαι γῆν· ἐν τῷ
ἐξολοθρεύεσθαι ἁμαρτωλοὺς ὄψει.
εἶδον τὸν ἀσεβῆ ὑπερυψούμενον, 35
καὶ ἐπαιρόμενον, ὡς τὰς κέδρους τοῦ
Λιβάνου.
καὶ παρῆλθον καὶ ἰδοὺ οὐκ ἦν, καὶ 36
ἐζήτησα αὐτὸν, καὶ οὐχ εὑρέθη ὁ
τόπος αὐτοῦ.
φύλασσε ἀκακίαν καὶ ἴδε εὐθύτη- 37
τα, ὅτι ἐστὶν ἐγκατάλειμμα ἀνθρώ-
πῳ εἰρηνικῷ.
οἱ δὲ παράνομοι ἐξολοθρευθή- 38
σονται ἐπὶ τὸ αὐτό· τὰ ἐγκαταλεί-
μματα τῶν ἀσεβῶν ἐξολοθρευθήσονται.
σωτηρία δὲ τῶν δικαίων παρὰ κυ- 39
ρίου· καὶ ὑπερασπιστὴς αὐτῶν ἐστιν ἐν
καιρῷ θλίψεως.
καὶ βοηθήσει αὐτοῖς κύριος, καὶ 40
ῥύσεται αὐτοὺς, καὶ ἐξελεῖται αὐτοὺς
ἐξ ἁμαρτωλῶν, καὶ σώσει αὐτοὺς, ὅτι
ἤλπισαν ἐπ' αὐτόν.

† Considerat peccator iustum, & quærit mortificare eum. † Dñs autem nõ derelinquet eum in manibus eius, nec damnabit eũ, cum iudicabitur illi.

† Expecta Dominum, & custodi viam eius, & exaltabit te vt hæreditate capias terram: cũm perierint peccatores, videbis.

† Vidi impium superexaltatum, & eleuatũ, sicut cedros Libani.

† Et transiui, & ecce non erat; & quæsiui eum, & non est inuentus locus eius.

† Custodi innocẽtiam, & vide æquitatẽ, quoniam sunt reliquiæ homini pacifico.

† Iniusti autem disperibunt simul, reliquiæ impiorum interibunt.

† Salus autem iustorum à Domino, & protector eorũ est in tempore tribulationis.

† Et adiuuabit eos Dominus, & liberabit eos, & eruet eos à peccatoribus, & saluabit eos, quia sperauerunt in eo.

† Psalmus Dauid in commemoratione de Sabbato.

Hebr. XXXVII.

DOmine ne in furore tuo arguas me, neque ira tua corripias me. † Quoniam sagittæ tuæ infixæ sunt mihi, & confirmasti super me manũ tuam. † Non est sanitas in carne mea à facie iræ tuæ: non est pax in ossibus meis à facie peccatorum meorum. † Quoniam iniquitates meæ supergressæ sunt caput meum: sicut onꝰ graue grauatæ sunt super me. † Putruerunt & corruptæ sunt cicatrices meæ à facie insipientiæ meæ. † Miser factus sum & curuatus sum vsque in finẽ: tota die cõtristatus ingrediebar. † Quoniam lumbi mei impleti sunt illusionibus, & non est sanitas in carne mea. † Afflictus sum & humiliatus sum nimis: rugiebam à gemitu cordis mei. † Domine ante te omne desiderium meũ, & gemitꝰ meus à

1 Ψαλμὸς τῷ Δαυὶδ εἰς ἀνάμνησιν
περὶ τοῦ σαββάτου.

λζ΄.

2 ΚΎριε μὴ τῷ θυμῷ σου ἐλέγ-
ξῃς με, μηδὲ τῇ ὀργῇ σου παι-
δεύσῃς με.
3 ὅτι τὰ βέλη σου ἐνεπάγησάν μοι,
καὶ ἐπεστήριξας ἐπ' ἐμὲ τὴν χεῖ-
ρά σου.
4 οὐκ ἔστιν ἴασις ἐν τῇ σαρκί μου
ἀπὸ προσώπου τῆς ὀργῆς σου· οὐκ ἔστιν
εἰρήνη ἐν τοῖς ὀστέοις μου ἀπὸ προσώ-
που τῶν ἁμαρτιῶν μου.
5 ὅτι αἱ ἀνομίαι μου ὑπερῆραν τὴν
κεφαλήν μου, ὡσεὶ φορτίον βαρὺ ἐ-
βαρύνθησαν ἐπ' ἐμέ.
6 προσώζεσαν καὶ ἐσάπησαν οἱ
μώλωπές μου ἀπὸ προσώπου τῆς ἀ-
φροσύνης μου.
7 ἐταλαιπώρησα καὶ κατεκάμφθην
ἕως τέλους, ὅλην τὴν ἡμέραν σκυ-
θρωπάζων ἐπορευόμην.
8 ὅτι αἱ ψόαι μου ἐπλήσθησαν ἐμ-
παιγμάτων, καὶ οὐκ ἔστιν ἴασις ἐν τῇ
σαρκί μου.
9 ἐκακώθην καὶ ἐταπεινώθην ἕως
σφόδρα, ὠρυόμην ἀπὸ στεναγμοῦ
τῆς καρδίας μου.
10 κύριε ἐναντίον σου πᾶσα ἡ ἐπι-
θυμία μου, καὶ ὁ στεναγμός μου ἀπὸ
σοῦ

σοῦ οὐκ ἀπεκρύβη.
ἡ καρδία μου ἐταράχθη, ἐγκα- 11
τέλιπέ με ἡ ἰσχύς μου, καὶ τὸ φῶς τῶν
ὀφθαλμῶν μου καὶ αὐτὸ οὐκ ἔστι
μετ' ἐμοῦ.
οἱ φίλοι μου καὶ οἱ πλησίον μου ἐξ- 12
εναντίας μου ἤγγισαν καὶ ἔστησαν.
καὶ οἱ ἔγγιστά μου ἀπὸ μακρόθεν 13
ἔστησαν, καὶ ἐξεβιάζοντο οἱ ζητοῦν-
τες τὴν ψυχήν μου. καὶ οἱ ζητοῦντες
τὰ κακά μοι, ἐλάλησαν ματαιότη-
τας, καὶ δολιότητας ὅλην τὴν ἡμέραν
ἐμελέτησαν.
ἐγὼ δὲ ὡσεὶ κωφὸς οὐκ ἤκουον, 14
καὶ ὡσεὶ ἄλαλος οὐκ ἀνοίγων τὸ
στόμα αὐτοῦ.
καὶ ἐγενόμην ὡσεὶ ἄνθρωπος 15
οὐκ ἀκούων, καὶ οὐκ ἔχων ἐν τῷ στό-
ματι αὐτοῦ ἐλεγμούς.
ὅτι ἐπὶ σοὶ κύριε ἤλπισα, σὺ εἰσ- 16
ακούσῃ κύριε ὁ θεός μου.
ὅτι εἶπον, μήποτε ἐπιχαρῶσί μοι 17
οἱ ἐχθροί μου, καὶ ἐν τῷ σαλευθῆναι
πόδας μου ἐπ' ἐμὲ ἐμεγαλορρη-
μόνησαν.
ὅτι ἐγὼ εἰς μάστιγας ἕτοιμος, καὶ 18
ἡ ἀλγηδών μου ἐνώπιόν μου ἐστὶ
διαπαντός.

te non est abscõditus. † Cor meum conturbatum est, dereliquit me virtus mea, & lumen oculorum meorum, & ipsum non est mecum. † Amici mei & proximi mei aduersum me appropinquauerunt & steterunt. † Et qui iuxta me de longe steterunt, & vim faciebant qui quærebant animam meam. & qui inquirebãt mala mihi, locuti sunt vanitates, & dolos tota die meditabantur. † Ego autem tãquam surdus non audiebam, & sicut mutus non aperiens os suum. † Et factus sum sicut homo non audiens, & non habẽs in ore suo redargutiones. † Quia in te Dñe speraui, tu exaudies Dñe Deus meus. † Quoniam dixi, Nequando supergaudeant mihi inimici mei: & dum commouentur pedes mei, super me magna locuti sunt. † Quoniam ego in flagella paratus, & dolor meus in conspectu meo est semper.

† Quoniam iniquitatem meam ego annunciabo, & cogitabo pro peccato meo. † Inimici autem mei viuunt, & confirmati sunt super me, & multiplicati sūt qui oderunt me iniquè. † Qui retribuunt mihi mala pro bonis, detrahebant mihi, quoniam sequebar bonitatem.

† Ne derelinquas me Dñe Deus meus: ne discesseris à me. † Intende in adiutorium meum, Domine salutis meæ.

† In finem Idithun cāticum Dauid.

XXXVIII.

Dixi, Custodiam vias meas: vt non delinquā in lĩgua mea. Posui ori meo custodiam, cùm consisteret peccator aduersum me. † Obmutui & humiliatus sum, & silui à bonis: & dolor meus renouatus est. † Concaluit cor meū intra me, & in meditatione mea exardescet ignis. Locutus sum in lingua mea,

† Notū fac mihi Dñe finē meū, & numerum dierū meorū quis est?

19 ὅτι τὴν ἀνομίαν μου ἐγὼ ἀναγ-
γελῶ, καὶ μεριμνήσω ὑπὲρ τῆς ἁ-
μαρτίας μου.
20 οἱ δὲ ἐχθροί μου ζῶσι, καὶ κε-
κραταίωνται ὑπὲρ ἐμὲ, καὶ ἐπλη-
θύνθησαν οἱ μισοῦντές με ἀδίκως.
21 οἱ ἀνταποδιδόντες μοι κακὰ ἀν-
τὶ ἀγαθῶν, ἐνδιέβαλλόν με, ἐπεὶ
κατεδίωκον ἀγαθωσύνην.
22 μὴ ἐγκαταλίπῃς με κύριε ὁ
θεός μου μὴ ἀποστῇς ἀπ' ἐμοῦ.
23 πρόσχες εἰς τὴν βοήθειάν μου
κύριε τῆς σωτηρίας μου.

1 Εἰς τὸ τέλος τῷ Ἰδιθοὺμ ᾠδὴ τῷ
Δαυίδ. λη'.

2 Εἶπα, φυλάξω τὰς ὁδούς μου,
τοῦ μὴ ἁμαρτάνειν με ἐν γλώσ-
σῃ μου. ἐθέμην τῷ στόματί μου φυ-
λακὴν, ἐν τῷ συστῆναι τὸν ἁμαρ-
τωλὸν ἐναντίον μου.
3 ἐκωφώθην καὶ ἐταπεινώθην, καὶ
ἐσίγησα ἐξ ἀγαθῶν, καὶ τὸ ἄλγημά
μου ἀνεκαινίσθη.
4 ἐθερμάνθη ἡ καρδία μου ἐντός
μου, καὶ ἐν τῇ μελέτῃ μου ἐκκαυ-
θήσεται πῦρ. ἐλάλησα ἐν γλώσ-
σῃ μου,
5 γνώρισόν μοι κύριε τὸ πέρας μου,
καὶ τὸν ἀριθμὸν τῶν ἡμερῶν μου τίς ἐστιν;
ἵνα

ἵνα γνῶ τί ὑστερῶ ἐγώ.
ἰδοὺ παλαιστὰς ἔθου τὰς ἡμέρας 6
μου, καὶ ἡ ὑπόστασίς μου ὡσεὶ οὐθὲν ἐν-
ώπιόν σου. πλὴν τὰ σύμπαντα μα-
ταιότης, πᾶς ἄνθρωπος ζῶν.

μέντοιγε ἐν εἰκόνι διαπορεύεται 7
ἄνθρωπος, πλὴν μάτην ταράσσε-
ται. θησαυρίζει καὶ οὐ γινώσκει τίνι
συνάξει αὐτά.

καὶ νῦν τίς ἡ ὑπομονή μου; οὐχὶ 8
κύριος; καὶ ἡ ὑπόστασίς μου παρὰ
σοῦ ἐστιν.
ἀπὸ πασῶν τῶν ἀνομιῶν μου ῥῦσαί 9
με. ὄνειδος ἄφρονι ἔδωκάς με.

ἐκωφώθην καὶ οὐκ ἤνοιξα τὸ στό- 10
μα μου, ὅτι σὺ ἐποίησας.

ἀπόστησον ἀπ' ἐμοῦ τὰς μάστιγάς 11
σου. ἀπὸ γὰρ τῆς ἰσχύος τῆς χειρός σου
ἐγὼ ἐξέλιπον.
ἐν ἐλεγμοῖς ὑπὲρ ἀνομίας ἐπαί- 12
δευσας ἄνθρωπον. καὶ ἐξέτηξας ὡς
ἀράχνην τὴν ψυχὴν αὐτοῦ, πλὴν
μάτην πᾶς ἄνθρωπος.

εἰσάκουσον τῆς προσευχῆς μου 13
κύριε καὶ τῆς δεήσεώς μου· ἐνώτισαι
τῶν δακρύων μου. μὴ παρασιωπήσης,
ὅτι πάροικος ἐγώ εἰμι παρὰ σοὶ καὶ

vt ſciã quid deſit mihi.
† Ecce veteres poſuiſti
dies meos : & ſubſtan-
tia mea tanquam nihi-
lum ante te. Veruntamen
men vniuerſa vanitas:
omnis homo viuens.
† Quamquam in ima-
gine pertranſit homo:
tamen fruſtrà contur-
batur. Theſaurizat, &
ignorat cui congrega-
bit ea. † Et nunc quæ
expectatio mea? nónne
Dominus? & ſubſtan-
tia mea à te eſt.
† Ab omnibus iniqui-
tatibus meis erue me:
opprobrium inſipienti
dediſti me. † Obmutui
& non aperui os meũ,
quoniam tu feciſti.
† Amoue à me plagas
tuas. à fortitudine e-
nim manus tuæ ego
defeci: † In increpatio-
nibus propter iniqui-
tatem, corripuiſti ho-
minem. Et tabeſcere
feciſti ſicut araneã ani-
mam eius: veruntamen
vanè omnis homo.
† Exaudi orationẽ meã
Dñe, & deprecationem
meam, auribus percipe
lachrymas meas: ne
ſileas: quoniam adue-
na ego ſum apud te, &

παρε-

peregrinus, sicut om-
nes patres mei.
† Remitte mihi, vt re-
frigerer priusquam ab-
eã, & amplius non ero.

† In finẽ Psalmus Da-
uid. xxxix.

EXpectans expecta-
ui Dñm, & inten-
dit mihi, & exaudiuit
preces meas.
† Et eduxit me de lacu
miseriæ, & de luto fæ-
cis. Et statuit super pe-
tram pedes meos, &
direxit gressus meos.
† Et immisit in os meũ
canticum nouum, car-
men Deo nostro. Vi-
debunt multi & time-
bunt, & sperabunt in
Domino. † Beatus vir,
cuius est nomen Do-
mini spes eius, & non
respexit in vanitates &
insanias falsas.
† Multa fecisti tu Do-
mine Deus meus mi-
rabilia tua, & cogita-
tionibus tuis non est
qui similis sit tibi. An-
nunciaui & locutus
sum: multiplicati sunt
super numerum.
† Sacrificiũ & oblatio-
nẽ noluisti, corpus autẽ
perfecisti mihi. Holo-

παρεπίδημος, καθὼς πάντες οἱ
πατέρες μου.
14 ἄνες μοι, ἵνα ἀναψύξω πρὸ τοῦ
με ἀπελθεῖν, καὶ οὐκέτι οὐ μὴ ὑπάρξω.

1 Εἰς τὸ τέλος ψαλμὸς τῷ δαυίδ.
λθ'.

2 ΥΠομένων ὑπέμεινα τὸν κύ-
ριον, καὶ προσέσχε μοι, καὶ
εἰσήκουσε τῆς δεήσεώς μου.
3 καὶ ἀνήγαγέ με ἐκλάκκου τα-
λαιπωρίας, καὶ ἀπὸ πηλοῦ ἰλύος. καὶ
ἔστησεν ἐπὶ πέτραν τοὺς πόδας μου,
καὶ κατεύθυνε τὰ διαβήματά μου.
4 καὶ ἐνέβαλεν εἰς τὸ στόμα μου
ᾆσμα καινὸν, ὕμνον τῷ θεῷ ἡμῶν.
ὄψονται πολλοὶ καὶ φοβηθήσονται, καὶ
ἐλπιοῦσιν ἐπὶ κύριον.
5 μακάριος ἀνὴρ, οὗ ἐστι τὸ ὄνομα
κυρίου ἐλπὶς αὐτοῦ, καὶ οὐκ ἐπέβλε-
ψεν εἰς ματαιότητας καὶ μανίας
ψευδεῖς.
6 πολλὰ ἐποίησας σὺ κύριε ὁ θεός
μου τὰ θαυμάσιά σου, καὶ τοῖς δια-
λογισμοῖς σου οὐκ ἔστι τίς ὁμοιωθή-
σεταί σοι. ἀπήγγειλα καὶ ἐλάλησα,
ἐπληθύνθησαν ὑπὲρ ἀριθμόν.
7 θυσίαν καὶ προσφορὰν οὐκ ἠθέ-
λησας, σῶμα δὲ κατηρτίσω μοι. ὁλο-
καυτώ-

κάυτώματα καὶ περὶ ἁμαρτίας οὐκ
ἐζήτησας.
τότε εἶπον, ἰδοὺ ἥκω. ἐν κεφα- 8
λίδι βιβλίου γέγραπται περὶ ἐμοῦ·
τοῦ ποιῆσαι τὸ θέλημά σου, ὁ θεός 9
μου ἠβουλήθην, καὶ τὸν νόμον σου ἐν
μέσῳ τῆς κοιλίας μου.
εὐηγγελισάμην δικαιοσύνην ἐν 10
ἐκκλησίᾳ μεγάλῃ, ἰδοὺ τὰ χείλη
μου οὐ μὴ κωλύσω, κύριε σὺ ἔγνως.
τὴν δικαιοσύνην σου οὐκ ἔκρυψα 11
ἐν τῇ καρδίᾳ μου, τὴν ἀλήθειάν σου
καὶ τὸ σωτήριόν σου εἶπα. οὐκ ἔ-
κρυψα τὸ ἔλεός σου καὶ τὴν ἀλή-
θειάν σου ἀπὸ συναγωγῆς πολλῆς.

Σὺ δὲ κύριε μὴ μακρύνῃς τοὺς οἰ- 12
κτιρμούς σου ἀπ' ἐμοῦ, τὸ ἔλεός σου καὶ
ἡ ἀλήθειά σου διαπαντὸς ἀντιλά-
βοιντό μου.
ὅτι περιέσχον με κακά, ὧν οὐκ 13
ἔστιν ἀριθμός· κατέλαβόν με αἱ ἀνο-
μίαι μου, καὶ οὐκ ἠδυνήθην τοῦ
βλέπειν. ἐπληθύνθησαν ὑπὲρ τὰς
τρίχας τῆς κεφαλῆς μου, καὶ ἡ καρ-
δία μου ἐγκατέλιπέ με.

εὐδόκησον κύριε τοῦ ῥύσασθαί 14
με, κύριε εἰς τὸ βοηθῆσαί μοι
πρόσχες.
καταισχυνθείησαν καὶ ἐντραπεί- 15

causta & pro peccato
non postulasti.
† Tunc dixi, Ecce ve-
nio. In capite libri scri-
ptum est de me: † Vt
facerem voluntatẽ tuã,
Deus meus volui, &
legem tuam in medio
ventris mei. †Annun-
ciaui iustitiam in eccle-
sia magna: ecce labia
mea non prohibebo,
Dñe tu scisti. †Iustitiã
tuam non abscondi in
corde meo; veritatem
tuam & salutare tuum
dixi. Non abscõdi mi-
sericordiã tuam, & ve-
ritatem tuã a consilio
multo. † Tu autẽ Dñe
ne longe facias misera-
tiones tuas a me; mise-
ricordia tua & veritas
tua semper susceperunt
me. †Quoniam circun-
dederũt me mala, quo-
rum non est numerus;
comprehenderunt me
iniquitates meæ, & non
potui vt viderem. Mul
tiplicatæ sunt super ca-
pillos capitis mei, &
cor meũ dereliquit me.
† Complaceat Dñe vt
eruas me: Dñe ad ad-
iuuandum me respice.
† Cõfundãtur & reue-

reãtur simul qui quæ-
runt animam meã, vt
auferant eam. Auertan
tur retrorsum & reue-
reantur qui volũt mihi
mala. † Ferant cõfestim
cõfusionem suam, qui
dicũt mihi, Euge euge.
† Exultent & lætentur
super te omnes quæ-
rentes te Domine. Et
dicant semper, Magni-
ficetur Dominus, qui
diligũt salutare tuum.
† Ego autem mendi-
cus sum & pauper:
Dominus sollicitus erit
mei. Adiutor meus &
protector meus es tu
Deus meus, ne tarda-
ueris.

† In finem Psalmus
Dauid. XL.

Beatus qui intelligit
super egenũ & pau-
perem: in die mala li-
berabit eum Dñs.
† Dominus conseruet
eum & viuificet eum,
& beatũ faciat eum in
terra, & non tradat eũ
in manus inimicorum
eius. † Dominus opem
ferat illi super lectũ do-
loris eius: vniuersum
stratum eius versasti in
infirmitate eius.

σαν ἅμα οἱ ζητοῦντες τὴν ψυχήν
μου, τοῦ ἐξᾶραι αὐτήν. ἀποστραφείη-
σαν εἰς τὰ ὀπίσω, καὶ καταισχυνθείη-
σαν οἱ θέλοντές μοι κακά.
16 κομισάσθωσαν παραχρῆμα αἰ-
σχύνην αὐτῶν, οἱ λέγοντές μοι εὖ-
γε εὖγε.
17 ἀγαλλιάσθωσαν καὶ εὐφρανθή-
τωσαν ἐπὶ σοὶ πάντες οἱ ζητοῦντές
σε κύριε, καὶ εἰπάτωσαν διὰ παν-
τὸς, μεγαλυνθήτω ὁ κύριος, οἱ
ἀγαπῶντες τὸ σωτήριόν σου.
18 ἐγὼ δὲ πτωχός εἰμι καὶ πένης, κύ-
ριος φροντιεῖ μου. βοηθός μου καὶ
ὑπερασπιστής μου εἶ σὺ ὁ θεός μου,
μὴ χρονίσῃς.

1 Εἰς τὸ τέλος ψαλμὸς τῷ δαυίδ.
μ'.

2 ΜΑκάριος ὁ συνιῶν ἐπὶ
πτωχὸν καὶ πένητα, ἐν ἡμέ-
ρᾳ πονηρᾷ ῥύσεται αὐτὸν ὁ κύριος.
3 κύριος διαφυλάξαι αὐτὸν καὶ
ζήσαι αὐτὸν, καὶ μακαρίσαι αὐτὸν
ἐν τῇ γῇ, καὶ μὴ παραδῷ αὐτὸν εἰς
χεῖρας ἐχθρῶν αὐτοῦ.
4 κύριος βοηθήσαι αὐτῷ ἐπὶ κλί-
νης ὀδύνης αὐτοῦ, ὅλην τὴν κοίτην
αὐτοῦ ἔστρεψας ἐν τῇ ἀρρωστίᾳ
αὐτοῦ.

ἐγὼ

5 ἐγὼ εἶπα, κύριε ἐλέησόν με, ἴα-
σαι τὴν ψυχήν μου, ὅτι ἥμαρτόν σοι.

6 οἱ ἐχθροί μου εἶπον κακά μοι, πό-
τε ἀποθανεῖται καὶ ἀπολεῖται τὸ ὄ-
νομα αὐτοῦ;

7 καὶ εἰσεπορεύετο τοῦ ἰδεῖν, μά-
την ἐλάλει ἡ καρδία αὐτοῦ, συνή-
γαγεν ἀνομίαν ἑαυτῷ, ἐξεπορεύετο
ἔξω, καὶ ἐλάλει ἐπὶ τὸ αὐτό.

8 κατ' ἐμοῦ ἐψιθύριζον πάντες οἱ
ἐχθροί μου, κατ' ἐμοῦ ἐλογίζοντο
κακά μοι.

9 λόγον παράνομον κατέθεντο κατ'
ἐμοῦ, μὴ ὁ κοιμώμενος οὐχὶ προσ-
θήσει τοῦ ἀναστῆναι;

10 καὶ γὰρ ὁ ἄνθρωπος τῆς εἰρήνης μου
ἐφ' ὃν ἤλπισα, ὁ ἐσθίων ἄρτους μου
ἐμεγάλυνεν ἐπ' ἐμὲ πτερνισμόν.

11 σὺ δὲ κύριε ἐλέησόν με, καὶ ἀνά-
στησόν με, καὶ ἀνταποδώσω αὐτοῖς.

12 ἐν τούτῳ ἔγνων, ὅτι τεθέληκάς
με, ὅτι οὐ μὴ ἐπιχαρῇ ὁ ἐχθρός μου
ἐπ' ἐμέ.

13 ἐμοῦ δὲ διὰ τὴν ἀκακίαν ἀντε-
λάβου, καὶ ἐβεβαίωσάς με ἐνώπιόν
σου εἰς τὸν αἰῶνα.

† Ego dixi, Dñe miſe-
rere mei; ſana animam
meã, quia peccaui tibi.
† Inimici mei dixerunt
mala mihi, Quando
morietur & peribit no
men eius? † Et ingre-
diebatur vt videret; va-
na loquebatur cor e-
ius, congregauit iniqui-
tatem ſibi, egrediebat-
tur foras, & loqueba-
tur in idipſum. † Ad-
uerſum me ſuſurrabãt
omnes inimici mei, ad-
uerſum me cogitabant
mala mihi. † Verbum
iniquum conſtituerũt
aduerſum me, Nũquid
qui dormit, nõ adiiciet
vt reſurgat? † Et enim
homo pacis meæ, in quo
ſperaui, qui edebat pa-
nes meos, magnificauit
ſuper me ſupplantatio-
nẽ. † Tu autẽ Domine
miſerere mei, & reſuſ-
cita me & retribuam
eis. † In hoc cognoui,
quoniam voluiſti me;
quoniam non gaude-
bit inimicus meus ſu-
per me. † Me autem
propter innocentiam
ſuſcepiſti, & confirma-
ſti me in cõſpectu tuo
in æternum.

† Benedictus Domi-
nus Deus Israel, à secu-
lo, & in seculum, fiat
fiat.

SALMOR. SECVNDVS LIBER

† In finem in intelle-
ctum filiis Core.

XLII Hebr. XLI.

QVemadmodũ de-
siderat ceruus ad
fontes aquarũ, ita desi-
derat anima mea ad te
Deus. † Sitiuit anima
mea ad Deum fortem
viuum. Quando ve-
niam & apparebo an-
te faciem Dei?
† Fuerunt lachrymæ
meæ mihi panis die ac
nocte, dum dicitur mi-
hi quotidie, Vbi est
Deus tuus?
† Hæc recordatus sum,
& effudi in me animã
meam, quoniam trans-
ibo in locum taberna-
culi admirabilis vsque
ad domum Dei. In vo-
ce exultationis & con-
fessionis soni festa cele-
brantis. † Quare tristis
es anima mea, & quare
conturbas me? spera in
Deo, quoniam confite-
bor illi, salutare vultus
mei; † & Deus meus.
Ad me ipsum anima
mea conturbata est:
propterea memor ero

14 εὐλογητὸς κύριος ὁ θεὸς ἰσραὴλ
ἀπὸ τοῦ αἰῶνος καὶ εἰς τὸν αἰῶνα·
γένοιτο γένοιτο.

1 Εἰς τὸ τέλος εἰς σύνεσιν τοῖς υἱοῖς
κορέ. μα΄.

2 ΟΝ τρόπον ἐπιποθεῖ ἡ ἔλα-
φος ἐπὶ τὰς πηγὰς τῶν ὑδά-
των, οὕτως ἐπιποθεῖ ἡ ψυχή μου
πρὸς σὲ ὁ θεός.
3 ἐδίψησεν ἡ ψυχή μου πρὸς τὸν
θεὸν τὸν ἰσχυρὸν τὸν ζῶντα. πότε
ἥξω καὶ ὀφθήσομαι τῷ προσώπῳ
τοῦ θεοῦ;
4 ἐγενήθη τὰ δάκρυά μου ἐμοὶ ἄρ-
τος ἡμέρας καὶ νυκτὸς, ἐν τῷ λέγε-
σθαί μοι καθ' ἑκάστην ἡμέραν, ποῦ
ἐστιν ὁ θεός σου;
5 ταῦτα ἐμνήσθην, καὶ ἐξέχεα ἐπ'
ἐμὲ τὴν ψυχήν μου, ὅτι διελεύσο-
μαι ἐν τόπῳ σκηνῆς θαυμαστῆς ἕως
τοῦ οἴκου τοῦ θεοῦ, ἐν φωνῇ ἀγαλλιά-
σεως καὶ ἐξομολογήσεως ἤχου ἑορ-
τάζοντος.
6 ἱνατί περίλυπος εἶ ἡ ψυχή μου;
καὶ ἱνατί συνταράσσεις με; ἔλπισον
ἐπὶ τὸν θεὸν, ὅτι ἐξομολογήσομαι
αὐτῷ, σωτήριον τοῦ προσώπου μου,
7 καὶ ὁ θεός μου. πρὸς ἐμαυτὸν ἡ
ψυχή μου ἐταράχθη, διὰ τοῦτο μνη-
σθήσομαι

σθήσομαί σου ἐκ γῆς ἰορδάνου καὶ
ἑρμωνιεὶμ ἀπὸ ὄρους μικροῦ.
ἄβυσσος ἄβυσσον ἐπικαλεῖται εἰς 8
φωνὴν τῶν καταρρακτῶν σου. πάντες
οἱ μετεωρισμοί σου καὶ τὰ κύματά
σου ἐπ' ἐμὲ διῆλθον.
ἡμέρας ἐντελεῖται κύριος τὸ ἔ- 9
λεος αὐτοῦ, καὶ νυκτὸς ᾠδὴ αὐτοῦ παρ'
ἐμοί. προσευχὴ τῷ θεῷ τῆς ζωῆς μου.
ἐρῶ τῷ θεῷ, ἀντιλήπτωρ μου εἶ. 10
διατί μου ἐπελάθου, καὶ ἱνατί σκυ-
θρωπάζων πορεύομαι ἐν τῷ ἐκθλί-
βειν τὸν ἐχθρόν;
ἐν τῷ καταθλάσαι τὰ ὀστᾶ μου, ὠ- 11
νείδιζόν με οἱ ἐχθροί μου. ἐν τῷ λέ-
γειν αὐτούς μοι καθ' ἑκάστην ἡμέραν,
ποῦ ἐστιν ὁ θεός σου;
ἱνατί περίλυπος εἶ ἡ ψυχή μου, 12
καὶ ἱνατί συνταράσσεις με; ἔλπισον
ἐπὶ τὸν θεόν, ὅτι ἐξομολογήσομαι
αὐτῷ, σωτήριον τοῦ προσώπου μου
καὶ ὁ θεός μου.

Ψαλμὸς τῷ δαυὶδ, ἀνεπίγραφος
παρ' ἑβραίοις. μβ'.

Κρῖνόν μοι ὁ θεός, καὶ δίκασον τὴν 1
δίκην μου, ἐξ ἔθνους οὐχ ὁσίου,
ἀπὸ ἀνθρώπου ἀδίκου καὶ δολίου
ῥῦσαί με.
ὅτι σὺ εἶ ὁ θεὸς κραταίωμά μου, 2
ἱνατί

eni de terra Iordanis &
Hermonijm à monte
modico. † Abyssus
abyssum inuocat in vo
ce cataractarum tuarũ.
Omnia excelsa tua &
fluctus tui super me
transierunt. † In die
mandabit Dñs miseri-
cordiam suam, & no-
cte canticũ eius apud
me. Oratio Deo vitæ
meæ. † Dicã Deo, Sus-
ceptor meus es. Quare
mei oblitus es, & quare
contristatus incedo dũ
affligit inimicus? † Dũ
cõfringũtur ossa mea,
exprobrauerunt mihi
inimici mei. Dum di-
cunt ipsi mihi per sin-
gulos dies, Vbi est Deus
tuus? † Quare tristis es
anima mea, & quare
conturbas me? Spera in
Deo, quoniam confi-
tebor illi, salutare vul-
tus mei & Deus meus.

Psalmus David sine titulo
apud Hebræos. XLII.

IVdica me Deus, &
discerne causam meã
de gente non sancta, ab
homine iniquo & do-
loso erue me. † Quia tu
es Deus fortitudo mea:

quare repulisti me, & quare tristis incedo, dum affligit inimicus? † Emitte lucem tuam & veritaté tuam: ipsa me deduxerunt & adduxerunt me in montem sanctum tuum & in tabernacula tua. † Et introibo ad altare Dei, ad Deum qui lætificat iuuentuté meã. Confitebor tibi in cithara Deus Deus meus. † Quare tristis es anima mea, & quare conturbas me? Spera in Deo, quoniam confitebor illi, salutare vultus mei & Deus meus.

† In finem filiis Core ad intellectum.

XLIII.

DEus in auribus nostris audiuimus, & patres nostri annunciauerunt nobis, opus, quod operatus es in diebus eorũ, in diebus antiquis. † Manus tua gentes disperdidit, & plantasti eos: afflixisti populos, & expulisti eos. † Nec enim in gladio suo possederunt terrã, & brachiũ eorũ

ἱνατί ἀπώσω με, καὶ ἱνατί σκυθρω-
πάζων πορεύομαι ἐν τῷ ἐκθλί-
βειν τὸν ἐχθρόν;
3 ἐξαπόστειλον τὸ φῶς σου καὶ τὴν
ἀλήθειάν σου, αὐτά με ὡδήγησαν καὶ
ἤγαγόν με εἰς ὄρος ἅγιόν σου καὶ εἰς
τὰ σκηνώματά σου.
4 καὶ εἰσελεύσομαι πρὸς τὸ θυσια-
στήριον τοῦ θεοῦ, πρὸς τὸν θεὸν τὸν εὐ-
φραίνοντα τὴν νεότητά μου. ἐξομο-
λογήσομαί σοι ἐν κιθάρᾳ ὁ θεὸς ὁ
θεός μου.
5 ἱνατί περίλυπος εἶ ἡ ψυχή μου,
καὶ ἱνατί συνταράσσεις με; ἔλπισον
ἐπὶ τὸν θεόν, ὅτι ἐξομολογήσομαι
αὐτῷ, σωτήριον τοῦ προσώπου μου
καὶ ὁ θεός μου.

1 Εἰς τὸ τέλος τοῖς υἱοῖς Κορὲ εἰς
σύνεσιν μγ'

2 Ὁ Θεὸς ἐν τοῖς ὠσὶν ἡμῶν ἠ-
κούσαμεν, καὶ οἱ πατέρες ἡ-
μῶν ἀνήγγειλαν ἡμῖν, ἔργον, ὃ εἰρ-
γάσω ἐν ταῖς ἡμέραις αὐτῶν, ἐν ἡ-
μέραις ἀρχαίαις.
3 ἡ χείρ σου ἔθνη ἐξωλόθρευσε καὶ
κατεφύτευσας αὐτούς· ἐκάκωσας
λαοὺς, καὶ ἐξέβαλες αὐτούς.
4 οὐ γὰρ ἐν τῇ ῥομφαίᾳ αὐτῶν ἐκληρο-
νόμησαν γῆν, καὶ ὁ βραχίων αὐτῶν

οὐκ

οὐκ ἔσωσεν αὐτούς· ἀλλ' ἡ δεξιά σου
καὶ ὁ βραχίων σου καὶ ὁ φωτισμὸς
τοῦ προσώπου σου, ὅτι εὐδόκησας
ἐν αὐτοῖς.
σὺ εἶ αὐτὸς ὁ βασιλεύς μου καὶ ὁ 5
θεός μου, ὁ ἐντελλόμενος τὰς σωτη-
ρίας Ἰακώβ.
ἐν σοὶ τοὺς ἐχθροὺς ἡμῶν κερατιοῦ- 6
μεν, καὶ ἐν τῷ ὀνόματί σου ἐξουδε-
νώσομεν τοὺς ἐπανισταμένους ἡμῖν.
οὐ γὰρ ἐπὶ τῷ τόξῳ μου ἐλπιῶ, καὶ 7
ἡ ῥομφαία μου οὐ σώσει με.
ἔσωσας γὰρ ἡμᾶς ἐκ τῶν θλιβόντων 8
ἡμᾶς, καὶ τοὺς μισοῦντας ἡμᾶς κατῄ-
σχυνας.
ἐν τῷ θεῷ ἐπαινεθησόμεθα ὅλην 9
τὴν ἡμέραν, καὶ ἐν τῷ ὀνόματί σου
ἐξομολογησόμεθα εἰς τὸν αἰῶνα.
νυνὶ δὲ ἀπώσω καὶ κατῄσχυνας 10
ἡμᾶς, καὶ οὐκ ἐξελεύσῃ ὁ θεὸς ἐν ταῖς
δυνάμεσιν ἡμῶν.
ἀπέστρεψας ἡμᾶς εἰς τοὐπίσω 11
παρὰ τοὺς ἐχθροὺς ἡμῶν, καὶ οἱ μι-
σοῦντες ἡμᾶς διήρπαζον ἑαυτοῖς.
ἔδωκας ἡμᾶς ὡς πρόβατα βρώ- 12
σεως, καὶ ἐν τοῖς ἔθνεσι διέσπειρας
ἡμᾶς.
ἀπέδου τὸν λαόν σου ἄνευ τιμῆς, 13
καὶ οὐκ ἦν πλῆθος ἐν τοῖς ἀλα-
λάγμασιν ἡμῶν.

non saluauit eos: Sed
dextera tua & brachiū
tuum & illuminatio
vultus tui, quoniam
complacuisti in eis.
5 † Tu es ipse rex meus
& Deus meus, qui mā-
das salutes Iacob.
6 † In te inimicos no-
stros ventilabimus cor-
nu; & in nomine tuo
spernemus insurgentes
7 nobis. † Non enim in
arcu meo sperabo; &
gladius meus non sal-
8 uabit me. † Saluasti e-
nim nos de affligenti-
bus nos, & odiētes nos
9 cōfudisti. † In Deo lau-
dabimur tota die, & in
nomine tuo confitebi-
mur in seculum.
10 † Nunc autem repulisti
& confudisti nos, &
non egredieris Deus in
virtutibus nostris.
11 † Auertisti nos retror-
sum post inimicos no-
stros, & qui oderūt nos
diripiebant sibi.
12 † Dedisti nos tanquam
oues escarū, & in gen-
tibus dispersisti nos.
13 † Vendidisti populum
tuum sine precio, & non
fuit multitudo in com-
mutationibus nostris.

ζ3 ἔθου

† Posuisti nos opprobrium vicinis nostris, subsannationem & derisum iis qui in circuitu nostro. † Posuisti nos in similitudinẽ in gentibus, commotionẽ capitis in populis.

† Tota die verecundia mea contra me est, & confusio faciei meæ cooperuit me.

† A voce exprobrantis & obloquentis, à facie inimici & persequentis.

† Hæc omnia venerũt super nos, nec obliti sumus te, & iniquè non egimus in testamento tuo. † Et non recessit retrò cor nostrum, & declinasti semitas nostras à via tua.

† Quoniam humiliasti nos in loco afflictionis & cooperuit nos vmbra mortis. † Si obliti sumus nomen Dei nostri, & si expandimus manus nostras ad Deũ alienum: † Nonne Deus requiret ista? ipse enim nouit abscõdita cordis.

† Quoniam propter te mortificamur tota die: æstimati sumus sicut oues occisionis.

14 ἔθου ἡμᾶς ὄνειδος τοῖς γείτοσιν ἡ-
μῶν, μυκτηρισμὸν καὶ χλευασμὸν
τοῖς κύκλῳ ἡμῶν.
15 ἔθου ἡμᾶς εἰς παραβολὴν ἐν τοῖς
ἔθνεσι, κίνησιν κεφαλῆς ἐν τοῖς
λαοῖς.
16 ὅλην τὴν ἡμέραν ἡ ἐντροπή μου
κατεναντίον μου ἐστὶ, καὶ ἡ αἰσχύνη
τοῦ προσώπου μου ἐκάλυψέ με.
17 ἀπὸ φωνῆς ὀνειδίζοντος καὶ κατα-
λαλοῦντος, ἀπὸ προσώπου ἐχθροῦ
καὶ ἐκδιώκοντος.
18 ταῦτα πάντα ἦλθεν ἐφ' ἡμᾶς καὶ
οὐκ ἐπελαθόμεθά σου, καὶ οὐκ ἠδι-
κήσαμεν ἐν τῇ διαθήκῃ σου.
19 καὶ οὐκ ἀπέστη εἰς τὰ ὀπίσω ἡ καρ-
δία ἡμῶν, καὶ ἐξέκλινας τὰς τρίβους
ἡμῶν ἀπὸ τῆς ὁδοῦ σου.
20 ὅτι ἐταπείνωσας ἡμᾶς ἐν τόπῳ κα-
κώσεως, καὶ ἐπεκάλυψεν ἡμᾶς σκιὰ
θανάτου.
21 εἰ ἐπελαθόμεθα τοῦ ὀνόματος τοῦ
θεοῦ ἡμῶν, καὶ εἰ διεπετάσαμεν χεῖρας
ἡμῶν πρὸς θεὸν ἀλλότριον
22 οὐχὶ ὁ θεὸς ἐκζητήσει ταῦτα; αὐ-
τὸς γὰρ γινώσκει τὰ κρύφια τῆς
καρδίας.
23 ὅτι ἕνεκά σου θανατούμεθα ὅλην
τὴν ἡμέραν· ἐλογίσθημεν ὡς πρό-
βατα σφαγῆς.

ἐξε-

ἐξεγέρθητι, ἱνατί ὑπνοῖς κύριε; 24
ἀνάστηθι, καὶ μὴ ἀπώσῃ εἰς τέλος.
ἱνατί τὸ πρόσωπόν σου ἀποστρέ- 25
φεις; ἐπιλανθάνῃ τῆς πτωχείας ἡμῶν
καὶ τῆς θλίψεως ἡμῶν;
ὅτι ἐταπεινώθη εἰς χοῦν ἡ ψυχὴ 26
ἡμῶν, ἐκολλήθη εἰς γῆν ἡ γαστὴρ
ἡμῶν.
ἀνάστα κύριε βοήθησον ἡμῖν, καὶ 27
λύτρωσαι ἡμᾶς ἕνεκεν τοῦ ὀνόμα-
τός σου.

† Exurge, quare ob-
dormis Dñe? exurge, &
ne repellas in finem.
† Quare faciem tuam
auertis? obliuisceris in-
opiæ nostræ & tribu-
lationis nostræ? † Quo-
niam humiliata est in
puluere anima nostra,
cõglutinatus est in ter-
ra venter noster.
† Exurge Dñe adiuua
nos, & redime nos pro-
pter nomen tuum.

Εἰς τὸ τέλος ὑπὲρ τῶν ἀλλοιωθησο- 1
μένων τοῖς υἱοῖς κορὲ εἰς σύνεσιν,
ᾠδὴ ὑπὲρ τοῦ ἀγαπητοῦ.

μδ'.

Ἐξηρεύξατο ἡ καρδία μου λό- 2
γον ἀγαθόν, λέγω ἐγὼ τὰ ἔρ-
γα μου τῷ βασιλεῖ. ἡ γλῶσσά μου
κάλαμος γραμματέως ὀξυγράφου.
ὡραῖος κάλλει παρὰ τοὺς υἱοὺς τῶν 3
ἀνθρώπων, ἐξεχύθη χάρις ἐν χεί-
λεσί σου, διὰ τοῦτο εὐλόγησέ σε ὁ θεὸς
εἰς τὸν αἰῶνα.
περίζωσαι τὴν ῥομφαίαν σου ἐπὶ 4
τὸν μηρόν σου δυνατέ.
τῇ ὡραιότητί σου καὶ τῷ κάλλει 5
σου καὶ ἔντεινε, καὶ κατευοδοῦ, καὶ βα-
σίλευε. ἕνεκεν ἀληθείας καὶ πραΰ-
τητος,

† In finem pro his qui
cõmutabuntur filiis
Core ad intellectũ,
cãticum pro dilecto.

XLIIII. Heb. XLV

ERuctauit cor meũ
verbum bonũ: di-
co ego opera mea regi.
Lingua mea calamus
scribæ velociter scribẽ-
tis. † Speciosus forma
præ filiis hominũ: dif-
fusa est gratia in labiis
tuis; propterea benedi-
xit te Deus in æternũ.
† Accingere gladio tuo
super femur tuum po-
tentissime. † Specie tua
& pulchritudine tua,
& intende, & prospere
procede, & regna. Pro-
pter veritatẽ & mãsue-

tudinem, & iustitiam:
& deducet te mirabili-
ter dextera tua.† Sagit-
tæ tuæ acutæ potentis-
sime: populi sub te ca-
dent in corde inimico-
rum regis. † Sedes tua
Deus in seculũ seculi:
virga directionis virga
regni tui.
† Dilexisti iustitiam, &
odisti iniquitatē: pro-
pterea vnxit te Deus
Deus tuus oleo lætitiç
præ consortibus tuis,
† Myrrha & gutta, &
casia à vestimētis tuis,
à domibus eburneis,ex
quibus delectauerũt te
† Filiæ regũ in honore
tuo.Astitit regina à de-
xtris tuis,in vestitu de-
aurato circundata va-
rietate, † Audi filia &
vide, & inclina aurem
tuam,& obliuiscere po
pulum tuum, & do-
mum patris tui. † Et
concupiscet rex decorē
tuum, quoniā ipse est
Dñs tuus, & adorabis
eum. † Et filia Tyri in
muneribus, vultũ tuũ
deprecabuntur diuites
plebis. † Omnis glo-
ria filiæ regis abintus,
in fimbriis

τητος, καὶ δικαιοσύνης, καὶ ὁδηγήσει
σε θαυμαστῶς ἡ δεξιά σου.
6 τὰ βέλη σου ἠκονημένα δυνατέ·
λαοὶ ὑποκάτω σου πεσοῦνται ἐν καρ-
δίᾳ τῶν ἐχθρῶν τοῦ βασιλέως.
7 ὁ θρόνος σου ὁ θεὸς εἰς τὸν αἰῶνα
τοῦ αἰῶνος· ῥάβδος εὐθύτητος, ἡ
ῥάβδος τῆς βασιλείας σου.
8 ἠγάπησας δικαιοσύνην, καὶ ἐμί-
σησας ἀνομίαν, διὰ τοῦτο ἔχρισέ σε
ὁ θεὸς ὁ θεός σου ἔλαιον ἀγαλλιάσεως
παρὰ τοὺς μετόχους σου·
9 σμύρνα καὶ στακτὴ καὶ κασσία ἀπὸ
τῶν ἱματίων σου, ἀπὸ βάρεων ἐλεφαν-
τίνων, ἐξ ὧν εὔφρανάν σε
10 θυγατέρες βασιλέων ἐν τῇ τιμῇ
σου. παρέστη ἡ βασίλισσα ἐκ δεξιῶν
σου, ἐν ἱματισμῷ διαχρύσῳ περι-
βεβλημένη πεποικιλμένη.
11 ἄκουσον θύγατερ καὶ ἴδε καὶ κλῖ-
νον τὸ οὖς σου, καὶ ἐπιλάθου τοῦ λαοῦ σου,
καὶ τοῦ οἴκου τοῦ πατρός σου.
12 καὶ ἐπιθυμήσει ὁ βασιλεὺς τοῦ
κάλλους σου, ὅτι αὐτός ἐστι κύριός σου,
καὶ προσκυνήσεις αὐτῷ.
13 καὶ θυγάτηρ Τύρου ἐν δώροις, τὸ
πρόσωπόν σου λιτανεύσουσιν οἱ
πλούσιοι τοῦ λαοῦ.
14 πᾶσα ἡ δόξα τῆς θυγατρὸς τοῦ
βασιλέως ἔσωθεν, ἐν κροσσωτοῖς
χρυσοῖς.

χρυσοῖς περιβεβλημένη πεποικιλ-
μένη.
ἀπενεχθήσονται τῷ βασιλεῖ παρ- 15
θένοι ὀπίσω αὐτῆς, αἱ πλησίον αὐ-
τῆς ἀπενεχθήσονταί σοι.
ἀπενεχθήσονται ἐν εὐφροσύνῃ καὶ 16
ἀγαλλιάσει, ἀχθήσονται εἰς ναὸν βα-
σιλέως.
ἀντὶ τῶν πατέρων σου ἐγενήθησαν 17
οἱ υἱοί σου, καταστήσεις αὐτοὺς ἄρχον-
τας ἐπὶ πᾶσαν τὴν γῆν.
μνησθήσομαι τοῦ ὀνόματός σου ἐν 18
πάσῃ γενεᾷ καὶ γενεᾷ. διὰ τοῦτο λαοὶ
ἐξομολογήσονταί σοι εἰς τὸν αἰῶνα καὶ
εἰς τὸν αἰῶνα τοῦ αἰῶνος.

Εἰς τὸ τέλος ὑπὲρ τῶν υἱῶν Κορὲ 1
ὑπὲρ τῶν κρυφίων ψαλμός.
με.

Ὁ Θεὸς ἡμῶν καταφυγὴ καὶ 2
δύναμις, βοηθὸς ἐν θλίψεσι
ταῖς εὑρούσαις ἡμᾶς σφόδρα.
διὰ τοῦτο οὐ φοβηθησόμεθα ἐν τῷ 3
ταράσσεσθαι τὴν γῆν, καὶ μετατίθεσθαι
ὄρη ἐν καρδίαις θαλασσῶν.
ἤχησαν καὶ ἐταράχθησαν τὰ ὕ- 4
δατα αὐτῶν. ἐταράχθησαν τὰ ὄρη ἐν
τῇ κραταιότητι αὐτοῦ.
τοῦ ποταμοῦ τὰ ὁρμήματα εὐφραί- 5
νουσι τὴν πόλιν τοῦ θεοῦ, ἡγίασε τὸ
σκήνωμα αὐτοῦ ὁ ὕψιστος.

aureis circumamicta
varietatibus.
† Adducentur regi vir-
gines post eam, proxi-
mæ eius afferétur tibi.
† Afferétur in lætitia
& exultatione, addu-
centur in templū regis.
† Pro patribus tuis nati
sunt filij tui: constitues
eos principes super
omnem terram.
† Memor ero nominis
tui in omni gñatione
& gñatione. Propterea
populi confitebuntur
tibi in æternum, & in
seculum seculi.

† In finē pro filiis Co-
re pro arcanis Psal-
mus XLV. Heb. XLVI

Deus noster refu-
giū & virtus, ad-
iutor in tribulationib'
quæ inuenerunt nos
nimis. † Propterea non
timebimus dum tur-
babitur terra, & trans-
ferentur montes in cor
maris. † Sonuerunt &
turbatæ sunt aquæ eo-
rum; conturbati sunt
montes in fortitudine
eius. † Fluminis impe-
tus lætificāt ciuitatem
Dei: sanctificauit taber
naculū suū Altissimus.

†Deus in medio eius, & nō commouebitur; adiuuabit eam Deus manè diluculo. †Conturbatæ sunt gētes, inclinata sunt regna: dedit vocem suam Altissimus, mota est terra. † Dn̄s virtutum nobiscum, susceptor noster Deus Iacob. † Venite & videte opera Dei, quæ posuit prodigia super terram. † Auferens bella vsq. ad fines terræ. Arcum conteret & cōfringet arma, & scuta comburet in igne. † Vacate & cognoscite, quoniam ego sum Deus: exaltabor in gentibus, exaltabor in terra. †Dn̄s virtutum nobiscum, susceptor noster Deus Iacob.

†In finē pro filiis Core Psalmus. XLVI.

OMnes gētes plaudite manibus; iubilate Deo in voce exultationis. † Quoniam Dn̄s excelsus, terribilis, rex magnus super omnem terram. † Subiecit populos nobis, & gētes sub pedib⁹ nostris. †Elegit nobis hereditatem

6 ὁ θεὸς ἐν μέσῳ αὐτῆς, καὶ οὐ σα-
λευθήσεται· βοηθήσει αὐτῇ ὁ θεὸς τὸ
πρὸς πρωὶ πρωΐ.
7 ἐταράχθησαν ἔθνη, ἔκλιναν βα-
σιλεῖαι, ἔδωκε φωνὴν αὐτοῦ ὁ ὕψι-
στος, ἐσαλεύθη ἡ γῆ.
8 κύριος τῶν δυνάμεων μεθ' ἡμῶν,
ἀντιλήπτωρ ἡμῶν ὁ θεὸς ἰακώβ.
9 δεῦτε καὶ ἴδετε τὰ ἔργα τοῦ θεοῦ, ἃ
ἔθετο τέρατα ἐπὶ τῆς γῆς.
10 ἀνταναιρῶν πολέμους μέχρι τῶν
περάτων τῆς γῆς. τόξον συντρίψει
καὶ συνθλάσει ὅπλον, καὶ θυρεοὺς κα-
τακαύσει ἐν πυρί.
11 σχολάσατε καὶ γνῶτε, ὅτι ἐγώ εἰμι
ὁ θεός, ὑψωθήσομαι ἐν τοῖς ἔθνεσιν,
ὑψωθήσομαι ἐν τῇ γῇ.
12 κύριος τῶν δυνάμεων μεθ' ἡμῶν,
ἀντιλήπτωρ ἡμῶν ὁ θεὸς ἰακώβ.

1 Εἰς τὸ τέλος ὑπὲρ τῶν υἱῶν κορὲ
ψαλμός. μς´

2 ΠΑντα τὰ ἔθνη κροτήσατε
χεῖρας, ἀλαλάξατε τῷ θεῷ
ἐν φωνῇ ἀγαλλιάσεως.
3 ὅτι κύριος ὕψιστος, φοβερός,
βασιλεὺς μέγας ἐπὶ πᾶσαν τὴν γῆν.
4 ὑπέταξε λαοὺς ἡμῖν, καὶ ἔθνη
ὑπὸ τοὺς πόδας ἡμῶν.
5 ἐξελέξατο ἡμῖν τὴν κληρονομίαν
ἑαυτοῦ,

ἑαυτῷ, τὴν καλλονὴν ἰακὼβ, ἣν ἠ-
γάπησεν.
6 ἀνέβη ὁ θεὸς ἐν ἀλαλαγμῷ, κύ-
ριος ἐν φωνῇ σάλπιγγος.
7 ψάλατε τῷ θεῷ ἡμῶν ψάλατε,
ψάλατε τῷ βασιλεῖ ἡμῶν ψάλατε.
8 ὅτι βασιλεὺς πάσης τῆς γῆς ὁ θεὸς,
ψάλατε συνετῶς.
9 ἐβασίλευσεν ὁ θεὸς ἐπὶ τὰ ἔθνη,
ὁ θεὸς κάθηται ἐπὶ θρόνου ἁγίου αὐτοῦ.
10 ἄρχοντες λαῶν συνήχθησαν μετὰ
τοῦ θεοῦ ἀβραὰμ, ὅτι τοῦ θεοῦ οἱ κραταιοὶ
τῆς γῆς σφόδρα ἐπήρθησαν.

1 Ψαλμὸς ᾠδῆς τοῖς υἱοῖς κορὲ δευτέ-
ρᾳ σαββάτου. μζʹ.

2 ΜΕγας κύριος καὶ αἰνετὸς
σφόδρα, ἐν πόλει τοῦ θεοῦ
ἡμῶν ἐν ὄρει ἁγίῳ αὐτοῦ.

3 εὐρίζῳ ἀγαλλιάματι πάσης τῆς
γῆς, ὄρη σιὼν τὰ πλευρὰ τοῦ βορρᾶ,
ἡ πόλις τοῦ βασιλέως τοῦ μεγάλου.

4 ὁ θεὸς ἐν ταῖς βάρεσιν αὐτῆς γι-
νώσκεται, ὅταν ἀντιλαμβάνηται αὐτῆς.

5 ὅτι ἰδοὺ οἱ βασιλεῖς τῆς γῆς συν-
ήχθησαν, διήλθοσαν ἐπὶ τὸ αὐτό.

6 αὐτοὶ ἰδόντες οὕτως ἐθαύμασαν,
ἐταράχθησαν, ἐσαλεύθησαν.

sibi, speciem Iacob,
quam dilexit.
† Ascendit Deus in iu-
bilo, Dominus in vo-
ce tubæ. † Psallite Deo
nostro psallite, psallite
regi nostro psallite.
† Quoniam rex omnis
terræ Deus, psallite sa-
pienter. † Regnauit
Deus super gẽtes, Deus
sedet super sedem san-
ctam suam. † Principes
populorum congregati
sunt cum Deo Abrahã,
quoniã Dei fortes terrę
vehemẽter eleuati sunt.
† Psalmus cantici filiis
Core secunda Sab-
bati. XLVII. מז

MAgnus Dñs &
laudabilis nimis,
in ciuitate Dei nostri
in monte sancto eius.
† Bene fundata exul-
tatione vniuersæ terrę,
montes Sion latera A-
quilonis, ciuitas regis
magni. † Deus in do-
mibus eius cognosci-
tur, cum suscipiet eam.
† Quoniam ecce reges
terræ congregati sunt,
conuenerunt in vnum.
† Ipsi videntes sic ad-
mirati sunt, conturbati
sunt, commoti sunt.

† Tremor apprehendit eos. Ibi dolores vt parturientis.

† In spiritu vehementi conteres naues Tharsis.

† Sicut audiuimus, sic & vidimus, in ciuitate Domini virtutum, in ciuitate Dei nostri. Deus fundauit eam in æternum. † Suscepimus Deus misericordiã tuã in medio populi tui.

† Secundùm nomen tuum Deus, sic & laus tua in fines terræ, iustitia plena dextera tua.

† Lætetur mons Sion, & exultent filiæ Iudæ propter iudicia tua Domine.

† Circundate Sion, & complectimini eam, narrate in turribus eius. † Ponite corda vestra in virtute eius, & distribuite domos eius, vt enarretis in progenie altera.

† Quoniam hic est Deus noster in æternum & in seculum seculi; ipse reget nos in secula.

7 τρόμος ἐπελάβετο αὐτῶν. ἐκεῖ
ὠδῖνες ὡς τικτούσης.
8 ἐν πνεύματι βιαίῳ συντρίψεις
πλοῖα θαρσεῖς.
9 καθάπερ ἠκούσαμεν, οὕτως καὶ εἴ-
δομεν ἐν πόλει κυρίου τῶν δυνάμεων,
ἐν πόλει τοῦ θεοῦ ἡμῶν. ὁ θεὸς ἐθεμε-
λίωσεν αὐτὴν εἰς τὸν αἰῶνα.
10 ὑπελάβομεν ὁ θεὸς τὸ ἔλεός σου ἐν
μέσῳ τοῦ λαοῦ σου.
11 κατὰ τὸ ὄνομά σου ὁ θεὸς, οὕτως καὶ
ἡ αἴνεσίς σου ἐπὶ τὰ πέρατα τῆς γῆς,
δικαιοσύνης πλήρης ἡ δεξιά σου.
12 εὐφρανθήτω ὄρος σιὼν, καὶ ἀγαλ-
λιάσθωσαν αἱ θυγατέρες τῆς ἰου-
δαίας ἕνεκεν τῶν κριμάτων σου
κύριε.
13 κυκλώσατε σιὼν, καὶ περιλά-
βετε αὐτήν· διηγήσασθε ἐν τοῖς πύρ-
γοις αὐτῆς.
14 θέσθε τὰς καρδίας ὑμῶν εἰς τὴν
δύναμιν αὐτῆς, καὶ καταδιέλεσθε
τὰς βάρεις αὐτῆς, ὅπως ἂν διηγήση-
σθε εἰς γενεὰν ἑτέραν.
15 ὅτι οὗτός ἐστιν ὁ θεὸς ἡμῶν εἰς τὸν
αἰῶνα καὶ εἰς τὸν αἰῶνα τοῦ αἰῶ-
νος· αὐτὸς ποιμανεῖ ἡμᾶς εἰς τοὺς
αἰῶνας.

Εἰς τὸ τέλος τοῖς υἱοῖς κορὲ ψαλμός. 1
μη'.

ΑΚούσατε ταῦτα πάντα τὰ ἔ- 2
θνη, ἐνωτίσασθε πάντες οἱ
κατοικοῦντες τὴν οἰκουμένην.
οἵ τε γηγενεῖς καὶ οἱ υἱοὶ τῶν ἀνθρώπων, 3
ἐπιτοαυτὸ πλούσιος καὶ πένης.
τὸ στόμα μου λαλήσει σοφίαν, 4
καὶ ἡ μελέτη τῆς καρδίας μου σύνεσιν.
κλινῶ εἰς παραβολὴν τὸ οὖς 5
μου, ἀνοίξω ἐν ψαλτηρίῳ τὸ πρό-
βλημά μου.
ἱνατί φοβοῦμαι ἐν ἡμέρᾳ πονη- 6
ρᾷ; ἡ ἀνομία τῆς πτέρνης μου κυ-
κλώσει με.
οἱ πεποιθότες ἐπὶ τῇ δυνάμει 7
αὐτῶν, καὶ ἐπὶ τῷ πλήθει τοῦ πλούτου
αὐτῶν καυχώμενοι.
ἀδελφὸς οὐ λυτροῦται, λυτρώσεται 8
ἄνθρωπος, οὐ δώσει τῷ θεῷ ἐξί-
λασμα ἑαυτοῦ.
καὶ τὴν τιμὴν τῆς λυτρώσεως τῆς 9
ψυχῆς αὐτοῦ, καὶ ἐκοπίασεν εἰς τὸν
αἰῶνα.
καὶ ζήσεται εἰς τέλος· οὐκ ὄψε- 10
ται καταφθοράν.
ὅταν ἴδῃ σοφοὺς ἀποθνήσκοντας, 11
ἐπιτοαυτὸ ἄφρων καὶ ἄνους ἀπο-
λοῦνται, καὶ καταλείψουσιν ἀλ-
λοτρίοις τὸν πλοῦτον αὐτῶν.

† In finem filiis Core
Psalmus. XLVIII.

AVdite hęc omnes
gentes, auribus
percipite omnes qui ha
bitatis orbem: † Quiq;
terrigenæ & filij ho-
minũ, simul in vnum
diues & pauper. † Os
meũ loquetur sapien-
tiam, & meditatio cor-
dis mei prudentiam.
† Inclinabo in parabo-
lam aurem meã, aperiã
in psalterio propositio-
nem meã. † Cur timeo
in die mala? iniqui-
tas calcanei mei circũ-
dabit me. † Qui confi-
dunt in virtute sua, &
in multitudine diui-
tiarum suarũ qui glo-
riãtur. † Frater non re-
dimit, redimet homo,
non dabit Deo placa-
tionem suam.
† Et pretium redem-
ptionis animæ suæ, &
laborauit in æternum.
† Et viuet in finem:
non videbit interitum.
† Cùm viderit sapien-
tes morientes, simul
insipiẽs & stultus peri-
bunt: & relinquẽt alie-
nis diuitias suas.

† Et sepulchra eorum domus illorum in æternũ: tabernacula eorum in progeniem & progeniem; vocauerũt nomina sua in terris. † Et homo cùm in honore esset, non intellexit: comparatus est iumentis insipiẽtibus, & similis factus est illis. † Hæc via illorũ scandalum ipsis: & postea in ore suo cõplacebũt. † Sicut oues in inferno positi sunt, mors depascet eos: & dominabuntur eorum iusti in matutino, & auxilium eorũ veterascet in inferno, à gloria eorum expulsi sunt. † Verumtamen Deus redimet animam meã de manu inferni, cùm acceperit me. † Ne timueris cùm diues factus fuerit homo, aut cùm multiplicata fuerit gloria domus eius. † Quoniam non cùm interierit ipse, sumet omnia: neque descendet cum eo gloria eius. † Quia anima eius in vita ipsius benedicetur: confitebitur tibi cùm benefeceris ei.

12 καὶ οἱ τάφοι αὐτῶν οἰκίαι αὐτῶν
εἰς τὸν αἰῶνα· σκηνώματα αὐτῶν
εἰς γενεὰν καὶ γενεάν· ἐπεκαλέσαντο
τὰ ὀνόματα αὐτῶν ἐπὶ τῶν γαιῶν.

13 καὶ ἄνθρωπος ἐν τιμῇ ὢν, οὐ συνῆ-
κε, παρασυνεβλήθη τοῖς κτήνεσι
τοῖς ἀνοήτοις καὶ ὡμοιώθη αὐτοῖς.

14 αὕτη ἡ ὁδὸς αὐτῶν σκάνδαλον αὐ-
τοῖς, καὶ μετὰ ταῦτα ἐν τῷ στόματι
αὐτῶν εὐδοκήσουσιν.

15 ὡς πρόβατα ἐν ᾅδῃ ἔθεντο, θάνα-
τος ποιμανεῖ αὐτούς· καὶ κατακυ-
ριεύσουσιν αὐτῶν οἱ εὐθεῖς τὸ πρωΐ,
καὶ ἡ βοήθεια αὐτῶν παλαιωθήσεται
ἐν τῷ ᾅδῃ, ἐκ τῆς δόξης αὐτῶν
ἐξώσθησαν.

16 πλὴν ὁ θεὸς λυτρώσεται τὴν ψυ-
χήν μου ἐκ χειρὸς ᾅδου, ὅταν λαμ-
βάνῃ με.

17 μὴ φοβοῦ ὅταν πλουτήσῃ ἄνθρω-
πος, ἢ ὅταν πληθυνθῇ ἡ δόξα τοῦ
οἴκου αὐτοῦ.

18 ὅτι οὐκ ἐν τῷ ἀποθνήσκειν αὐτὸν
λήψεται τὰ πάντα, οὐδὲ συγκαταβή-
σεται αὐτῷ ἡ δόξα αὐτοῦ.

19 ὅτι ἡ ψυχὴ αὐτοῦ ἐν τῇ ζωῇ αὐτοῦ
εὐλογηθήσεται, ἐξομολογήσεταί σοι
ὅταν ἀγαθύνῃς αὐτῷ.

εἰσελεύσεται ἕως γενεᾶς πατέρων 20
αὐτοῦ, ἕως αἰῶνος οὐκ ὄψεται φῶς.

καὶ ἄνθρωπος ἐν τιμῇ ὢν οὐ συνῆ- 21
κε, παρασυνεβλήθη τοῖς κτήνεσι
τοῖς ἀνοήτοις, καὶ ὡμοιώθη αὐτοῖς.

Ψαλμὸς τῷ ἀσάφ. 1
μθ'.

ΘΕὸς θεῶν κύριος ἐλάλησε,
καὶ ἐκάλεσε τὴν γῆν. ἀπὸ
ἀνατολῶν ἡλίου μέχρι δυσμῶν.

ἐκ σιὼν ἡ εὐπρέπεια τῆς ὡραιό- 2
τητος αὐτοῦ.

ὁ θεὸς ἐμφανῶς ἥξει, ὁ θεὸς ἡμῶν 3
καὶ οὐ παρασιωπήσεται· πῦρ ἐνώ-
πιον αὐτοῦ καυθήσεται, καὶ κύκλῳ αὐ-
τοῦ καταιγὶς σφοδρά.

προσκαλέσεται τὸν οὐρανὸν ἄνω, 4
καὶ τὴν γῆν τοῦ διακρῖναι τὸν
λαὸν αὐτοῦ.

Συναγάγετε αὐτῷ τοὺς ὁσίους 5
αὐτοῦ, τοὺς διατιθεμένους τὴν διαθή-
κην αὐτοῦ ἐπὶ θυσίαις.

καὶ ἀναγγελοῦσιν οἱ οὐρανοὶ τὴν 6
δικαιοσύνην αὐτοῦ, ὅτι ὁ θεὸς κρι-
τής ἐστιν.

ἄκουσον λαός μου, καὶ λαλήσω 7
σοι ἰσραήλ, καὶ διαμαρτύρομαί σοι,
ὁ θεὸς ὁ θεός σου εἰμὶ ἐγώ.

† Introibit vsq; in pro-
geniem patrum suorũ,
vsque in æternum non
videbit lumen. † Et ho-
mo cùm in honore es-
set, non intellexit: com
paratus est iumẽtis in-
sipientibus, & similis
factus est illis.

† Psalmus Asaph.
XLIX.

DEus deorum Dñs
locutus est, & vo-
cauit terram; ab ortu
Solis vsq; ad occasum.
† Ex Sion species de-
coris eius: † Deus ma-
nifestè veniet: Deus no
ster, & nõ silebit. Ignis
in conspectu eius exar-
descet: & in circuitu e-
ius tempestas valida.
†Aduocabit cælũ sur-
sum: & terrã, vt discer-
nat populum suum.
† Congregate illi san-
ctos eius, qui ordinant
testamentum eius su-
per sacrificia.
†Et annunciabunt cæli
iustitiam eius: quo-
niam Deus iudex est.
†Audi populus meus,
& loquar tibi Israel: &
testificabor tibi, Deus
Deus tuus ego sum.

† Non in sacrificiis tuis arguam te: holocausta autem tua in cōspectu meo sunt semper.
† Non accipiam de domo tua vitulos, neque de gregibus tuis hircos.
† Quoniam meæ sunt omnes feræ syluarum, iumenta in montibus & boues. † Cognoui omnia volatilia cæli, & pulchritudo agri mecum est. † Si esuriero, non tibi dicam; meus enim est orbis terræ & plenitudo eius.
† Nunquid manducabo carnes taurorum, aut sanguinem hircorū potabo? † Immola Deo sacrificium laudis, & redde Altissimo vota tua. † Et inuoca me in die tribulationis tuæ, & eruam te, & glorificabis me.
† Peccatori autem dixit Deus, Quare tu enarras iustitias meas, & assumis testamentum meum per os tuum? † Tu verò odisti disciplinā & proiecisti sermones meos retrorsum. † Si videbas furē, currebas cum

8 οὐκ ἐπὶ ταῖς θυσίαις σου ἐλέγξω
σε· τὰ δὲ ὁλοκαυτώματά σου ἐνώ-
πιόν μου ἐστὶ διαπαντός.
9 οὐ δέξομαι ἐκ τοῦ οἴκου σου μό-
σχους, οὐδὲ ἐκ τῶν ποιμνίων σου χι-
μάρους.
10 ὅτι ἐμά ἐστι πάντα τὰ θηρία τοῦ
ἀγροῦ, κτήνη ἐν τοῖς ὄρεσι καὶ βόες.
11 ἔγνωκα πάντα τὰ πετεινὰ τοῦ οὐ-
ρανοῦ, καὶ ὡραιότης ἀγροῦ μετ'
ἐμοῦ ἐστιν.
12 ἐὰν πεινάσω, οὐ μή σοι εἴπω· ἐμὴ
γάρ ἐστιν ἡ οἰκουμένη καὶ τὸ πλήρω-
μα αὐτῆς.
13 μὴ φάγομαι κρέα ταύρων, ἢ αἷ-
μα τράγων πίομαι;
14 θῦσον τῷ θεῷ θυσίαν αἰνέσεως,
καὶ ἀπόδος τῷ ὑψίστῳ τὰς εὐ-
χάς σου.
15 καὶ ἐπικάλεσαί με ἐν ἡμέρᾳ
θλίψεώς σου, καὶ ἐξελοῦμαί σε, καὶ
δοξάσεις με.
16 τῷ δὲ ἁμαρτωλῷ εἶπεν ὁ θεός, ἵνα-
τί σὺ ἐκδιηγῇ τὰ δικαιώματά μου,
καὶ ἀναλαμβάνεις τὴν διαθήκην
μου διὰ στόματός σου;
17 σὺ δὲ ἐμίσησας παιδείαν, καὶ ἐξέ-
βαλες τοὺς λόγους μου εἰς τὰ ὀπίσω.
18 εἰ ἐθεώρεις κλέπτην, συνέτρεχες
αὐτῷ,

αὐτῷ, καὶ μετὰ μοιχῶν τὴν μερίδα-
σου ἐτίθεις.

τὸ στόμα σου ἐπλεόνασε κακίαν, 19
καὶ ἡ γλῶσσά σου περιέπλεκε δο-
λιότητας.

καθήμενος κατὰ τοῦ ἀδελφοῦ σου κα- 20
τελάλεις, καὶ κατὰ τοῦ υἱοῦ τῆς μητρός σου
ἐτίθεις σκάνδαλον.

ταῦτα ἐποίησας, καὶ ἐσίγησα. 21
ὑπέλαβες ἀνομίαν, ὅτι ἔσομαί σοι
ὅμοιος. ἐλέγξω σε, καὶ παραστή-
σω κατὰ πρόσωπόν σου τὰς ἁμαρ-
τίας σου.

σύνετε δὴ ταῦτα οἱ ἐπιλανθανό- 22
μενοι τοῦ θεοῦ, μήποτε ἁρπάσῃ, καὶ οὐ
μὴ ᾖ ὁ ῥυόμενος.

θυσία αἰνέσεως δοξάσει με, καὶ 23
ἐκεῖ ὁδὸς ἣν δείξω αὐτῷ τὸ σωτή-
ριόν μου.

Εἰς τὸ τέλος ψαλμὸς τῷ Δαυίδ, 1
ἐν τῷ εἰσελθεῖν πρὸς αὐτὸν Νά- 2
θαν τὸν προφήτην, ἡνίκα εἰσ-
ῆλθε πρὸς Βηρσαβεὲ τὴν γυ-
ναῖκα Οὐρίου.

ν.

Ἐλέησόν με ὁ θεὸς κατὰ τὸ μέγα ἔ- 3
λεός σου, καὶ κατὰ τὸ πλῆθος
τῶν οἰκτιρμῶν σου ἐξάλειψον τὸ ἀ-
νόμημά μου.

eo, & cum adultero portionem tuam ponebas. † Os tuum abundauit malitia, & lingua tua concinnabat dolos. † Sedens aduersus fratrem tuum loquebaris, & aduersus filium matris tuæ ponebas scandalum. † Hæc fecisti, & tacui: existimasti iniquitatẽ, quòd ero tui similis. arguam te, & statuam contra faciem tuã peccata tua. Intelligite iam hæc qui obliuiscimini Deum, nequando rapiat, & non sit qui eripiat. † Sacrificium laudis honorificabit me, & illic iter quo ostendam illi salutare meum.

Hebr. LI

† In finẽ Psalmus David: † Cùm ingrederetur ad ipsum Nathan propheta, quãdo intrauit ad Bersabee vxorẽ Vriæ.

L.

Miserere mei Deus secundũ magnã misericordiam tuã: & secũdùm multitudinẽ miserationũ tuarũ dele iniquitatem meam.

† Amplius laua me ab iniquitate mea, & à peccato meo munda me. † Quoniam iniquitatem meam ego cognosco, & peccatum meum coram me est semper. † Tibi soli peccaui, & malum coram te feci: vt iustificeris in sermonibus tuis, & vincas cùm iudicaris.

† Ecce enim in iniquitatibus conceptus sum, & in peccatis concepit me mater mea.

† Ecce enim veritatem dilexisti: incerta & occulta sapientię tuę manifestasti mihi. † Asperges me hyssopo & mũdabor: lauabis me, & super niuẽ dealbabor.

† Auditui meo dabis gaudium & lætitiam, exultabunt ossa humiliata.

† Auerte faciem tuam à peccatis meis, & omnes iniquitates meas dele.

† Cor mundum crea in me Deus, & spiritum rectum innoua in visceribus meis.

† Ne proiicias me à facie tua, & spiritum tuum sanctum

4 ἐπιπλεῖον πλῦνόν με ἀπὸ τῆς ἀνο-
μίας μου, καὶ ἀπὸ τῆς ἁμαρτίας μου
καθάρισόν με.
5 ὅτι τὴν ἀνομίαν μου ἐγὼ γινώ-
σκω, καὶ ἡ ἁμαρτία μου ἐνώπιόν
μου ἐστὶ διαπαντός.
6 Σοὶ μόνῳ ἥμαρτον, καὶ τὸ πονη-
ρὸν ἐνώπιόν σου ἐποίησα· ὅπως ἂν
δικαιωθῇς ἐν τοῖς λόγοις σου, καὶ
νικήσῃς ἐν τῷ κρίνεσθαί σε.
7 ἰδοὺ γὰρ ἐν ἀνομίαις συνελήφθην,
καὶ ἐν ἁμαρτίαις ἐκίσσησέ με ἡ μή-
τηρ μου.
8 ἰδοὺ γὰρ ἀλήθειαν ἠγάπησας, τὰ
ἄδηλα καὶ τὰ κρύφια τῆς σοφίας σου
ἐδήλωσάς μοι.
9 ῥαντιεῖς με ὑσσώπῳ καὶ καθαρι-
σθήσομαι, πλυνεῖς με καὶ ὑπὲρ χιό-
να λευκανθήσομαι.
10 ἀκουτιεῖς μοι ἀγαλλίασιν καὶ εὐ-
φροσύνην, ἀγαλλιάσονται ὀστέα
τεταπεινωμένα.
11 ἀπόστρεψον τὸ πρόσωπόν σου ἀπὸ
τῶν ἁμαρτιῶν μου, καὶ πάσας τὰς ἀνο-
μίας μου ἐξάλειψον.
12 καρδίαν καθαρὰν κτίσον ἐν ἐμοὶ
ὁ Θεός, καὶ πνεῦμα εὐθὲς ἐγκαίνι-
σον ἐν τοῖς ἐγκάτοις μου.
13 μὴ ἀπορρίψῃς με ἀπὸ τοῦ προσώ-
που σου, καὶ τὸ πνεῦμά σου τὸ ἅγιον

μὴ

μὴ ἀντανέλῃς ἀπ' ἐμοῦ.
ἀπόδος μοι τὴν ἀγαλλίασιν τοῦ 14
σωτηρίου σου, καὶ πνεύματι ἡγεμο-
νικῷ στήριξόν με.
διδάξω ἀνόμους τὰς ὁδούς σου, 15
καὶ ἀσεβεῖς ἐπὶ σὲ ἐπιστρέψουσι.
ῥῦσαί με ἐξ αἱμάτων ὁ θεὸς ὁ θεὸς 16
τῆς σωτηρίας μου, ἀγαλλιάσεται ἡ
γλῶσσά μου τὴν δικαιοσύνην σου.
κύριε τὰ χείλη μου ἀνοίξεις, καὶ 17
τὸ στόμα μου ἀναγγελεῖ τὴν αἴνε-
σίν σου.
ὅτι εἰ ἠθέλησας θυσίαν, ἔδωκα 18
ἄν· ὁλοκαυτώματα οὐκ εὐδοκήσεις.
θυσία τῷ θεῷ πνεῦμα συντε- 19
τριμμένον, καρδίαν συντετριμ-
μένην καὶ τεταπεινωμένην ὁ θεὸς οὐκ
ἐξουδενώσει.
ἀγάθυνον κύριε ἐν τῇ εὐδοκίᾳ 20
σου τὴν Σιὼν, καὶ οἰκοδομηθήτω τὰ
τείχη Ἱερουσαλήμ.
τότε εὐδοκήσεις θυσίαν δικαιο- 21
σύνης ἀναφορὰν καὶ ὁλοκαυτώ-
ματα, τότε ἀνοίσουσιν ἐπὶ τὸ θυσια-
στήριόν σου μόσχους.

ne auferas à me.
†Redde mihi læti-
tiam salutaris tui, &
spiritu principali con-
firma me.
† Docebo iniquos vias
tuas, & impij ad te
conuertentur. †Libera
me de sanguinibus De⁹
Deus salutis meæ: ex-
ultabit lingua mea iu-
stitiam tuam. †Dñe
labia mea aperies, & os
meum annũciabit lau-
dem tuam. †Quoniam
si voluisses sacrificium,
dedissem vtique: holo-
caustis non delectabe-
ris. †Sacrificium Deo
spiritus contribulatus,
cor contritum & hu-
miliatum Deus non
despiciet. †Benignè fac
Domine in bona vo-
luntate tua Sion, & æ-
dificentur muri Hie-
rusalem. †Tunc ac-
ceptabis sacrificium iu-
stitiæ, oblationem &
holocausta; tunc im-
ponẽt super altare tuũ
vitulos.

Εἰς τὸ τέλος συνέσεως τῷ Δαυὶδ, 1
ἐν τῷ ἐλθεῖν Δωὴκ τὸν Ἰδουμαῖον, 2
καὶ ἀναγγεῖλαι τῷ Σαοὺλ, καὶ

† In finem intellectus
Dauid: †Cùm venit
Doec Idumæus, &
annũciauit Sauli, &

εἰπεῖν

LII Heb.

dixit ei: Venit Dauid in domum Abimelech. LI. QVid gloriaris in malitia, qui potẽs es in iniquitate? tota die † iniustitiam cogitauit lingua tua, sicut nouacula acuta fecisti dolũ. † Dilexisti malitiam super benignitatẽ: iniquitatem magis quàm loqui æquitatem. † Dilexisti omnia verba præcipitationis, linguam dolosam. † Propter hoc Deus destruet te in finem: euellet te & emigrare faciet te de tabernaculo tuo, & radicẽ tuã de terra viuentium. † Videbunt iusti, & timebunt, & super eum ridebunt, & dicẽt: † Ecce homo, qui non posuit Deum adiutorẽ suum; sed sperauit in multitudine diuitiarũ suarum, & præualuit in vanitate sua. † Ego autem sicut oliua fructifera in domo Dei, speraui in misericordia Dei in æternum, & in seculum seculi. † Confitebor tibi in seculum, quia fecisti, & expectabo

εἶπεν αὐτῷ, ἦλθε δαυὶδ εἰς τὸν οἶ-
κον ἀβιμέλεχ. να'.
3 ΤΙ ἐγκαυχᾷ ἐν κακίᾳ ὁ δυ-
νατὸς ἀνομίαν; ὅλην τὴν
ἡμέραν
4 ἀδικίαν ἐλογίσατο ἡ γλῶσσά σου.
ὡσεὶ ξυρὸν ἠκονημένον ἐποίησας
δόλον.
5 ἠγάπησας κακίαν ὑπὲρ ἀγα-
θωσύνην· ἀδικίαν ὑπὲρ τὸ λαλῆ-
σαι δικαιοσύνην.
6 ἠγάπησας πάντα τὰ ῥήματα κα-
ταποντισμοῦ, γλῶσσαν δολίαν.
7 Διὰ τοῦτο ὁ θεὸς καθελεῖ σε εἰς τέ-
λος, ἐκτίλαι σε καὶ μεταναστεύσαι
σε ἀπὸ σκηνώματός σου, καὶ τὸ ῥίζω-
μά σου ἐκ γῆς ζώντων.
8 ὄψονται δίκαιοι καὶ φοβηθήσονται,
καὶ ἐπ' αὐτὸν γελάσονται, καὶ ἐροῦσιν·
9 ἰδοὺ ἄνθρωπος, ὃς οὐκ ἔθετο τὸν
θεὸν βοηθὸν αὐτοῦ, ἀλλ' ἐπήλπισεν ἐπὶ
τῷ πλήθει τοῦ πλούτου αὐτοῦ, καὶ ἐν-
εδυναμώθη ἐπὶ τῇ ματαιότητι αὐτοῦ.
10 ἐγὼ δὲ ὡσεὶ ἐλαία κατάκαρπος
ἐν τῷ οἴκῳ τοῦ θεοῦ, ἤλπισα ἐπὶ τὸ
ἔλεος τοῦ θεοῦ εἰς τὸν αἰῶνα, καὶ εἰς τὸν
αἰῶνα τοῦ αἰῶνος.
11 ἐξομολογήσομαί σοι εἰς τὸν αἰῶ-
να, ὅτι ἐποίησας· καὶ ὑπομενῶ τὸ

ὄνομά

ὄνομά σου, ὅτι χρηστὸν ἐναντίον τῶν ὁσίων σου.

Εἰς τὸ τέλος ὑπὲρ μαελὲθ συνέσεως τῷ δαυίδ. νβ'.

Εἶπεν ἄφρων ἐν καρδίᾳ αὐτοῦ, οὐκ ἔστι θεός· διεφθάρησαν καὶ ἐβδελύχθησαν ἐν ἀνομίαις, οὐκ ἔστι ποιῶν ἀγαθόν.

ὁ θεὸς ἐκ τοῦ οὐρανοῦ διέκυψεν ἐπὶ τοὺς υἱοὺς τῶν ἀνθρώπων, τοῦ ἰδεῖν, εἰ ἔστι συνιῶν, ἢ ἐκζητῶν τὸν θεόν.

πάντες ἐξέκλιναν, ἅμα ἠχρειώθησαν, οὐκ ἔστι ποιῶν ἀγαθόν, οὐκ ἔστιν ἕως ἑνός.

οὐχὶ γνώσονται πάντες οἱ ἐργαζόμενοι τὴν ἀνομίαν, οἱ κατεσθίοντες τὸν λαόν μου ἐν βρώσει ἄρτου; τὸν κύριον οὐκ ἐπικαλέσαντο·

ἐκεῖ ἐφοβήθησαν φόβον, οὗ οὐκ ἦν φόβος· ὅτι ὁ θεὸς διεσκόρπισεν ὀστᾶ ἀνθρωπαρέσκων, κατῃσχύνθησαν, ὅτι ὁ θεὸς ἐξουδένωσεν αὐτούς.

τίς δώσει ἐκ Σιὼν τὸ σωτήριον τοῦ Ἰσραήλ; ἐν τῷ ἐπιστρέψαι τὸν θεὸν τὴν αἰχμαλωσίαν τοῦ λαοῦ αὐτοῦ· ἀγαλλιάσεται Ἰακώβ, καὶ εὐφρανθήσεται Ἰσραήλ.

nomẽ tuum, quoniam
bonum in conspectu
sanctorum tuorum.

1 † In finem pro Ama-
leth intellectus Da-
uid. L II.

2 Dixit insipiens in
corde suo, Non
est Deus: corrupti sunt
& abominabiles facti
sunt in iniquitatibus,
non est qui faciat bo-
3 num. † Deus de cælo
prospexit super filios
hominum, vt videat, si
est intelligens, aut re-
4 quirens Deũ. † Omnes
declinauerũt, simul in-
utiles facti sunt: nõ est
qui faciat bonum, non
est vsque ad vnum.
5 † Nõnne scient omnes
qui operãtur iniquita-
tem, qui deuorãt plebẽ
meam vt cibum panis?
Dñm nõ inuocauerũt:
6 Illic trepidauerunt ti-
more, vbi non fuit ti-
mor: quoniã Deus dis-
sipauit ossa eorum qui
hominibus placẽt: con
7 fusi sunt, quoniã Deus
spreuit eos. † Quis dabit
ex Sion salutare Israel?
cũm conuerterit Deus
captiuitatẽ plebis suæ:
exultabit Iacob, & læ-
tabitur Israel.

† In finem in hymnis
intellectus Dauid:
† Cùm venissent Zi-
phæi, & dixissent
Saul: Nónne Dauid
abscõditus est apud
nos?

LIII.

DEus in nomine
tuo saluum me
fac, & in virtute tua
iudicabis me.
† Deus exaudi oratio-
nem meam, auribus
percipe verba oris mei.
† Quoniam alieni
insurrexerũt aduersum
me, & fortes quæsie-
runt animam meam,
& non proposuerunt
Deum ante conspe-
ctum suum. † Ecce
enim Deus adiuuat
me, & Dominus su-
sceptor animæ meæ.
† Auertes mala ini-
micis meis: in veritate
tua disperde illos.
† Voluntariè sacrifi-
cabo tibi, confitebor
nomini tuo Domine,
quoniam bonum.
† Quoniam ex omni
tribulatione eripuisti
me, & super inimicos
meos despexit oculus
meus.

1 Εἰς τὸ τέλος ἐν ὕμνοις συνέσεως
τῷ Δαυίδ·
2 ἐν τῷ ἐλθεῖν τοὺς Ζιφαίους καὶ
εἰπεῖν τῷ Σαούλ, οὐκ ἰδοὺ Δαυὶδ
κέκρυπται παρ᾽ ἡμῖν;

νγ΄.

3 Ὁ Θεὸς ἐν τῷ ὀνόματί σου
σῶσόν με, καὶ ἐν τῇ δυνά-
μει σου κρινεῖς με.
4 ὁ Θεὸς εἰσάκουσον τῆς προσευ-
χῆς μου, ἐνώτισαι τὰ ῥήματα τοῦ
στόματός μου.
5 ὅτι ἀλλότριοι ἐπανέστησαν ἐπ᾽ ἐ-
μέ, καὶ κραταιοὶ ἐζήτησαν τὴν ψυ-
χήν μου, καὶ οὐ προέθεντο τὸν Θεὸν
ἐνώπιον αὐτῶν.
6 ἰδοὺ γὰρ ὁ Θεὸς βοηθεῖ μοι, καὶ ὁ κύ-
ριος ἀντιλήπτωρ τῆς ψυχῆς μου.
7 ἀποστρέψη τὰ κακὰ τοῖς ἐχθροῖς
μου, ἐν τῇ ἀληθείᾳ σου ἐξολόθρευ-
σον αὐτούς.
8 ἑκουσίως θύσω σοι, ἐξομολο-
γήσομαι τῷ ὀνόματί σου κύριε, ὅτι
ἀγαθόν.
9 ὅτι ἐκ πάσης θλίψεως ἐρρύσω με,
καὶ ἐν τοῖς ἐχθροῖς μου ἐπεῖδεν ὁ
ὀφθαλμός μου.

Εἰς

1 Εἰς τὸ τέλος ἐν ὕμνοις συνέσεως τῷ
ἀσάφ. νδʹ
2 ΕΝώτισαι ὁ θεὸς τὴν προσευχήν
μου, καὶ μὴ ὑπερίδῃς τὴν δέη-
σίν μου.
3 πρόσχες μοι καὶ εἰσάκουσόν μου.
ἐλυπήθην ἐν τῇ ἀδολεσχίᾳ μου, καὶ
ἐταράχθην
4 ἀπὸ φωνῆς ἐχθροῦ, καὶ ἀπὸ θλί-
ψεως ἁμαρτωλοῦ. ὅτι ἐξέκλιναν
ἐπ' ἐμὲ ἀνομίαν, καὶ ἐν ὀργῇ ἐνε-
κότουν μοι.
5 ἡ καρδία μου ἐταράχθη ἐν ἐμοί,
καὶ δειλία θανάτου ἐπέπεσεν ἐπ'
ἐμέ.
6 φόβος καὶ τρόμος ἦλθεν ἐπ' ἐμέ,
καὶ ἐκάλυψέ με σκότος.
7 καὶ εἶπα, τίς δώσει μοι πτέρυ-
γας ὡσεὶ περιστερᾶς, καὶ πετασθή-
σομαι καὶ καταπαύσω;
8 ἰδοὺ ἐμάκρυνα φυγαδεύων, καὶ
ηὐλίσθην ἐν τῇ ἐρήμῳ.
9 προσεδεχόμην τὸν θεὸν τὸν σώζον-
τά με ἀπὸ ὀλιγοψυχίας καὶ ἀπὸ κα-
ταιγίδος.
10 καταπόντισον κύριε καὶ καταδίε-
λε τὰς γλώσσας αὐτῶν, ὅτι εἶδον ἀνο-
μίαν καὶ ἀντιλογίαν ἐν τῇ πόλει.
11 ἡμέρας καὶ νυκτὸς κυκλώσει αὐ-
τὴν

† In finem in hymnis
intellectus Asaph.
LIIII.

EXaudi Deus ora-
tionem meam, &
ne despexeris depreca-
tioné meam. † Intende
mihi & exaudi me.
Cõtristatus sum in ex-
ercitatione mea, & cõ-
turbatus sum † à voce
inimici, & à tribulatio-
ne peccatoris: quoniã
declinauerunt in me
iniquitatem, & in ira
molesti erant mihi.
† Cor meũ conturba-
tum est in me, & for-
mido mortis cecidit su-
per me. † Timor & tre-
mor venit super me, &
contexerunt me tene-
bræ. † Et dixi, Quis da-
bit mihi pẽnas sicut co-
lũbæ, & volabo & re-
quiescam? † Ecce elon-
gaui fugiens, & mãsi in
solitudine. † Expectabã
Deum qui saluum me
facit à pusillanimitate
spiritus & à tẽpestate.
† Præcipita Dñe & di-
uide linguas eorũ, quo-
niam vidi iniquitatem
& contradictionem in
ciuitate. † Die ac no-
cte circundabit eam

οὐκ ἐφοβήθησαν τὸν θεόν.
ἐξέτεινε τὴν χεῖρα αὐτοῦ ἐν τῷ 21
ἀποδιδόναι. ἐβεβήλωσαν τὴν δια-
θήκην αὐτοῦ.
διεμερίσθησαν ἀπὸ ὀργῆς τοῦ 22
προσώπου αὐτοῦ, καὶ ἤγγισαν αἱ καρ-
δίαι αὐτῶν. ἡπαλύνθησαν οἱ λόγοι
αὐτῶν ὑπὲρ ἔλαιον, καὶ αὐτοί εἰσι
βολίδες.
ἐπίρριψον ἐπὶ κύριον τὴν μέρι- 23
μνάν σου, καὶ αὐτός σε διαθρέψει, οὐ
δώσει εἰς τὸν αἰῶνα σάλον τῷ δικαίῳ.
Σὺ δὲ ὁ θεὸς κατάξεις αὐτοὺς εἰς 24
φρέαρ διαφθορᾶς. ἄνδρες αἱμάτων
καὶ δολιότητος οὐ μὴ ἡμισεύσωσι τὰς
ἡμέρας αὐτῶν· ἐγὼ δὲ κύριε ἐλπιῶ
ἐπὶ σέ.

Εἰς τὸ τέλος ὑπὲρ τοῦ λαοῦ τοῦ ἀπὸ τῶν 1
ἁγίων μεμακρυμμένου τῷ Δαυὶδ
εἰς στηλογραφίαν ὁπότε ἐκράτη-
σαν αὐτὸν οἱ ἀλλόφυλοι ἐν Γέθ.

νε.

Ἐλέησόν με ὁ θεός, ὅτι κατεπά- 2
τησέ με ἄνθρωπος, ὅλην τὴν
ἡμέραν πολεμῶν ἔθλιψέ με.
κατεπάτησάν με οἱ ἐχθροί μου 3
ὅλην τὴν ἡμέραν, ὅτι πολλοὶ οἱ πο-
λεμοῦντές με ἀπὸ ὕψους.

non timuerūt Deum.
† Extendit manum
suam in retribuendo.
Contaminauerunt te-
stamentū eius. † Diuisi
sunt ab ira vultus eius,
& appropinquauerunt
corda eorum. Molliti
sunt sermones eorum
super oleum, & ipsi
sunt iacula. † Iacta su-
per Dñm curā tuam,
& ipse te enutriet; non
dabit in æternum flu-
ctuationem iusto.
† Tu verò Deus dedu-
ces eos in puteum in-
teritus. Viri sanguinum
& dolosi non dimidia-
bunt dies suos; ego au-
tem Dñe sperabo in te.

† In finem pro populo
qui à sanctis longè
factus est Dauid in
tituli inscriptione
cùm tenuerūt eum
Allophyli in Geth.

LV.

Miserere mei Deus,
quoniā conculcauit me homo, tota
die impugnans tribulauit me. † Conculcauerunt me inimici mei
tota die, quoniā multi
bellantes aduersum me
ab altitudine.

† Die non timebo,
ego verò ſperabo in te.
† in Deo laudabo ſer-
mones meos, in Deo
ſperaui, non timebo,
quid faciet mihi caro?
† Tota die verba mea
execrabantur; aduer-
ſum me omnes cogita-
tiones eorum in malũ.
† inhabitabunt & abſ-
condent, ipſi calcaneũ
meũ obſeruabũt. Sicut
ſuſtinuerunt animam
meam: † Pro nihilo ſal-
uos facies illos, in ira
populos confringes.
† Deus vitam meã an-
nunciaui tibi, poſuiſti
lachrymas meas in cõ-
ſpectu tuo, ſicut & in
promiſſione tua. † Con
uertentur inimici mei
retrorſum in quacunq;
die inuocauero te: ecce
cognoui quoniam Deꝰ
meus es tu. † In Deo
laudabo verbũ, in Dño
laudabo ſermonẽ. † In
Deo ſperaui, non time-
bo, quid faciet mihi
homo? † In me Deus
vota, quæ reddam lau-
dationis tuæ. † Quo-
niam eripuiſti animam
meam de morte, ocu-
los meos à lachrymis,
& pedes meos de lapſu.

4 ἡμέρας οὐ φοβηθήσομαι, ἐγὼ δὲ
ἐλπιῶ ἐπὶ σέ.
5 ἐν τῷ θεῷ ἐπαινέσω τοὺς λόγους
μου, ἐπὶ τῷ θεῷ ἤλπισα, οὐ φοβη-
θήσομαι, τί ποιήσει μοι σάρξ;
6 ὅλην τὴν ἡμέραν τοὺς λόγους μου
ἐβδελύσσοντο, κατ' ἐμοῦ πάντες οἱ
διαλογισμοὶ αὐτῶν εἰς κακόν.
7 παροικήσουσι καὶ κατακρύψουσιν,
αὐτοὶ τὴν πτέρναν μου φυλάξουσι.
καθάπερ ὑπέμειναν τὴν ψυχήν μου·
8 ὑπὲρ τοῦ μηθενὸς σώσεις αὐτούς,
ἐν ὀργῇ λαοὺς κατάξεις.
9 ὁ θεὸς τὴν ζωήν μου ἐξήγγειλά
σοι, ἔθου τὰ δάκρυά μου ἐνώπιόν
σου, ὡς καὶ ἐν τῇ ἐπαγγελίᾳ σου.
10 ἐπιστρέψουσιν οἱ ἐχθροί μου εἰς
τὰ ὀπίσω· ἐν ᾗ ἂν ἡμέρᾳ ἐπικαλέσω-
μαί σε· ἰδοὺ ἔγνων ὅτι θεός μου εἶ σύ.
11 ἐπὶ τῷ θεῷ αἰνέσω ῥῆμα, ἐπὶ τῷ
κυρίῳ αἰνέσω λόγον.
12 ἐπὶ τῷ θεῷ ἤλπισα, οὐ φοβηθή-
σομαι, τί ποιήσει μοι ἄνθρωπος;
13 ἐν ἐμοὶ ὁ θεὸς εὐχαί, ἃς ἀποδώ-
σω αἰνέσεώς σου.
14 ὅτι ἐρρύσω τὴν ψυχήν μου ἐκ
θανάτου, τοὺς ὀφθαλμούς μου ἀπὸ
δακρύων, καὶ τοὺς πόδας μου ἀπὸ ὀλι-
σθήματ-

θήματος. εὐαρεστήσω ἐνώπιον κυ-
ρίου, ἐν φωτὶ ζώντων.

Εἰς τὸ τέλος μὴ διαφθείρῃς, τῷ
δαυὶδ εἰς στηλογραφίαν, ἐν τῷ
αὐτὸν ἀποδιδράσκειν ἀπὸ προσώ-
που σαοὺλ εἰς τὸ σπήλαιον.

νϛʹ.

Ἐλέησόν με ὁ θεὸς, ἐλέησόν με,
ὅτι ἐπὶ σοὶ πέποιθεν ἡ ψυχή
μου. καὶ ἐν τῇ σκιᾷ τῶν πτερύγων σου
ἐλπιῶ, ἕως οὗ παρέλθοι ἡ ἀνομία.
κεκράξομαι πρὸς τὸν θεὸν τὸν ὕψι-
στον, τὸν θεὸν τὸν εὐεργετήσαντά με.
ἐξαπέστειλεν ἐξ οὐρανοῦ καὶ ἔσω-
σέ με, ἔδωκεν εἰς ὄνειδος τοὺς κατα-
πατοῦντάς με. ἐξαπέστειλεν ὁ θεὸς
τὸ ἔλεος αὐτοῦ καὶ τὴν ἀλήθειαν
αὐτοῦ.
καὶ ἐρρύσατο τὴν ψυχήν μου ἐκ
μέσου σκύμνων, ἐκοιμήθην τετα-
ραγμένος. υἱοὶ ἀνθρώπων οἱ ὀδόν-
τες αὐτῶν ὅπλα καὶ βέλη, καὶ ἡ γλῶσ-
σα αὐτῶν μάχαιρα ὀξεῖα.
ὑψώθητι ἐπὶ τοὺς οὐρανοὺς ὁ θεὸς,
καὶ ἐπὶ πᾶσαν τὴν γῆν ἡ δόξα σου.
παγίδα ἡτοίμασαν τοῖς ποσί
μου, καὶ κατέκαμψαν τὴν ψυχήν
μου. ὤρυξαν πρὸ προσώπου μου

Placebo coram Dño
in lumine viuentium.

1 † In finem Ne disperdas
David in tituli in-
scriptione, cùm ipse
fugeret à facie Saul
in speluncam.

LVI. Heb. LVII

2 Miserere mei Deus,
miserere mei, quo-
niam in te cõfidit ani-
ma mea. Et in vmbra
alarum tuarũ sperabo,
donec transeat iniqui-
3 tas. † Clamabo ad Deũ
altissimum, Deum qui
4 bene fecit mihi. † Misit
de cælo & liberauit
me: dedit in opprobriũ
conculcantes me. Misit
Deus misericordiã suã
& veritatem suam.
5 † Et eripuit animam
meam de medio catu-
lorum leonum, dormi-
vi cõturbatus. Filij ho-
minum dentes eorum
arma & sagittæ, & lin-
gua eorum gladius a-
6 cutus. † Exaltare super
cælos Deus, & in omni
terra gloria tua.
7 † Laqueum parauerũt
pedibus meis, & incur-
uauerũt animã meam.
Foderũt ante faciẽ meã

foueam, & inciderunt
in eam.
† Paratum cor meum
Deus, paratum cor
meũ, cantabo & psal-
mum dicam in gloria
mea. † Exurge gloria
mea, exurge psalterium
& cithara: exurgam
diluculo. † Confitebor
tibi in populis Domi-
ne, psalmũ dicam tibi
in gẽtibus. † Quoniam
magnificata est vsque
ad cælos misericordia
tua, & vsque ad nubes
veritas tua. † Exaltare
super cælos Deus, & su
per omnem terram glo
ria tua.

† In finem Ne disper-
das, Dauid in tituli
inscriptione. LVII.

VIII Hebr.

SI verè vtique iusti-
tiam loquimini, re-
cta iudicate filij homi-
num. † Etenim in cor-
de iniquitatem opera-
mini in terra, iniusti-
tiam manus vestrę cõ-
cinnant. † Alienati
sunt peccatores à vul-
ua, errauerunt ab vte-
ro, locuti sunt falsa.
† Furor illis secũdum
similitudinem serpen-
tis, sicut aspidis surdę &

βόθρον, καὶ ἐνέπεσον εἰς αὐτόν.
διάψαλμα.
8 ἑτοίμη ἡ καρδία μου ὁ θεός, ἑτοί-
μη ἡ καρδία μου, ᾄσομαι καὶ ψαλῶ
ἐν τῇ δόξῃ μου.
9 ἐξεγέρθητι ἡ δόξα μου, ἐξεγέρθητι
ψαλτήριον καὶ κιθάρα, ἐξεγερθή-
σομαι ὄρθρου.
10 ἐξομολογήσομαί σοι ἐν λαοῖς
κύριε, ψαλῶ σοι ἐν ἔθνεσιν.
11 ὅτι ἐμεγαλύνθη ἕως τῶν οὐρανῶν
τὸ ἔλεός σου, καὶ ἕως τῶν νεφελῶν
ἡ ἀλήθειά σου.
12 ὑψώθητι ἐπὶ τοὺς οὐρανοὺς ὁ θεός,
καὶ ἐπὶ πᾶσαν τὴν γῆν ἡ δόξα σου.

1 Εἰς τὸ τέλος, μὴ διαφθείρῃς, τῷ
Δαυὶδ εἰς στηλογραφίαν.
νζʹ.
2 ΕΙ ἀληθῶς ἄρα δικαιοσύνην
λαλεῖτε, εὐθείας κρίνατε υἱοὶ
τῶν ἀνθρώπων.
3 καὶ γὰρ ἐν καρδίᾳ ἀνομίαν ἐργά-
ζεσθε ἐν τῇ γῇ, ἀδικίαν αἱ χεῖρες
ὑμῶν συμπλέκουσιν.
4 ἀπηλλοτριώθησαν οἱ ἁμαρτωλοὶ
ἀπὸ μήτρας, ἐπλανήθησαν ἀπὸ γα-
στρός, ἐλάλησαν ψευδῆ.
5 θυμὸς αὐτοῖς κατὰ τὴν ὁμοίωσιν τοῦ
ὄφεως, ὡσεὶ ἀσπίδος κωφῆς καὶ
βυούσης

βυούσης τὰ ὦτα αὐτῆς.
ἥτις οὐκ εἰσακούσεται φωνῆς ἐπᾳ- 6
δόντων, φαρμάκου τε φαρμακευο-
μένη παρὰ σοφοῦ.
ὁ θεὸς συντρίψει τοὺς ὀδόντας 7
αὐτῶν ἐν τῷ στόματι αὐτῶν. τὰς
μύλας τῶν λεόντων συνέθλασεν
ὁ κύριος.
ἐξουδενωθήσονται ὡσεὶ ὕδωρ δια- 8
πορευόμενον, ἐντενεῖ τὸ τόξον αὐτοῦ
ἕως οὗ ἀσθενήσουσιν.
ὡσεὶ κηρὸς τακεὶς ἀνταναιρεθή- 9
σονται· ἔπεσε πῦρ ἐπ' αὐτοὺς, καὶ οὐκ
εἶδον τὸν ἥλιον.
πρὸ τοῦ συνιέναι τὰς ἀκάνθας ὑ- 10
μῶν τὴν ῥάμνον, ὡσεὶ ζῶντας ὡσεὶ
ἐν ὀργῇ καταπίεται αὐτούς.
εὐφρανθήσεται δίκαιος ὅταν ἴδῃ 11
ἐκδίκησιν, τὰς χεῖρας αὐτοῦ νίψεται
ἐν τῷ αἵματι τοῦ ἁμαρτωλοῦ.
καὶ ἐρεῖ ἄνθρωπος, εἰ ἄρα ἐστὶ 12
καρπὸς τῷ δικαίῳ; ἄρα ἐστὶν ὁ θεὸς
κρίνων αὐτοὺς ἐν τῇ γῇ.

Εἰς τὸ τέλος μὴ διαφθείρῃς τῷ 1
δαυὶδ εἰς στηλογραφίαν, ὁπότε
ἀπέστειλε σαοὺλ, καὶ ἐφύλαξε τὸν
οἶκον αὐτοῦ τοῦ θανατῶσαι αὐτόν.

νη.

obturantis aures suas.
† Quæ non exaudiet
vocem incantantium,
& venefici, quæ incan-
tatur à sapiente.
† Deus conteret den-
tes eorum in ore ipso-
rum; molas leonum
confregit Dominus.
† Ad nihilum deue-
nient tanquam aqua
decurrens; intendet ar-
cum suum donec in-
firmentur. † Sicut
cera quæ fluit, auferen-
tur: cecidit ignis super
eos, & non viderunt
Solem. † Priusquam
intelligerent spinæ ve-
stræ rhamnum: sicut
viuentes sicut in ira
absorbet eos. † Lætabi-
tur iustus cùm viderit
vindictam: manus suas
lauabit in sanguine pec-
catoris. † Et dicet ho-
mo, Si vtique est fru-
ctus iusto? vtique est
Deus iudicans eos in
terra.

† In finé Ne disperdas
Dauid in tituli in-
scriptione: cùm mi-
sit Saul & custodi-
uit domum eius, vt
interficeret eum.

LVIII. Hebr. LIX

Eripe me de inimicis meis Deus, & ab insurgentibus in me libera me. † Eripe me de operantibus iniquitatem, & de viris sanguinum salua me:

† Quia ecce ceperunt animam meam, irruerunt in me fortes; Neque iniquitas mea, neque peccatum meum Dñe. † Sine iniquitate cucurri & direxi Exurge in occursum meum, & vide. † Et tu Domine Deus virtutū Deus Israel, intende ad visitandas omnes gentes: non miserearis omnibus qui operantur iniquitatem. † Conuertentur ad vesperam, & famem patientur vt canis, & circuibunt ciuitatem.

† Ecce ipsi loquentur in ore suo, & gladius in labiis eorum, quoniam quis audiuit?

† Et tu Domine deridebis eos: ad nihilum deduces omnes gentes. † Fortitudinem meam ad te custodiam, quia tu Deus susceptor meus es. † Deus meus misericordia eius præue-

2 Ἐξελοῦ με ἐκ τῶν ἐχθρῶν μου ὁ θεός,
καὶ ἐκ τῶν ἐπανιστανομένων ἐπ' ἐμὲ
λύτρωσαί με.
3 ῥῦσαί με ἐκ τῶν ἐργαζομένων τὴν
ἀνομίαν, καὶ ἐξ ἀνδρῶν αἱμάτων
σῶσόν με.
4 ὅτι ἰδοὺ ἐθήρευσαν τὴν ψυχήν
μου, ἐπέθεντο ἐπ' ἐμὲ κραταιοί.
οὔτε ἡ ἀνομία μου, οὔτε ἡ ἁμαρτία
μου κύριε.
5 ἄνευ ἀνομίας ἔδραμον καὶ κα-
τεύθυνα. ἐξεγέρθητι εἰς συνάντη-
σίν μου, καὶ ἴδε.
6 καὶ σὺ κύριε ὁ θεὸς τῶν δυνάμεων
ὁ θεὸς τοῦ Ἰσραήλ, πρόσχες τοῦ ἐπι-
σκέψασθαι πάντα τὰ ἔθνη, μὴ οἰκτει-
ρήσῃς πάντας τοὺς ἐργαζομένους τὴν
ἀνομίαν.
7 ἐπιστρέψουσιν εἰς ἑσπέραν, καὶ λι-
μάξουσιν ὡς κύων, καὶ κυκλώσουσι
πόλιν.
8 ἰδοὺ αὐτοὶ ἀποφθέγξονται ἐν τῷ
στόματι αὐτῶν, καὶ ῥομφαία ἐν τοῖς
χείλεσιν αὐτῶν, ὅτι τίς ἤκουσε;
9 καὶ σὺ κύριε ἐκγελάσεις αὐτούς,
ἐξουδενώσεις πάντα τὰ ἔθνη.
10 τὸ κράτος μου πρὸς σὲ φυλάξω,
ὅτι σὺ ὁ θεὸς ἀντιλήπτωρ μου εἶ.
11 ὁ θεός μου τὸ ἔλεος αὐτοῦ προ-
φθάσει

φθάσει με· ὁ θεός μου δείξει μοι ἐν
τοῖς ἐχθροῖς μου.
μὴ ἀποκτείνῃς αὐτοὺς, μήποτε ἐ- 12
πιλάθωνται τοῦ νόμου σου. διασκόρπι-
σον αὐτοὺς ἐν τῇ δυνάμει σου, καὶ
κατάγαγε αὐτοὺς ὁ ὑπερασπιστής
μου κύριε.
ἁμαρτία στόματος αὐτῶν λόγος 13
χειλέων αὐτῶν, καὶ συλληφθήτωσαν
ἐν τῇ ὑπερηφανίᾳ αὐτῶν. καὶ ἐξ
ἀρᾶς καὶ ψεύδους διαγγελήσονται
ἐν συντελείᾳ, ἐν ὀργῇ συντε- 14
λείας, καὶ οὐ μὴ ὑπάρξωσι· καὶ γνώ-
σονται ὅτι ὁ θεὸς δεσπόζει τοῦ ἰακὼβ,
καὶ τῶν περάτων τῆς γῆς.
ἐπιστρέψουσιν εἰς ἑσπέραν, καὶ λι- 15
μώξουσιν ὡς κύων, καὶ κυκλώσουσι
πόλιν.
αὐτοὶ διασκορπισθήσονται τοῦ φα- 16
γεῖν· ἐὰν δὲ μὴ χορτασθῶσι, καὶ
γογγύσουσιν.
ἐγὼ δὲ ᾄσομαι τῇ δυνάμει σου, καὶ 17
ἀγαλλιάσομαι τὸ πρωῒ τὸ ἔλεός σου.
ὅτι ἐγενήθης ἀντιλήπτωρ μου καὶ
καταφυγή μου ἐν ἡμέρᾳ θλίψεώς
μου.
βοηθός μου εἶ, σοὶ ψαλῶ, ὅτι σὺ 18
ὁ θεὸς ἀντιλήπτωρ μου εἶ, ὁ θεός μου
τὸ ἔλεός μου.

niet me. Deus meus
ostẽdet mihi super in-
imicos meos. † Ne oc-
cidas eos, nequãdo obli
uiscãtur legis tuæ. Dis-
perge illos in virtute
tua, & depone eos pro-
tector meus Domine.
† Delictum oris eorum
sermo labiorum ipso-
rum: & comprehen-
dantur in superbia sua.
Et de execratione &
mendacio annuntia-
buntur † In consum-
matione, in ira consũ-
mationis, & non erũt,
& scient quia Deus do-
minatur Iacob, & fi-
nium terræ. † Conuer-
tentur ad vesperam, &
famem patientur ut ca-
nis, & circuibunt ciui-
tatem. † Ipsi dispergẽn-
tur ad manducandum;
si verò non fuerint sa-
turati, & murmurabũt.
† Ego autem cantabo
fortitudinem tuam, &
exultabo manè miseri-
cordiam tuam. Quia
factus es susceptor meus,
& refugium meum in
die tribulationis meæ.
† Adiutor meus es, tibi
psallam, quia tu Deus
susceptor meus es: Deus
meus misericordia mea.

† In finem pro iis qui 1
immutabũtur in ti-
tuli inscriptione Da-
uid in doctrinam:
† Cũm succẽdit Me- 2
sopotamiam Syriæ,
& Syriam Sobal, &
conuertit Ioab, &
percussit Edom in
valle Salinarũ duo-
decim millia.

LX

LIX.

DEus repulisti nos, 3
& destruxisti nos:
iratus es, & misertus es
nobis. † Commouisti 4
terram & conturbasti
eam: sana contritiones
eius, quia commota est.
† Ostẽdisti populo tuo 5
dura, potasti nos vino
compunctionis. † De- 6
disti metuentibus te si-
gnificationẽ, vt fugiant
à facie arcus.
† Vt liberentur dilecti 7
tui, saluum fac dexte-
ra tua & exaudi me.
† Deus locutus est in 8
sancto suo, lætabor &
partibor Sichimam, &
conuallem tabernacu-
lorum metibor.
† Meus est Galaad, & 9
meus est Manasses, &
Ephraim fortitudo ca-
pitis mei, Iuda rex me⁹.

Εἰς τὸ τέλος τοῖς ἀλλοιωθησο-
μένοις εἰς στηλογραφίαν τῷ
δαυὶδ εἰς διδαχήν·
ὁπότε ἐνεπύρισε τὴν μεσοπο-
ταμίαν συρίας καὶ τὴν συρίαν
σωβάλ, καὶ ἐπέστρεψεν ἰωὰβ καὶ
ἐπάταξε τὸν ἐδὼμ ἐν τῇ φά-
ραγγι τῶν ἁλῶν δώδεκα χιλιά-
δας. νθ'.

ΘΕὸς ἀπώσω ἡμᾶς καὶ κα-
θεῖλες ἡμᾶς· ὠργίσθης καὶ
ᾠκτείρησας ἡμᾶς.
Συνέσεισας τὴν γῆν καὶ συν-
τάραξας αὐτήν, ἴασαι τὰ συντρίμ-
ματα αὐτῆς, ὅτι ἐσαλεύθη.
ἔδειξας τῷ λαῷ σου σκληρά, ἐ-
πότισας ἡμᾶς οἶνον κατανύξεως.
ἔδωκας τοῖς φοβουμένοις σε ση-
μείωσιν, τοῦ φυγεῖν ἀπὸ προσώπου
τόξου. διάψαλμα.
ὅπως ἂν ῥυσθῶσιν οἱ ἀγαπητοί σου,
σῶσον τῇ δεξιᾷ σου καὶ ἐπάκου-
σόν μου.
ὁ θεὸς ἐλάλησεν ἐν τῷ ἁγίῳ αὐ-
τοῦ, ἀγαλλιάσομαι καὶ διαμεριῶ σι-
κιμα, καὶ τὴν κοιλάδα τῶν σκηνῶν
διαμετρήσω.
ἐμός ἐστι γαλαάδ, καὶ ἐμός ἐστι
μανασσῆς, καὶ ἐφραὶμ κραταίωσις
τῆς κεφαλῆς μου, ἰούδας βασιλεύς μου.

μωὰβ

μωὰβ λέβης τῆς ἐλπίδος μου. ἐπὶ 10
τὴν ἰδουμαίαν ἐκτενῶ τὸ ὑπόδη-
μά μου, ἐμοὶ ἀλλόφυλοι ὑπετά-
γησαν.
τίς ἀπάξει με εἰς πόλιν περιο- 11
χῆς, ἢ τίς ὁδηγήσει με ἕως τῆς ἰδου-
μαίας;
οὐχὶ σὺ ὁ θεὸς ὁ ἀπωσάμενος ἡ- 12
μᾶς, καὶ οὐκ ἐξελεύσῃ ὁ θεὸς ἐν ταῖς
δυνάμεσιν ἡμῶν;
δὸς ἡμῖν βοήθειαν ἐκ θλίψεως, 13
καὶ ματαία σωτηρία ἀνθρώπου.
ἐν τῷ θεῷ ποιήσομεν δύναμιν, 14
καὶ αὐτὸς ἐξουδενώσει τοὺς θλίβον-
τας ἡμᾶς.

Εἰς τὸ τέλος ἐν ὕμνοις τῷ δαυίδ 1
ψαλμός. ξ'.

Εἰσάκουσον ὁ θεὸς τῆς δεήσεώς μου, 2
πρόσχες τῇ προσευχῇ μου.
ἀπὸ τῶν περάτων τῆς γῆς πρὸς σὲ 3
ἐκέκραξα, ἐν τῷ ἀκηδιάσαι τὴν
καρδίαν μου, ἐν πέτρᾳ ὕψωσάς
με, ὡδήγησάς με.
ὅτι ἐγενήθης ἐλπίς μου, πύργος 4
ἰσχύος ἀπὸ προσώπου ἐχθροῦ.
παροικήσω ἐν τῷ σκηνώματί σου 5
εἰς τοὺς αἰῶνας, σκεπασθήσομαι ἐν
τῇ σκέπῃ τῶν πτερύγων σου.
ὅτι σὺ ὁ θεὸς εἰσήκουσας τῶν εὐχῶν 6
μου,

† Moab olla spei meę.
In Idumęam extédam
calciamentum meum:
mihi alienigenę subditi
sunt. † Quis deducet
me in ciuitatem mu-
nitam, aut quis dedu-
cet me vsque in Idu-
mæam?
† Nónne tu Deus qui
repulisti nos, & non e-
gredieris Deus in vir-
tutibus nostris?
† Da nobis auxilium
de tribulatione, & va-
na salus hominis.
† In Deo faciemus vir-
tutem, & ipse ad nihi-
lum deducet tribulātes
nos. *Hebr. LXI.*

† In finem in hymnis
Dauid Psalmus. LX.

Exaudi Deus depre-
cationem meam,
intende orationi meæ.
† A finibus terrę ad te
clamaui, dum anxia-
retur cor meum, in pe-
tra exaltasti me. Dedu-
xisti me, † Quia factus
es spes mea, turris for-
titudinis à facie inimi-
ci. † Inhabitabo in ta-
bernaculo tuo in secu-
la, protegar in velamē-
to alarum tuarum.
† Quoniam tu Deus
exaudisti orationem

meam, dedisti hæredi-
tatem timentibus no-
men tuum. † Dies su-
per dies regis adiicies, 7
annos eius vsque in
diem generationis &
generationis. † Perma- 8
nebit in æternum in
conspectu Dei; miseri-
cordiam & veritatem
eius quis requiret? 9
† Sic psalmum dicam
nomini tuo in secula,
vt reddam vota mea
diem de die.

† In finem pro Idithun 1
LXII Hebr. Psalmus Dauid. LXI.

NOnne Deo sub- 2
iecta erit anima
mea? ab ipso enim sa-
lutare meum. † Nam
& ipse Deus meus, & 3
salutaris meus; susce-
ptor meus, non moue-
bor amplius. † Quo-
usque irruitis in homi- 4
nem? interficitis vni-
uersi vos, tanquam pa-
rieti inclinato & ma-
ceriæ depulsæ? † Verun- 5
tamen precium meum
cogitauerunt repellere,
cucurri in siti. Ore suo
benedicebant, & corde
suo maledicebant.

† Veruntamen Deo 6
subiecta esto anima

μου, ἔδωκας κληρονομίαν τοῖς φο-
βουμένοις τὸ ὄνομά σου.

ἡμέρας ἐφ' ἡμέρας τοῦ βασιλέως
προσθήσεις, τὰ ἔτη αὐτοῦ ἕως ἡμέρας
γενεᾶς καὶ γενεᾶς.

διαμενεῖ εἰς τὸν αἰῶνα ἐνώπιον τοῦ
θεοῦ, ἔλεος καὶ ἀλήθειαν αὐτοῦ τίς
ἐκζητήσει;

οὕτως ψαλῶ τῷ ὀνόματί σου εἰς
τοὺς αἰῶνας, τοῦ ἀποδοῦναί με τὰς εὐ-
χάς μου ἡμέραν ἐξ ἡμέρας.

Εἰς τὸ τέλος ὑπὲρ ἰδιθοὺμ ψαλ-
μὸς τῷ δαυίδ. ξα.

ΟΥχὶ τῷ θεῷ ὑποταγήσεται
ἡ ψυχή μου; παρ' αὐτῷ γὰρ
τὸ σωτήριόν μου.

καὶ γὰρ αὐτὸς θεός μου καὶ σωτήρ
μου, ἀντιλήπτωρ μου οὐ μὴ σαλευ-
θῶ ἐπιπλεῖον.

ἕως πότε ἐπιτίθεσθε ἐπ' ἄνθρω-
πον; φονεύετε πάντες ὑμεῖς, ὡς τοί-
χῳ κεκλιμένῳ καὶ φραγμῷ ὠσμένῳ;

πλὴν τὴν τιμήν μου ἐβουλεύσαν-
το ἀπῶσαι. ἔδραμον ἐν δίψῃ, τῷ
στόματι αὐτῶν εὐλόγουν, καὶ τῇ καρ-
δίᾳ αὐτῶν κατηρῶντο.

πλὴν τῷ θεῷ ὑποτάγηθι ἡ ψυ-
χή μου,

χή μου, ὅτι παρ' αὐτοῦ ἡ ὑπομονή
μου.
ὅτι αὐτὸς θεός μου καὶ σωτήρ μου, 7
ἀντιλήπτωρ μου οὐ μὴ μεταναστεύσω.
ἐπὶ τῷ θεῷ τὸ σωτήριόν μου καὶ 8
ἡ δόξα μου. ὁ θεὸς τῆς βοηθείας μου καὶ
ἡ ἐλπίς μου ἐπὶ τῷ θεῷ.
ἐλπίσατε ἐπ' αὐτὸν πᾶσα συν- 9
αγωγὴ λαοῦ. ἐκχέετε ἐνώπιον αὐτοῦ
τὰς καρδίας ὑμῶν, ὅτι ὁ θεὸς βοη-
θὸς ἡμῶν.
πλὴν μάταιοι οἱ υἱοὶ τῶν ἀνθρώ- 10
πων, ψευδεῖς οἱ υἱοὶ τῶν ἀνθρώπων
ἐν ζυγοῖς τοῦ ἀδικῆσαι, αὐτοὶ ἐκ μα-
ταιότητος ἐπὶ τὸ αὐτό.
μὴ ἐλπίζετε ἐπ' ἀδικίαν, καὶ ἐπὶ 11
ἅρπαγμα μὴ ἐπιποθεῖτε· πλοῦτος
ἐὰν ῥέῃ, μὴ προστίθεσθε καρδίαν.
ἅπαξ ἐλάλησεν ὁ θεός, δύο ταῦ- 12
τα ἤκουσα, ὅτι τὸ κράτος τοῦ θεοῦ,
καὶ σοῦ κύριε τὸ ἔλεος· ὅτι σὺ 13
ἀποδώσεις ἑκάστῳ κατὰ τὰ ἔργα αὐτοῦ.

Ψαλμὸς τῷ Δαυὶδ ἐν τῷ εἶναι αὐ- 1
τὸν ἐν τῇ ἐρήμῳ τῆς Ἰουδαίας.

ξβ΄.

Ὁ θεὸς ὁ θεός μου πρὸς σὲ ὀρ- 2
θρίζω, ἐδίψησέ σε ἡ ψυχή
μου, ποσαπλῶς σοι ἡ σάρξ μου. ἐν
γῇ

mea, quoniam ab ipso
patientia mea.
† Quia ipse Deus meus
& saluator meus; ad-
iutor meus non emi-
grabo. † In Deo salu-
tare meum & gloria
mea. Deus auxilij mei
& spes mea in Deo.
† Sperate in eo omnis
congregatio populi. Ef-
fundite coram illo cor-
da vestra, quia Deus
adiutor noster. † Verũ-
tamen vani filij homi-
num, mendaces filij ho
minum in stateris vt
decipiant, ipsi de vani-
tate in idipsum. † Noli-
te sperare in iniquitate,
& in rapinis nolite cõ-
cupiscere: diuitiæ si af-
fluant, nolite apponere
cor. † Semel locutus est
Deus, duo hæc audiui,
quia potestas Dei, † Et
tua Dñe misericordia:
quia tu reddes vnicui-
que iuxta opera sua.
† Psalmus David cùm
esset ipse in deserto
Iudeæ. LXII. Heb. lxiii

DEus Deus meus
ad te de luce vi-
gilo, sitiuit te anima
mea, quàm multiplici-
ter tibi caro mea! In

terra deserta & inuia,
& inaquosa: † Sic in
sancto apparui tibi, vt
viderem virtutẽ tuam
& gloriam tuam.
† Quoniã melior mi-
sericordia tua super vi-
tas: labia mea laudabũt
te. † Sic benedicam te
in vita mea, in noĩe tuo
leuabo manus meas.
† Sicut de adipe & pin-
guedine repleatur ani-
ma mea, & labiis ex-
ultationis laudabit os
meum. † Si memor
fui tui super stratum
meum, in matutinis
meditabar in te.
† Quia fuisti adiutor
meus, & in velamento
alarum tuarum exul-
tabo. † Adhæsit anima
mea post te, me autem
suscepit dextera tua.
† Ipsi verò in vanum
quæsierunt animam
meam, introibunt in
inferiora terræ.
† Tradentur in manus
gladij, partes vulpium
erunt. † Rex verò læta-
bitur in Deo, laudabi-
tur omnis qui iurat in
eo, quia obstructũ est
os loquentium iniqua.

γῇ ἐρήμῳ καὶ ἀβάτῳ καὶ ἀνύδρῳ.
3 οὕτως ἐν τῷ ἁγίῳ ὤφθην σοι, τοῦ
ἰδεῖν τὴν δύναμίν σου καὶ τὴν δό-
ξαν σου.
4 ὅτι κρεῖσσον τὸ ἔλεός σου ὑπὲρ
ζωάς, τὰ χείλη μου ἐπαινέσουσί σε.
5 οὕτως εὐλογήσω σε ἐν τῇ ζωῇ μου,
ἐν τῷ ὀνόματί σου ἀρῶ τὰς χεῖ-
ράς μου.
6 ὡς ἐκ στέατος καὶ πιότητος ἐμ-
πλησθείη ἡ ψυχή μου καὶ χείλη ἀ-
γαλλιάσεως αἰνέσει τὸ στόμα μου.
7 εἰ ἐμνημόνευόν σου ἐπὶ τῆς στρω-
μνῆς μου, ἐν τοῖς ὄρθροις ἐμελέτων
εἰς σέ.
8 ὅτι ἐγενήθης βοηθός μου, καὶ ἐν
τῇ σκέπῃ τῶν πτερύγων σου ἀγαλ-
λιάσομαι.
9 ἐκολλήθη ἡ ψυχή μου ὀπίσω σου,
ἐμοῦ δὲ ἀντελάβετο ἡ δεξιά σου.
10 αὐτοὶ δὲ εἰς μάτην ἐζήτησαν τὴν
ψυχήν μου, εἰσελεύσονται εἰς τὰ κα-
τώτατα τῆς γῆς.
11 παραδοθήσονται εἰς χεῖρας ῥομ-
φαίας, μερίδες ἀλωπέκων ἔσονται.
12 ὁ δὲ βασιλεὺς εὐφρανθήσεται ἐπὶ
τῷ θεῷ· ἐπαινεθήσεται πᾶς ὁ ὀμνύων
ἐν αὐτῷ· ὅτι ἐνεφράγη στόμα λα-
λούντων ἄδικα.

Εἰς τὸ τέλος ψαλμὸς τῷ δαυίδ. ξγ'.

Εἰσάκουσον ὁ θεὸς φωνῆς μου, ἐν τῷ δέεσθαί με πρὸς σέ· ἀπὸ φόβου ἐχθροῦ ἐξελοῦ τὴν ψυχήν μου.

Σκέπασόν με ἀπὸ συστροφῆς πονηρευομένων, ἀπὸ πλήθους ἐργαζομένων ἀδικίαν.

οἵτινες ἠκόνησαν ὡς ῥομφαίαν τὰς γλώσσας αὐτῶν, ἐνέτειναν τόξον αὐτῶν πρᾶγμα πικρόν·

τοῦ κατατοξεῦσαι ἐν ἀποκρύφοις ἄμωμον, ἐξάπινα κατατοξεύσουσιν αὐτὸν, καὶ οὐ φοβηθήσονται.

ἐκραταίωσαν ἑαυτοῖς λόγον πονηρὸν, διηγήσαντο τοῦ κρύψαι παγίδα. εἶπον, τίς ὄψεται αὐτούς;

ἐξηρεύνησαν ἀνομίαν, ἐξέλιπον ἐξερευνῶντες ἐξερευνήσεις. προσελεύσεται ἄνθρωπος καὶ καρδία βαθεῖα.

καὶ ὑψωθήσεται ὁ θεός. βέλος νηπίων ἐγενήθησαν αἱ πληγαὶ αὐτῶν,

καὶ ἐξηθένησαν ἐπ' αὐτοὺς αἱ γλῶσσαι αὐτῶν. ἐταράχθησαν πάντες οἱ θεωροῦντες αὐτούς.

καὶ ἐφοβήθη πᾶς ἄνθρωπος. καὶ ἀνήγγειλαν τὰ ἔργα τοῦ θεοῦ, καὶ τὰ ποιήματα αὐτοῦ συνῆκαν.

εὐφρα-

1 † In finem Psalmus
David. LXIII. LXIV
2 EXaudi Deus vocem
meam, cùm depre-
cor ad te, à timore ini-
mici eripe animã meã.
† Protege me à con-
3 uentu malignantium,
à multitudine operan-
tium iniquitatem.
4 † Qui exacuerunt vt
gladium linguas suas,
intẽderunt arcũ suum
rem amaram. † Vt sa-
5 gittent in occultis im-
maculatum, subitò sa-
gittabunt eum, & non
timebunt. † Firmaue-
6 runt sibi sermonẽ ne-
quam, narrauerunt vt
absconderẽt laqueum,
dixerunt, Quis videbit
7 eos? † Scrutati sunt ini-
quitatem, defecerunt
scrutãtes scrutinia. Ac-
cedet homo & cor al-
8 tum. † Et exaltabitur
Deus. sagittæ paruulo-
rum factæ sunt plagæ
9 eorum. † Et infirmatæ
sunt contra eos linguæ
eorum. cõturbati sunt
omnes qui videbãt eos:
10 † Et timuit omnis ho-
mo. & annũtiauerũt
opera Dei, & facta e-
ius intellexerunt.

† Lætabitur iustus in Domino, & sperabit in eo; & laudabuntur omnes recti corde.

† In finē Psalmus cantici Dauid cāticum Hieremiæ & Ezechielis de populi trāsmigratione quādo profecturi erant.

LXIIII.

TE decet hymnus Deus in Sion, & tibi reddetur votum in Hierusalem. † Exaudi orationem meam, ad te omnis caro veniet.

† Verba iniquorum præualuerūt super nos, & impietatibus nostris tu propitiaberis. † Beatus, quem elegisti & assumpsisti, inhabitabit in atriis tuis. Replebimur in bonis domus tuæ, sanctum templū tuum, † Mirabile in æquitate. Exaudi nos Deus salutaris noster, spes omnium finium terræ, & eorum qui in mari longè. † Præparās montes in virtute sua, accinctus in potentia.

† Qui conturbas profundum maris, sonum fluctuum eius quis

11 εὐφρανθήσεται δίκαιος ἐν τῷ
κυρίῳ, καὶ ἐλπιεῖ ἐπ' αὐτόν· καὶ ἐπαι-
νεθήσονται πάντες οἱ εὐθεῖς τῇ καρ-
δίᾳ.

1 Εἰς τὸ τέλος ψαλμὸς ᾠδῆς τῷ
δαυὶδ ᾠδὴ ἱερεμίου καὶ ἰεζε-
κιὴλ ἐκ τοῦ λαοῦ τῆς παροικίας ὅτε ἔ-
μελλον ἐκπορεύεσθαι.

ξδ'.

2 ΣΟὶ πρέπει ὕμνος ὁ θεὸς ἐν
σιών, καὶ σοὶ ἀποδοθήσεται
εὐχὴ ἐν ἱερουσαλήμ.

3 εἰσάκουσον προσευχῆς μου, πρὸς
σὲ πᾶσα σὰρξ ἥξει.

4 λόγοι ἀνόμων ὑπερεδυνάμωσαν
ἡμᾶς, καὶ ταῖς ἀσεβείαις ἡμῶν σὺ
ἱλάσῃ.

5 μακάριος, ὃν ἐξελέξω καὶ προσ-
ελάβου, κατασκηνώσει ἐν ταῖς αὐ-
λαῖς σου. πλησθησόμεθα ἐν τοῖς
ἀγαθοῖς τοῦ οἴκου σου, ἅγιος ὁ ναός σου,

6 θαυμαστὸς ἐν δικαιοσύνῃ. ἐπά-
κουσον ἡμῶν ὁ θεὸς ὁ σωτὴρ ἡμῶν, ἡ
ἐλπὶς πάντων τῶν περάτων τῆς γῆς, καὶ
τῶν ἐν θαλάσσῃ μακράν.

7 ἑτοιμάζων ὄρη ἐν τῇ ἰσχύϊ αὐτοῦ,
περιεζωσμένος ἐν δυναστείᾳ.

8 ὁ συνταράσσων τὸ κύτος τῆς θα-
λάσσης, ἤχους κυμάτων αὐτῆς τίς

ὑπο-

ὑποστήσεται; ταραχθήσονται τὰ ἔθνη·
καὶ φοβηθήσονται οἱ κατοικοῦν- 9
τες τὰ πέρατα ἀπὸ τῶν σημείων σου·
ἐξόδους πρωΐας καὶ ἑσπέρας τέρψεις.
ἐπεσκέψω τὴν γῆν καὶ ἐμέθυσας 10
αὐτήν. ἐπλήθυνας τοῦ πλουτίσαι αὐ-
τήν. ὁ ποταμὸς τοῦ θεοῦ ἐπληρώθη ὑ-
δάτων, ἡτοίμασας τὴν τροφὴν αὐ-
τῶν, ὅτι οὕτως ἡ ἑτοιμασία.
τὰς αὔλακας αὐτῆς μέθυσον. πλή- 11
θυνον τὰ γεννήματα αὐτῆς, ἐν ταῖς
σταγόσιν αὐτῆς εὐφρανθήσεται ἀνα-
τέλλουσα.
εὐλογήσεις τὸν στέφανον τοῦ ἐνιαυτοῦ 12
τῆς χρηστότητός σου, καὶ τὰ πεδία σου
πλησθήσονται πιότητος.
πιανθήσονται τὰ ὡραῖα τῆς ἐρή- 13
μου, καὶ ἀγαλλίασιν οἱ βουνοὶ περι-
ζώσονται.
ἐνεδύσαντο οἱ κριοὶ τῶν προβά- 14
των, καὶ αἱ κοιλάδες πληθυνοῦσι σῖ-
τον, κεκράξονται, καὶ γὰρ ὑμνήσουσιν.

Εἰς τὸ τέλος ᾠδὴ ψαλμοῦ ἀναστά- 1
σεως. ξε.

Ἀλαλάξατε τῷ κυρίῳ πᾶσα 2
ἡ γῆ, ψάλατε δὴ τῷ ὀνόματι
αὐτοῦ. δότε δόξαν αἰνέσει αὐτοῦ.
εἴπατε τῷ θεῷ, ὡς φοβερὰ τὰ 3
ἔργα σου ἐν τῷ πλήθει τῆς δυνάμεώς
σου

ſuſtinebit? Turbabun-
tur gentes, † Et timebũt
qui habitant terminos
à ſignis tuis. exitus ma-
tutini, & veſperæ dele-
ctabis. † Viſitaſti terrã
& inebriaſti eam, mul
tiplicaſti locupletare
eam: flumen Dei reple-
tum eſt aquis. paraſti
cibum illorum, quo-
niam ita præparatio.
† Riuos eius inebria,
multiplica genimina
eius, in ſtillicidiis eius
lętabitur germinans.
† Benedices coronæ
anni benignitatis tuæ,
& campi tui replebun-
tur vbertate.
† Pingueſcent ſpecioſa
deſerti, & exultatione
colles accingentur.
† Induti ſunt arietes
ouium, & valles abun-
dabunt frumento: cla-
mabunt, etenim hy-
mnum dicent.
† In finem, canticum
Pſalmi reſurrectionis.
LXV. ξε. LXVI

IVbilate Dño omnis
terra, pſalmum dici-
te nomini eius, da-
te gloriam laudi eius.
† Dicite Deo, Quàm
terribilia opera tua! In
multitudine virtutis

te opera Dei, quàm terribilis in consiliis super filios hominum.

† Qui conuertit mare in aridam, in flumine pertransibunt pede. ibi lætabimur in ipso.

† Qui dominatur in virtute sua in æternũ: oculi eius super gentes respiciunt: qui exasperant, non exaltentur in semetipsis.

† Benedicite gentes Deum nostrum, & auditam facite vocem laudis eius.

† Qui posuit animam meam ad vitã, & non dedit in commotionẽ pedes meos:

† Quoniam probasti nos Deus, igne examinasti nos sicut examinatur argentum.

† Induxisti nos in laqueum, posuisti tribulationes in dorso nostro. † Imposuisti homines super capita nostra. trãsiuimus per ignẽ & aquã, & eduxisti

5 δεῦτε καὶ ἴδετε τὰ ἔργα τοῦ θεοῦ,
ὡς φοβερὸς ἐν βουλαῖς ὑπὲρ τοὺς
υἱοὺς τῶν ἀνθρώπων.
6 ὁ μεταστρέφων τὴν θάλασσαν εἰς
ξηράν, ἐν ποταμῷ διελεύσονται πο-
δί. ἐκεῖ εὐφρανθησόμεθα ἐπ᾽ αὐτῷ,
7 τῷ δεσπόζοντι ἐν τῇ δυναστείᾳ
αὐτοῦ τοῦ αἰῶνος. οἱ ὀφθαλμοὶ αὐτοῦ
ἐπὶ τὰ ἔθνη ἐπιβλέπουσιν, οἱ παρα-
πικραίνοντες μὴ ὑψούσθωσαν ἐν ἑ-
αυτοῖς. διάψαλμα.
8 εὐλογεῖτε ἔθνη τὸν θεὸν ἡμῶν, καὶ
ἀκουτίσατε τὴν φωνὴν τῆς αἰνέ-
σεως αὐτοῦ.
9 τοῦ θεμένου τὴν ψυχήν μου εἰς
ζωήν, καὶ μὴ δόντος εἰς σάλον τοὺς
πόδας μου.
10 ὅτι ἐδοκίμασας ἡμᾶς ὁ θεός, ἐ-
πύρωσας ἡμᾶς ὡς πυροῦται τὸ ἀρ-
γύριον.
11 εἰσήγαγες ἡμᾶς εἰς τὴν παγίδα.
ἔθου θλίψεις ἐπὶ τὸν νῶτον ἡμῶν.
12 ἐπεβίβασας ἀνθρώπους ἐπὶ τὰς
κεφαλὰς ἡμῶν. διήλθομεν διὰ πυ-
ρὸς καὶ ὕδατος, καὶ ἐξήγαγες
ἡμᾶς

ἡμᾶς εἰς ἀναψυχήν.
εἰσελεύσομαι εἰς τὸν οἶκόν σου ἐν 13
ὁλοκαυτώμασιν, ἀποδώσω σοι τὰς
εὐχάς μου·
ἃς διέστειλε τὰ χείλη μου, καὶ ἐ- 14
λάλησε τὸ στόμα μου ἐν τῇ θλί-
ψει μου.
ὁλοκαυτώματα μεμυελωμένα ἀ- 15
νοίσω σοι μετὰ θυμιάματος καὶ κριῶν,
ἀνοίσω σοι βόας μετὰ χιμάρων.
διάψαλμα.
δεῦτε ἀκούσατε καὶ διηγήσομαι 16
ὑμῖν πάντες οἱ φοβούμενοι τὸν θεόν,
ὅσα ἐποίησε τῇ ψυχῇ μου.
πρὸς αὐτὸν τῷ στόματί μου ἐκέ- 17
κραξα, καὶ ὕψωσα ὑπὸ τὴν γλῶσ-
σάν μου.
ἀδικίαν εἰ ἐθεώρουν ἐν καρδίᾳ 18
μου, μὴ εἰσακουσάτω μου κύριος.
διὰ τοῦτο εἰσήκουσέ μου ὁ θεός, 19
προσέσχε τῇ φωνῇ τῆς δεήσεώς μου.
εὐλογητὸς ὁ θεός, ὃς οὐκ ἀπέ- 20
στησε τὴν προσευχήν μου, καὶ τὸ ἔλεος
αὐτοῦ ἀπ' ἐμοῦ.

Εἰς τὸ τέλος ἐν ὕμνοις ψαλμὸς 1
ᾠδῆς τῷ Δαυίδ. ξς'.

Ὁ θεὸς οἰκτειρήσαι ἡμᾶς, καὶ 2
εὐλογήσαι ἡμᾶς, ἐπιφάναι

nos in refrigerium.
† Introibo in domum
tuam in holocaustis,
reddam tibi vota mea:
† Quæ distinxerunt
labia mea, & loqu-
tum est os meum in
tribulatione mea.
† Holocausta medul-
lata offeram tibi cum
incenso, & arietibus,
offerã tibi boues cum
hircis.
† Venite, audite, &
narrabo vobis omnes
qui timetis Deũ, quan-
ta fecit animæ meæ.
† Ad ipsum ore meo
clamaui, & exaltaui
sub lingua mea.
† Iniquitatem si aspe-
xi in corde meo, non
exaudiat me Dñs.
† Propterea exaudiuit
me Deus, attendit voci
deprecationis meæ.
† Benedictus Deus, qui
non amouit orationẽ
meam, & misericor-
diam suam à me.

† In finem, In hymnis
Psalmus cantici Da-
uid. LXVI.

DEus misereatur
nostri, & benedi-
cat nobis, illuminet

vultum suũ super nos, & misereatur nostri.

† Vt cognoscamus in terra viam tuam, in omnibus gentibus salutare tuum. † Confiteantur tibi populi Deus, confiteantur tibi populi omnes. † Lætentur & exultent gentes, quoniam iudicabis populos in æquitate, & gentes in terra diriges. † Confiteantur tibi populi Deus, confiteantur tibi populi omnes.

† Terra dedit fructum suum. Benedicat nos Deus Deus noster.

† Benedicat nos Deus, & metuant eum omnes fines terræ.

† In finem cantici Psalmus Dauid.

LXVII.

EXurgat Deus & dissipentur inimici eius, & fugiant à facie eius qui oderunt eum. † Sicut deficit fumus, deficiant, sicut fluit cera a facie ignis, sic pereant peccatores à facie Dei.

† Et iusti lætentur,

τὸ πρόσωπον αὐτοῦ ἐφ' ἡμᾶς, καὶ ἐλεή-
σαι ἡμᾶς.
3 τοῦ γνῶναι ἐν τῇ γῇ τὴν ὁδόν σου,
ἐν πᾶσιν ἔθνεσι τὸ σωτήριόν σου.
4 ἐξομολογησάσθωσάν σοι λαοὶ ὁ
θεός, ἐξομολογησάσθωσάν σοι λαοὶ
πάντες.
5 εὐφρανθήτωσαν καὶ ἀγαλλιά-
σθωσαν ἔθνη, ὅτι κρινεῖς λαοὺς ἐν
εὐθύτητι, καὶ ἔθνη ἐν τῇ γῇ ὁδηγήσεις.
6 ἐξομολογησάσθωσάν σοι λαοὶ ὁ
θεός, ἐξομολογησάσθωσάν σοι λαοὶ
πάντες.
7 γῆ ἔδωκε τὸν καρπὸν αὐτῆς. εὐ-
λογήσαι ἡμᾶς ὁ θεὸς ὁ θεὸς ἡμῶν.
8 εὐλογήσαι ἡμᾶς ὁ θεός· καὶ φο-
βηθήτωσαν αὐτὸν πάντα τὰ πέρα-
τα τῆς γῆς.

1 Εἰς τὸ τέλος ᾠδῆς ψαλμὸς
τοῦ δαυίδ. ξζʹ.
2 ΑΝαστήτω ὁ θεὸς καὶ διασκορ-
πισθήτωσαν οἱ ἐχθροὶ αὐτοῦ, καὶ
φυγέτωσαν ἀπὸ προσώπου αὐτοῦ οἱ
μισοῦντες αὐτόν.
3 ὡς ἐκλείπει καπνὸς ἐκλιπέτω-
σαν, ὡς τήκεται κηρὸς ἀπὸ προσώπου
πυρός, οὕτως ἀπολοῦνται οἱ ἁμαρτω-
λοὶ ἀπὸ προσώπου τοῦ θεοῦ.
4 καὶ οἱ δίκαιοι εὐφρανθήτωσαν·
ἀγαλ-

ἀγαλλιάσθωσαν ἐνώπιον τοῦ θεοῦ, τερ-
φθήτωσαν ἐν εὐφροσύνῃ.
ᾄσατε τῷ θεῷ, ψάλατε τῷ ὀνό- 5
ματι αὐτοῦ, ὁδοποιήσατε τῷ ἐπιβε-
βηκότι ἐπὶ δυσμῶν, κύριος ὄνομα
αὐτῷ· καὶ ἀγαλλιᾶσθε ἐνώπιον αὐ-
τοῦ· ταραχθήσονται ἀπὸ προσώπου
αὐτοῦ,
τοῦ πατρὸς τῶν ὀρφανῶν καὶ κριτοῦ 6
τῶν χηρῶν, ὁ θεὸς ἐν τόπῳ ἁγίῳ αὐτοῦ.
ὁ θεὸς κατοικίζει μονοτρόπους ἐν 7
οἴκῳ, ἐξάγων πεπεδημένους ἐν ἀν-
δρείᾳ· ὁμοίως τοὺς παραπικραίνον-
τας τοὺς κατοικοῦντας ἐν τάφοις.
ὁ θεὸς ἐν τῷ ἐκπορεύεσθαί σε 8
ἐνώπιον τοῦ λαοῦ σου, ἐν τῷ διαβαί-
νειν σε ἐν τῇ ἐρήμῳ,
γῆ ἐσείσθη, καὶ γὰρ οἱ οὐρανοὶ ἔ- 9
σταξαν ἀπὸ προσώπου τοῦ θεοῦ τοῦ σινά,
ἀπὸ προσώπου τοῦ θεοῦ ἰσραήλ.
βροχὴν ἑκούσιον ἀφοριεῖς ὁ θεὸς 10
τῇ κληρονομίᾳ σου, καὶ ἠσθένησε· σὺ
δὲ κατηρτίσω αὐτήν.
τὰ ζῷά σου κατοικοῦσιν ἐν αὐτῇ· 11
ἡτοίμασας ἐν τῇ χρηστότητί σου τῷ
πτωχῷ ὁ θεός.
κύριος δώσει ῥῆμα τοῖς εὐαγγε- 12
λιζομένοις δυνάμει πολλῇ.
ὁ βασιλεὺς τῶν δυνάμεων τοῦ ἀγα- 13

exultent in conspectu
Dei, delectentur in lę-
titia. † Cantate Deo,
psalmum dicite nomi-
ni eius, iter facite ei qui
ascendit super occasū,
Dominus nomen illi:
& exultate in conspe-
ctu eius. turbentur à
facie eius, † Patris or-
phanorum & iudicis
viduarum, Deus in lo-
co sancto suo. † Deus
inhabitare facit vnius
moris in domo, qui e-
ducit vinctos in forti-
tudine, similiter eos qui
exasperant qui habitāt
in sepulchris. † Deus
cùm egredereris in cō-
spectu populi tui, cùm
pertransires in deserto:
† Terra mota est, & e-
nim cæli distillauerunt
à facie Dei Sinai, à fa-
cie Dei Israel. † Pluuiā
volūtariam segregabis
Deus hæreditati tuæ,
& infirmata est: tu ve-
rò perfecisti eam.
† Animalia tua habi-
tant in ea, parasti in
dulcedine tua pauperi
Deus. † Dominus da-
bit verbum euangeli-
zātibus virtute multa.
† Rex virtutum dile-

cti, speciei domus diuidere spolia.

† Si dormiatis inter medios cleros, pennæ columbæ deargentatæ, & posteriora dorsi eius in pallore auri.

† Dum discernit cælestis reges super eam: niue dealbabūtur in Selmon. † Mons Dei mōs pinguis, mons coagulatus, mons pinguis.

† Vt quid suspicamini mōtes coagulatos? mōs in quo beneplacitum est Deo habitare in eo. & enim Dominus habitabit in finem.

† Currus Dei decem millib⁹ multiplex, millia abundantium. Dn̄s in eis in Sinai in sācto. † Ascendisti in altum, cepisti captiuitatē, accepisti dona in hominibus: & enim non credēres inhabitare. † Dn̄s Deus benedictus, benedictus Dn̄s die quotidie, prosperum iter faciet nobis Deus salutarium nostrorum.

† Deus noster, Deus saluos faciendi, & Domini Domini exitus mortis.

πητοῦ, τῇ ὡραιότητι τοῦ οἴκου διελέ-
σθαι σκῦλα.
14 ἐὰν κοιμηθῆτε ἀνὰ μέσον τῶν κλή-
ρων, πτέρυγες περιστερᾶς περιηργυ-
ρωμέναι, καὶ τὰ μετάφρενα αὐτῆς ἐν
χλωρότητι χρυσίου.
15 ἐν τῷ διαστέλλειν τὸν ἐπουράνιον
βασιλεῖς ἐπ' αὐτῆς, χιονωθήσονται
ἐν σελμών.
16 ὄρος τοῦ θεοῦ ὄρος πῖον, ὄρος τε-
τυρωμένον, ὄρος πῖον.
17 ἱνατί ὑπολαμβάνετε ὄρη τετυ-
ρωμένα; τὸ ὄρος ὃ εὐδόκησεν ὁ θεὸς
κατοικεῖν ἐν αὐτῷ· καὶ γὰρ ὁ κύριος
κατασκηνώσει εἰς τέλος.
18 τὸ ἅρμα τοῦ θεοῦ μυριοπλάσιον,
χιλιάδες εὐθηνούντων· κύριος ἐν
αὐτοῖς ἐν σινᾷ ἐν τῷ ἁγίῳ.
19 ἀνέβης εἰς ὕψος, ᾐχμαλώτευ-
σας αἰχμαλωσίαν. ἔλαβες δόματα
ἐν ἀνθρώποις, καὶ γὰρ ἀπειθοῦντας
τοῦ κατασκηνῶσαι.
20 κύριος ὁ θεὸς εὐλογητός, εὐλο-
γητὸς κύριος ἡμέραν καθ' ἡμέραν·
κατευοδώσαι ἡμῖν ὁ θεὸς τῶν σω-
τηρίων ἡμῶν.
21 ὁ θεὸς ἡμῶν, ὁ θεὸς τοῦ σώζειν, καὶ
τοῦ κυρίου κυρίου αἱ διέξοδοι τοῦ
θανάτου.

πλὴν

πλὴν ὁ θεὸς συνθλάσει κεφα- 22
λὰς ἐχθρῶν αὐτοῦ, κορυφὴν τριχὸς
διαπορευομένων ἐν πλημμελείαις
αὐτῶν.
εἶπε κύριος, ἐκ Βασὰν ἐπιστρέ- 23
ψω, ἐπιστρέψω ἐν βυθοῖς θαλάσσης·
ὅπως ἂν βαφῇ ὁ ποῦς σου ἐν αἵ- 24
ματι· ἡ γλῶσσα τῶν κυνῶν σου ἐξ
ἐχθρῶν παρ' αὐτοῦ.
ἐθεωρήθησαν αἱ πορεῖαί σου ὁ θεός. 25
αἱ πορεῖαι τοῦ θεοῦ μου τοῦ βασιλέως τοῦ
ἐν τῷ ἁγίῳ.
προέφθασαν ἄρχοντες ἐχόμενοι 26
ψαλλόντων, ἐν μέσῳ νεανίδων τυμ-
πανιστριῶν.
ἐν ἐκκλησίαις εὐλογεῖτε τὸν θεὸν 27
κύριον ἐκ πηγῶν Ἰσραήλ.
ἐκεῖ Βενιαμὶν νεώτερος ἐν ἐκ- 28
στάσει, ἄρχοντες Ἰούδα ἡγεμόνες αὐ-
τῶν, ἄρχοντες Ζαβουλών, ἄρχον-
τες Νεφθαλίμ.
ἔντειλαι ὁ θεὸς τῇ δυνάμει σου, 29
δυνάμωσον ὁ θεὸς τοῦτο, ὃ κατειρ-
γάσω ἐν ἡμῖν·
ἀπὸ τοῦ ναοῦ σου ἐπὶ Ἱερουσαλὴμ 30
σοὶ οἴσουσι βασιλεῖς δῶρα.
ἐπιτίμησον τοῖς θηρίοις τοῦ καλά- 31
μου· ἡ συναγωγὴ τῶν ταύρων ἐν ταῖς
δαμάλεσι τῶν λαῶν, τοῦ ἐκκλεισθῆναι
τοὺς δεδοκιμασμένους τῷ ἀργυρίῳ.

† Veruntamen Deus
confringet capita ini-
micorum suorum, ver-
ticem capilli perambu-
lãtium in delictis suis.
† Dixit Dñs, Ex Basan
conuertam, conuertam
in profundis maris:
† Vt intingatur pes tuus
in sanguine, lingua ca-
num tuorum ex inimi-
cis ab ipso. † Visi sunt
ingressus tui Deus, in-
gressus Dei mei regis
qui in sancto. † Præue-
nerunt principes con-
iuncti psallentibus, in
medio iuuencularum
tympanistriarum. † In
ecclesiis benedicite Deo
Domino de fontibus
Israel. † Ibi Beniamin
adolescentulus in men-
tis excessu, principes
Iuda duces eorũ, prin-
cipes Zabulon, princi-
pes Nephthalim.
† Manda Deus virtuti
tuæ, confirma Deus
hoc, quod operatus es
in nobis: † A templo
tuo in Hierusalem, ti-
bi offerent reges mu-
nera. † Increpa feras
arundinis, congregatio
taurorũ in vaccis po-
pulorũ, vt excludãtur
ii q̃ probati sunt argẽto.

Dissipa gentes quę bella volunt.

† Venient legati ex Ægypto, Æthiopia præueniet manum eius Deo.

† Regna terræ cantate Deo, psallite Domino.

† Qui ascendit super cælum cæli ad Orientem: ecce dabit voci suæ vocem virtutis.

† Date gloriam Deo super Israel magnificentia eius, & virtus eius in nubibus.

† Mirabilis Deus in sanctis suis, Deus Israel. ipse dabit virtutem & fortitudinem plebi suæ, benedictus Deus.

† In finem pro his qui commutabuntur, Psalmus Dauid.

LXVIII.

SAluum me fac De⁹, quoniã intrauerunt aquæ vsque ad animã meam. † Infixus sum in limo profundi, & non est substantia: veni in altitudinem maris, & tempestas demersit me.

† Laboraui clamans; raucę factæ sunt fauces meæ. defecerunt oculi

διασκόρπισον ἔθνη τὰ τοὺς πολέμους
θέλοντα.
32 ἥξουσι πρέσβεις ἐξ αἰγύπτου,
αἰθιοπία προφθάσει χεῖρα αὐτῆς
τῷ θεῷ.
33 αἱ βασιλεῖαι τῆς γῆς ᾄσατε τῷ
θεῷ, ψάλατε τῷ κυρίῳ· διά-
ψαλμα.
34 τῷ ἐπιβεβηκότι ἐπὶ τὸν οὐρανὸν
τοῦ οὐρανοῦ κατὰ ἀνατολάς· ἰδοὺ δώσει
τῇ φωνῇ αὐτοῦ φωνὴν δυνάμεως.
35 δότε δόξαν τῷ θεῷ· ἐπὶ τὸν ἰσ-
ραὴλ ἡ μεγαλοπρέπεια αὐτοῦ, καὶ ἡ
δύναμις αὐτοῦ ἐν ταῖς νεφέλαις.
36 θαυμαστὸς ὁ θεὸς ἐν τοῖς ἁγίοις
αὐτοῦ, ὁ θεὸς ἰσραὴλ· αὐτὸς δώσει
δύναμιν καὶ κραταίωσιν τῷ λαῷ
αὐτοῦ, εὐλογητὸς ὁ θεός.

1 Εἰς τὸ τέλος ὑπὲρ τῶν ἀλλοιωθησο-
μένων ψαλμὸς τῷ δαυίδ.

ξη.

2 ΣΩσόν με ὁ θεὸς, ὅτι εἰσήλθο-
σαν ὕδατα ἕως ψυχῆς μου.
3 ἐνεπάγην εἰς ἰλὺν βυθοῦ, καὶ οὐκ
ἔστιν ὑπόστασις, ἦλθον εἰς τὰ βάθη
τῆς θαλάσσης, καὶ καταιγὶς κατε-
πόντισέ με.
4 ἐκοπίασα κράζων, ἐβραγχία-
σεν ὁ λάρυγξ μου· ἐξέλιπον οἱ ὀφ-
θαλμοί

θαλμοί μου ἀπὸ τοῦ ἐλπίζειν με ἐπὶ
τὸν θεόν μου.

ἐπληθύνθησαν ὑπὲρ τὰς τρί- 5
χας τῆς κεφαλῆς μου οἱ μισοῦντές με
δωρεάν· ἐκραταιώθησαν οἱ ἐχθροί
μου, οἱ ἐκδιώκοντές με ἀδίκως· ἃ οὐχ
ἥρπαζον, τότε ἀπετίννυον.

ὁ θεὸς σὺ ἔγνως τὴν ἀφροσύνην 6
μου, καὶ αἱ πλημμέλειαί μου ἀπὸ σοῦ
οὐκ ἀπεκρύβησαν.

μὴ αἰσχυνθείησαν ἐπ' ἐμὲ οἱ ὑπο- 7
μένοντές σε κύριε, κύριε τῶν δυνά-
μεων. μὴ ἐντραπείησαν ἐπ' ἐμὲ
οἱ ζητοῦντές σε ὁ θεὸς τοῦ Ἰσραήλ.

ὅτι ἕνεκα σοῦ ὑπήνεγκα ὀνει- 8
δισμόν, ἐκάλυψεν ἐντροπὴ τὸ
πρόσωπόν μου.

ἀπηλλοτριωμένος ἐγενήθην τοῖς 9
ἀδελφοῖς μου, καὶ ξένος τοῖς υἱοῖς τῆς
μητρός μου.

ὅτι ὁ ζῆλος τοῦ οἴκου σου κατέφαγέ 10
με, καὶ οἱ ὀνειδισμοὶ τῶν ὀνειδιζόντων
σε ἐπέπεσον ἐπ' ἐμέ.

καὶ συνεκάλυψα ἐν νηστείᾳ τὴν 11
ψυχήν μου, καὶ ἐγενήθη εἰς ὀνειδι-
σμοὺς ἐμοί.

καὶ ἐθέμην τὸ ἔνδυμά μου σάκ- 12
κον, καὶ ἐγενόμην αὐτοῖς εἰς παρα-
βολήν.

κατ' ἐμοῦ ἠδολέσχουν οἱ καθήμε- 13

mei dũ spero in Deum
meum.
† Multiplicati sunt su-
per capillos capitis mei
qui oderunt me gratis.
confortati sunt inimici
mei, qui persecuti sunt
me iniustè: quæ non
rapui, tūc exoluebam.
† Deus tu scis insipien-
tiam meam, & delictæ
mea à te non sunt abs-
condita. † Non eru-
bescant in me qui ex-
pectant te Domine,
Domine virtutum; ne-
que confundantur su-
per me, qui quęrunt te,
Deus Israel. † Quoniam
propter te sustinui op-
probriũ, operuit con-
fusio faciem meam.
† Extraneus factus sum
fratribus meis, & pere-
grinus filiis matris meę.
† Quoniam zelus do-
mus tuæ comedit me,
& opprobria expro-
brantium tibi ecide-
runt super me. † Et ope-
rui in ieiunio animam
meam, & factum est in
opprobrium mihi.
† Et posui vestimētum
meum ciliciũ, & factus
sum illis in parabo-
lam. † Aduersum me lo-
quebantur qui sede-

bant in portis, & in me psallebant qui bibebāt vinum. † Ego verò orationem meam ad te Dñe, tempus beneplaciti. Deus in multitudine misericordiæ tuæ exaudi me, in veritate salutis tuæ. † Eripe me de luto, vt non infigar: libera me ab iis qui oderunt me, & de profundis aquarum. † Non me demergat tēpestas aquæ, neque absorbeat me profundum, neque vrgeat super me puteus os suum. † Exaudi me Dñe, quoniam benigna misericordia tua: secūdum multitudinē miserationum tuarū respice in me. † Ne auertas faciem tuam à puero tuo, quoniam tribulor, velociter exaudi me. † Intende animæ meæ, & libera eā. propter inimicos meos, eripe me. † Tu enim scis improperium meum, & cōfusionem meam, & reuerētiam meam. In conspectu tuo omnes qui tribulant me.

† Improperium expectauit animā mea & miseriam. & sustinui

νοι ἐν πύλαις, καὶ εἰς ἐμὲ ἔψαλλον
οἱ πίνοντες οἶνον.
14 ἐγὼ δὲ τῇ προσευχῇ μου πρὸς σὲ
κύριε, καιρὸς εὐδοκίας· ὁ θεὸς ἐν
τῷ πλήθει τοῦ ἐλέους σου ἐπάκουσόν μου,
ἐν ἀληθείᾳ τῆς σωτηρίας σου.
15 σῶσόν με ἀπὸ πηλοῦ, ἵνα μὴ ἐμ-
παγῶ· ῥυσθείην ἐκ τῶν μισούντων με,
καὶ ἐκ τῶν βαθέων τῶν ὑδάτων.
16 μή με καταποντισάτω καταιγὶς
ὕδατος, μηδὲ καταπιέτω με βυθὸς,
μηδὲ συσχέτω ἐπ' ἐμὲ φρέαρ τὸ
στόμα αὐτοῦ.
17 εἰσάκουσόν μου κύριε, ὅτι χρη-
στὸν τὸ ἔλεός σου, κατὰ τὸ πλῆθος τῶν
οἰκτιρμῶν σου ἐπίβλεψον ἐπ' ἐμέ.
18 μὴ ἀποστρέψῃς τὸ πρόσωπόν σου
ἀπὸ τοῦ παιδός σου, ὅτι θλίβομαι, τα-
χὺ ἐπάκουσόν μου.
19 πρόσχες τῇ ψυχῇ μου, καὶ λύ-
τρωσαι αὐτήν· ἕνεκα τῶν ἐχθρῶν μου,
ῥῦσαί με.
20 σὺ γὰρ γινώσκεις τὸν ὀνειδισμόν μου,
καὶ τὴν αἰσχύνην μου, καὶ τὴν ἐν-
τροπήν μου· ἐναντίον σου πάντες
οἱ θλίβοντές με.
21 ὀνειδισμὸν προσεδόκησεν ἡ ψυ-
χή μου καὶ ταλαιπωρίαν· καὶ ὑπέ-

μεινα συλλυπούμενον, καὶ οὐχ ὑπῆρξε·
καὶ παρακαλοῦντας, καὶ οὐχ εὗρον.
καὶ ἔδωκαν εἰς τὸ βρῶμά μου 22
χολήν, καὶ εἰς τὴν δίψαν μου ἐπότι-
σάν με ὄξος.
γενηθήτω ἡ τράπεζα αὐτῶν ἐνώ- 23
πιον αὐτῶν εἰς παγίδα, καὶ εἰς ἀνταπ-
όδοσιν καὶ εἰς σκάνδαλον.
σκοτισθήτωσαν οἱ ὀφθαλμοὶ αὐ- 24
τῶν τοῦ μὴ βλέπειν, καὶ τὸν νῶτον αὐτῶν δια-
παντὸς σύγκαμψον.
ἔκχεον ἐπ' αὐτοὺς τὴν ὀργήν σου, 25
καὶ ὁ θυμὸς τῆς ὀργῆς σου καταλά-
βοι αὐτούς.
γενηθήτω ἡ ἔπαυλις αὐτῶν ἠρη- 26
μωμένη, καὶ ἐν τοῖς σκηνώμασιν
αὐτῶν μὴ ἔστω ὁ κατοικῶν.
ὅτι ὃν σὺ ἐπάταξας, αὐτοὶ κατε- 27
δίωξαν, καὶ ἐπὶ τὸ ἄλγος τῶν τραυ-
μάτων μου προσέθηκαν.
πρόσθες ἀνομίαν ἐπὶ τῇ ἀνομίᾳ 28
αὐτῶν, καὶ μὴ εἰσελθέτωσαν ἐν δι-
καιοσύνῃ σου.
ἐξαλειφθήτωσαν ἐκ βίβλου 29
ζώντων, καὶ μετὰ δικαίων μὴ γρα-
φήτωσαν.
πτωχὸς καὶ ἀλγῶν εἰμὶ ἐγώ, ἡ 30
σωτηρία σου ὁ θεὸς ἀντιλάβοιτό μου.
αἰνέσω τὸ ὄνομα τοῦ θεοῦ μου μετ' 31
ᾠδῆς. μεγαλυνῶ αὐτὸν ἐν αἰνέσει.

qui simul contristaretur, & non fuit. & qui consolaretur, & non inueni. † Et dederũt in escam meãm fel, & in siti mea potauerũt me aceto. † Fiat mensa eorum coram ipsis in laqueum, & in retributionem & in scandalũ.

† Obscurentur oculi eorum ne videant; & dorsum eorum semper incurua. † Effunde super eos iram tuam, & furor iræ tuæ comprehendat eos. † Fiat habitatio eorum deserta, & in tabernaculis eorum ne sit qui inhabitet.

† Quoniam quem tu percussisti, ipsi persecuti sunt, & super dolorem vulnerum meorum addiderunt.

† Appone iniquitatem super iniquitatem eorum, & ne intrent in iustitia tua. † Deleãtur de libro viuentium, & cum iustis non scribantur. † Pauper & dolens sum ego, salus tua Deus suscipiat me.

† Laudabo nomen Dei mei cum cantico, magnificabo eũ in laude.

† Et placebit Deo su-
per vitulum nouellũ,
cornua producentem
& vngulas. † Videant
pauperes & lætentur,
quærite Deũ, & viuet
anima vestra. † Quoniã
exaudiuit pauperes Do
minus, & vinctos suos
non despexit. † Laudẽt
illum cęli & terra, ma-
re & omnia reptilia in
eo. † Quoniam Deus
saluam faciet Sion; &
ædificabuntur ciuitates
Iudæ. Et inhabitabunt
ibi, & hæreditate ac-
quirent eam. † Et semen
seruorum tuorum pos-
sidebit eam: & qui di-
ligunt nomen tuum,
habitabunt in ea.

† In finem David in
rememorationem,
quòd saluum me
fecit Dñs. LXIX.

Hebr.

DEus in adiutoriũ
meum intende,
Dñe ad adiuuandũ me
festina. † Confundãtur
& reuereãtur qui quæ-
runt animam meã. A-
uertantur retrorsum &
erubescant, qui volunt
mihi mala.

32 καὶ ἀρέσει τῷ θεῷ ὑπὲρ μόσχον
νέον, κέρατα ἐκφέροντα καὶ ὁπλάς.
33 ἰδέτωσαν πτωχοὶ καὶ εὐφρανθή-
τωσαν, ἐκζητήσατε τὸν θεὸν καὶ ζή-
σεται ἡ ψυχὴ ὑμῶν.
34 ὅτι εἰσήκουσε τῶν πενήτων ὁ κύ-
ριος, καὶ τοὺς πεπεδημένους αὐτοῦ οὐκ
ἐξουδένωσεν.
35 αἰνεσάτωσαν αὐτὸν οἱ οὐρανοὶ καὶ
ἡ γῆ, θάλασσα καὶ πάντα τὰ ἕρποντα
ἐν αὐτῇ.
36 ὅτι ὁ θεὸς σώσει τὴν σιών, καὶ οἰ-
κοδομηθήσονται αἱ πόλεις τῆς ἰουδαίας
καὶ κατοικήσουσιν ἐκεῖ, καὶ κληρονο-
μήσουσιν αὐτήν.
37 καὶ τὸ σπέρμα τῶν δούλων σου κα-
θέξουσιν αὐτήν, καὶ οἱ ἀγαπῶντες
τὸ ὄνομά σου κατασκηνώσουσιν ἐν
αὐτῇ.

1 Εἰς τὸ τέλος τῷ δαυὶδ εἰς ἀνά-
μνησιν, εἰς τὸ σῶσαί με
κύριον. ξθʹ.

2 Ὁ θεὸς εἰς τὴν βοήθειάν μου
πρόσχες, κύριε εἰς τὸ βοη-
θῆσαί μοι σπεῦσον.
3 αἰσχυνθήτωσαν καὶ ἐντραπήτωσαν
οἱ ζητοῦντες τὴν ψυχήν μου· ἀπο-
στραφήτωσαν εἰς τὰ ὀπίσω, καὶ καται-
σχυνθήτωσαν, οἱ βουλόμενοί μοι
κακά.

ἀπο-

ἀποστραφήτωσαν παραυτίκα αἰ- 4
σχυνόμενοι, οἱ λέγοντές μοι εὖγε
εὖγε.

ἀγαλλιάσθωσαν καὶ εὐφρανθή- 5
τωσαν ἐπὶ σοὶ πάντες οἱ ζητοῦντές
σε ὁ θεός· καὶ λεγέτωσαν διαπαν-
τὸς, μεγαλυνθήτω ὁ κύριος, οἱ ἀ-
γαπῶντες τὸ σωτήριόν σου.

ἐγὼ δὲ πτωχός εἰμι καὶ πένης, ὁ 6
θεὸς βοήθησόν μοι, βοηθός μου καὶ
ῥύστης μου εἶ σὺ, κύριε μὴ χρονίσῃς.

Τῷ Δαυὶδ ψαλμὸς τῶν υἱῶν Ἰωναδὰβ,
καὶ τῶν πρώτων αἰχμαλωτισθέν-
των· ἀνεπίγραφος παρ'
Ἑβραίοις. ο.

ΕΠὶ σοὶ κύριε ἤλπισα, μὴ κα- 1
ταισχυνθείην εἰς τὸν αἰῶνα.

ἐν τῇ δικαιοσύνῃ σου ῥῦσαί με καὶ 2
ἐξελοῦ με· κλῖνον πρός με τὸ οὖς σου,
καὶ σῶσόν με.

γενοῦ μοι εἰς θεὸν ὑπερασπιστὴν, 3
καὶ εἰς τόπον ὀχυρὸν τοῦ σῶσαί με· ὅτι
στερέωμά μου καὶ καταφυγή μου εἶ σύ.

ὁ θεός μου ῥῦσαί με ἐκ χειρὸς ἁ- 4
μαρτωλοῦ, ἐκ χειρὸς παρανομοῦντος
καὶ ἀδικοῦντος.

ὅτι σὺ εἶ ἡ ὑπομονή μου κύριε, κύ- 5
ριε ἡ ἐλπίς μου ἐκ νεότητός μου.

ἐπὶ σοὶ

† Auertantur statim
erubescẽtes, qui dicunt
mihi, Euge euge.
† Exultent & lętentur
in te omnes qui quę-
runt te Deus. & dicant
semper, Magnificetur
Dominus, qui diligunt
salutare tuum.
† Ego verò egenus sum
& pauper: Deus adiu-
ua me; adiutor meus
& liberator meus es tu,
Domine ne moreris.

David Psalmus filiorum Ionadab, & priorum captiuorum: sine titulo apud Hebraeos. LXX. Hebr. LXXI

IN te Dñe speraui, nõ
confundar in ęternũ:
† In iustitia tua libera
me, & eripe me: incli-
na ad me aurem tuam,
& salua me. † Esto mi-
hi in Deum protecto-
rem, & in locum mu-
nitum vt saluum me
facias. Quoniã firma-
mentum meum & re-
fugium meum es tu.
† Deus meus eripe me
de manu peccatoris, de
manu contra legem a-
gentis & iniqui.
† Quoniam tu es pa-
tientia mea Domine,
Domine spes mea à iu-
uentute mea.

† In te confirmatus
sum ex vtero, de vẽtre
matris meæ, tu meus
es protector. in te can-
tatio mea semper.
† Tanquam prodigium
factus sum multis, &
tu adiutor meus fortis.
† Repleatur os meum
laude, vt cantem glo-
riam tuã, tota die ma-
gnitudinem tuam.
† Ne proiicias me in
tẽpore senectutis: cùm
defecerit virtus mea, ne
derelinquas me.
† Quia dixerunt ini-
mici mei mihi, & qui
custodiebant animam
meam, consilium fe-
cerunt in vnum: † Di-
centes, Deus dereliquit
eum, persequimini &
comprehendite eum,
quia nõ est qui eripiat.
† Deus meus ne elon-
geris à me, Deus meus
in adiutorium meum
respice. † Confundan-
tur & deficiant detra-
hentes animæ meæ, o-
periantur confusione
& pudore qui quærũt
mala mihi. † Ego autẽ
semper sperabo in te, &
adiiciam super omnẽ
laudem tuam. † Os
meum annunciabit iu-

6 ἐπὶ σὲ ἐπεστηρίχθην ἀπὸ γαστρός,
ἐκ κοιλίας μητρός μου σύ μου εἶ σκε-
πασής· ἐν σοὶ ἡ ὕμνησίς μου διὰ-
παντός.
7 ὡσεὶ τέρας ἐγενήθην τοῖς πολλοῖς,
καὶ σὺ βοηθός μου κραταιός.
8 πληρωθήτω τὸ στόμα μου αἰνέ-
σεως, ὅπως ὑμνήσω τὴν δόξαν σου,
ὅλην τὴν ἡμέραν τὴν μεγαλοπρέ-
πειάν σου.
9 μὴ ἀποῤῥίψῃς με εἰς καιρὸν γή-
ρως, ἐν τῷ ἐκλείπειν τὴν ἰσχύν μου
μὴ ἐγκαταλίπῃς με.
10 ὅτι εἶπον οἱ ἐχθροί μου ἐμοὶ, καὶ οἱ
φυλάσσοντες τὴν ψυχήν μου ἐβου-
λεύσαντο ἐπιτοαυτό·
11 λέγοντες, ὁ θεὸς ἐγκατέλιπεν αὐ-
τὸν, καταδιώξατε καὶ καταλάβετε
αὐτὸν, ὅτι οὐκ ἔστιν ὁ ῥυόμενος.
12 ὁ θεός μου μὴ μακρύνῃς ἀπ᾽ ἐμοῦ,
ὁ θεός μου εἰς τὴν βοήθειάν μου
πρόσχες.
13 αἰσχυνθήτωσαν καὶ ἐκλιπέτωσαν
οἱ ἐνδιαβάλλοντες τὴν ψυχήν μου,
περιβαλέσθωσαν αἰσχύνην καὶ ἐν-
τροπὴν οἱ ζητοῦντες τὰ κακά μοι.
14 ἐγὼ δὲ διαπαντὸς ἐλπιῶ ἐπὶ σὲ,
καὶ προσθήσω ἐπὶ πᾶσαν τὴν αἴνε-
σίν σου.
15 τὸ στόμα μου ἀναγγελεῖ τὴν δι-

καιοσύνην σου, ὅλην τὴν ἡμέραν
τὴν σωτηρίαν σου· ὅτι οὐκ ἔγνων
γραμματείας.
εἰσελεύσομαι ἐν δυναστείᾳ κυ- 16
ρίου, κύριε μνησθήσομαι τῆς δικαιο-
σύνης σου μόνου.
ὁ θεός μου ἃ ἐδίδαξάς με ἐκ νεό- 17
τητός μου, καὶ μέχρι νῦν ἀπαγ-
γελῶ τὰ θαυμάσιά σου,
καὶ ἕως γήρως καὶ πρεσβείου· ὁ 18
θεός μου μὴ ἐγκαταλίπῃς με ἕως
ἂν ἀπαγγελῶ τὸν βραχίονά σου τῇ
γενεᾷ πάσῃ τῇ ἐρχομένῃ· τὴν δυνα-
στείαν σου,
καὶ τὴν δικαιοσύνην σου ὁ θεὸς 19
ἕως τῶν ὑψίστων, ἃ ἐποίησάς μοι με-
γαλεῖα, ὁ θεὸς τίς ὅμοιός σοι;
ὅσας ἔδειξάς μοι θλίψεις πολλὰς 20
καὶ κακάς, καὶ ἐπιστρέψας ἐζωοποίη-
σάς με, καὶ ἐκ τῶν ἀβύσσων τῆς γῆς
ἀνήγαγές με.
ἐπλεόνασας ἐπ' ἐμὲ τὴν μεγα- 21
λωσύνην σου, καὶ ἐπιστρέψας παρε-
κάλεσάς με, καὶ ἐκ τῶν ἀβύσσων τῆς
γῆς πάλιν ἀνήγαγές με.
καὶ γὰρ ἐγὼ ἐξομολογήσομαί σοι 22
ἐν λαοῖς κύριε, ἐν σκεύει ψαλμοῦ
τὴν ἀλήθειάν σου ὁ θεός, ψαλῶ σοι
ἐν

stitiam tuam, tota die
salutare tuum. quoniã
non cognoui literatu-
ras. † Introibo in po-
tentiam Domini: Do-
mine memorabor iu-
stitiæ tuæ solius.
† Deus meus quę do-
cuisti me à iuuentute
mea, & vsque nũc pro-
nũciabo mirabilia tua,
† & vsque in senectam
& senium. Deus meus
ne derelinquas me, do-
nec annunciem bra-
chium tuum genera-
tioni omni quę ventu-
ra est: potentiam tuam,
† Et iustitiam tuam
Deus vsque in altissi-
ma: quæ fecisti mihi
magnalia. Deus quis si-
milis tibi? † Quantas o-
stendisti mihi tribula-
tiones multas & ma-
las, & conuersus viui-
ficasti me, & de abyssis
terræ reduxisti me.
† Multiplicasti super
me magnificentiã tuã,
& conuersus consola-
tus es me, & de abyssis
terræ iterum reduxisti
me. † Et enim ego con-
fitebor tibi in populis
Domine, in vasis psal-
mi veritatem tuam
Deus, psallam tibi in

cithara sanctus Israel.

† Exultabunt labia mea dum cantauero tibi, & anima mea quam redemisti.

† Insuper autem & lingua mea tota die meditabitur iustitiam tuam: cùm confusi & reueriti fuerint, qui quærunt mala mihi.

† In Salomoné Psalmus Dauid. LXXI.

DEus iudicium tuum regi da, & iustitiam tuam filio regis: † Iudicare populum tuum in iustitia, & pauperes tuos in iudicio. † Suscipiãt montes pacem populo, & colles iustitiam. † Iudicabit pauperes populi, & saluos faciet filios pauperum: & humiliabit calumniatorem.

† Et permanebit cum Sole, & ante Lunam in generatione gñationũ. † Descẽdet sicut pluuia in vellus, & sicut stillicidia stillãtia super terram. † Orietur in dieb9 eius iustitia, & abundantia pacis, donec auferatur Luna. Et dominabitur à mari

ἐν κιθάρᾳ ὁ ἅγιος τοῦ ἰσραήλ.
23 ἀγαλλιάσονται τὰ χείλη μου ὅταν
ψάλω σοι, καὶ ἡ ψυχή μου ἣν ἐ-
λυτρώσω.
24 ἔτι δὲ καὶ ἡ γλῶσσά μου ὅλην τὴν
ἡμέραν μελετήσει τὴν δικαιοσύνην
σου· ὅταν αἰσχυνθῶσι καὶ ἐντραπῶσιν
οἱ ζητοῦντες τὰ κακά μοι.

1 Εἰς σαλωμὼν ψαλμὸς τοῦ δαυίδ.
οά.

Ο Θεὸς τὸ κρίμά σου τῷ βα-
σιλεῖ δὸς, καὶ τὴν δικαιοσύ-
νην σου τῷ υἱῷ τοῦ βασιλέως.
2 κρίνειν τὸν λαόν σου ἐν δικαιο-
σύνῃ, καὶ τοὺς πτωχούς σου ἐν κρίσει.
3 ἀναλαβέτω τὰ ὄρη εἰρήνην τῷ
λαῷ, καὶ οἱ βουνοὶ δικαιοσύνην.
4 κρινεῖ τοὺς πτωχοὺς τοῦ λαοῦ, καὶ
σώσει τοὺς υἱοὺς τῶν πενήτων, καὶ ταπει-
νώσει συκοφάντην.
5 καὶ συμπαραμενεῖ τῷ ἡλίῳ, καὶ
πρὸ τῆς σελήνης γενεὰς γενεῶν.
6 καταβήσεται ὡς ὑετὸς ἐπὶ πόκον,
καὶ ὡσεὶ σταγὼν ἡ στάζουσα ἐπὶ
τὴν γῆν.
7 ἀνατελεῖ ἐν ταῖς ἡμέραις αὐτοῦ
δικαιοσύνη, καὶ πλῆθος εἰρήνης
ἕως οὗ ἀνταναιρεθῇ ἡ σελήνη.
8 καὶ κατακυριεύσει ἀπὸ θαλάσσης

ἕως

ἕως θαλάσσης, καὶ ἀπὸ ποταμῶν ἕως 8
περάτων τῆς οἰκουμένης.
ἐνώπιον αὐτοῦ προπεσοῦνται αἰθίο- 9
πες, καὶ οἱ ἐχθροὶ αὐτοῦ χοῦν λείξουσι.
βασιλεῖς θαρσεῖς καὶ νῆσοι δῶρα 10
προσοίσουσι, βασιλεῖς ἀράβων καὶ
σαβὰ δῶρα προσάξουσι.
καὶ προσκυνήσουσιν αὐτῷ πάν- 11
τες οἱ βασιλεῖς τῆς γῆς, πάντα τὰ ἔ-
θνη δουλεύσουσιν αὐτῷ.
ὅτι ἐρρύσατο πτωχὸν ἐκ δυνά- 12
στου, καὶ πένητα ᾧ οὐχ ὑπῆρχε βοηθός.
φείσεται πτωχοῦ καὶ πένητος, καὶ 13
ψυχὰς πενήτων σώσει.
ἐκ τόκου καὶ ἐξ ἀδικίας λυτρώ- 14
σεται τὰς ψυχὰς αὐτῶν, καὶ ἔντιμον τὸ
ὄνομα αὐτοῦ ἐνώπιον αὐτῶν.
καὶ ζήσεται καὶ δοθήσεται αὐτῷ 15
ἐκ τοῦ χρυσίου τῆς ἀραβίας, καὶ προσ-
εύξονται περὶ αὐτοῦ διαπαντός· ὅλην
τὴν ἡμέραν εὐλογήσουσιν αὐτόν.
ἔσται στήριγμα ἐν τῇ γῇ ἐπ᾿ ἄ- 16
κρων τῶν ὀρέων· ὑπεραρθήσεται ὑπὲρ
τὸν λίβανον ὁ καρπὸς αὐτοῦ, καὶ ἐξ-
ανθήσουσιν ἐκ πόλεως ὡσεὶ χόρτος
τῆς γῆς.
ἔσται τὸ ὄνομα αὐτοῦ εὐλογημένον 17
εἰς τοὺς αἰῶνας, πρὸ τοῦ ἡλίου διαμέ-
νει τὸ ὄνομα αὐτοῦ· καὶ ἐνευλογηθή-
σονται ἐν αὐτῷ πᾶσαι αἱ φυλαὶ τῆς
γῆς,

vsque ad mare, & à flu-
minibus vsque ad ter-
minos orbis terrarum.
† Coram illo procident
Æthiopes, & inimici e-
ius terrã lingent. † Re-
ges Tharsis & insulæ
munera offerent, reges
Arabum & Saba dona
adducẽt. † Et adorabũt
eum omnes reges ter-
ræ, omnes gentes ser-
uient ei. † Quia libera-
uit pauperem à potẽte,
& pauperem cui non
erat adiutor. † Parcet
pauperi & inopi, & a-
nimas pauperũ saluas
faciet. † Ex vsuris & ex
iniquitate redimet ani-
mas eorum, & hono-
rabile nomen eius co-
ram illis. † Et viuet &
dabitur ei de auro A-
rabiæ, & adorabunt de
ipso semper tota die be-
nedicent ei. † Erit fir-
mamentum in terra in
summis montium. Su-
perextolletur super Li-
banum fructus eius, &
florebunt de ciuitate
sicut fœnum terræ.
† Erit nomen eius bene-
dictum in secula, ante
Solem permanet no-
men eius. & benedi-
centur in ipso oẽs tribu-

terræ, omnes gentes beatificabunt eum.

† Benedictus Dominus Deus Israel, qui facit mirabilia solus.

† Et benedictũ nomen maiestatis eius in æternum, & in seculum seculi. & replebitur maiestate eius omnis terra. fiat, fiat.

Defecerunt laudes Dauid filij Iessæ.

TERTIVS PSALMORV LIBER

Psalmus Asaph.

LXXII.

QVàm bonus Deus Israel his qui recto sunt corde.

† Mei autem penè moti sunt pedes, penè effusi sunt gressus mei.

† Quia zelaui super iniquos, pacem peccatorum videns.

† Quia non est respectus in morte eorum, & firmamentum in plaga eorum. † In laboribus hominum non sunt, & cum hominibus non flagellabũtur.

† Ideo tenuit eos superbia eorum in finé. operti sunt iniquitate & impietate sua. † Prodibit quasi ex adipe ini-

γῆς, πάντα τὰ ἔθνη μακαριοῦσιν
αὐτόν.
18 εὐλογητὸς κύριος ὁ θεὸς τοῦ ἰσ-
ραήλ, ὁ ποιῶν θαυμάσια μόνος.
19 καὶ εὐλογημένον τὸ ὄνομα τῆς
δόξης αὐτοῦ εἰς τὸν αἰῶνα, καὶ εἰς τὸν
αἰῶνα τοῦ αἰῶνος· καὶ πληρωθήσεται
τῆς δόξης αὐτοῦ πᾶσα ἡ γῆ· γένοιτο
γένοιτο.

Ἐξέλιπον οἱ ὕμνοι δαυὶδ τοῦ ἰεσσαί.

1 Ψαλμὸς τῷ ἀσάφ. οβ'.

ΩΣ ἀγαθὸς ὁ θεὸς τῷ ἰσραὴλ
τοῖς εὐθέσι τῇ καρδίᾳ.
2 ἐμοῦ δὲ παρὰ μικρὸν ἐσαλεύθη-
σαν οἱ πόδες, παρ' ὀλίγον ἐξεχύθη
τὰ διαβήματά μου.
3 ὅτι ἐζήλωσα ἐπὶ τοῖς ἀνόμοις, εἰ-
ρήνην ἁμαρτωλῶν θεωρῶν.
4 ὅτι οὐκ ἔστιν ἀνάνευσις ἐν τῷ
θανάτῳ αὐτῶν, καὶ στερέωμα ἐν τῇ
μάστιγι αὐτῶν.
5 ἐν κόποις ἀνθρώπων οὐκ εἰσί, καὶ
μετὰ ἀνθρώπων οὐ μαστιγωθήσονται.
9 διὰ τοῦτο ἐκράτησεν αὐτοὺς ἡ ὑ-
περηφανία αὐτῶν εἰς τέλος, περιε-
βάλοντο ἀδικίαν καὶ ἀσέβειαν ἑ-
αυτῶν.
7 ἐξελεύσεται ὡς ἐκ στέατος ἡ ἀδι-

κία

κία αὐτῶν· διήλθοσαν εἰς διάθεσιν :
καρδίας.
διενοήθησαν καὶ ἐλάλησαν ἐν πο- 8
νηρίᾳ, ἀδικίαν εἰς τὸ ὕψος ἐλά-
λησαν.
ἔθεντο εἰς οὐρανὸν τὸ στόμα αὐτῶν, καὶ 9
ἡ γλῶσσα αὐτῶν διῆλθεν ἐπὶ τῆς γῆς.
διὰ τοῦτο ἐπιστρέψει ὁ λαός μου 10
ἐνταῦθα, καὶ ἡμέραι πλήρεις εὑρε-
θήσονται ἐν αὐτοῖς.
καὶ εἶπον, πῶς ἔγνω ὁ θεός, καὶ εἰ 11
ἔστι γνῶσις ἐν τῷ ὑψίστῳ;
ἰδοὺ οὗτοι αἱ ἁμαρτωλοὶ καὶ εὐθη- 12
νοῦντες εἰς τὸν αἰῶνα, κατέσχον
πλούτου.
καὶ εἶπα, ἄρα ματαίως ἐδικαίω- 13
σα τὴν καρδίαν μου, καὶ ἐνιψά-
μην ἐν ἀθῴοις τὰς χεῖράς μου.
καὶ ἐγενόμην μεμαστιγωμένος 14
ὅλην τὴν ἡμέραν, καὶ ὁ ἔλεγχός
μου εἰς τὰς πρωΐας.
εἰ ἔλεγον, διηγήσομαι οὕτως, ἰδοὺ 15
τῇ γενεᾷ τῶν υἱῶν σου ἠσυνθέτηκα.
καὶ ὑπέλαβον τοῦ γνῶναι· τοῦτο 16
κόπος ἐστὶν ἐνώπιόν μου·
ἕως εἰσέλθω εἰς τὸ ἁγιαστήριον 17
τοῦ θεοῦ, καὶ συνῶ εἰς τὰ ἔσχατα αὐτῶν.
πλὴν διὰ τὰς δολιότητας αὐτῶν 18
ἔθου αὐτοῖς κακά, κατέβαλες αὐτοὺς
ἐν τῷ ἐπαρθῆναι.

quitas eorum. tranſierunt in affectum cordis. † Cogitauerunt & locuti ſunt in nequitia: iniquitatem in excelſo locuti ſunt.

† Poſuerunt in cælum os ſuum, & lingua eorum tranſiuit in terra.
† Ideò conuertetur populus meus hic, & dies pleni inuenientur in eis. † Et dixerunt, Quomodo ſciuit Deus, & ſi eſt ſcientia in excelſo?
† Ecce ipſi peccatores & abundantes in ſeculo, obtinuerũt diuitias.
† Et dixi, Ergo ſine cauſa iuſtificaui cor meũ, & laui inter innocentes manus meas:
† Et fui flagellatus tota die, & caſtigatio mea in matutinis.
† Si dicebam, Narrabo ſic: ecce nationem filiorum tuorum reprobaui. † Et exiſtimabam vt cognoſcerem. hoc labor eſt ante me.
† Donec intrẽ in ſanctuarium Dei, & intelligam in nouiſſimis eorum. † Veruntamen propter dolos eorũ poſuiſti eis mala, deiecisti eos cùm alleuarentur.

† Quomodo facti sunt
in desolationem? subi-
tò defecerunt, perierũt
propter iniquitatẽ suã.
† Velut somnium ex-
surgentis Domine in
ciuitate tua imaginem
ipsorum ad nihilũ re-
diges. † Quia inflam-
matum est cor meum,
& renes mei commu-
tati sunt. † Et ego ad
nihilum redactus sum,
& nesciui: iumentum
factus sum apud te.
† Et ego semper tecũ:
tenuisti manum dexte-
ram meam. † Et in con
silio tuo deduxisti me,
& cum gloria suscepi-
sti me. † Quid enim
mihi est in cælo, & à
te quid volui super ter-
ram? † Defecit cor meũ
& caro mea; Deus cor-
dis mei & pars mea
Deus in æternũ. † Quia
ecce qui elongant se à
te, peribunt: perdidisti
omnem qui fornicatur
abs te. † Mihi autẽ ad-
hærere Deo bonũ est,
ponere in Dño spem
meam: vt annunciem
omnes prædicationes
tuas, in portis filiæ
Sion.

19 πῶς ἐγένοντο εἰς ἐρήμωσιν; ἐξά-
πινα ἐξέλιπον, ἀπώλοντο διὰ τὴν
ἀνομίαν αὐτῶν.
20 ὡσεὶ ἐνύπνιον ἐξεγειρομένου κύ-
ριε ἐν τῇ πόλει σου τὴν εἰκόνα αὐ-
τῶν ἐξουδενώσεις.
21 ὅτι ἐξεκαύθη ἡ καρδία μου, καὶ οἱ
νεφροί μου ἠλλοιώθησαν.
22 κἀγὼ ἐξουδενωμένος, καὶ οὐκ ἔ-
γνων, κτηνώδης ἐγενήθην παρὰ σοί.
23 κἀγὼ διαπαντὸς μετὰ σοῦ· ἐκρά-
τησας τῆς χειρὸς τῆς δεξιᾶς μου·
24 καὶ ἐν τῇ βουλῇ σου ὡδήγησάς
με, καὶ μετὰ δόξης προσελάβου με.
25 τί γάρ μοι ὑπάρχει ἐν τῷ οὐ-
ρανῷ, καὶ παρὰ σοῦ τί ἠθέλησα
ἐπὶ τῆς γῆς;
26 ἐξέλιπεν ἡ καρδία μου καὶ ἡ σάρξ
μου, ὁ θεὸς τῆς καρδίας μου καὶ ἡ με-
ρίς μου ὁ θεὸς εἰς τὸν αἰῶνα.
27 ὅτι ἰδοὺ οἱ μακρύνοντες ἑαυτοὺς
ἀπὸ σοῦ, ἀπολοῦνται· ἐξωλόθρευσας
πάντα τὸν πορνεύοντα ἀπὸ σοῦ.
28 ἐμοὶ δὲ τὸ προσκολλᾶσθαι τῷ θεῷ
ἀγαθόν ἐστι, τίθεσθαι ἐν τῷ κυρίῳ τὴν
ἐλπίδα μου τοῦ ἐξαγγεῖλαί με πάσας
τὰς αἰνέσεις σου, ἐν ταῖς πύλαις τῆς
θυγατρὸς Σιών.

1 Συνέσεως τῷ ἀσάφ.
ογ΄.

Ἵνα τί ὁ θεὸς ἀπώσω εἰς τέλος, ὠρ-
γίσθη ὁ θυμός σου ἐπὶ πρόβατα
νομῆς σου;
2 μνήσθητι τῆς συναγωγῆς σου, ἧς
ἐκτήσω ἀπ᾿ ἀρχῆς, ἐλυτρώσω ῥάβ-
δον κληρονομίας σου· ὄρος σιὼν τοῦτο
ὃ κατεσκήνωσας ἐν αὐτῷ.
3 ἔπαρον τὰς χεῖράς σου ἐπὶ τὰς
ὑπερηφανίας αὐτῶν εἰς τέλος· ὅσα ἐπο-
νηρεύσατο ὁ ἐχθρὸς ἐν τῷ ἁγίῳ σου.
4 καὶ ἐνεκαυχήσαντο οἱ μισοῦντές
σε ἐν μέσῳ τῆς ἑορτῆς σου· ἔθεντο τὰ
σημεῖα αὐτῶν σημεῖα.
5 καὶ οὐκ ἔγνωσαν, ὡς εἰς τὴν ἔξο-
δον ὑπεράνω· ὡς ἐν δρυμῷ ξύλων
ἀξίναις ἐξέκοψαν
6 τὰς θύρας αὐτῆς ἐπὶ τὸ αὐτὸ, ἐν
πελέκει καὶ λαξευτηρίῳ κατέρρα-
ξαν αὐτήν.
7 ἐνεπύρισαν ἐν πυρὶ τὸ ἁγιαστή-
ριόν σου εἰς τὴν γῆν, ἐβεβήλωσαν
τὸ σκήνωμα τοῦ ὀνόματός σου.
8 εἶπον ἐν τῇ καρδίᾳ αὐτῶν αἱ συγ-
γένειαι αὐτῶν ἐπὶ τὸ αὐτὸ, δεῦτε καὶ
καταπαύσωμεν πάσας τὰς ἑορτὰς
τοῦ θεοῦ ἀπὸ τῆς γῆς.
9 τὰ σημεῖα ἡμῶν οὐκ εἴδομεν, οὐκ

† Intellectus Asaph.
LXXIII.

VT quid Deus re-
pulisti in finem;
iratus est furor tuus su-
per oues pascuæ tuæ?
† Memor esto congre-
gationis tuæ quã pos-
sedisti ab initio; rede-
misti virgam hæredita-
tis tuæ. Mons Sion hic
in quo habitasti in eo.
† Leua manus tuas in
superbias eorum in fi-
nem. quanta maligna-
tus est inimicus in san-
cto tuo. † Et gloriati
sunt qui oderunt te in
medio solẽnitatis tuæ.
posuerunt signa sua si-
gna. † Et non cognoue-
runt, sicut in exitu su-
per summũ. Quasi in
sylua lignorum securi-
bus exciderunt ianuas
eius in idipsum, in se-
curi & ascia deiecerũt
eam. † Incenderunt in
igne sanctuariũ tuum
in terra, polluerunt ta-
bernaculũ nominis tui.
† Dixerunt in corde suo
cognationes eorum si-
mul, Venite & quiesce-
re faciamus omnes dies
festos Dei à terra.
† Signa nostra non
vidimus; non

est vltra propheta, & nos non cognoscet amplius. † Vsquequo Deus improperabit inimicus, irritabit aduersarius nomen tuum in finem?

† Vt quid auertis manum tuam, & dexterã tuam de medio sinu tuo in finem?

† Deus autem rex noster ante secula operatus est salutem in medio terræ.

† Tu confirmasti in virtute tua mare, tu contriuisti capita draconum in aqua.

† Tu confregisti caput draconis, dedisti eum escam populis Æthiopum. † Tu disrupisti fontes & torrentes, tu siccasti fluuios Etham.

† Tuus est dies, & tua est nox: tu fabricatus es auroram & Solem.

† Tu fecisti omnes terminos terræ: æstatem & ver tu plasmasti ea.

† Memor esto huius. Inimicus improperauit Dño, & populus insipiens incitauit nomen tuum. † Ne tradas bestiis animam confitentem tibi: animas pau-

ἔστιν ἔτι προφήτης, καὶ ἡμᾶς οὐ γνώ-
σεται ἔτι.
10 ἕως πότε ὁ θεὸς ὀνειδιεῖ ὁ ἐχθρός,
παροξυνεῖ ὁ ὑπεναντίος τὸ ὄνομά
σου εἰς τέλος;
11 ἵνα τί ἀποστρέφεις τὴν χεῖρά σου
καὶ τὴν δεξιάν σου ἐκ μέσου τοῦ κόλ-
που σου εἰς τέλος;
12 ὁ δὲ θεὸς βασιλεὺς ἡμῶν πρὸ
αἰῶνος εἰργάσατο σωτηρίαν ἐν μέ-
σῳ τῆς γῆς.
13 σὺ ἐκραταίωσας ἐν τῇ δυνάμει
σου τὴν θάλασσαν. σὺ συνέτριψας
τὰς κεφαλὰς τῶν δρακόντων ἐπὶ τοῦ
ὕδατος.
14 σὺ συνέθλασας τὴν κεφαλὴν τοῦ
δράκοντος, ἔδωκας αὐτὸν βρῶμα
λαοῖς τοῖς αἰθίοψι.
15 σὺ διέρρηξας πηγὰς καὶ χειμάρ-
ρους, σὺ ἐξήρανας ποταμοὺς ἠθάμ.
16 σή ἐστιν ἡ ἡμέρα, καὶ σή ἐστιν ἡ νύξ·
σὺ κατηρτίσω φαῦσιν καὶ ἥλιον.
17 σὺ ἐποίησας πάντα τὰ ὅρια τῆς
γῆς, θέρος καὶ ἔαρ σὺ ἔπλασας αὐτά.
18 μνήσθητι ταύτης· ἐχθρὸς ὠνείδισε
τὸν κύριον, καὶ λαὸς ἄφρων παρώ-
ξυνε τὸ ὄνομά σου.
19 μὴ παραδῷς τοῖς θηρίοις ψυ-
χὴν ἐξομολογουμένην σοι, τῶν ψυ-
χῶν

χῶν τῶν πενήτων σου μὴ ἐπιλάθῃ
εἰς τέλος.
ἐπίβλεψον εἰς τὴν διαθήκην σου, 20
ὅτι ἐπληρώθησαν οἱ ἐσκοτισμένοι τῆς
γῆς οἴκων ἀνομιῶν.
μὴ ἀποστραφήτω τεταπεινωμένος 21
κατῃσχυμμένος, πτωχὸς καὶ πένης αἰ-
νέσουσι τὸ ὄνομά σου.
ἀνάστα ὁ θεὸς, δίκασον τὴν δίκην 22
σου, μνήσθητι τῶν ὀνειδισμῶν σου, τῶν ὑπὸ
ἄφρονος ὅλην τὴν ἡμέραν.
μὴ ἐπιλάθῃ τῆς φωνῆς τῶν οἰκε- 23
τῶν σου, ἡ ὑπερηφανία τῶν μισούν-
των σε ἀνέβη διαπαντός.

Εἰς τὸ τέλος μὴ διαφθείρῃς, ψαλ- 1
μὸς ᾠδῆς τοῦ ἀσάφ.
οδʹ.

Ἐξομολογησόμεθά σοι ὁ θεὸς, ἐξο- 2
μολογησόμεθά σοι, καὶ ἐπικα-
λεσόμεθα τὸ ὄνομά σου· διηγήσομαι
πάντα τὰ θαυμάσιά σου.
ὅταν λάβω καιρὸν, ἐγὼ εὐθύτη- 3
τας κρινῶ.
ἐτάκη ἡ γῆ καὶ πάντες οἱ κατοι- 4
κοῦντες ἐν αὐτῇ. διάψαλμα· ἐγὼ
ἐστερέωσα τοὺς στύλους αὐτῆς.
εἶπα τοῖς παρανομοῦσι, μὴ πα- 5
ρανομεῖτε, καὶ τοῖς ἁμαρτάνουσι μὴ
ὑψοῦτε κέρας·

perum tuorũ ne obliuiſcaris in finem.

† Reſpice in teſtamentum tuum, quia repleti ſunt qui obſcurati ſunt terræ domibus iniquitatum. † Ne auertatur humilis factus confuſus: pauper & inops laudabunt nomen tuum. † Exurge Deus, iudica cauſam tuam, memor eſto improperiorum tuorum, quæ ab inſipiente tota die. † Ne obliuiſcaris vocem ſeruorũ tuorũ: ſuperbia eorum qui oderunt te, aſcendit ſemper.

† In finem Ne corrumpas, Pſalmus cantici Aſaph. LXXIIII.

COnfitebimur tibi Deus, cõfitebimur tibi, & inuocabimus nomen tuum, narrabo omnia mirabilia tua. † Cum accepero tempus, ego iuſtitias iudicabo. † Liquefacta eſt terra & omnes qui habitant in ea. Ego confirmaui columnas eius. † Dixi iniquis, Nolite inique agere: & delinquentibus, Nolite exaltare cornu.

† Nolite extollere in
altum cornu vestrum,
& nolite loqui aduer-
sus Deum iniquitatem.
† Quia neque ab O-
riente, neque ab Occi-
dente, neque à desertis
montibus. † Quoniam
Deus iudex est; hunc
humiliat, & hunc exal-
tat. † Quia calix in ma-
nu Dñi vini meri ple-
nus mixto: & inclina-
uit ex hoc in hoc, ve-
runtamē fæx eius non
est exinanita. bibēt oēs
peccatores terræ. † Ego
autem gaudebo in se-
culum, cantabo Deo
Iacob. † Et omnia cor-
nua peccatorum con-
fringam, & exaltabitur
cornu iusti.

6 μὴ ἐπαίρετε εἰς ὕψος τὸ κέρας
ὑμῶν, καὶ μὴ λαλεῖτε κατὰ τοῦ θεοῦ
ἀδικίαν.
7 ὅτι οὔτε ἐξ ἐξόδων, οὔτε ἀπὸ δυσ-
μῶν, οὔτε ἀπὸ ἐρήμων ὀρέων·
8 ὅτι ὁ θεὸς κριτής ἐστι. τοῦτον ταπει-
νοῖ καὶ τοῦτον ὑψοῖ.
9 ὅτι ποτήριον ἐν χειρὶ κυρίου οἴ-
νου ἀκράτου πλῆρες κεράσματος·
καὶ ἔκλινεν ἐκ τούτου εἰς τοῦτο, πλὴν
ὁ τρυγίας αὐτοῦ οὐκ ἐξεκενώθη· πίον-
ται πάντες οἱ ἁμαρτωλοὶ τῆς γῆς.
10 ἐγὼ δὲ ἀγαλλιάσομαι εἰς τὸν αἰῶ-
να, ψαλῶ τῷ θεῷ ἰακώβ.
11 καὶ πάντα τὰ κέρατα τῶν ἁμαρ-
τωλῶν συνθλάσω, καὶ ὑψωθήσεται
τὸ κέρας τοῦ δικαίου.

† In finem in laudibus
Psalmus Asaph, canti-
cum ad Assyrium.

LXXV.

NOtus in Iudæa
Deus, in Israel
magnum nomen eius.
† Et factus est in pace
locus eius, & habitatio
eius in Sion. † Ibi con-
fregit potentias arcuū,
scutum & gladium, &
bellum.

1 Εἰς τὸ τέλος ἐν ὕμνοις ψαλμὸς τῷ
ἀσάφ, ᾠδὴ πρὸς τὸν ἀσσύριον.

οε.

2 Γνωστὸς ἐν τῇ ἰουδαίᾳ ὁ θεὸς,
ἐν τῷ ἰσραὴλ μέγα τὸ ὄνομα
αὐτοῦ.
3 καὶ ἐγενήθη ἐν εἰρήνῃ ὁ τόπος αὐ-
τοῦ, καὶ τὸ κατοικητήριον αὐτοῦ ἐν σιών.
4 ἐκεῖ συνέτριψε τὰ κράτη τῶν τό-
ξων, ὅπλον καὶ ῥομφαίαν καὶ πό-
λεμον.

φωτίζεις σὺ θαυμαστῶς ἀπὸ ὀ- 5
ρέων αἰωνίων.
ἐταράχθησαν πάντες οἱ ἀσύνετοι 6
τῇ καρδίᾳ. ὕπνωσαν ὕπνον αὐτῶν, καὶ
οὐχ εὗρον οὐδὲν πάντες οἱ ἄνδρες τοῦ
πλούτου ταῖς χερσὶν αὐτῶν.

ἀπὸ ἐπιτιμήσεώς σου ὁ θεὸς ἰα- 7
κώβ, ἐνύσταξαν οἱ ἐπιβεβηκότες
τοῖς ἵπποις.
σὺ φοβερὸς εἶ, καὶ τίς ἀντιστήσε- 8
ταί σοι; ἀπὸ τότε ἡ ὀργή σου.
ἐκ τοῦ οὐρανοῦ ἠκούτισας κρίσιν· 9
γῆ ἐφοβήθη καὶ ἡσύχασεν·
ἐν τῷ ἀναστῆναι εἰς κρίσιν τὸν 10
θεὸν, τοῦ σῶσαι πάντας τοὺς πραεῖς
τῆς γῆς· διάψαλμα.
ὅτι ἐνθύμιον ἀνθρώπου ἐξομολο- 11
γήσεταί σοι, καὶ ἐγκατάλειμμα ἐν-
θυμίου ἑορτάσει σοι.

εὔξασθε καὶ ἀπόδοτε κυρίῳ τῷ 12
θεῷ ὑμῶν, πάντες οἱ κύκλῳ αὐτοῦ οἴ-
σουσι δῶρα τῷ φοβερῷ

καὶ ἀφαιρουμένῳ πνεύματα ἀρ- 13
χόντων, φοβερῷ παρὰ τοῖς βασι-
λεῦσι τῆς γῆς.

Εἰς τὸ τέλος ὑπὲρ ἰδιθοὺμ ψαλμὸς 1
τῷ ἀσάφ. οϛʹ.

† Illuminas tu mira-
biliter à mõtibus æter-
nis. † Turbati sunt om-
nes insipientes corde.
dormierunt somnum
suum, & nihil inuene-
runt omnes viri diui-
tiarũ in manibus suis.
† Ab increpatione tua
Deus Iacob, dormita-
uerunt qui ascenderũt
equos.
† Tu terribilis es, &
quis resistet tibi? ex
tunc ira tua: † De cælo
auditum fecisti iudi-
cium, terra tremuit &
quieuit, † Cùm resur-
geret in iudiciũ Deus,
vt saluos faceret om-
nes mansuetos terræ.
† Quoniam cogitatio
hominis confitebitur
tibi, & reliquiæ cogita-
tionis diem festum a-
gent tibi. † Vouete &
reddite Dño Deo ve-
stro, omnes qui in cir-
cuitu eius affertent mu-
nera Terribili, † & ei qui
aufert spiritum prin-
cipum, terribili apud
reges terræ.

† In fine pro Idithun
Psalmus Asaph.
LXXVI.

Hebr. LXXVII

Voce mea ad Dominum clamaui, voce mea ad Deum, & intendit mihi.

† In die tribulationis meæ Deum exquisiui manibus meis, nocte coram eo, & non sum deceptus; renuit consolari anima mea.

† Memor fui Dei, & delectatus sum; exercitatus sum, & defecit spiritus meus.

† Anticipauerunt vigilias oculi mei; turbatus sum, & non sum locutus. † Cogitaui dies antiquos, & annos æternos † in mente habui, & meditatus sum: nocte cum corde meo exercitabar, & scopebat spiritus meus.

† Nunquid in æternum proiiciet Dñs, & non apponet vt complacitior sit adhuc? † Aut in finē misericordiā suā abscindet? consummauit verbum à generatione in generationē?

† Nunquid obliuiscetur misereri Deus? Aut continebit in ira sua misericordias suas? † Et dixi, Nunc cœpi, hæc

2 Φωνῇ μου πρὸς κύριον ἐκέ-
κραξα, φωνῇ μου πρὸς τὸν θεὸν
καὶ προσέσχε μοι.
3 ἐν ἡμέρᾳ θλίψεώς μου τὸν θεὸν ἐξ-
εζήτησα ταῖς χερσί μου, νυκτὸς ἐν-
αντίον αὐτοῦ, καὶ οὐκ ἠπατήθην·
ἀπηνήνατο παρακληθῆναι ἡ ψυ-
χή μου.
4 ἐμνήσθην τοῦ θεοῦ καὶ εὐφράνθην·
ἠδολέσχησα καὶ ὠλιγοψύχησε τὸ
πνεῦμά μου· διάψαλμα.
5 προκατελάβοντο φυλακὰς οἱ
ὀφθαλμοί μου· ἐταράχθην καὶ οὐκ
ἐλάλησα.
6 διελογισάμην ἡμέρας ἀρχαίας,
καὶ ἔτη αἰώνια
7 ἐμνήσθην καὶ ἐμελέτησα· νυκτὸς
μετὰ τῆς καρδίας μου ἠδολέσχουν, καὶ
ἔσκαλλε τὸ πνεῦμά μου.
8 μὴ εἰς τοὺς αἰῶνας ἀπώσεται κύ-
ριος, καὶ οὐ προσθήσει τοῦ εὐδοκῆ-
σαι ἔτι;
9 ἢ εἰς τέλος τὸ ἔλεος αὐτοῦ ἀπο-
κόψει; συνετέλεσε ῥῆμα ἀπὸ γενεᾶς
εἰς γενεάν;
10 μὴ ἐπιλήσεται τοῦ οἰκτειρῆσαι ὁ θεός;
ἢ συνέξει ἐν τῇ ὀργῇ αὐτοῦ τοὺς οἰκτιρ-
μοὺς αὐτοῦ; διάψαλμα.
11 καὶ εἶπα, νῦν ἠρξάμην, αὕτη ἡ
ἀλλοίω-

ἀλλοίωσις τῆς δεξιᾶς τοῦ ὑψίστου.
ἐμνήσθην τῶν ἔργων κυρίου· ὅτι 12
μνησθήσομαι ἀπὸ τῆς ἀρχῆς τῶν θαυ-
μασίων σου.
καὶ μελετήσω ἐν πᾶσι τοῖς ἔρ- 13
γοις σου· καὶ ἐν τοῖς ἐπιτηδεύμασί
σου ἀδολεσχήσω.
ὁ θεὸς ἐν τῷ ἁγίῳ ἡ ὁδός σου· τίς 14
θεὸς μέγας ὡς ὁ θεὸς ἡμῶν;
σὺ εἶ ὁ θεὸς ὁ ποιῶν θαυμάσια· 15
ἐγνώρισας ἐν τοῖς λαοῖς τὴν δύνα-
μίν σου.
ἐλυτρώσω ἐν τῷ βραχίονί σου τὸν 16
λαόν σου, τοὺς υἱοὺς ἰακὼβ καὶ ἰωσήφ.
εἴδοσάν σε ὕδατα ὁ θεὸς, εἴδο- 17
σάν σε ὕδατα, καὶ ἐφοβήθησαν· ἐτα-
ράχθησαν ἄβυσσοι.
πλῆθος ἤχους ὑδάτων, φωνὴν 18
ἔδωκαν αἱ νεφέλαι· καὶ γὰρ τὰ βέλη
σου διαπορεύονται.
φωνὴ τῆς βροντῆς σου ἐν τῷ τρο- 19
χῷ· ἔφαναν αἱ ἀστραπαί σου τῇ οἰ-
κουμένῃ, ἐσαλεύθη καὶ ἔντρομος
ἐγενήθη ἡ γῆ.
ἐν τῇ θαλάσσῃ αἱ ὁδοί σου καὶ αἱ 20
τρίβοι σου ἐν ὕδασι πολλοῖς, καὶ τὰ
ἴχνη σου οὐ γνωσθήσονται.
ὡδήγησας ὡς πρόβατα τὸν λαόν 21
σου ἐν χειρὶ μωυσῆ καὶ ἀαρών.

commutatio dexteræ
Excelsi. †Memor fui o-
perum Dñi; quoniam
memor ero ab initio
mirabilium tuorum.
†Et meditabor in om-
nibus operibus tuis: &
in adinuentionibus tuis
exercebor. †Deus in
sancto via tua, quis
Deus magnꝰ sicut Deꝰ
noster? †Tu es Deus qui
facis mirabilia, notam
fecisti in populis virtu-
tem tuam. †Redemisti
in brachio tuo popu-
lum tuum, filios Iacob
& Ioseph. †Viderunt te
aquæ Deus, viderunt te
aquæ, & timuerunt;
turbati sunt abyssi.
†Multitudo sonitus a-
quarum, vocem dede-
runt nubes: & enim sa-
gittæ tuæ transeunt.
†Vox tonitrui tui in
rota. illuxerunt corus-
cationes tuæ orbi ter-
ræ; commota est, &
contremuit terra.
†In mari viæ tuæ, &
semitæ tuæ in aquis
multis, & vestigia tua
non cognoscentur.
†Deduxisti sicut oues
populum tuum in ma-
nu Moysi & Aaron.

† Intellectus Asaph.

LXXVII.

ATtendite popule meus legē meā: inclinate aurē vestram in verba oris mei.

† Aperiam in parabolis os meum, loquar propositiones ab initio.

† Quanta audiuimus & cognouimus ea, & patres nostri narrauerunt nobis. † Non sunt occultata à filiis eorum in generatione altera; narrantes laudes Domini & virtutes eius; & mirabilia eius quæ fecit. † Et suscitauit testimonium in Iacob, & legem posuit in Israel. quanta mandauit patribus nostris, vt nota facerent ea filiis suis.

† Vt cognoscat generatio altera, filij qui nascentur, & exurgent, & narrabunt ea filiis suis:

† Vt ponant in Deo spem suā, & non obliuiscantur operum Dei, & mandata eius exquirant.

† Ne fiant sicut patres eorum, generatio praua & exasperās: generatio quæ nō direxit

1 Συνέσεως τῷ ἀσάφ.

οζ.

ΠΡοσέχετε λαός μου τῷ νόμῳ
μου, κλίνατε τὸ οὖς ὑμῶν εἰς
τὰ ῥήματα τοῦ στόματός μου.
2 ἀνοίξω ἐν παραβολαῖς τὸ στόμα
μου, φθέγξομαι προβλήματα ἀπ'
ἀρχῆς.
3 ὅσα ἠκούσαμεν καὶ ἔγνωμεν αὐ-
τὰ καὶ οἱ πατέρες ἡμῶν διηγήσαν-
το ἡμῖν.
4 οὐκ ἐκρύβη ἀπὸ τῶν τέκνων αὐτῶν
εἰς γενεὰν ἑτέραν, ἀπαγγέλλοντες
τὰς αἰνέσεις τοῦ κυρίου καὶ τὰς δυνα-
στείας αὐτοῦ, καὶ τὰ θαυμάσια αὐτοῦ
ἃ ἐποίησε.
5 καὶ ἀνέστησε μαρτύριον ἐν ἰακώβ,
καὶ νόμον ἔθετο ἐν ἰσραήλ. ὅσα ἐνε-
τείλατο τοῖς πατράσιν ἡμῶν τοῦ γνω-
ρίσαι αὐτὰ τοῖς υἱοῖς αὐτῶν.
6 ὅπως ἂν γνῷ γενεὰ ἑτέρα, υἱοὶ οἱ
τεχθησόμενοι, καὶ ἀναστήσονται καὶ ἀ-
παγγελοῦσιν αὐτὰ τοῖς υἱοῖς αὐτῶν.
7 ἵνα θῶνται ἐπὶ τὸν θεὸν τὴν ἐλπί-
δα αὐτῶν, καὶ μὴ ἐπιλάθωνται τῶν
ἔργων τοῦ θεοῦ· καὶ τὰς ἐντολὰς αὐτοῦ
ἐκζητήσουσιν.
8 ἵνα μὴ γένωνται ὡς οἱ πατέρες αὐ-
τῶν, γενεὰ σκολιὰ καὶ παραπι-
κραίνουσα· γενεὰ ἥτις οὐ κατεύθυνε

τὴν

τὴν καρδίαν ἑαυτῆς, ϗ οὐκ ἐπιστώ-
θη μετὰ τοῦ θεοῦ τὸ πνεῦμα αὐτῆς.
υἱοὶ Ἐφραὶμ ἐντείνοντες ϗ βάλ- 9
λοντες τόξοις, ἐστράφησαν ἐν ἡμέρᾳ
πολέμου.
οὐκ ἐφύλαξαν τὴν διαθήκην τοῦ 10
θεοῦ καὶ ἐν τῷ νόμῳ αὐτοῦ οὐκ ἠθε-
λήσαν πορεύεσθαι.
καὶ ἐπελάθοντο τῶν εὐεργεσιῶν αὐ- 11
τοῦ καὶ τῶν θαυμασίων αὐτοῦ, ὧν ἔ-
δειξεν αὐτοῖς.
ἐναντίον τῶν πατέρων αὐτῶν ἃ ἐ- 12
ποίησε θαυμάσια, ἐν γῇ αἰγύπτῳ
ἐν πεδίῳ τάνεως.
διέρρηξε θάλασσαν, ϗ διήγαγεν 13
αὐτοὺς, παρέστησεν ὕδατα ὡσεὶ
ἀσκόν.
καὶ ὡδήγησεν αὐτοὺς ἐν νεφέλῃ 14
ἡμέρας, καὶ ὅλην τὴν νύκτα ἐν φω-
τισμῷ πυρός.
διέρρηξε πέτραν ἐν ἐρήμῳ, καὶ 15
ἐπότισεν αὐτοὺς ὡς ἐν ἀβύσσῳ πολλῇ.
καὶ ἐξήγαγεν ὕδωρ ἐκ πέτρας, ϗ 16
κατήγαγεν ὡς ποταμοὺς ὕδατα.
καὶ προσέθεντο ἔτι τοῦ ἁμαρτά- 17
νειν αὐτῷ παρεπίκραναν τὸν ὕψι-
στον ἐν ἀνύδρῳ.
καὶ ἐξεπείρασαν τὸν θεὸν ἐν ταῖς 18
καρδίαις αὐτῶν, τοῦ αἰτῆσαι βρώματα
ταῖς ψυχαῖς αὐτῶν.

καὶ

cor suum, & non est
creditus cum Deo spi-
ritus eius. † Filij
Ephrem intendentes &
mittentes arcum, con-
uersi sunt in die belli.
† Non custodierunt
testamentum Dei, &
in lege eius noluerunt
ambulare.
† Et obliti sunt bene-
factorum eius, & mi-
rabilium eius, quæ o-
stendit eis. † Coram
patribus eorum quæ
fecit mirabilia, in terra
Ægypti in campo Ta-
neos. † Interrupit ma-
re, & perduxit eos, sta-
tuit aquas quasi vtrem.
† Et deduxit eos in
nube diei, & tota no-
cte in illuminatione
ignis. † Interrupit pe-
tram in eremo, & ad-
aquauit eos velut in
abysso multa. † Et e-
duxit aquam de petra,
& eduxit tanquam flu-
mina aquas. † Et appo-
suerunt adhuc peccare
ei, in iram excitauerũt
Excelsum in inaquoso.
† Et tentauerunt
Deum in cordibus suis,
vt peterent escas ani-
mabus suis.

† Et malè locuti sunt de Deo, & dixerunt: Nunquid poterit Deus parare mensam in deserto? † Quoniam percussit petram, & fluxerunt aquæ, & torrẽtes inundauerunt: nũquid & panem poterit dare, aut parare mensam populo suo? † Ideo audiuit Dñs & distulit, & ignis accensus est in Iacob, & ira ascendit in Israel. † Quia non crediderũt in Deo, neque sperauerunt in salutari eius. † Et mandauit nubibus desuper, & ianuas cæli aperuit. † Et pluit illis manna ad manducandum, & panem cæli dedit eis. † Panẽ angelorũ manducauit homo, cibaria misit eis in abũdantiã. † Abstulit Austrum de cælo, & induxit in virtute sua Africum. † Et pluit super eos sicut puluerẽ carnes, & sicut arenam maris volatilia pennata. † Et ceciderũt in medio castrorũ eorum, circa tabernacula eorum. † Et manducauerunt & saturati sunt

19 καὶ κατελάλησαν τοῦ θεοῦ, καὶ εἶ-
πον, μὴ δυνήσεται ὁ θεὸς ἑτοιμάσαι
τράπεζαν ἐν ἐρήμῳ;
20 ἐπεὶ ἐπάταξε πέτραν, καὶ ἐρρύη-
σαν ὕδατα, καὶ χείμαρροι κατεκλύ-
σθησαν· μὴ καὶ ἄρτον δύναται δοῦναι,
ἢ ἑτοιμάσαι τράπεζαν τῷ λαῷ αὐτοῦ;
21 διὰ τοῦτο ἤκουσε κύριος καὶ ἀνε-
βάλετο, καὶ πῦρ ἀνήφθη ἐν Ἰακώβ,
καὶ ὀργὴ ἀνέβη ἐπὶ τὸν Ἰσραήλ.
22 ὅτι οὐκ ἐπίστευσαν ἐν τῷ θεῷ,
οὐδὲ ἤλπισαν ἐπὶ τὸ σωτήριον αὐτοῦ.
23 καὶ ἐνετείλατο νεφέλαις ὑπεράνω-
θεν, καὶ θύρας οὐρανοῦ ἀνέῳξε.
24 καὶ ἔβρεξεν αὐτοῖς μάννα φαγεῖν,
καὶ ἄρτον οὐρανοῦ ἔδωκεν αὐτοῖς.
25 ἄρτον ἀγγέλων ἔφαγεν ἄνθρω-
πος, ἐπισιτισμὸν ἀπέστειλεν αὐτοῖς
εἰς πλησμονήν.
26 ἀπῆρε νότον ἐξ οὐρανοῦ, καὶ ἐπή-
γαγεν ἐν τῇ δυνάμει αὐτοῦ λίβα.
27 καὶ ἔβρεξεν ἐπ' αὐτοὺς ὡσεὶ χοῦν
σάρκας, καὶ ὡσεὶ ἄμμον θαλασσῶν
πετεινὰ πτερωτά.
28 καὶ ἐπέπεσον ἐν μέσῳ τῆς παρεμ-
βολῆς αὐτῶν, κύκλῳ τῶν σκηνωμά-
των αὐτῶν.
29 καὶ ἔφαγον καὶ ἐνεπλήσθησαν

σφό-

σφόδρα, καὶ τὴν ἐπιθυμίαν αὐτῶν
ἤνεγκεν αὐτοῖς.
οὐκ ἐστερήθησαν ἀπὸ τῆς ἐπιθυμίας 30
αὐτῶν· ἔτι τῆς βρώσεως οὔσης ἐν τῷ
στόματι αὐτῶν.
καὶ ὀργὴ τοῦ θεοῦ ἀνέβη ἐπ' αὐτούς· 31
καὶ ἀπέκτεινεν ἐν τοῖς πλείοσιν αὐτῶν,
καὶ τοὺς ἐκλεκτοὺς τοῦ ἰσραὴλ συν-
εποδισεν.
ἐν πᾶσι τούτοις ἥμαρτον ἔτι, καὶ οὐκ 32
ἐπίστευσαν ἐν τοῖς θαυμασίοις αὐτοῦ.
καὶ ἐξέλιπον ἐν ματαιότητι αἱ 33
ἡμέραι αὐτῶν, καὶ τὰ ἔτη αὐτῶν μετὰ
σπουδῆς.
ὅταν ἀπέκτεινεν αὐτούς, τότε ἐξε- 34
ζήτουν αὐτόν, καὶ ἐπέστρεφον καὶ
ὤρθριζον πρὸς τὸν θεόν.
καὶ ἐμνήσθησαν, ὅτι ὁ θεὸς βοηθὸς 35
αὐτῶν ἐστι, καὶ ὁ θεὸς ὁ ὕψιστος λυ-
τρωτὴς αὐτῶν ἐστι.
καὶ ἠγάπησαν αὐτὸν ἐν τῷ στό- 36
ματι αὐτῶν, καὶ τῇ γλώσσῃ αὐτῶν
ἐψεύσαντο αὐτῷ.
ἡ δὲ καρδία αὐτῶν οὐκ εὐθεῖα 37
μετ' αὐτοῦ, οὐδὲ ἐπιστώθησαν ἐν τῇ
διαθήκῃ αὐτοῦ.
αὐτὸς δέ ἐστιν οἰκτίρμων καὶ ἱλά- 38
σεται ταῖς ἁμαρτίαις αὐτῶν, καὶ
οὐ διαφθερεῖ· καὶ πληθυνεῖ τοῦ ἀπο-
στρέψαι τὸν θυμὸν αὐτοῦ, καὶ οὐχὶ
ἐκκαύσει

nimis, & desiderium
eorum attulit eis.
† Non sunt fraudati à
desiderio suo: adhuc
esca erat in ore ipsorũ.
† Et ira Dei ascendit
super eos; & occidit
plurimos eorum, & e-
lectos Israel impediuit.
† In omnibus his pec-
cauerunt adhuc, &
non crediderunt in mi-
rabilibus eius.
† Et defecerunt in va-
nitate dies eorum, &
anni eorum cum fe-
stinatione. † Cùm oc-
cideret eos, tunc quæ-
rebant eum, & reuer-
tebantur, & diluculo
veniebant ad Deum.
† Et rememorati sunt,
quia Deus adiutor eo-
rum est, & Deus excel-
sus redemptor eorum
est. † Et dilexerunt eum
in ore suo, & lingua
sua mentiti sunt ei.
† Cor autem eorũ non
rectum cum eo, nec fi-
deles habiti sunt in te-
stamento eius. † Ipse
autẽ est misericors, &
propitius fiet peccatis
eorũ, & non disperdet.
Et abũdabit vt auerte-
ret iram suam, & non

accendet omnem iram suam. † Et recordatus est quia caro sunt, spiritus vadens & non rediens. † Quoties exacerbauerũt eum in deserto, in iram concitauerũt eum in terra inaquosa! † Et conuersi sunt & tentauerunt Deum, & sanctum Israel exacerbauerunt. † Et non recordati sunt manus eius, die qua redemit eos de manu tribulantis. † Sicut posuit in Ægypto signa sua, & prodigia sua in campo Taneos.

† Et conuertit in sanguinem flumina eorum, & imbres eorum ne biberent.

† Misit in eos cynomyiã, & comedit eos, & ranam, & disperdidit eos.

† Et dedit ærugini fructus eorum, & labores eorum locustę.

† Occidit in grandine vineas eorum, & moros eorum in pruina.

† Et tradidit grandini iumenta eorum, & possessionem eorum igni.

ἐκκαύσει πᾶσαν τὴν ὀργὴν αὐτοῦ.
39 καὶ ἐμνήσθη ὅτι σάρξ εἰσι, πνεῦ-
μα πορευόμενον καὶ οὐκ ἐπιστρέφον.
40 ποσάκις παρεπίκραναν αὐτὸν
ἐν τῇ ἐρήμῳ, παρώργισαν αὐτὸν ἐν
γῇ ἀνύδρῳ.
41 καὶ ἐπέστρεψαν καὶ ἐπείρασαν τὸν
θεόν, καὶ τὸν ἅγιον τοῦ ἰσραὴλ πα-
ρώξυναν.
42 καὶ οὐκ ἐμνήσθησαν τῆς χειρὸς αὐ-
τοῦ, ἡμέρας ἧς ἐλυτρώσατο αὐτοὺς ἐκ
χειρὸς θλίβοντος.
43 ὡς ἔθετο ἐν αἰγύπτῳ τὰ σημεῖα
αὐτοῦ, καὶ τὰ τέρατα αὐτοῦ ἐν πεδίῳ
τάνεως.
44 καὶ μετέστρεψεν εἰς αἷμα τοὺς
ποταμοὺς αὐτῶν, καὶ τὰ ὀμβρήματα αὐ-
τῶν ὅπως μὴ πίωσιν.
45 ἐξαπέστειλεν εἰς αὐτοὺς κυνό-
μυιαν, καὶ κατέφαγεν αὐτούς, καὶ βά-
τραχον καὶ διέφθειρεν αὐτούς.
46 καὶ ἔδωκε τῇ ἐρυσίβῃ τοὺς καρ-
ποὺς αὐτῶν, καὶ τοὺς πόνους αὐτῶν
τῇ ἀκρίδι.
47 ἀπέκτεινεν ἐν χαλάζῃ τὴν ἄμ-
πελον αὐτῶν, καὶ τὰς συκαμίνους
αὐτῶν ἐν τῇ πάχνῃ.
48 καὶ παρέδωκεν εἰς χάλαζαν τὰ
κτήνη αὐτῶν, καὶ τὴν ὕπαρξιν αὐτῶν
τῷ πυρί.

ἐξαπέ-

ἐξαπέστειλεν εἰς αὐτοὺς ὀργὴν θυ- 49
μοῦ αὐτοῦ, θυμὸν καὶ ὀργὴν καὶ θλῖψιν,
ἀποστολὴν δι' ἀγγέλων πονηρῶν.

ὡδοποίησε τρίβον τῇ ὀργῇ αὐτοῦ, 50
καὶ οὐκ ἐφείσατο ἀπὸ θανάτου τῶν
ψυχῶν αὐτῶν, καὶ τὰ κτήνη αὐτῶν εἰς
θάνατον συνέκλεισε.

καὶ ἐπάταξε πᾶν πρωτότοκον ἐν 51
γῇ Αἰγύπτῳ, ἀπαρχὴν παντὸς πό-
νου αὐτῶν ἐν τοῖς σκηνώμασι Χάμ.

καὶ ἀπῆρεν ὡς πρόβατα τὸν λαὸν 52
αὐτοῦ, καὶ ἀνήγαγεν αὐτοὺς ὡσεὶ ποί-
μνιον ἐν ἐρήμῳ.

καὶ ὡδήγησεν αὐτοὺς ἐπ' ἐλπί- 53
δι, καὶ οὐκ ἐδειλίασαν, καὶ τοὺς ἐχθροὺς
αὐτῶν ἐκάλυψε θάλασσα.

καὶ εἰσήγαγεν αὐτοὺς εἰς ὄρος ἁ- 54
γιάσματος αὐτοῦ, ὄρος τοῦτο ὃ ἐκτή-
σατο ἡ δεξιὰ αὐτοῦ.

καὶ ἐξέβαλεν ἀπὸ προσώπου αὐ- 55
τῶν ἔθνη, καὶ ἐκληροδότησεν αὐτοὺς
ἐν σχοινίῳ κληροδοσίας, καὶ κατεσκή-
νωσεν ἐν τοῖς σκηνώμασιν αὐτῶν τὰς
φυλὰς τοῦ Ἰσραήλ.

καὶ ἐπείρασαν καὶ παρεπίκραναν 56
τὸν θεὸν τὸν ὕψιστον, καὶ τὰ μαρτύρια
αὐτοῦ οὐκ ἐφυλάξαντο.

καὶ ἀπέστρεψαν καὶ ἠθέτησαν, κα- 57
θὼς

† Misit in eos iram in-
dignationis suæ, indi-
gnationem & iram &
tribulationẽ, immissio-
nẽ per angelos malos.
† Viam fecit semitę iræ
suæ, & non pepercit à
morte animarũ eorũ,
& iumẽta eorũ in mor-
te conclusit. † Et per-
cussit oẽ primogenitũ
in terra Ægypti; pri-
mitias oĩs laboris eorũ
in tabernaculis Cham.
† Et abstulit sicut oues
populũ suum, & per-
duxit eos tanquã gre-
gem in deserto. † Et de-
duxit eos in spe, & non
timuerunt, & inimicos
eorum operuit mare.
† Et induxit eos in mõ-
tẽ sanctificationis suæ,
montem hunccque ac-
quisiuit dextera eius.
† Et eiecit à facie eorũ
gentes, & sorte diuisit
eis in funiculo distribu-
tionis, & habitare fecit
in tabernaculis eorum
tribus Israel. † Et tenta-
uerũt & exacerbauerũt
Deũ excelsum, & testi-
monia eius non custo-
dierunt. † Et auerterunt
se & non seruauerunt
pactum, quemadmo-

dum & patres eorum conuersi sunt in arcum prauum. † Et in iram concitauerunt eũ in collibus suis, & in sculptilibus suis ad æmulationẽ prouocarũt eum. † Audiuit Deus & spreuit, & ad nihilum redegit valdẽ Israel.

† Et repulit tabernaculum Silo, tabernaculũ quod habitauit in hominibus. † Et tradidit in captiuitatem virtutem eorũ, & pulchritudinẽ eorũ, in manus inimicorum. † Et conclusit in gladio populũ suũ, & hæreditatẽ suã spreuit. † Iuuenes eorũ comedit ignis, & virgines eorum non sunt lamentatæ: † Sacerdotes eorum in gladio ceciderunt, & viduæ eorũ non plorabuntur. † Et excitatus est tanquam dormiens Dñs, tanquã potens & crapulatus ã vino. † Et percussit inimicos suos in posteriora; opprobrium sempiternum dedit illis.

† Et repulit tabernaculum Ioseph, & tribum Ephraim non elegit.

θῶς καὶ οἱ πατέρες αὐτῶν μετεςράφη-
σαν εἰς τόξον ςρεβλόν.
58 καὶ παρώργισαν αὐτὸν ἐν τοῖς
βουνοῖς αὐτῶν, καὶ ἐν τοῖς γλυπτοῖς
αὐτῶν παρεζήλωσαν αὐτόν.
59 ἤκουσεν ὁ θεὸς καὶ ὑπερεῖδε, καὶ
ἐξουδένωσε σφόδρα τὸν ἰσραήλ.
60 καὶ ἀπώσατο τὴν σκηνὴν σηλώμ,
σκήνωμα ὃ κατεσκήνωσεν ἐν ἀν-
θρώποις·
61 καὶ παρέδωκεν εἰς αἰχμαλωσίαν
τὴν ἰσχὺν αὐτῶν, καὶ τὴν καλλονὴν
αὐτῶν, εἰς χεῖρας ἐχθρῶν.
62 καὶ συνέκλεισεν ἐν ῥομφαίᾳ τὸν
λαὸν αὐτοῦ, καὶ τὴν κληρονομίαν
αὐτοῦ ὑπερεῖδε.
63 τοὺς νεανίσκους αὐτῶν κατέφαγε
πῦρ, καὶ αἱ παρθένοι αὐτῶν οὐκ
ἐπενθήθησαν.
64 οἱ ἱερεῖς αὐτῶν ἐν ῥομφαίᾳ ἔπεσον,
καὶ αἱ χῆραι αὐτῶν οὐ κλαυθήσονται.
65 καὶ ἐξηγέρθη ὡς ὁ ὑπνῶν κύριος,
ὡς δυνατὸς καὶ κεκραιπαληκὼς
ἐξ οἴνου.
66 καὶ ἐπάταξε τοὺς ἐχθροὺς αὐτοῦ εἰς
τὰ ὀπίσω, ὄνειδος αἰώνιον ἔδωκεν
αὐτοῖς.
67 καὶ ἀπώσατο τὸ σκήνωμα ἰω-
σήφ, καὶ τὴν φυλὴν ἐφραὶμ οὐκ
ἐξελέξατο.

καὶ

καὶ ἐξελέξατο τὴν φυλὴν ἰούδα, τὸ 68
ὄρος τὸ σιὼν ὃ ἠγάπησε.
καὶ ᾠκοδόμησεν ὡς μονοκερώτων 69
τὸ ἁγίασμα αὐτοῦ ἐν τῇ γῇ, ἐθεμε-
λίωσεν αὐτὴν εἰς τὸν αἰῶνα.
καὶ ἐξελέξατο δαυὶδ τὸν δοῦλον 70
αὐτοῦ, καὶ ἀνέλαβεν αὐτὸν ἐκ τῶν ποι-
μνίων τῶν προβάτων.
ἐξόπισθεν τῶν λοχευομένων ἔλα 71
βεν αὐτόν, ποιμαίνειν ἰακὼβ τὸν
δοῦλον αὐτοῦ, καὶ ἰσραὴλ τὴν κληρο-
νομίαν αὐτοῦ.
καὶ ἐποίμανεν αὐτοὺς ἐν τῇ ἀκα- 72
κίᾳ τῆς καρδίας αὐτοῦ, καὶ ἐν ταῖς συνέ-
σεσι τῶν χειρῶν αὐτοῦ ὡδήγησεν αὐτούς.

Ψαλμὸς τῷ ἀσάφ. 1
οη'.

Ὁ Θεὸς ἤλθοσαν ἔθνη εἰς τὴν
κληρονομίαν σου, ἐμίαναν
τὸν ναὸν τὸν ἅγιόν σου.
ἔθεντο ἱερουσαλὴμ ὡς ὀπωροφυ- 2
λάκιον, ἔθεντο τὰ θνησιμαῖα τῶν
δούλων σου βρώματα τοῖς πετεινοῖς
τοῦ οὐρανοῦ· τὰς σάρκας τῶν ὁσίων σου
τοῖς θηρίοις τῆς γῆς.
ἐξέχεαν τὸ αἷμα αὐτῶν ὡσεὶ ὕδωρ, 3
κύκλῳ ἱερουσαλήμ, καὶ οὐκ ἦν ὁ
θάπτων.

K ἐγενή-

† Et elegit tribum Iu-
da, monté Sion quem
dilexit. † Et ædificauit
sicut vnicornis sancti-
ficium suum in terra,
fundauit eam in secu-
lum. † Et elegit Dauid
seruum suum, & sustu-
lit eum de gregibus o-
uium. † Depost fœtan-
tes accepit eum, pasce-
re Iacob seruum suum,
& Israel hæreditatem
suam.
† Et pauit eos in in-
nocentia cordis sui: &
in intellectibus ma-
nuum suarum dedu-
xit eos.

† Psalmus Asaph.
LXXVIII.

DEus venerũt gen-
tes in hæredita-
tem tuam, polluerunt
templum sanctũ tuũ.
† Posuerũt Hierusalem
velut pomorum custo-
diam: posuerunt mor-
ticinia seruorum tuo-
rum escas volatilibus
cęli, carnes sanctorum
tuorum bestiis terræ.
† Effuderunt sangui-
nem ipsorum tanquam
aquã in circuitu Hie-
rusalem, & non erat
qui sepeliret.

† Facti sumus opprobrium vicinis nostris: subsannatio & illusio iis qui in circuitu nostro. † Vsquequo Dñe irasceris in finem: accendetur velut ignis zelus tuus? † Effunde iram tuam in gentes quæ non nouerunt te; & in regna, quæ nomẽ tuum non inuocauerunt. † Quia comederunt Iacob, & locum eius desolauerunt.

† Ne memineris nostrarum iniquitatũ antiquarum: citò anticipent nos misericordiæ tuæ, Dñe, quoniã pauperes facti sumus nimis. † Adiuua nos Deus salutaris noster, propter gloriam nominis tui, Dñe, libera nos: & ꝓpicius esto peccatis nostris ꝓpter nomẽ tuũ.

† Ne quando dicant gẽtes, Vbi est Deus eorum? & innotescat in nationibus corã oculis nostris vltio sanguinis seruorum tuorum qui effusus est.

† Introeat in conspectu tuo gemitus compeditorum: secundum

4 ἐγενήθημεν ὄνειδος τοῖς γείτοσιν
ἡμῶν, μυκτηρισμὸς καὶ χλευασμὸς
τοῖς κύκλῳ ἡμῶν.
5 ἕως πότε κύριε ὀργισθήσῃ εἰς
τέλος, ἐκκαυθήσεται ὡς πῦρ ὁ
ζῆλός σου;
6 ἔκχεον τὴν ὀργήν σου ἐπὶ τὰ ἔθνη
τὰ μὴ γινώσκοντά σε, καὶ ἐπὶ βα-
σιλείας, αἳ τὸ ὄνομά σου οὐκ ἐπε-
καλέσαντο.
7 ὅτι κατέφαγον τὸν Ἰακὼβ, καὶ τὸν
τόπον αὐτοῦ ἠρήμωσαν.
8 μὴ μνησθῇς ἡμῶν ἀνομιῶν ἀρ-
χαίων· ταχὺ προκαταλαβέτωσαν
ἡμᾶς οἱ οἰκτιρμοί σου κύριε, ὅτι
ἐπτωχεύσαμεν σφόδρα.
9 βοήθησον ἡμῖν ὁ θεὸς ὁ σωτὴρ ἡ-
μῶν, ἕνεκεν τῆς δόξης τοῦ ὀνόματός
σου, κύριε, ῥῦσαι ἡμᾶς καὶ ἱλάσθητι
ταῖς ἁμαρτίαις ἡμῶν ἕνεκεν τοῦ ὀνό-
ματός σου.
10 μήποτε εἴπωσι τὰ ἔθνη, ποῦ ἐστιν
ὁ θεὸς αὐτῶν; καὶ γνωσθήτω ἐν τοῖς
ἔθνεσιν ἐνώπιον τῶν ὀφθαλμῶν ἡμῶν
ἡ ἐκδίκησις τοῦ αἵματος τῶν δούλων σου
τοῦ ἐκκεχυμένου.
11 εἰσελθέτω ἐνώπιόν σου ὁ στενα-
γμὸς τῶν πεπεδημένων· κατὰ τὴν με-
γαλω-

γαλωσύνην τοῦ βραχίονός σου, πε-
ριποίησαι τοὺς υἱοὺς τῶν τεθανα-
τωμένων.
ἀπόδος τοῖς γείτοσιν ἡμῶν ἑπτα- 12
πλασίονα εἰς τὸν κόλπον αὐτῶν, τὸν
ὀνειδισμὸν αὐτῶν ὃν ὠνείδισάν σε
κύριε.
ἡμεῖς δὲ λαός σου καὶ πρόβατα νο- 13
μῆς σου, ἀνθομολογησόμεθά σοι ὁ
θεὸς εἰς τὸν αἰῶνα, εἰς γενεὰν καὶ γενεὰν
ἐξαγγελοῦμεν τὴν αἴνεσίν σου.

Εἰς τὸ τέλος ὑπὲρ τῶν ἀλλοιωθησο- 1
μένων μαρτύριον τῷ ἀσάφ
ψαλμός. οθʹ.

Ο Ποιμαίνων τὸν ἰσραὴλ πρόσ- 2
χες, ὁ ὁδηγῶν ὡσεὶ πρόβατα τὸν
ἰωσήφ· ὁ καθήμενος ἐπὶ τῶν χε-
ρουβὶμ ἐμφάνηθι,
ἐναντίον ἐφραὶμ καὶ βενιαμὶν καὶ 3
μανασσῆ ἐξέγειρον τὴν δυναστεί-
αν σου καὶ ἐλθὲ, εἰς τὸ σῶσαι ἡμᾶς.
ὁ θεὸς ἐπίστρεψον ἡμᾶς, καὶ ἐπί- 4
φανον τὸ πρόσωπόν σου, καὶ σωθη-
σόμεθα.
κύριε ὁ θεὸς τῶν δυνάμεων ἕως 5
πότε ὀργίζῃ ἐπὶ τὴν προσευχὴν τῶν
δούλων σου;
ψωμιεῖς ἡμᾶς ἄρτον δακρύων, καὶ 6
ποτιεῖς ἡμᾶς ἐν δάκρυσιν ἐν μέτρῳ.

magnitudinem brachij tui, posside filios
mortificatorum.
† Redde vicinis nostris
septuplum in sinu eorum, improperiũ ipsorum quod exprobrauerunt tibi Domine.
† Nos autem populus
tuus & oues pascuæ tuæ, confitebimur tibi Deus in seculum, in generatione & generationem annunciabimus laudem tuam.

† In finem pro iis qui commutabũtur, testimonium Asaph Psalmus. LXXIX. LXXX

QVI regis Israel intende, qui deducis velut ouem Ioseph, qui sedes super
Cherubim, manifestare † Coram Ephraim, & Beniamin, & Manasse, excita potẽtiam
tuam & veni, vt saluos facias nos. † Deus conuerte nos, & ostende faciẽ tuam, & salui erimus.
† Dñe Deus virtutum, vsquequo irasceris super oratione seruorũ
tuorum? † Cibabis nos pane lachrymarum, & potum dabis nobis in lachrymis in mensura?

† Posuisti nos in con-
tradictionē vicinis no-
stris, & inimici nostri
subsannauerunt nos.
† Dn̄e Deus virtutum
conuerte nos, & osten-
de faciem tuā, & salui
erimus. † Vineā de Æ-
gypto transtulisti, eie-
cisti gentes & planta-
sti eam. † Dux itineris
fuisti in cōspectu eius,
& plantasti radices e-
ius, & impleuit terrā.
† Operuit montes
vmbra eius, & arbusta
eius cedros Dei.
† Extendit palmites
suos vsque ad mare, &
vsque ad flumina pro-
pagines eius.
† Vt quid destruxisti
maceriam eius, & vin-
demiant eam omnes
qui prætergrediuntur
viā? † Exterminauit eā
aper de sylua, & singu-
laris ferus depastus est
eam. † Deus virtutum
conuertere iam, & re-
spice de cælo & vide,
& visita vineam istam.
† Et perfice eam, quam
plantauit dextera tua:
& super filiū hominis,
quem confirmasti tibi.
† Incensa igni & suf-

7 ἔθου ἡμᾶς εἰς ἀντιλογίαν τοῖς γεί-
τοσιν ἡμῶν, καὶ οἱ ἐχθροὶ ἡμῶν ἐμυ-
κτήρισαν ἡμᾶς.
8 κύριε ὁ θεὸς τῶν δυνάμεων ἐπί-
στρεψον ἡμᾶς, καὶ ἐπίφανον τὸ πρό-
σωπόν σου, καὶ σωθησόμεθα.
9 ἄμπελον ἐξ αἰγύπτου μετῆρας,
ἐξέβαλες ἔθνη καὶ κατεφύτευσας
αὐτήν.
10 ὡδοποίησας ἔμπροσθεν αὐτῆς,
καὶ κατεφύτευσας τὰς ῥίζας αὐτῆς,
καὶ ἐπλήρωσε τὴν γῆν.
11 ἐκάλυψεν ὄρη ἡ σκιὰ αὐτῆς, καὶ
αἱ ἀναδενδράδες αὐτῆς τὰς κέ-
δρους τοῦ θεοῦ.
12 ἐξέτεινε τὰ κλήματα αὐτῆς ἕως
θαλάσσης, καὶ ἕως ποταμῶν τὰς πα-
ραφυάδας αὐτῆς.
13 ἱνατί καθεῖλες τὸν φραγμὸν αὐ-
τῆς, καὶ τρυγῶσιν αὐτὴν πάντες οἱ
παραπορευόμενοι τὴν ὁδόν;
14 ἐλυμήνατο αὐτὴν ὗς ἐκ δρυμοῦ, καὶ
μονιὸς ἄγριος κατενεμήσατο αὐτήν.
15 ὁ θεὸς τῶν δυνάμεων ἐπίστρεψον
δή, καὶ ἐπίβλεψον ἐξ οὐρανοῦ καὶ ἴδε
καὶ ἐπίσκεψαι τὴν ἄμπελον ταύτην.
16 καὶ κατάρτισαι αὐτήν, ἣν ἐφύ-
τευσεν ἡ δεξιά σου· καὶ ἐπὶ υἱὸν ἀν-
θρώπου, ὃν ἐκραταίωσας σεαυτῷ.
17 ἐμπεπυρισμένη πυρὶ καὶ ἀνε-

σκαμ-

σκαμμένη, ἀπὸ ἐπιτιμήσεως τοῦ προ-
σώπου σου ἀπολοῦνται.
γενηθήτω ἡ χείρ σου ἐπ' ἄνδρα 18
δεξιᾶς σου, καὶ ἐπὶ υἱὸν ἀνθρώπου, ὃν
ἐκραταίωσας σεαυτῷ.
καὶ οὐ μὴ ἀποστῶμεν ἀπὸ σοῦ, ζω- 19
ώσεις ἡμᾶς, καὶ τὸ ὄνομά σου ἐπι-
καλεσόμεθα.
κύριε ὁ θεὸς τῶν δυνάμεων ἐπί- 20
στρεψον ἡμᾶς, καὶ ἐπίφανον τὸ πρό-
σωπόν σου, καὶ σωθησόμεθα.

Εἰς τὸ τέλος ὑπὲρ τῶν ληνῶν ψαλ- 1
μὸς τῷ ἀσάφ. π'.
Ἀγαλλιᾶσθε τῷ θεῷ τῷ βοηθῷ 2
ἡμῶν, ἀλαλάξατε τῷ θεῷ
ἰακώβ.
λάβετε ψαλμὸν καὶ δότε τύμπα- 3
νον, ψαλτήριον τερπνὸν μετὰ κιθάρας.
σαλπίσατε ἐν νεομηνίᾳ σάλπιγ- 4
γι, ἐν εὐσήμῳ ἡμέρᾳ ἑορτῆς ὑμῶν.
ὅτι πρόσταγμα τῷ ἰσραήλ ἐστι, καὶ 5
κρίμα τῷ θεῷ ἰακώβ.
μαρτύριον ἐν τῷ ἰωσὴφ ἔθετο 6
αὐτὸν, ἐν τῷ ἐξελθεῖν αὐτὸν ἐκ γῆς
αἰγύπτου· γλῶσσαν ἣν οὐκ ἔγνω
ἤκουσεν.
ἀπέστησεν ἀπὸ ἄρσεων τὸν νῶτον αὐ- 7
τοῦ. αἱ χεῖρες αὐτοῦ ἐν τῷ κοφίνῳ ἐ-
δούλευσαν.

fossa, ab increpatione
vultus tui peribunt.
† Fiat manus tua super
virum dexteræ tuæ, &
super filium hominis
quem confirmasti tibi.
† Et non discedimus à
te, viuificabis nos, &
nomen tuum inuoca-
bimus.
† Domine Deus vir-
tutum conuerte nos, &
ostende faciem tuam,
& salui erimus.

† In finem pro torcu-
laribus Psalm. Asaph.
LXXX.
EXultate Deo adiu-
tori nostro, iubila-
te Deo Iacob.
† Sumite psalmum &
date tympanum, psal-
terium iocūdum cum
cithara. † Buccinate in
neomenia tuba, in in-
signi die solemnitatis
vestrę. † Quia præceptū
in Israel est, & iudiciū
Deo Iacob. † Testimo-
nium in Ioseph posuit
illud, cùm exiret ipse
de terra Ægypti: lin-
guam quam non no-
uerat, audiuit. † Di-
uertit ab oneribus dor-
sum eius; manus eius
in cophino seruierunt.

† In tribulatione inuocasti me & liberaui te: exaudiui te in abscōdito tépestatis. Probaui te apud aquā cōtradictionis. † Audi populus meus & cōtestor te. Israel si audieris me:

† Non erit in te Deus recens, neque adorabis Deum alienum. † Ego enim sum Dn̄s Deus tu', qui eduxi te de terra Ægypti. dilata os tuū & implebo illud.

† Et non audiuit populus meus vocē meā, & Israel non intendit mihi. † Et dimisi eos secundùm studia cordis eorum, ibūt in adinuentionibus suis.

† Si populus meus audisset me, Israel in viis meis si ambulasset:

† Pro nihilo forsitan inimicos eorū humiliassem: & super tribulātes eos misissem manum meam.

† Inimici Domini mentiti sunt ei, & erit tempus eorum in seculum. † Et cibauit eos ex adipe frumenti: & de petra melle saturauit eos.

8 ἐν θλίψει ἐπεκαλέσω με, καὶ ἐρ-
ρυσάμην σε· ἐπήκουσά σου ἐν ἀπο-
κρύφῳ καταιγίδος· διάψαλμα. ἐ-
δοκίμασά σε ἐπὶ ὕδατος ἀντιλογίας.
9 ἄκουσον λαός μου καὶ διαμαρτύ-
ρομαί σοι· Ἰσραὴλ ἐὰν ἀκούσῃς μου,
10 οὐκ ἔσται ἐν σοὶ θεὸς πρόσφατος,
οὐδὲ προσκυνήσεις θεῷ ἀλλοτρίῳ.
11 ἐγὼ γάρ εἰμι κύριος ὁ θεός σου,
ὁ ἀναγαγών σε ἐκ γῆς Αἰγύπτου·
πλάτυνον τὸ στόμα σου καὶ πληρώ-
σω αὐτό.
12 καὶ οὐκ ἤκουσεν ὁ λαός μου τῆς
φωνῆς μου, καὶ Ἰσραὴλ οὐ προσέ-
σχε μοι.
13 καὶ ἐξαπέστειλα αὐτοὺς κατὰ τὰ ἐπι-
τηδεύματα τῆς καρδίας αὐτῶν, πορεύ-
σονται ἐν τοῖς ἐπιτηδεύμασιν αὐτῶν.
14 εἰ ὁ λαός μου ἤκουσέ μου, Ἰσραὴλ
ταῖς ὁδοῖς μου εἰ ἐπορεύθη·
15 ἐν τῷ μηδενὶ ἂν τοὺς ἐχθροὺς αὐ-
τῶν ἐταπείνωσα· καὶ ἐπὶ τοὺς θλίβον-
τας αὐτοὺς ἐπέβαλον ἂν τὴν χεῖ-
ρά μου.
16 οἱ ἐχθροὶ κυρίου ἐψεύσαντο αὐ-
τῷ, καὶ ἔσται ὁ καιρὸς αὐτῶν εἰς τὸν
αἰῶνα.
17 καὶ ἐψώμισεν αὐτοὺς ἐκ στέατος
πυροῦ, καὶ ἐκ πέτρας μέλι ἐχόρτα-
σεν αὐτούς.

Ψαλμὸς τῷ ἀσάφ. 1
πα´.

Ο Θεὸς ἔστη ἐν συναγωγῇ θεῶν,
ἐν μέσῳ δὲ θεοὺς διακρινεῖ.
ἕως πότε κρίνετε ἀδικίαν, καὶ 2
πρόσωπα ἁμαρτωλῶν λαμβάνετε;
κρίνατε ὀρφανῷ καὶ πτωχῷ, τα- 3
πεινὸν καὶ πένητα δικαιώσατε.
ἐξέλεσθε πένητα καὶ πτωχὸν, ἐκ 4
χειρὸς ἁμαρτωλοῦ ῥύσασθε αὐτόν.
οὐκ ἔγνωσαν οὐδὲ συνῆκαν, ἐν σκό- 5
τει διαπορεύονται· σαλευθήτω σαν
πάντα τὰ θεμέλια τῆς γῆς.
ἐγὼ εἶπα, θεοί ἐστε καὶ υἱοὶ ὑψίστου 6
πάντες.
ὑμεῖς δὲ ὡς ἄνθρωποι ἀποθνήσκε- 7
τε, καὶ ὡς εἷς τῶν ἀρχόντων πίπτετε.
ἀνάστα ὁ θεὸς κρῖνον τὴν γῆν, 8
ὅτι σὺ κατακληρονομήσεις ἐν πᾶσι
τοῖς ἔθνεσιν.

Ὠιδὴ ψαλμοῦ τῷ ἀσάφ. 1
πβ´.

Ο Θεὸς τίς ὁμοιωθήσεταί σοι; 2
μὴ σιγήσῃς μηδὲ καταπραΰ-
νῃς ὁ θεός.
ὅτι ἰδοὺ οἱ ἐχθροί σου ἤχησαν, καὶ 3
οἱ μισοῦντές σε ἦραν κεφαλήν.
ἐπὶ τὸν λαόν σου κατεπανουργεύ- 4
σαντο γνώμην, καὶ ἐβουλεύσαντο

† Psalmus Asaph.
LXXXI. *Heb. LXXXII*

DEus stetit in synagoga Deorum, in
medio autem Deos di-
iudicabit. † Vsquequo
iudicatis iniquitatem,
& facies peccatorũ su-
mitis? † Iudicate pu-
pillo & egeno, humi-
lem & pauperẽ iustifi-
cate. † Eripite pauperem
& egenũ, de manu pec
catoris liberate eum.
† Nescierunt neque in-
tellexerunt, in tenebris
ambulãt. mouebũtur
oĩa fundamenta terræ.
† Ego dixi, Dij estis &
filij excelsi oẽs; † vos
autẽ sicut homines mo
riemini, & sicut vnus
de principibus caditis.
† Surge Deus iudica ter-
ram, quoniam tu hæ-
reditabis in omnibus
gentibus.

† Canticum psalmi A-
saph. LXXXII *Heb. LXXXIII*

DEus quis similis
erit tibi? ne taceas
neque cõpescaris Deus.
† Quoniam ecce inimi-
ci tui sonuerunt, & qui
oderunt te extulerunt
caput. † Super populũ
tuũ malignauerũt con-
silium, & cogitauerũt

aduersus sanctos tuos.
† Dixerunt, Venite &
disperdamus eos de
gente, & non memo-
retur nomen Israel vl-
trà. † Quoniam cogi-
tauerunt vnanimiter
simul, aduersus te te-
stamentū disposuerūt.
† Tabernacula Idu-
mæorum & Ismaelitę,
Moab & Agareni;
† Gebal & Ammon &
Amalec, alienigenæ cū
habitantibus Tyrum.
† Et enim & Assur ve-
nit cū illis, facti sunt in
adiutorium filiis Lot.
† Fac illis sicut Madian
& Sisaræ: sicut Iabim
in torrente Cisson.
† Disperierunt in En-
dor, facti sunt vt stercus
terræ. † Pone principes
eorum sicut Oreb &
Zeb & Zebee & Salma-
na, oēs principes eorū.
† Qui dixerunt, heredi-
tate possideamus nobis
sanctuariū Dei. † Deus
meus pone illos vt ro-
tam, sicut stipulā ante
faciē venti. † Sicut ignis
qui comburet syluam,
sicut flamma quę com
buret montes. † Ita
persequeris illos in

κατὰ τῶν ἁγίων σου.
5 εἶπαν, δεῦτε καὶ ἐξολοθρεύσωμεν
αὐτοὺς ἐξ ἔθνους, καὶ οὐ μὴ μνησθῇ τὸ
ὄνομα ἰσραὴλ ἔτι.
6 ὅτι ἐβουλεύσαντο ἐν ὁμονοίᾳ ἐπὶ-
τὸ αὐτὸ, κατὰ σοῦ διαθήκην διέθεντο.
7 τὰ σκηνώματα τῶν ἰδουμαίων
καὶ οἱ ἰσμαηλῖται, μωὰβ καὶ οἱ
ἀγαρηνοί·
8 γεβὰλ καὶ ἀμμὼν καὶ ἀμαλὴκ,
ἀλλόφυλοι μετὰ τῶν κατοικούντων τύρον.
9 καὶ γὰρ καὶ ἀσσοὺρ συμπαρεγένετο
μετ' αὐτῶν, ἐγενήθησαν εἰς ἀντίληψιν
τοῖς υἱοῖς λώτ· διάψαλμα.
10 ποίησον αὐτοῖς ὡς τῇ μαδιὰμ καὶ
τῷ σισάρᾳ, ὡς τῷ ἰαβὶμ ἐν τῷ χει-
μάρρῳ κισῶν.
11 ἐξωλοθρεύθησαν ἐν ἀενδὼρ, ἐγε-
νήθησαν ὡσεὶ κόπρος τῇ γῇ.
12 θοῦ τοὺς ἄρχοντας αὐτῶν ὡς τὸν ὠ-
ρὴβ καὶ ζὴβ καὶ ζεβεὲ καὶ σαλμανὰν,
πάντας τοὺς ἄρχοντας αὐτῶν.
13 οἵτινες εἶπον, κληρονομήσωμεν
ἑαυτοῖς τὸ ἁγιαστήριον τοῦ θεοῦ.
14 ὁ θεός μου θοῦ αὐτοὺς ὡς τροχὸν,
ὡς καλάμην κατὰ πρόσωπον ἀνέμου.
15 ὡσεὶ πῦρ ὃ διαφλέξει δρυμὸν,
ὡσεὶ φλὸξ ἣ κατακαύσει ὄρη.
16 οὕτως καταδιώξεις αὐτοὺς ἐν τῇ
καται-

καταιγίδι σου, καὶ ἐν τῇ ὀργῇ σου
συνταράξεις αὐτούς.
πλήρωσον τὰ πρόσωπα αὐτῶν 17
ἀτιμίας, καὶ ζητήσουσι τὸ ὄνομά
σου κύριε.
αἰσχυνθήτωσαν καὶ ταραχθήτω- 18
σαν εἰς τὸν αἰῶνα τοῦ αἰῶνος, καὶ ἐν-
τραπήτωσαν καὶ ἀπολέσθωσαν.
καὶ γνώτωσαν, ὅτι ὄνομά σοι κύ- 19
ριος, σὺ μόνος ὕψιστος ἐπὶ πᾶ-
σαν τὴν γῆν.

Εἰς τὸ τέλος ὑπὲρ τῶν ληνῶν τοῖς 1
υἱοῖς Κορὲ ψαλμός. πγ'.
Ὡς ἀγαπητὰ τὰ σκηνώμα- 2
τά σου κύριε τῶν δυνάμεων.
ἐπιποθεῖ καὶ ἐκλείπει ἡ ψυχή μου 3
εἰς τὰς αὐλὰς τοῦ κυρίου. ἡ καρδία
μου καὶ ἡ σάρξ μου ἠγαλλιάσαντο ἐπὶ
θεὸν ζῶντα.
καὶ γὰρ στρουθίον εὗρεν ἑαυτῷ οἰ- 4
κίαν, καὶ τρυγὼν νοσσιὰν ἑαυτῇ, οὗ
θήσει τὰ νοσσία ἑαυτῆς. τὰ θυσια-
στήριά σου κύριε τῶν δυνάμεων, ὁ
βασιλεύς μου καὶ ὁ θεός μου.
μακάριοι οἱ κατοικοῦντες ἐν τῷ 5
οἴκῳ σου, εἰς τοὺς αἰῶνας τῶν αἰώνων
αἰνέσουσί σε. διάψαλμα.
μακάριος ἀνὴρ ᾧ ἐστιν ἀντίλη- 6
ψις αὐτοῦ παρὰ σοί, ἀναβάσεις ἐν

tempestate tua, & in
ira tua turbabis eos.
† Imple facies eorum
ignominia, & quærent
nomen tuum Dñe.
† Erubescant & con-
turbentur in seculum
seculi, & confundan-
tur & pereant.
† Et cognoscant, quia
nomen tibi Dominus,
tu solus altissimus in
omni terra.

† In finem pro torcu-
laribus filiis Core Psal-
mus LXXXIII. [illegible]
QVam dilecta ta-
bernacula tua Do-
mine virtutum!
† Concupiscit & defi-
cit anima mea in atria
Dñi. Cor meũ & caro
mea exultauerunt in
Deũ viuum. † Et enim
passer inuenit sibi do-
mum, & turtur nidum
sibi, vbi ponat pullos
suos. Altaria tua Dñe
virtutum, rex meus &
Deus meus. † Beati qui
habitant in domo tua,
in secula seculorũ lau-
dabunt te. † Beatus vir,
cui est auxiliũ ipsi abs
te, ascensiones in cor-

de suo disposuit.

† In valle lachrymarum, in loco quem posuit, & enim benedictiones dabit Legislator. † Ibunt de virtute in virtutem: videbitur Deus deorum in Sion. † Domine Deus virtutum exaudi orationem meam, auribus percipe Deus Iacob.

† Protector noster aspice Deus, & respice in faciem Christi tui. † Quia melior est dies vna in atriis tuis super millia. Elegi abiectus esse in domo Dei mei, magis quàm habitare me in tabernaculis peccatorum. † Quia misericordiam & veritatem diligit Dñs: Deus gratiam & gloriam dabit. Dñs non priuabit bonis eos qui ambulant in innocentia. † Dñe Deus virtutum: beatus homo qui sperat in te.

V Hebr.

† In finem filiis Core Psalmus. LXXXIIII.

BEnedixisti Domine terram tuam: auertisti captiuitatem Iacob.

τῇ καρδίᾳ αὐτοῦ διέθετο.
7 εἰς τὴν κοιλάδα τοῦ κλαυθμῶνος,
εἰς τὸν τόπον ὃν ἔθετο, καὶ γὰρ εὐλογίας
δώσει ὁ νομοθετῶν.
8 πορεύσονται ἐκ δυνάμεως εἰς δύ-
ναμιν, ὀφθήσεται ὁ θεὸς τῶν θεῶν
ἐν σιών.
9 κύριε ὁ θεὸς τῶν δυνάμεων εἰσά-
κουσον τῆς προσευχῆς μου, ἐνώτισαι
ὁ θεὸς ἰακώβ. διάψαλμα.
10 ὑπερασπιστὰ ἡμῶν ἴδε ὁ θεός· καὶ
ἐπίβλεψον εἰς τὸ πρόσωπον τοῦ χρι-
στοῦ σου.
11 ὅτι κρείσσων ἡμέρα μία ἐν ταῖς
αὐλαῖς σου ὑπὲρ χιλιάδας. ἐξε-
λεξάμην παραρριπτεῖσθαι ἐν τῷ οἴ-
κῳ τοῦ θεοῦ μου μᾶλλον ἢ οἰκεῖν με ἐν
σκηνώμασιν ἁμαρτωλῶν.
12 ὅτι ἔλεος καὶ ἀλήθειαν ἀγαπᾷ
κύριος, ὁ θεὸς χάριν καὶ δόξαν
δώσει. κύριος οὐ στερήσει τὰ ἀγαθὰ
τοῖς πορευομένοις ἐν ἀκακίᾳ.
13 κύριε ὁ θεὸς τῶν δυνάμεων, μα-
κάριος ἄνθρωπος ὁ ἐλπίζων ἐπὶ σέ.

1 Εἰς τὸ τέλος τοῖς υἱοῖς κορὲ
ψαλμὸς πδʹ.

2 ΕΥδόκησας κύριε τὴν γῆν σου,
ἀπέστρεψας τὴν αἰχμαλωσίαν
ἰακώβ.

ἀφῆκας

ἀφῆκας τὰς ἀνομίας τῷ λαῷ 3
σου, ἐκάλυψας πάσας τὰς ἁμαρ-
τίας αὐτῶν.
κατέπαυσας πᾶσαν τὴν ὀργήν 4
σου, ἀπέστρεψας ἀπὸ ὀργῆς θυμοῦ σου.
ἐπίστρεψον ἡμᾶς ὁ θεὸς τῶν σωτη- 5
ρίων ἡμῶν, καὶ ἀπόστρεψον τὸν θυμόν
σου ἀφ' ἡμῶν.
μὴ εἰς τοὺς αἰῶνας ὀργισθῇς ἡμῖν; 6
ἢ διατενεῖς τὴν ὀργήν σου ἀπὸ γε-
νεᾶς εἰς γενεάν;
ὁ θεὸς σὺ ἐπιστρέψας ζωώσεις ἡ- 7
μᾶς, καὶ ὁ λαός σου εὐφρανθήσεται
ἐπὶ σοί;
δεῖξον ἡμῖν κύριε τὸ ἔλεός σου, 8
καὶ τὸ σωτήριόν σου δῴης ἡμῖν.
ἀκούσομαι τί λαλήσει ἐν ἐμοὶ 9
κύριος ὁ θεός. ὅτι λαλήσει εἰρήνην
ἐπὶ τὸν λαὸν αὐτοῦ, καὶ ἐπὶ τοὺς ὁσίους
αὐτοῦ, καὶ ἐπὶ τοὺς ἐπιστρέφοντας καρ-
δίαν ἐπ' αὐτόν.
πλὴν ἐγγὺς τῶν φοβουμένων αὐτὸν 10
τὸ σωτήριον αὐτοῦ, τοῦ κατασκηνῶσαι
δόξαν ἐν τῇ γῇ ἡμῶν.
ἔλεος καὶ ἀλήθεια συνήντησαν, 11
δικαιοσύνη καὶ εἰρήνη κατεφίλησαν.
ἀλήθεια ἐκ τῆς γῆς ἀνέτειλε, καὶ 12
δικαιοσύνη ἐκ τοῦ οὐρανοῦ διέκυψε.
καὶ γὰρ ὁ κύριος δώσει χρηστότητα, 13
καὶ ἡ γῆ

† Remisisti iniquitates
plebi tuæ, cooperuisti
omnia peccata eorum.
† Mitigasti omné iram
tuam, auertisti ab ira
indignationis tuæ.
† Conuerte nos Deus
salutaris noster, & auer
te iram tuam á nobis.
† Nũquid in æternum
irasceris nobis? aut ex-
tendes iram tuam à ge
neratione in generatio-
nem? † Deus tu conuer-
sus viuificabis nos, &
plebs tua lætabitur in
te. † Ostẽde nobis Dñe
misericordiá tuam, &
salutare tuũ da nobis.
† Audiam quid loqua-
tur in me Dñs Deus.
quoniam loquetur pa-
cem in plebem suam,
& super sanctos suos,
& super eos qui con-
uertunt cor ad eum.
† Veruntamen prope
timentes eũ salutare ip-
sius, vt inhabitet gloria
in terra nostra. † Mise-
ricordia & veritas ob-
uiauerunt: iustitia &
pax osculatæ sunt.
† Veritas de terra orta
est, & iustitia de cælo
prospexit. † Et enim
Dñs dabit benignitaté,

& terra nostra dabit fructum suum.

† Iustitia ante eum ambulabit, & ponet in via gressus suos.

† Oratio Dauid.

LXXXV.

INclina Domine aurem tuam, & exaudi me, quoniam inops & pauper sum ego. † Custodi animam meam, quoniam sanctus sum: saluum fac seruũ tuum Deus meus, sperantem in te. † Miserere mei Dñe, quoniã ad te clamabo tota die. † Lætifica animam serui tui, quoniam ad te leuaui animã meam. † Quoniam tu Dñe suauis & mitis: & multæ misericordiæ omnibus inuocantibus te. † Auribus percipe Dñe orationẽ meam, & intende voci deprecationis meæ. † In die tribulationis meæ clamaui ad te, quia exaudisti me. † Non est similis tui in diis Dñe, & non est secundùm opera tua. † Omnes gẽtes quascũq; fecisti, venient, & adorabũt corã

καὶ ἡ γῆ ἡμῶν δώσει τὸν καρπὸν αὐτῆς.
14 δικαιοσύνη ἐνώπιον αὐτοῦ προ-
πορεύσεται, καὶ θήσει εἰς ὁδὸν τὰ
διαβήματα αὐτοῦ.

1 προσευχὴ τοῦ δαυίδ.

πε.

ΚΛῖνον κύριε τὸ οὖς σου, καὶ
ἐπάκουσόν μου, ὅτι πτωχὸς
καὶ πένης εἰμὶ ἐγώ.
2 φύλαξον τὴν ψυχήν μου, ὅτι ὅ-
σιός εἰμι· σῶσον τὸν δοῦλόν σου ὁ θεός
μου, τὸν ἐλπίζοντα ἐπὶ σέ.
3 ἐλέησόν με κύριε, ὅτι πρὸς σὲ
κεκράξομαι ὅλην τὴν ἡμέραν.
4 εὔφρανον τὴν ψυχὴν τοῦ δούλου
σου· ὅτι πρὸς σὲ ἦρα τὴν ψυχήν μου.
5 ὅτι σὺ κύριε χρηστὸς καὶ ἐπιει-
κής, καὶ πολυέλεος πᾶσι τοῖς ἐπι-
καλουμένοις σε.
6 ἐνώτισαι κύριε τὴν προσευχήν
μου, καὶ πρόσχες τῇ φωνῇ τῆς δεή-
σεώς μου.
7 ἐν ἡμέρᾳ θλίψεώς μου ἐκέκρα-
ξα πρὸς σέ, ὅτι ἐπήκουσάς μου.
8 οὐκ ἔστιν ὅμοιός σοι ἐν θεοῖς κύ-
ριε, καὶ οὐκ ἔστι κατὰ τὰ ἔργα σου.
9 πάντα τὰ ἔθνη ὅσα ἐποίησας, ἥ-
ξουσι, καὶ προσκυνήσουσιν ἐνώπιόν

σου

σου κύριε· καὶ δοξάσουσι τὸ ὄνομά σου.
ὅτι μέγας εἶ σύ, καὶ ποιῶν θαυμά- 10
σια, σὺ εἶ θεὸς μόνος.
ὁδήγησόν με κύριε ἐν τῇ ὁδῷ 11
σου, καὶ πορεύσομαι ἐν τῇ ἀληθείᾳ
σου. εὐφρανθήτω ἡ καρδία μου τοῦ
φοβεῖσθαι τὸ ὄνομά σου.
ἐξομολογήσομαί σοι κύριε ὁ 12
θεός μου ἐν ὅλῃ καρδίᾳ μου, καὶ δο-
ξάσω τὸ ὄνομά σου εἰς τὸν αἰῶνα.
ὅτι τὸ ἔλεός σου μέγα ἐπ' ἐμέ, 13
καὶ ἐῤῥύσω τὴν ψυχήν μου ἐξ ᾅ-
δου κατωτάτου.
ὁ θεὸς παράνομοι ἐπανέστησαν 14
ἐπ' ἐμέ, καὶ συναγωγὴ κραταιῶν ἐ-
ζήτησαν τὴν ψυχήν μου, καὶ οὐ προ-
έθεντό σε ἐνώπιον αὐτῶν.
καὶ σὺ κύριε ὁ θεός μου οἰκτίρμων 15
καὶ ἐλεήμων, μακρόθυμος καὶ πολυέ-
λεος καὶ ἀληθινός.
ἐπίβλεψον ἐπ' ἐμὲ καὶ ἐλέησόν με, 16
δὸς τὸ κράτος σου τῷ παιδί σου,
καὶ σῶσον τὸν υἱὸν τῆς παιδίσκης σου.
ποίησον μετ' ἐμοῦ σημεῖον εἰς ἀ- 17
γαθόν, καὶ ἰδέτωσαν οἱ μισοῦντές
με, καὶ αἰσχυνθήτωσαν. ὅτι σὺ κύ-
ριε ἐβοήθησάς μοι καὶ παρεκάλε-
σάς με.

Τοῖς

te Dñe; & glorificabũt nomen tuum: † Quoniã magnus es tu, & faciens mirabilia: tu es Deus solus. † Deduc me Dñe in via tua, & ingrediar in veritate tua. lætetur cor meum vt timeat nomen tuum.

† Confitebor tibi Dñe Deus meus in toto corde meo, & glorificabo nomen tuum in æternum. † Quia misericordia tua magna super me, & eruisti animam meam ex inferno inferiori. † Deus iniqui insurrexerũt super me, & synagoga potẽtium quæsierunt animam meam, & non proposuerunt te in cõspectu suo. † Et tu Domine Deus meus miserator & misericors, patiens & multę misericordię, & verax. † Respice in me & miserere mei: da imperiũ tuũ puero tuo, & saluum fac filium ancillæ tuæ. † Fac mecum signum in bonũ, & videant qui oderunt me, & confundantur. quoniam tu Domine adiuuisti me, & consolatus es me.

† Filiis Core Psalmus
canticì. LXXXVI.

FVndamenta eius in
montibus sanctis.
† Diligit Dñs portas
Sion, super omnia ta-
bernacula Iacob.
† Gloriosa dicta sunt
de te ciuitas Dei.
† Memor ero Raab,
& Babylonis scienti-
bus me. & ecce alieni-
genæ, & Tyrus & po-
pulus Æthiopum, hi
fuerunt illic. † Mater
Sion dicet, Homo, &
homo natus est in ea,
& ipse fundauit eam
Altissimus. † Dominus
narrabit in scriptura
populorum, & princi-
pum horum qui fue-
runt in ea. † Sicut læ-
tantium omnium ha-
bitatio in te.

† Canticum Psalmi fi-
liis Core, in finē pro
Maeleth ad respon-
dendum, intellectus
Eman Israelitæ.
LXXXVII.

DOmine Deus sa-
lutis meæ, die cla
maui & in nocte co-
ram te. † Intret in
conspectu tuo oratio

1 Τοῖς υἱοῖς κορὲ ψαλμὸς ᾠδῆς.
πϛʹ.

Οἱ θεμέλιοι αὐτοῦ ἐν τοῖς ὄρεσι
τοῖς ἁγίοις.
2 ἀγαπᾷ κύριος τὰς πύλας σιὼν,
ὑπὲρ πάντα τὰ σκηνώματα ἰακώβ.
3 δεδοξασμένα ἐλαλήθη περὶ σοῦ
ἡ πόλις τοῦ θεοῦ.
4 μνησθήσομαι ῥαὰβ, καὶ βαβυ-
λῶνος τοῖς γινώσκουσί με. καὶ ἰδοὺ
ἀλλόφυλοι καὶ τύρος καὶ λαὸς τῶν αἰ-
θιόπων, οὗτοι ἐγενήθησαν ἐκεῖ.
5 μήτηρ σιὼν ἐρεῖ, ἄνθρωπος, καὶ ἄν-
θρωπος ἐγενήθη ἐν αὐτῇ, καὶ αὐτὸς
ἐθεμελίωσεν αὐτὴν ὁ ὕψιστος.
6 κύριος διηγήσεται ἐν γραφῇ
λαῶν, καὶ ἀρχόντων τούτων τῶν γε-
γενημένων ἐν αὐτῇ.
7 ὡς εὐφραινομένων πάντων ἡ κα-
τοικία ἐν σοί.

1 ᾨδὴ ψαλμοῦ τοῖς υἱοῖς κορὲ, εἰς τὸ
τέλος ὑπὲρ μαελὲθ τοῦ ἀποκρι-
θῆναι, συνέσεως αἰμὰν τῷ ἰσ-
ραηλίτῃ.
πζʹ.

2 ΚΥριε ὁ θεὸς τῆς σωτηρίας μου,
ἡμέρας ἐκέκραξα, καὶ ἐν
νυκτὶ ἐναντίον σου.
3 εἰσελθέτω ἐνώπιόν σου ἡ προσευ-

χή.

χή μου· κλῖνον τὸ οὖς σου εἰς τὴν
δέησίν μου·
ὅτι ἐπλήσθη κακῶν ἡ ψυχή μου, 4
καὶ ἡ ζωή μου τῷ ᾅδῃ ἤγγισεν.
προσελογίσθην μετὰ τῶν καταβαι- 5
νόντων εἰς λάκκον, ἐγενήθην ὡσεὶ
ἄνθρωπος ἀβοήθητος·
ἐν νεκροῖς ἐλεύθερος ὡσεὶ τραυ- 6
ματίαι καθεύδοντες ἐν τάφῳ, ὧν
οὐκ ἐμνήσθης ἔτι, καὶ αὐτοὶ ἐκ τῆς χει-
ρός σου ἀπώσθησαν.
ἔθεντό με ἐν λάκκῳ κατωτάτῳ, 7
ἐν σκοτεινοῖς, καὶ ἐν σκιᾷ θανάτου.
ἐπ᾽ ἐμὲ ἐπεστηρίχθη ὁ θυμός σου, 8
καὶ πάντας τοὺς μετεωρισμούς σου
ἐπήγαγες ἐπ᾽ ἐμέ. διάψαλμα.
ἐμάκρυνας τοὺς γνωστούς μου ἀπ᾽ 9
ἐμοῦ, ἔθεντό με βδέλυγμα ἑαυτοῖς.
παρεδόθην καὶ οὐκ ἐξεπορευόμην·
οἱ ὀφθαλμοί μου ἠσθένησαν ἀπὸ 10
πτωχείας. ἐκέκραξα πρὸς σὲ κύριε
ὅλην τὴν ἡμέραν, διεπέτασα πρὸς
σὲ τὰς χεῖράς μου.
μὴ τοῖς νεκροῖς ποιήσεις θαυμά- 11
σια, ἢ ἰατροὶ ἀναστήσουσι καὶ ἐξο-
μολογήσονταί σοι;
μὴ διηγήσεταί τις ἐν τῷ τάφῳ τὸ 12
ἔλεός

mea, inclina aurẽ tuam
ad precem meam:
† Quia repleta est ma-
lis anima mea, & vita
mea inferno appropin-
quauit. † Æstimatus
sum cum descendenti-
bus in lacũ. factus sum
sicut homo sine adiu-
torio, † inter mortuos
liber. Sicut vulnerati
dormientes in sepul-
chro, quorũ non es me-
mor amplius, & ipsi de
manu tua repulsi sunt.
† Posuerunt me in lacu
inferiori, in tenebrosis
& in vmbra mortis.
† Super me cõfirmatus
est furor tu⁹, & omnes
eleuationes tuas indu-
xisti super me. † Longè
fecisti notos meos à
me: posuerũt me abo-
minationẽ sibi. Tradi-
tus sum & non egre-
diebar: † Oculi mei lan-
guerũt præ inopia. clã-
maui ad te Dñe tota
die, expandi ad te ma-
nus meas. † Nunquid
mortuis facies mirabi-
lia, aut medici suscita-
bunt & confitebun-
tur tibi?
† Nunquid narrabit
aliquis in sepulchro

misericordiam tuam,
& veritatem tuam in
perditione? † Nunquid
cognoscentur in tene-
bris mirabilia tua, &
iustitia tua in terra o-
bliuioni tradita? † Et
ego ad te Dñe clama-
ui, & manè oratio mea
præueniet te.
† Vt quid Dñe repellis
animam meam, auertis
faciem tuam à me?
† Pauper sum ego, &
in laboribus à iuuen-
tute mea: exaltatus au-
tem humiliatus sum &
conturbatus sum. † In
me transierũt iræ tuæ,
terrores tui conturba-
uerunt me: † Circũde-
derunt me sicut aqua,
tota die circundederũt
me simul. † Elongasti à
me amicum & proxi-
mum, & notos meos à
miseria.

† Intellectus Ethan
Israelitæ. LXXXVIII.

MIsericordias tuas
Dñe in æternum
cantabo, in gñatione
& gñationem annun-
ciabo veritatem tuam
in ore meo. † Quoniã
dixisti : In æternum
misericordia ædifica-
bitur, in cœlis præpa-

ἔλεός σου, καὶ τὴν ἀλήθειάν σου ἐν
τῇ ἀπωλείᾳ;
13 μὴ γνωσθήσεται ἐν τῷ σκότει τὰ
θαυμάσιά σου, καὶ ἡ δικαιοσύνη σου
ἐν γῇ ἐπιλελησμένῃ;
14 κἀγὼ πρὸς σὲ κύριε ἐκέκρα-
ξα, καὶ τὸ πρωῒ ἡ προσευχή μου
προφθάσει σε.
15 ἵνα τί κύριε ἀπωθῇ τὴν ψυχήν
μου, ἀποστρέφεις τὸ πρόσωπόν σου
ἀπ᾽ ἐμοῦ;
16 πτωχός εἰμι ἐγὼ, καὶ ἐν κόποις
ἐκ νεότητός μου, ὑψωθεὶς δὲ ἐταπει-
νώθην καὶ ἐξηπορήθην.
17 ἐπ᾽ ἐμὲ διῆλθον αἱ ὀργαί σου, οἱ
φοβερισμοί σου ἐξετάραξάν με·
18 ἐκύκλωσάν με ὡσεὶ ὕδωρ, ὅλην
τὴν ἡμέραν περιέσχον με ἅμα·
19 ἐμάκρυνας ἀπ᾽ ἐμοῦ φίλον καὶ
πλησίον, καὶ τοὺς γνωστούς μου ἀπὸ ταλαι-
πωρίας.

1 Συνέσεως Αἰθὰμ τῷ Ἰσραηλίτῃ.
πη.

2 ΤΑ ἐλέη σου κύριε εἰς τὸν αἰῶ-
να ᾄσομαι, εἰς γενεὰν καὶ γε-
νεὰν ἀπαγγελῶ τὴν ἀλήθειάν σου
ἐν τῷ στόματί μου.
3 ὅτι εἶπας, εἰς τὸν αἰῶνα ἔλεος οἰκο-
δομηθήσεται, ἐν τοῖς οὐρανοῖς ἑτοι-
μασθ, πε-

μασθήσεται ἡ ἀλήθειά σου.
διεθέμην διαθήκην τοῖς ἐκλεκ- 4
τοῖς μου, ὤμοσα Δαυὶδ τῷ δούλῳ μου·
ἕως τοῦ αἰῶνος ἑτοιμάσω τὸ σπέρ- 5
μα σου, καὶ οἰκοδομήσω εἰς γενεὰν καὶ
γενεὰν τὸν θρόνον σου.
ἐξομολογήσονται οἱ οὐρανοὶ τὰ θαυ- 6
μάσιά σου κύριε, καὶ γὰρ τὴν ἀλή-
θειάν σου ἐν ἐκκλησίᾳ ἁγίων.
ὅτι τίς ἐν νεφέλαις ἰσωθήσεται 7
τῷ κυρίῳ, ὁμοιωθήσεται τῷ κυρίῳ
ἐν υἱοῖς θεοῦ;
ὁ θεὸς ἐνδοξαζόμενος ἐν βουλῇ 8
ἁγίων, μέγας καὶ φοβερὸς ἐστὶν ἐπὶ
πάντας τοὺς περικύκλῳ αὐτοῦ.
κύριε ὁ θεὸς τῶν δυνάμεων τίς ὅ- 9
μοιός σοι; δυνατὸς εἶ κύριε, καὶ ἡ
ἀλήθειά σου κύκλῳ σου.
σὺ δεσπόζεις τοῦ κράτους τῆς θα- 10
λάσσης, τὸν δὲ σάλον τῶν κυμάτων
αὐτῆς σὺ καταπραΰνεις.
σὺ ἐταπείνωσας ὡς τραυματίαν 11
ὑπερήφανον, ἐν τῷ βραχίονι τῆς
δυνάμεώς σου διεσκόρπισας τοὺς
ἐχθρούς σου.
σοί εἰσιν οἱ οὐρανοὶ, καὶ σή ἐστιν ἡ γῆ, 12
τὴν οἰκουμένην καὶ τὸ πλήρωμα αὐ-
τῆς σὺ ἐθεμελίωσας.
τὸν βορρᾶν καὶ τὴν θάλασσαν σὺ 13
ἔκτισας, θαβὼρ καὶ ἑρμὼν ἐν τῷ ὀνό-

tabitur veritas tua.
† Disposui testamentū
electis meis, iuraui Da-
uid seruo meo: † Vsque
in æternum præparabo
semen tuum, & ædifi-
cabo in gñationem &
gñationem sedē tuam.
† Confitebuntur cæli mi-
rabilia tua Dñe, etenim
veritatem tuā in eccle-
sia sanctorum. † Quo-
niam quis in nubibus
æquabitur Dño, similis
erit Dño in filiis Dei?
† Deus qui glorificatur
in concilio sanctorum,
magnus & terribilis est
super omnes qui in cir-
cuitu eius. † Dñe Deus
virtutum, quis similis
tibi? potens es Dñe, &
veritas tua in circuitu
tuo. † Tu dominaris
potestati maris, motū
autem fluctuum eius
tu mitigas. † Tu humi-
liasti sicut vulneratum
superbum: in brachio
virtutis tuæ dispersisti
inimicos tuos.
† Tui sunt cæli, & tua
est terra: orbem terræ
& plenitudinē eius tu
fundasti: † Aquilonē &
mare tu creasti: Tha-
bor & Hermon in no-

mine tuo exultabunt. † Tuum brachiū cum potentia. firmetur manus tua, exaltetur dextera tua. † Iustitia & iudiciū præparatio sedis tuę. Misericordia & veritas pręcedent ante faciem tuam. † Beatus populus qui scit iubilationem: Dñe in lumine vultus tui ambulabūt, † & in nomine tuo exultabunt tota die, & in iustitia tua exaltabuntur. † Quoniam gloria virtutis eorum tu es, & in beneplacito tuo exaltabitur cornu nostrū. † Quia Domini assumptio, & sancti Israel regis nostri. † Tunc locutus es in visione filiis tuis, & dixisti: Posui adiutorium in potente, exaltaui electum de plebe mea. † Inueni Dauid seruum meum, in oleo sancto meo vnxi eum. † Manus enim mea auxiliabitur ei, & brachium meum confirmabit eum.

† Nihil proficiet inimicus in eo, & filius iniquitatis non apponet nocere ei.

ματί σου ἀγαλλιάσονται.
14 σὸς ὁ βραχίων μετὰ δυναστείας.
κραταιωθήτω ἡ χείρ σου, ὑψωθή-
τω ἡ δεξιά σου.
15 δικαιοσύνη καὶ κρίμα ἑτοιμα-
σία τοῦ θρόνου σου. ἔλεος καὶ ἀλήθεια
προπορεύσονται πρὸ προσώπου σου.
16 μακάριος ὁ λαὸς ὁ γινώσκων
ἀλαλαγμόν. κύριε ἐν τῷ φωτὶ τοῦ
προσώπου σου πορεύσονται.
17 καὶ ἐν τῷ ὀνόματί σου ἀγαλλιά-
σονται ὅλην τὴν ἡμέραν, καὶ ἐν τῇ
δικαιοσύνῃ σου ὑψωθήσονται.
18 ὅτι καύχημα τῆς δυνάμεως αὐτῶν
σὺ εἶ, καὶ ἐν τῇ εὐδοκίᾳ σου ὑψωθή-
σεται τὸ κέρας ἡμῶν.
19 ὅτι τοῦ κυρίου ἡ ἀντίληψις, καὶ τοῦ
ἁγίου ἰσραὴλ βασιλέως ἡμῶν.
20 τότε ἐλάλησας ἐν ὁράσει τοῖς υἱοῖς
σου, καὶ εἶπας, ἐθέμην βοήθειαν ἐπὶ
δυνατόν, ὕψωσα ἐκλεκτὸν ἐκ τοῦ
λαοῦ μου.
21 εὗρον δαυὶδ τὸν δοῦλόν μου, ἐν
ἐλαίῳ ἁγίῳ μου ἔχρισα αὐτόν.
22 ἡ γὰρ χείρ μου συναντιλήψεται
αὐτῷ, καὶ ὁ βραχίων μου κατισχύσει
αὐτόν.
23 οὐκ ὠφελήσει ἐχθρὸς ἐν αὐτῷ,
καὶ υἱὸς ἀνομίας οὐ προσθήσει τοῦ
κακῶσαι αὐτόν.

καὶ

καὶ συγκόψω ἀπὸ προσώπου αὐτοῦ 24
τοὺς ἐχθροὺς αὐτοῦ, καὶ τοὺς μισοῦντας αὐ-
τὸν τροπώσομαι.
καὶ ἡ ἀλήθειά μου καὶ τὸ ἔλεός μου 25
μετ᾿ αὐτοῦ, καὶ ἐν τῷ ὀνόματί μου ὑ-
ψωθήσεται τὸ κέρας αὐτοῦ.
καὶ θήσομαι ἐν θαλάσσῃ χεῖρα 26
αὐτοῦ, καὶ ἐν ποταμοῖς δεξιὰν αὐτοῦ.
αὐτὸς ἐπικαλέσεταί με, πατήρ 27
μου εἶ σὺ, θεός μου καὶ ἀντιλήπτωρ
τῆς σωτηρίας μου.
κἀγὼ πρωτότοκον θήσομαι αὐτὸν, 28
ὑψηλὸν παρὰ τοῖς βασιλεῦσι τῆς γῆς.
εἰς τὸν αἰῶνα φυλάξω αὐτῷ τὸ ἔ- 29
λεός μου, καὶ ἡ διαθήκη μου πιστὴ αὐτῷ.
καὶ θήσομαι εἰς τὸν αἰῶνα τοῦ 30
αἰῶνος τὸ σπέρμα αὐτοῦ, καὶ τὸν θρόνον
αὐτοῦ ὡς τὰς ἡμέρας τοῦ οὐρανοῦ.
ἐὰν ἐγκαταλίπωσιν οἱ υἱοὶ αὐτοῦ 31
τὸν νόμον μου, καὶ τοῖς κρίμασί μου
μὴ πορευθῶσιν·
ἐὰν τὰ δικαιώματά μου βεβηλώ- 32
σωσι, καὶ τὰς ἐντολάς μου μὴ φυ-
λάξωσιν·
ἐπισκέψομαι ἐν ῥάβδῳ τὰς ἀνο- 33
μίας αὐτῶν, καὶ ἐν μάστιξι τὰς ἀδι-
κίας αὐτῶν.
τὸ δὲ ἔλεός μου οὐ μὴ διασκεδάσω 34
ἀπ᾿ αὐτῶν· οὐδ᾿ οὐ μὴ ἀδικήσω ἐν τῇ
ἀληθείᾳ μου.

† Et concidam à facie ipsius inimicos eius, & odiētes eum in fugam conuertam. † Et veritas mea & misericordia mea cum ipso, & in nomine meo exaltabitur cornu eius. † Et ponam in mari manum eius, & in fluminibus dexteram eius. † Ipse inuocabit me: Pater meus es tu, Deus meus & susceptor salutis meæ. † Et ego primogenitum ponā illum, excelsum prę regibus terræ. † In æternū seruabo illi misericordiā meam, & testamētum meum fidele ipsi. † Et ponam in seculum seculi semen eius, & thronum eius sicut dies cæli.

† Si dereliquerint filij eius Legem meam, & in iudiciis meis non ambulauerint: † Si iustitias meas prophanauerint, & mādata mea non custodierint: † Visitabo in virga iniquitates eorum, & in verberibus peccata eorum.

† Misericordiam autē meam non dispergam ab eis, neque nocebo in veritate mea.

† Neque prophanabo teſtamentum meum; & quæ procedunt de labiis meis, non faciam irrita. † Semel iuraui in ſancto meo ſi Dauid mentiar? † Semen eius in æternum manebit, & thronus eius ſicut Sol in conſpectu meo: † Et ſicut Luna perfecta in æternum, & teſtis in cælo fidelis.

† Tu verò repuliſti & deſpexiſti: diſtuliſti Chriſtũ tuum. † Auertiſti teſtamentum ſerui tui, prophanaſti in terra ſanctuarium eius.

† Deſtruxiſti omnes ſepes eius: poſuiſti firmamentum eius formidinem.

† Diripuerunt eum omnes tranſeuntes viã, factus eſt opprobrium vicinis ſuis.

† Exaltaſti dexteram deprimentium eum, lætificaſti omnes inimicos eius.

† Auertiſti adiutorium gladij eius, & non es auxiliatus ei in bello. † Deſtruxiſti ab emundatione ſua, ſedem eius in terra colliſiſti.

35 οὐδ' οὐ μὴ βεβηλώσω τὴν διαθή-
κην μου, καὶ τὰ ἐκπορευόμενα διὰ
τῶν χειλέων μου οὐ μὴ ἀθετήσω.
36 ἅπαξ ὤμοσα ἐν ἁγίῳ μου, εἰ τῷ
Δαυὶδ ψεύσομαι;
37 τὸ σπέρμα αὐτοῦ εἰς τὸν αἰῶνα
μενεῖ, καὶ ὁ θρόνος αὐτοῦ ὡς ὁ ἥλιος
ἐναντίον μου·
38 καὶ ὡς ἡ σελήνη κατηρτισμένη εἰς
τὸν αἰῶνα, καὶ ὁ μάρτυς ἐν οὐρανῷ
πιστός. διάψαλμα.
39 σὺ δὲ ἀπώσω καὶ ἐξουδένωσας, ἀνε-
βάλου τὸν χριστόν σου.
40 κατέστρεψας τὴν διαθήκην τοῦ
δούλου σου, ἐβεβήλωσας εἰς τὴν γῆν
τὸ ἁγίασμα αὐτοῦ.
41 καθεῖλες πάντας τοὺς φραγμοὺς
αὐτοῦ, ἔθου τὰ ὀχυρώματα αὐτοῦ
δειλίαν.
42 διήρπαζον αὐτὸν πάντες οἱ δι-
οδεύοντες ὁδόν, ἐγενήθη ὄνειδος τοῖς
γείτοσιν αὐτοῦ.
43 ὕψωσας τὴν δεξιὰν τῶν θλιβόν-
των αὐτόν, εὔφρανας πάντας τοὺς
ἐχθροὺς αὐτοῦ.
44 ἀπέστρεψας τὴν βοήθειαν τῆς ῥομ-
φαίας αὐτοῦ, καὶ οὐκ ἀντελάβου αὐτοῦ
ἐν τῷ πολέμῳ.
45 κατέλυσας ἀπὸ καθαρισμοῦ αὐτοῦ,
τὸν θρόνον αὐτοῦ εἰς τὴν γῆν κατέρραξας.

ἐσμίκρυνας τὰς ἡμέρας τοῦ χρόνου 46
αὐτοῦ, κατέχεας αὐτοῦ αἰσχύνην.
ἕως πότε κύριε ἀποστρέφῃ εἰς τέ- 47
λος, ἐκκαυθήσεται ὡς πῦρ ἡ ὀρ-
γή σου;
μνήσθητι τίς μου ἡ ὑπόστασις, μὴ 48
γὰρ ματαίως ἔκτισας πάντας τοὺς υἱοὺς
τῶν ἀνθρώπων;
τίς ἐστιν ἄνθρωπος, ὃς ζήσεται 49
καὶ οὐκ ὄψεται θάνατον, ῥύσεται
τὴν ψυχὴν αὐτοῦ ἐκ χειρὸς ᾅδου;
διάψαλμα.
ποῦ εἰσὶ τὰ ἐλέη σου τὰ ἀρχαῖα, 50
κύριε, ἃ ὤμοσας τῷ δαυὶδ ἐν τῇ
ἀληθείᾳ σου.
μνήσθητι κύριε τοῦ ὀνειδισμοῦ τῶν 51
δούλων σου, οὗ ὑπέσχον ἐν τῷ κόλπῳ
μου πολλῶν ἐθνῶν.
οὗ ὠνείδισαν οἱ ἐχθροί σου κύ- 52
ριε, οὗ ὠνείδισαν τὸ ἀντάλλαγμα
τοῦ χριστοῦ σου.
εὐλογητὸς κύριος εἰς τὸν αἰῶ- 53
να, γένοιτο γένοιτο.

Προσευχὴ μωυσῆ ἀνθρώπου τοῦ θεοῦ. 1
πθ'.

Κύριε καταφυγὴ ἐγενήθης ἡ-
μῖν ἐν γενεᾷ καὶ γενεᾷ.
πρὸ τοῦ ὄρη γενηθῆναι καὶ πλα- 2

† Minorasti dies temporis eius, perfudisti eũ confusione. † Vsquequo Domine auerteris in finem, exardescet sicut ignis ira tua?

† Memorare quæ mea substantia: nunquid enim vane constituisti omnes filios hominũ?

† Quis est homo qui viuet, & non videbit mortẽ, eruet animam suam de manu inferi?

† Vbi sunt misericordiæ tuæ antiquæ Domine, quas iurasti Dauid in veritate tua?

† Memor esto Domine opprobrij seruorum tuorũ, quod continui in sinu meo multarum gẽtium. † Quod exprobrauerũt inimici tui Dñe, quod exprobrauerunt commutationem Christi tui.

† Benedictus Dñs in æternum, fiat fiat.

† Oratio Moysi homini Dei. LXXXIX.

Domine refugium factus es nobis in gñatione & gñatione.

† Priusquam montes fierent, & forma-

retur terra & orbis, &
à seculo & vsque in se-
culum tu es.
† Ne auertas homi-
nem in humilitatem. 3
& dixisti : Conuerti-
mini filij hominum.
† Quoniam mille anni
ante oculos tuos Dñe, 4
tanquam dies hesterna
quæ prꝗteriit,& custo-
dia in nocte.† Quę pro 5
nihilo habẽtur eorum
anni erunt, manè sicut
herba transeat: †Manè 6
floreat & transeat, ve-
spere decidat, induret
& arescat. †Quia defe-
cimus in ira tua, & in 7
furore tuo turbati su-
mus. † Posuisti iniqui- 8
tates nostras in conspe-
ctu tuo, seculum no-
strũ in illuminatione
vultus tui. † Quoniam 9
oẽs dies nostri defece-
runt, & in ira tua de-
fecimus. † Anni nostri
sicut aranea medita- 10
bantur; dies annorum
nostrorũ in ipsis septua
ginta anni; si autem in
potẽtatibus octoginta
anni; & plurimũ eo-
rum labor & dolor.
quoniam superuenit
mansuetudo super nos,
& corripiemur.

θῆναι τὴν γῆν καὶ τὴν οἰκουμένην,
καὶ ἀπὸ τοῦ αἰῶνος καὶ ἕως τοῦ αἰῶ-
νος σὺ εἶ.

μὴ ἀποστρέψῃς ἄνθρωπον εἰς τα-
πείνωσιν, καὶ εἶπας, ἐπιστρέψατε υἱοὶ
τῶν ἀνθρώπων.

ὅτι χίλια ἔτη ἐν ὀφθαλμοῖς σου
κύριε, ὡς ἡμέρα ἡ ἐχθὲς ἥτις διῆλ-
θε, καὶ φυλακὴ ἐν νυκτί.

τὰ ἐξουδενώματα αὐτῶν ἔτη ἔσονται,
τὸ πρωῒ ὡσεὶ χλόη παρέλθοι,

τὸ πρωῒ ἀνθήσαι καὶ παρέλθοι,
τὸ ἑσπέρας ἀποπέσοι, σκληρυνθείη
καὶ ξηρανθείη.

ὅτι ἐξελίπομεν ἐν τῇ ὀργῇ σου, καὶ
ἐν τῷ θυμῷ σου ἐταράχθημεν.

ἔθου τὰς ἀνομίας ἡμῶν ἐναντίον
σου, ὁ αἰὼν ἡμῶν εἰς φωτισμὸν τοῦ
προσώπου σου.

ὅτι πᾶσαι αἱ ἡμέραι ἡμῶν ἐξέ-
λιπον, καὶ ἐν τῇ ὀργῇ σου ἐξελί-
πομεν.

τὰ ἔτη ἡμῶν ὡσεὶ ἀράχνη ἐμελέ-
των, αἱ ἡμέραι τῶν ἐτῶν ἡμῶν ἐν αὐ-
τοῖς ἑβδομήκοντα ἔτη, ἐὰν δὲ ἐν δυ-
ναστείαις ὀγδοήκοντα ἔτη, καὶ τὸ πλεῖον
αὐτῶν κόπος καὶ πόνος. ὅτι ἐπ-
ῆλθε πραότης ἐφ' ἡμᾶς, καὶ παιδευ-
θησόμεθα.

τίς

τίς γινώσκει τὸ κράτος τῆς ὀργῆς 11
σου, καὶ ἀπὸ τοῦ φόβου σου τὸν θυμόν σου
ἐξαριθμήσασθαι; τὴν δεξιάν σου 12
οὕτως γνώρισόν μοι, καὶ τοὺς πεπαι-
δευμένους τῇ καρδίᾳ ἐν σοφίᾳ.
ἐπίστρεψον κύριε, ἕως πότε, καὶ πα- 13
ρακλήθητι ἐπὶ τοῖς δούλοις σου.
ἐνεπλήσθημεν τὸ πρωῒ τοῦ ἐλέους 14
σου κύριε, καὶ ἠγαλλιασάμεθα καὶ
εὐφράνθημεν. ἐν πάσαις ταῖς ἡμέ-
ραις ἡμῶν
εὐφρανθείημεν, ἀνθ' ὧν ἡμερῶν 15
ἐταπείνωσας ἡμᾶς, ἐτῶν ὧν εἴδομεν
κακά. καὶ ἴδε ἐπὶ τοὺς δού- 16
λους σου καὶ ἐπὶ τὰ ἔργα σου, καὶ ὁ-
δήγησον τοὺς υἱοὺς αὐτῶν.
καὶ ἔστω ἡ λαμπρότης κυρίου τοῦ 17
θεοῦ ἡμῶν ἐφ' ἡμᾶς, καὶ τὰ ἔργα τῶν
χειρῶν ἡμῶν κατεύθυνον ἐφ' ἡ-
μᾶς, καὶ τὸ ἔργον τῶν χειρῶν ἡμῶν
κατεύθυνον.

Αἶνος ᾠδῆς τῷ Δαυὶδ, ἀνεπίγραφος
παρ' Ἑβραίοις. ϟ'.

Ὁ Κατοικῶν ἐν βοηθείᾳ τοῦ 1
ὑψίστου, ἐν σκέπῃ τοῦ θεοῦ τοῦ
οὐρανοῦ αὐλισθήσεται.
ἐρεῖ τῷ κυρίῳ, ἀντιλήπτωρ μου 2
εἶ, καὶ καταφυγή μου ὁ θεός μου, καὶ
ἐλπιῶ ἐπ' αὐτόν.

† Quis nouit potestatē
iræ tuæ, & præ timore
tuo iram tuam † dinu-
merare? Dexterā tuam
sic notā fac mihi, & e-
ruditos corde in sapiē-
tia. † Conuertere Dn̄e,
vsquequò? & depreca-
bilis esto super seruos
tuos. † Repleti sumus
manè misericordia tua
Dn̄e, & exultauimus &
delectati sum9. In om-
nibus diebus nostris
† læłati sumus pro qui-
bus diebus humiliasti
nos, annis quibus vidi-
mus mala. † Et respice
in seruos tuos, & in o-
pera tua, & dirige filios
corū. † Et sit splendor
Dn̄i Dei nostri super
nos, & opera manuū
nostrarum dirige super
nos, & opus manuum
nostrarum dirige.

QVARTVS PSALMORV LIBER

*Laus cantici David, sine
titulo apud Hebræos.*

XC.

QVi habitat in ad- 1
iutorio Altissimi,
in protectione Dei cęli
commorabitur. † Dicet 2
Dn̄o: Susceptor meus
es, & refugium meum
Deus meus, & spera-
bo in eum.

†Quoniam ipse liberabit te de laqueo venantiũ, & à verbo aspero. † In scapulis suis obumbrabit tibi, & sub pẽnis eius sperabis. scuto circũdabit te veritas eius: †Non timebis à timore nocturno, à sagitta volãte in die:† A negotio in tenebris perambulante, ab incursu & dæmonio meridiano.

† Cadent à latere tuo mille, & decem millia à dextris tuis, ad te autem non appropinquabit. †Veruntamẽ oculis tuis considerabis, & retributionem peccatorum videbis. † Quoniã tu Dñe spes mea, Altissimum posuisti refugium tuum. † Non accedent ad te mala & flagellum non appropinquabit tabernaculo tuo. † Quoniam angelis suis mandabit de te, vt custodiant te in omnibus viis tuis. †In manibus portabunt te, ne forte offendas ad lapidẽ pedem tuũ. † Super aspidem & basiliscũ ambulabis, & conculcabis leonem & dracones.

3 ὅτι αὐτὸς ῥύσεταί σε ἐκ παγίδος
θηρευτῶν, καὶ ἀπὸ λόγου ταραχώδους.
4 ἐν τοῖς μεταφρένοις αὐτοῦ ἐπι-
σκιάσει σοι, καὶ ὑπὸ τὰς πτέρυγας
αὐτοῦ ἐλπιεῖς· ὅπλῳ κυκλώσει σε ἡ
ἀλήθεια αὐτοῦ.
5 οὐ φοβηθήσῃ ἀπὸ φόβου νυκτε-
ρινοῦ, ἀπὸ βέλους πετομένου ἡμέρας,
6 ἀπὸ πράγματος ἐν σκότει διαπο-
ρευομένου, ἀπὸ συμπτώματος
καὶ δαιμονίου μεσημβρινοῦ.
7 πεσεῖται ἐκ τοῦ κλίτους σου χι-
λιάς, καὶ μυριὰς ἐκ δεξιῶν σου,
πρὸς σὲ δὲ οὐκ ἐγγιεῖ.
8 πλὴν τοῖς ὀφθαλμοῖς σου κατα-
νοήσεις, καὶ ἀνταπόδοσιν ἁμαρτω-
λῶν ὄψει.
9 ὅτι σὺ κύριε ἡ ἐλπίς μου, τὸν ὕ-
ψιστον ἔθου καταφυγήν σου.
10 οὐ προσελεύσεται πρὸς σὲ κακά,
καὶ μάστιξ οὐκ ἐγγιεῖ ἐν τῷ σκηνώ-
ματί σου.
11 ὅτι τοῖς ἀγγέλοις αὐτοῦ ἐντελεῖται
περὶ σοῦ, τοῦ διαφυλάξαι σε ἐν πά-
σαις ταῖς ὁδοῖς σου.
12 ἐπὶ χειρῶν ἀροῦσί σε, μή ποτε
προσκόψῃς πρὸς λίθον τὸν πόδα σου.
13 ἐπὶ ἀσπίδα καὶ βασιλίσκον ἐπι-
βήσῃ, καὶ καταπατήσεις λέοντα καὶ
δράκοντα.

ὅτι ἐπ' ἐμὲ ἤλπισε, καὶ ῥύσομαι 14
αὐτόν, σκεπάσω αὐτόν, ὅτι ἔγνω τὸ
ὄνομά μου.
κεκράξεται πρός με, καὶ ἐπα- 15
κούσομαι αὐτοῦ, μετ' αὐτοῦ εἰμι ἐν
θλίψει, ἐξελοῦμαι αὐτόν, καὶ δοξά-
σω αὐτόν·
μακρότητα ἡμερῶν ἐμπλήσω αὐ- 16
τόν, καὶ δείξω αὐτῷ τὸ σωτήριόν μου.

Ψαλμὸς ᾠδῆς εἰς τὴν ἡμέραν τοῦ 1
σαββάτου. ϟά
Ἀγαθὸν τὸ ἐξομολογεῖσθαι τῷ 2
κυρίῳ, καὶ ψάλλειν τῷ ὀνόμα-
τί σου ὕψιστε·
τοῦ ἀναγγέλλειν τὸ πρωὶ τὸ ἔλεός 3
σου, καὶ τὴν ἀλήθειάν σου κατὰ νύκτα.
ἐν δεκαχόρδῳ ψαλτηρίῳ μετ' 4
ᾠδῆς ἐν κιθάρᾳ.
ὅτι εὔφρανάς με κύριε ἐν τῷ 5
ποιήματί σου, καὶ ἐν τοῖς ἔργοις τῶν
χειρῶν σου ἀγαλλιάσομαι.
ὡς ἐμεγαλύνθη τὰ ἔργα σου κύ- 6
ριε, σφόδρα ἐβαθύνθησαν οἱ δια-
λογισμοί σου.
ἀνὴρ ἄφρων οὐ γνώσεται, καὶ ἀσύνε- 7
τος οὐ συνήσει ταῦτα,
ἐν τῷ ἀνατεῖλαι ἁμαρτωλοὺς ὡσεὶ 8
χόρτον, καὶ διέκυψαν πάντες οἱ ἐργα-

† Quoniam in me spe-
rauit, & liberabo eum,
protegã eum, quoniam
cognouit nomen meũ.
Clamabit ad me, & ex-
audiam eum, cum ipso
sum in tribulatione. e-
ripiã eum, & glorifica-
bo eum: † Longitudine
dierum replebo eum,
& ostendam illi salu-
tare meum.

† Psalmus cãtici in diẽ
Sabbati. XCI. xcii

BOnum cõfiteri Do-
mino, & psallere no-
mini tuo Altissime.
† Ad annunciandũ ma-
nẽ misericordiã tuam,
& veritatẽ tuã per no-
ctem. † In decachordo
psalterio cum cantico
in cithara. † Quia dele-
ctasti me Dñe in factu-
ra tua, & in operibus
manuũ tuarũ exulta-
bo. † Quàm magni-
ficata sunt opera tua
Dñe! nimis profundæ
factæ sunt cogitatio-
nes tuæ. † Vir insipiens
non cognoscet, & stul-
tus non intelliget hæc:
† Cùm exorti fuerint
peccatores sicut fœ-
num, & apparuerint
omnes qui operantur

iniquitatem; Vt intereant in ſeculum ſeculi, † tu autem Altiſſimus in æternum Domine. † Quoniam ecce inimici tui Dñe, quoniam ecce inimici tui peribunt. & diſpergẽtur omnes qui operãtur iniquitatem. † Et exaltabitur ſicut vnicornis cornu meũ, & ſenect⁹ mea in oleo vberi. † Et deſpexit oculus meus in inimicos meos, & in inſurgentibus in me malignantibus audiet auris mea. † Iuſtus vt palma florebit, ſicut cedrus in Libano multiplicabitur. † Plantati in domo Domini, in atriis Dei noſtri florebunt. † Adhuc multiplicabuntur in ſenecta vberi. & bene patientes erunt † vt annuncient: quoniam rectus Dominus Deus noſter, & non eſt iniquitas in eo.

ζόμενοι τὴν ἀνομίαν. ὅπως ἂν ἐξο-
λοθρευθῶσιν εἰς τὸν αἰῶνα τοῦ αἰῶνος.
9 σὺ δὲ ὕψιστος εἰς τὸν αἰῶνα κύριε.
10 ὅτι ἰδοὺ οἱ ἐχθροί σου κύριε, ὅτι
ἰδοὺ οἱ ἐχθροί σου ἀπολοῦνται. καὶ
διασκορπισθήσονται πάντες οἱ ἐργα-
ζόμενοι τὴν ἀνομίαν,
11 καὶ ὑψωθήσεται ὡς μονοκέρωτος
τὸ κέρας μου, καὶ τὸ γῆράς μου ἐν
ἐλαίῳ πίονι.
12 καὶ ἐπεῖδεν ὁ ὀφθαλμός μου ἐν
τοῖς ἐχθροῖς μου, καὶ ἐν τοῖς ἐπανι-
σταμένοις ἐπ᾽ ἐμὲ πονηρευομένοις ἀ-
κούσεται τὸ οὖς μου.
13 δίκαιος ὡς φοῖνιξ ἀνθήσει, ὡσεὶ
κέδρος ἡ ἐν τῷ λιβάνῳ πληθυν-
θήσεται.
14 πεφυτευμένοι ἐν τῷ οἴκῳ κυ-
ρίου, ἐν ταῖς αὐλαῖς τοῦ θεοῦ ἡμῶν
ἐξανθήσουσιν.
15 ἔτι πληθυνθήσονται ἐν γήρει
πίονι. καὶ εὐπαθοῦντες ἔσονται
16 τοῦ ἀναγγεῖλαι ὅτι εὐθὴς κύριος,
ὁ θεὸς ἡμῶν, καὶ οὐκ ἔστιν ἀδικία ἐν
αὐτῷ.

† In diem anteſabbatum quando fundata eſt terra, laus cantici Dauid.

1 Εἰς τὴν ἡμέραν τοῦ προσαββάτου
ὅτε κατῴκισται ἡ γῆ, αἶνος
ᾠδῆς τῷ δαυίδ.

XCII. ϟβ.

Ὁ κύριος

Ὁ Κύριος ἐβασίλευσεν, εὐ-
πρέπειαν ἐνεδύσατο· ἐν-
δύσατο κύριος δύναμιν καὶ περιε-
ζώσατο, καὶ γὰρ ἐστερέωσε τὴν οἰκου-
μένην, ἥτις οὐ σαλευθήσεται.
ἕτοιμος ὁ θρόνος σου ἀπὸ τότε,
ἀπὸ τοῦ αἰῶνος σὺ εἶ·
ἐπῆραν οἱ ποταμοὶ κύριε, ἐπῆ-
ραν οἱ ποταμοὶ φωνὰς αὐτῶν. ἀροῦ-
σιν οἱ ποταμοὶ ἐπιτρίψεις αὐτῶν
ἀπὸ φωνῶν ὑδάτων πολλῶν. θαυ-
μαστοὶ οἱ μετεωρισμοὶ τῆς θαλάσσης,
θαυμαστὸς ἐν ὑψηλοῖς ὁ κύριος.
τὰ μαρτύριά σου ἐπιστώθησαν
σφόδρα, τῷ οἴκῳ σου πρέπει ἁγίασ-
μα κύριε εἰς μακρότητα ἡμερῶν.

Ψαλμὸς τῷ δαυὶδ τετράδι σαβ-
βάτου. ϟγʹ.

Θεὸς ἐκδικήσεων κύριος. θεὸς
ἐκδικήσεων ἐπαρρησιάσατο.
ὑψώθητι ὁ κρίνων τὴν γῆν, ἀπό-
δος ἀνταπόδοσιν τοῖς ὑπερηφάνοις.
ἕως πότε ἁμαρτωλοὶ κύριε, ἕως
πότε ἁμαρτωλοὶ καυχήσονται;
φθέγξονται καὶ λαλήσουσιν ἀδι-
κίαν, λαλήσουσι πάντες οἱ ἐργαζό-
μενοι τὴν ἀνομίαν;
τὸν λαόν σου κύριε ἐταπείνωσαν,
καὶ

Dominus regnauit,
decorẽ indutus eſt,
indutus eſt Dñs forti-
tudinẽ,& præcinxit ſe:
& enim firmauit orbẽ
terræ, qui non commo
2 uebitur. † Parata ſedes
tua ex tunc, à ſeculo tu
es. † Eleuauerunt flumi-
3 na Dñe, eleuauerũt flu
mina voces ſuas, Ele-
uabũt flumina fluctus
ſuos † à vocibus aqua-
4 rum multarum. Mira-
biles elationes maris,
mirabilis in altis Dñs.
5 † Teſtimonia tua cre-
dibilia facta ſunt ni-
mis: domum tuã de-
cet ſanctitudo Dñe in
longitudine dierum.

1 † Pſalm⁹ Dauid quarta
Sabbati. XCIII.

Deus vltionũ Dñs,
Deus vltionũ li-
2 berè egit. † Exaltare qui
iudicas terram, redde
retributionẽ ſuperbis.
3 † Vſquequo peccatores,
Dñe, vſquequo pecca-
tores gloriabuntur?
4 † Effabuntur & lo-
quentur iniquitatem,
loquentur omnes qui
operantur iniuſtitiam?
5 † Populum tuum Do-
mine humiliauerunt,

& hæreditatem tuam vexauerunt. †Viduam & pupillum interfecerunt, & aduenam occiderunt. † Et dixerunt: Non videbit Dñs, neq; intelliget Deus Iacob. † Intelligite iam insipientes in populo, & stulti aliquando sapite. † Qui plãtauit aurem, non audit? aut qui finxit oculum, non considerat? † Qui corripit gentes, non arguet? qui docet hominem scientiam? † Dñs scit cogitationes hominum, quoniam sunt vanæ. † Beatus homo quẽ erudieris Dñe, & de Lege tua docueris eum: † Vt mitiges eum à diebus malis, donec fodiatur peccatori fouea. † Quoniã non repellet Dñs plebem suam, & hæreditatem suam non derelinquet. † Quoadusque iustitia conuertetur in iudiciũ, & qui iuxta illam, omnes qui recto sunt corde. † Quis consurget mihi aduersus malignantes? aut quis stabit mecum aduersus operantes iniquitatem?

καὶ τὴν κληρονομίαν σου ἐκάκωσαν.
6 χήραν καὶ ὀρφανὸν ἀπέκτειναν, καὶ
προσήλυτον ἐφόνευσαν.
7 καὶ εἶπαν, οὐκ ὄψεται κύριος,
οὐδὲ συνήσει ὁ θεὸς τοῦ Ἰακώβ.
8 Σύνετε δὴ ἄφρονες ἐν τῷ λαῷ,
καὶ μωροί ποτε φρονήσατε.
9 ὁ φυτεύσας τὸ οὖς, οὐχὶ ἀκούει;
ἢ ὁ πλάσας τὸν ὀφθαλμὸν οὐχὶ κα-
τανοεῖ;
10 ὁ παιδεύων ἔθνη, οὐχὶ ἐλέγξει;
ὁ διδάσκων ἄνθρωπον γνῶσιν;
11 κύριος γινώσκει τοὺς διαλογισ-
μοὺς τῶν ἀνθρώπων, ὅτι εἰσὶ μάταιοι.
12 μακάριος ἄνθρωπος, ὃν ἂν
παιδεύσῃς κύριε, καὶ ἐκ τοῦ νόμου
σου διδάξῃς αὐτόν.
13 τοῦ πραΰναι αὐτὸν ἀφ' ἡμερῶν πο-
νηρῶν, ἕως οὗ ὀρυγῇ τῷ ἁμαρτωλῷ
βόθρος.
14 ὅτι οὐκ ἀπώσεται κύριος τὸν λαὸν
αὐτοῦ, καὶ τὴν κληρονομίαν αὐτοῦ οὐκ
ἐγκαταλείψει.
15 ἕως οὗ δικαιοσύνη ἐπιστρέψει εἰς
κρίσιν, καὶ ἐχόμενοι αὐτῆς, πάντες
οἱ εὐθεῖς τῇ καρδίᾳ. διάψαλμα.
16 τίς ἀναστήσεταί μοι ἐπὶ πονηρευο-
μένοις; ἢ τίς συμπαραστήσεταί μοι
ἐπὶ τοῖς ἐργαζομένοις τὴν ἀνομίαν;

εἰ μὴ

εἰ μὴ ὅτι κύριος ἐβοήθησέ μοι, 17
παραβραχὺ παρῴκησε τῷ ᾅδῃ ἡ
ψυχή μου.
εἰ ἔλεγον, σεσάλευται ὁ πούς μου, 18
τὸ ἔλεός σου κύριε ἐβοήθει μοι,
κατὰ τὸ πλῆθος τῶν ὀδυνῶν μου ἐν 19
τῇ καρδίᾳ μου, αἱ παρακλήσεις σου
εὔφρανον τὴν ψυχήν μου.
μὴ συμπαρέστω σοι θρόνος ἀνο- 20
μίας, ὁ πλάσσων κόπον ἐπὶ πρόσ-
ταγμα;
θηρεύσουσιν ἐπὶ ψυχὴν δικαίου, 21
καὶ αἷμα ἀθῷον καταδικάσονται.
καὶ ἐγένετό μοι κύριος εἰς κα- 22
ταφυγὴν, καὶ ὁ θεός μου εἰς βοηθὸν
ἐλπίδος μου.
καὶ ἀποδώσει αὐτοῖς κύριος τὴν 23
ἀνομίαν αὐτῶν, καὶ κατὰ τὴν πονηρίαν
αὐτῶν ἀφανιεῖ αὐτοὺς κύριος ὁ θεός.

Αἶνος ᾠδῆς τῷ Δαυίδ, ἀνεπίγραφος
παρ' Ἑβραίοις. Ϟδʹ.

ΔΕῦτε ἀγαλλιασώμεθα τῷ 1
κυρίῳ, ἀλαλάξωμεν τῷ θεῷ
τῷ σωτῆρι ἡμῶν.
προφθάσωμεν τὸ πρόσωπον αὐτοῦ 2
ἐν ἐξομολογήσει, καὶ ἐν ψαλμοῖς ἀ-
λαλάξωμεν αὐτῷ.
ὅτι θεὸς μέγας κύριος καὶ βασι- 3
λεὺς

† Nisi quia Dñs adiu-
uit me, paulominus ha
bitasset in inferno ani-
ma mea. † Si dicebam:
Motus est pes meus, mi-
sericordia tua Dñe ad-
iuuabat me: † secundũ
multitudinem dolorũ
meorũ in corde meo,
consolationes tuæ læti-
ficauerũt aĩam meam.
† Nũquid adhæret tibi
sedes iniquitatis, qui
fingis laborem in præ-
cepto? † Captabunt in
animã iusti, & sangui-
nem innocentem con-
demnabunt. † Et factus
est mihi Dñs in refu-
gium: & Deus meus in
adiutorium spei meæ.
† Et reddet illis Dñs
iniquitatem ipsorum,
& secũdum malitiam
eorum disperdet illos
Dominus Deus.

Laus cantici David, sine
titulo apud Hebræos.

XCIIII. XCV

VEnite exultemus
Dño, iubilemus
Deo salutari nostro.
† Præoccupemus faciẽ
eius in confessione, &
in psalmis iubilemus
ei. † Quoniã Deus ma-
gnus Dominus, & rex

magnus super omnem terram. † Quia in manu eius fines terræ, & altitudines montium ipsius sunt. † Quoniam ipsius est mare, & ipse fecit illud, & aridã manus eius formauerunt.

† Venite, adoremus, & procidamus ei, & ploremus coram Domino qui fecit nos.

† Quia ipse est Deus noster, & nos populus pascuæ eius, & oues manus eius. Hodie si vocem eius audieritis, † nolite obdurare corda vestra, sicut in exacerbatione; secundùm diem tentationis in deserto, † vbi tentauerũt me patres vestri: probauerunt me, & viderunt opera mea.

† Quadraginta annis offensus fui generationi huic, & dixi: Semper errant corde; ipsi verò non cognouerũt vias meas. † Vt iuraui in ira mea, si introibũt in requiem meam?

Laus cãtici Dauid, quando domus ædificabatur post captiuitatem. sine titulo apud Hebræos.

λεὺς μέγας ἐπὶ πᾶσαν τὴν γῆν.
4 ὅτι ἐν τῇ χειρὶ αὐτοῦ τὰ πέρατα
τῆς γῆς, καὶ τὰ ὕψη τῶν ὀρέων αὐ-
τοῦ ἐστι.
5 ὅτι αὐτοῦ ἐστιν ἡ θάλασσα, καὶ αὐτὸς
ἐποίησεν αὐτήν, καὶ τὴν ξηρὰν αἱ
χεῖρες αὐτοῦ ἔπλασαν.
6 δεῦτε προσκυνήσωμεν, καὶ προσ-
πέσωμεν αὐτῷ καὶ κλαύσωμεν ἐναν-
τίον κυρίου τοῦ ποιήσαντος ἡμᾶς.
7 ὅτι αὐτός ἐστιν ὁ θεὸς ἡμῶν, καὶ ἡ-
μεῖς λαὸς νομῆς αὐτοῦ, καὶ πρόβατα
χειρὸς αὐτοῦ. σήμερον ἐὰν τῆς φωνῆς
αὐτοῦ ἀκούσητε,
8 μὴ σκληρύνητε τὰς καρδίας ὑ-
μῶν, ὡς ἐν τῷ παραπικρασμῷ. κατὰ
τὴν ἡμέραν τοῦ πειρασμοῦ ἐν τῇ
ἐρήμῳ,
9 οὗ ἐπείρασάν με οἱ πατέρες ὑ-
μῶν· ἐδοκίμασάν με καὶ εἶδον τὰ
ἔργα μου.
10 τεσσαράκοντα ἔτη προσώχθισα
τῇ γενεᾷ ἐκείνῃ, καὶ εἶπα, ἀεὶ πλα-
νῶνται τῇ καρδίᾳ, αὐτοὶ δὲ οὐκ ἔγνω-
σαν τὰς ὁδούς μου.
11 ὡς ὤμοσα ἐν τῇ ὀργῇ μου, εἰ εἰσε-
λεύσονται εἰς τὴν κατάπαυσίν μου;

Αἶνος ᾠδῆς τῷ Δαυίδ, ὅτε ὁ οἶκος ᾠκο-
δομεῖτο μετὰ τὴν αἰχμαλωσίαν.
ἀνεπίγραφος παρ' Ἑβραίοις.

Ἄσατε

ϟε.

Ἄσατε τῷ κυρίῳ ᾆσμα καινόν, 1
ᾄσατε τῷ κυρίῳ πᾶσα ἡ γῆ.
ᾄσατε τῷ κυρίῳ, εὐλογήσατε τὸ 2
ὄνομα αὐτοῦ. εὐαγγελίζεσθε ἡμέραν
ἐξ ἡμέρας τὸ σωτήριον αὐτοῦ.
ἀναγγείλατε ἐν τοῖς ἔθνεσι τὴν 3
δόξαν αὐτοῦ. ἐν πᾶσι τοῖς λαοῖς τὰ
θαυμάσια αὐτοῦ.
ὅτι μέγας κύριος καὶ αἰνετὸς 4
σφόδρα, φοβερός ἐστιν ὑπὲρ πάν-
τας τοὺς θεούς.
ὅτι πάντες οἱ θεοὶ τῶν ἐθνῶν δαι- 5
μόνια, ὁ δὲ κύριος τοὺς οὐρανοὺς
ἐποίησεν.
ἐξομολόγησις καὶ ὡραιότης ἐνώ- 6
πιον αὐτοῦ, ἁγιωσύνη καὶ μεγαλοπρέ-
πεια ἐν τῷ ἁγιάσματι αὐτοῦ.
ἐνέγκατε τῷ κυρίῳ, αἱ πατριαὶ 7
τῶν ἐθνῶν, ἐνέγκατε τῷ κυρίῳ δό-
ξαν καὶ τιμήν.
ἐνέγκατε τῷ κυρίῳ δόξαν ὀνό- 8
ματι αὐτοῦ, ἄρατε θυσίας καὶ εἰσπο-
ρεύεσθε εἰς τὰς αὐλὰς αὐτοῦ.
προσκυνήσατε τῷ κυρίῳ ἐν αὐ- 9
λῇ ἁγίᾳ αὐτοῦ, σαλευθήτω ἀπὸ προσ-
ώπου αὐτοῦ πᾶσα ἡ γῆ.
εἴπατε ἐν τοῖς ἔθνεσιν, ὅτι κύριος 10
ἐβασίλευσε, καὶ γὰρ κατώρθωσε τὴν
οἰκουμένην, ἥτις οὐ σαλευθήσεται,
κρινεῖ

XCV. Hebr. XCVI.

CAntate Dño canticum nouũ, cantate Dño omnis terra. †Cantate Dño, benedicite nomini eius. annũciate diem de die salutare eius. †Annunciate inter gentes gloriam eius, in omnibus populis mirabilia eius.

†Quoniam magnus Dñs & laudabilis nimis, terribilis est super omnes deos. †Quoniã omnes dij gẽtium dæmonia, Dominus autem cælos fecit. †Confessio & pulchritudo in conspectu eius: sanctimonia & magnificentia in sanctificatione eius. †Afferte Dño patriæ gentiũ, afferte Domino gloriam & honorem. †Afferte Dño gloriam nomini eius: tollite hostias & introite in atria eius.

†Adorate Dñm in atrio sancto eius, commoueatur à facie eius vniuersa terra. †Dicite in Gentibus, quia Domin⁹ regnauit: & enim correxit orbem terræ, qui non cõmouebitur;

iudicabit populos in æquitate. † Lætentur cæli & exultet terra, cõmoueatur mare, & plenitudo eius. † Gaudebunt cãpi, & omnia quæ in eis: tunc exultabunt oĩa ligna syluæ: † A facie Dñi, quia venit, quoniam venit iudicare terram. Iudicabit orbem terræ in æquitate, & populos in veritate sua.

Psalmus David, quando terra eius restituta est: sine titulo apud Hebr.

Hebr. xcvii XCVI.

DOminus regnauit, exultet terra, lætentur insulæ multæ.

† Nubes & caligo in circuitu eius, iustitia & iudicium, correctio sedis eius. † Ignis ante ipsum præcedet, & inflammabit in circuitu inimicos eius.

† Alluxerunt fulgura eius orbi terræ: vidit & commota est terra.

† Montes sicut cera fluxerunt à facie Dñi, à facie Domini omnis terræ. † Annunciauerunt cæli iustitiam

κρινεῖ λαοὺς ἐν εὐθύτητι.
11 εὐφραινέσθωσαν οἱ οὐρανοὶ καὶ ἀ-
γαλλιάσθω ἡ γῆ, σαλευθήτω ἡ θά-
λασσα καὶ τὸ πλήρωμα αὐτῆς.
12 χαρήσονται τὰ πεδία, καὶ πάντα τὰ
ἐν αὐτοῖς, τότε ἀγαλλιάσονται πάντα
τὰ ξύλα τοῦ δρυμοῦ·
13 ἀπὸ προσώπου κυρίου, ὅτι ἔρχε-
ται, ὅτι ἔρχεται κρῖναι τὴν γῆν.
κρινεῖ τὴν οἰκουμένην ἐν δικαιο-
σύνῃ, καὶ λαοὺς ἐν τῇ ἀληθείᾳ αὐτοῦ.

Ψαλμὸς τῷ Δαυὶδ, ὅτε ἡ γῆ αὐτοῦ καθί-
σταται· ἀνεπίγραφος παρ' Ἑβραίοις.

ϞϚ'.

1 ΟΚύριος ἐβασίλευσεν, ἀ-
γαλλιάσθω ἡ γῆ, εὐφρανθή-
τωσαν νῆσοι πολλαί.
2 νεφέλη καὶ γνόφος κύκλῳ αὐτοῦ,
δικαιοσύνη καὶ κρίμα κατόρθωσις τοῦ
θρόνου αὐτοῦ.
3 πῦρ ἐνώπιον αὐτοῦ προπορεύσε-
ται, καὶ φλογιεῖ κύκλῳ τοὺς ἐχθροὺς
αὐτοῦ.
4 ἔφαναν αἱ ἀστραπαὶ αὐτοῦ τῇ οἰ-
κουμένῃ, εἶδε καὶ ἐσαλεύθη ἡ γῆ.
5 τὰ ὄρη ὡσεὶ κηρὸς ἐτάκησαν ἀπὸ
προσώπου κυρίου, ἀπὸ προσώπου
κυρίου πάσης τῆς γῆς.
6 ἀνήγγειλαν οἱ οὐρανοὶ τὴν δικαιο-

σύνην

σύνην αὐτοῦ, καὶ εἴδοσαν πάντες οἱ
λαοὶ τὴν δόξαν αὐτοῦ.
αἰσχυνθήτωσαν πάντες οἱ προσ- 7
κυνοῦντες τοῖς γλυπτοῖς, οἱ ἐγκαυ-
χώμενοι ἐν τοῖς εἰδώλοις αὐτῶν.
προσκυνήσατε αὐτῷ πάντες ἄγγε-
λοι αὐτοῦ.
ἤκουσε καὶ εὐφράνθη ἡ σιών, καὶ ἠ- 8
γαλλιάσαντο αἱ θυγατέρες τῆς ἰου-
δαίας, ἕνεκεν τῶν κριμάτων σου κύριε.
ὅτι σὺ κύριος ὕψιστος ἐπὶ πᾶ- 9
σαν τὴν γῆν, σφόδρα ὑπερυψώ-
θης ὑπὲρ πάντας τοὺς θεούς.
οἱ ἀγαπῶντες τὸν κύριον, μισεῖτε 10
πονηρόν. φυλάσσει κύριος τὰς ψυ-
χὰς τῶν ὁσίων αὐτοῦ, ἐκ χειρὸς ἁμαρ-
τωλοῦ ῥύσεται αὐτούς.
φῶς ἀνέτειλε τῷ δικαίῳ, καὶ τοῖς 11
εὐθέσι τῇ καρδίᾳ εὐφροσύνη.
εὐφράνθητε δίκαιοι ἐν τῷ κυ- 12
ρίῳ, καὶ ἐξομολογεῖσθε τῇ μνήμῃ
τῆς ἁγιωσύνης αὐτοῦ.

Ψαλμὸς τῷ δαυίδ. 1

ϟζʹ.

ΑΣατε τῷ κυρίῳ ᾆσμα καινόν,
ὅτι θαυμαστὰ ἐποίησεν ὁ κύριος.
ἔσωσεν αὐτὸν ἡ δεξιὰ αὐτοῦ, καὶ ὁ βρα-
χίων ὁ ἅγιος αὐτοῦ.
ἐγνώρισε κύριος τὸ σωτήριον 2
αὐτοῦ,

eius, & viderunt omnes populi gloriã eius. † Confundãtur omnes qui adorant sculptilia: qui gloriãtur in simulachris suis. adorate eum omnes angeli eius. † Audiuit & lætata est Sion, & exultauerunt filiæ Iudæ, propter iudicia tua Domine. † Quoniam tu Dominus altissimus super omnem terram: nimis exaltatus es super omnes deos. † Qui diligitis Dominum, odite mala: custodit Dominus animas sanctorum suorum, de manu peccatoris liberabit eos. † Lux orta est iusto, & rectis corde lætitia. † Lætamini iusti in Domino, & confitemini memoriæ sanctificationis eius.

† Psalmus Dauid.

XCVII. KAN. XCVIII

CAntate Domino canticum nouum, quia mirabilia fecit Dominus. Saluauit eum dextera eius, & brachium sanctum eius. † Notum fecit Dominus salutare suum, in cõspectu gentium reuelauit iustitiã suam. † Recordatus est misericordiæ suæ Iacob, & veritatis suę domui Israel. Viderunt omnes termini terræ salutare Dei nostri. † Iubilate Deo omnis terra, cantate & exultate & psallite. † Psallite Dño in cithara, in cithara & voce psalmi: † In tubis ductilibus, & voce tubæ corneæ, iubilate in conspectu regis Dñi.

† Moueatur mare & plenitudo eius, orbis terrarũ & omnes qui habitant in eo.

† Flumina plaudent manu simul, montes exultabunt † à conspectu Dñi, quoniam venit, quoniã venit iudicare terram. iudicabit orbem terrarum in iustitia, & populos in æquitate.

† Psalmus Dauid.

XCVIII.

DOminus regnauit, irascãtur populi, qui sedes super Cherubim, moueatur terra. † Dñs in Sion magnus, & excelsus est super omnes populos.

αὐτοῦ, ἐναντίον τῶν ἐθνῶν ἀπεκάλυψε
τὴν δικαιοσύνην αὐτοῦ.
3 ἐμνήσθη τοῦ ἐλέους αὐτοῦ τῷ Ἰακώβ,
καὶ τῆς ἀληθείας αὐτοῦ τῷ οἴκῳ Ἰσ-
ραήλ. εἴδοσαν πάντα τὰ πέρατα τῆς
γῆς τὸ σωτήριον τοῦ θεοῦ ἡμῶν.
4 ἀλαλάξατε τῷ θεῷ πᾶσα ἡ γῆ,
ᾄσατε καὶ ἀγαλλιᾶσθε καὶ ψάλατε.
5 ψάλατε τῷ κυρίῳ ἐν κιθάρᾳ, ἐν
κιθάρᾳ καὶ φωνῇ ψαλμοῦ.
6 ἐν σάλπιγξιν ἐλαταῖς, καὶ φωνῇ
σάλπιγγος κερατίνης. ἀλαλάξατε
ἐνώπιον τοῦ βασιλέως κυρίου.
7 σαλευθήτω ἡ θάλασσα καὶ τὸ
πλήρωμα αὐτῆς, ἡ οἰκουμένη καὶ πάν-
τες οἱ κατοικοῦντες ἐν αὐτῇ.
8 ποταμοὶ κροτήσουσι χειρὶ ἐπιτο-
αυτό, τὰ ὄρη ἀγαλλιάσονται
9 ἀπὸ προσώπου κυρίου, ὅτι ἔρχε-
ται, ὅτι ἥκει κρῖναι τὴν γῆν. κρι-
νεῖ τὴν οἰκουμένην ἐν δικαιοσύνῃ,
καὶ λαοὺς ἐν εὐθύτητι.

1 Ψαλμὸς τῷ Δαυίδ.

ϟη΄.

ΚΥριος ἐβασίλευσεν, ὀργιζέ-
σθωσαν λαοί, ὁ καθήμενος
ἐπὶ τῶν χερουβίμ, σαλευθήτω ἡ γῆ.
2 κύριος ἐν Σιὼν μέγας, καὶ ὑψη-
λός ἐστιν ἐπὶ πάντας τοὺς λαούς.

ἐξομολογησάσθωσαν τῷ ὀνόματί 3
σου τῷ μεγάλῳ, ὅτι φοβερὸν καὶ
ἅγιόν ἐστι·
καὶ τιμὴ βασιλέως κρίσιν ἀγα- 4
πᾷ. σὺ ἡτοίμασας εὐθύτητας, κρίσιν
καὶ δικαιοσύνην ἐν ἰακὼβ σὺ ἐ-
ποίησας.
ὑψοῦτε κύριον τὸν θεὸν ἡμῶν, καὶ 5
προσκυνεῖτε τῷ ὑποποδίῳ τῶν πο-
δῶν αὐτοῦ, ὅτι ἅγιός ἐστι.
μωσῆς καὶ ἀαρὼν ἐν τοῖς ἱερεῦσιν 6
αὐτοῦ, καὶ σαμουὴλ ἐν τοῖς ἐπικαλου-
μένοις τὸ ὄνομα αὐτοῦ. ἐπεκαλοῦντο
τὸν κύριον, καὶ αὐτὸς εἰσήκουεν αὐτῶν·
ἐν στύλῳ νεφέλης ἐλάλει πρὸς 7
αὐτούς· ὅτι ἐφύλασσον τὰ μαρτύρια
αὐτοῦ, καὶ τὰ προστάγματα αὐτοῦ ἃ ἔ-
δωκεν αὐτοῖς.
κύριε ὁ θεὸς ἡμῶν σὺ ἐπήκουες 8
αὐτῶν, ὁ θεὸς σὺ εὐίλατος ἐγίνου αὐ-
τοῖς, καὶ ἐκδικῶν ἐπὶ πάντα τὰ ἐπι-
τηδεύματα αὐτῶν.
ὑψοῦτε κύριον τὸν θεὸν ἡμῶν, καὶ 9
προσκυνεῖτε εἰς ὄρος ἅγιον αὐτοῦ, ὅτι
ἅγιος κύριος ὁ θεὸς ἡμῶν.

Ψαλμὸς τῷ δαυὶδ εἰς ἐξομολό- 1
γησιν. ϙθ΄.

Ἀλαλάξατε τῷ θεῷ πᾶσα ἡ γῆ·
δουλεύσατε τῷ κυρίῳ ἐν 2

† Confiteantur nomi-
ni tuo magno, quoniã
terribile & sanctũ est:
† Et honor regis iudi-
cium diligit. Tu para-
sti directiones, iudi-
cium & iustitiam in
Iacob tu fecisti.
† Exaltate Dominum
Deum nostrum, & ad-
orate scabellum pedũ
eius, quoniam sanctus
est. † Moyses & Aaron
in Sacerdotibus eius, &
Samuel inter eos qui
inuocant nomen eius.
Inuocabant Dominũ,
& ipse exaudiebat eos.
† In columna nubis
loquebatur ad eos: quo-
niam custodiebant te-
stimonia eius, & præ-
ceptũ eius quæ dedit
illis. † Dñe Deus noster
tu exaudiebas eos, † Deus
tu propitius fuisti eis,
& vlciscens in omnes
adinuentiones eorum.
† Exaltate Dñm Deum
nostrum, & adorate in
mõte sancto eius, quo-
niam sanctus Dominus
Deus noster.
† Psalmus David in
confessione. xcix. ηϐ. C
Iubilate Deo omnis
terra: † Seruite Dño in

lætitia: introite in conspectu eius in exultatione. † Scitote quoniam Dominus ipse est Deus noster. ipse fecit nos, & non nos, nos autem populus eius, & oues pascuæ eius. † Introite ad portas eius in confessione, ad atria eius in hymnis. confitemini illi, laudate nomen eius: † Quoniam suauis Dominus, in æternum misericordia eius: & vsque in generationem & generationem veritas eius.

† Psalmus Dauid.

C.

Misericordiam & iudiciū cantabo tibi, Dñe, psallam † & intelligā in via immaculata, quando venies ad me. Perambulabam in innocentia cordis mei in medio domus meæ. † Non proponebam ante oculos meos rem iniustam, facientes præuaricationes odiui. Nō adhæsit mihi † cor prauum, declinātem à me malignum non cognoscebam. † Detrahentem secretò

εὐφροσύνῃ. εἰσέλθετε ἐνώπιον αὐτοῦ
ἐν ἀγαλλιάσει.
3 γνῶτε ὅτι κύριος αὐτός ἐστιν ὁ
θεὸς ἡμῶν. αὐτὸς ἐποίησεν ἡμᾶς, καὶ
οὐχ ἡμεῖς. ἡμεῖς δὲ λαὸς αὐτοῦ καὶ πρό-
βατα νομῆς αὐτοῦ.
4 εἰσέλθετε εἰς τὰς πύλας αὐτοῦ ἐν
ἐξομολογήσει, εἰς τὰς αὐλὰς αὐτοῦ
ἐν ὕμνοις. ἐξομολογεῖσθε αὐτῷ, αἰ-
νεῖτε τὸ ὄνομα αὐτοῦ·
5 ὅτι χρηστὸς κύριος, εἰς τὸν αἰῶνα
τὸ ἔλεος αὐτοῦ, καὶ ἕως γενεᾶς καὶ
γενεᾶς ἡ ἀλήθεια αὐτοῦ.

1 Ψαλμὸς τῷ δαυίδ.

ρ'.

Ἔλεον καὶ κρίσιν ᾄσομαί σοι κύ-
ριε, ψαλῶ·
2 καὶ συνήσω ἐν ὁδῷ ἀμώμῳ, πό-
τε ἥξεις πρός με. διεπορευόμην ἐν
ἀκακίᾳ καρδίας μου ἐν μέσῳ τοῦ
οἴκου μου·
3 οὐ προετιθέμην πρὸ ὀφθαλμῶν
μου πρᾶγμα παράνομον, ποιοῦν-
τας παραβάσεις ἐμίσησα. οὐκ ἐκολ-
λήθη μοι
4 καρδία σκαμβή, ἐκκλίνοντος
ἀπ' ἐμοῦ τοῦ πονηροῦ οὐκ ἐγίνωσκον.
5 τὸν καταλαλοῦντα λάθρᾳ τὸν

πλησίον

πλησίον αὐτοῦ, τοῦτον ἐξεδίωκον.
ὑπερηφάνῳ ὀφθαλμῷ καὶ ἀπλήστῳ
καρδίᾳ, τούτῳ οὐ συνήσθιον.
οἱ ὀφθαλμοί μου ἐπὶ τοὺς πιστοὺς
τῆς γῆς, τοῦ συγκαθῆσθαι αὐτοὺς μετ'
ἐμοῦ. πορευόμενος ἐν ὁδῷ ἀμώμῳ,
οὗτός μοι ἐλειτούργει.
οὐ κατῴκει ἐν μέσῳ τῆς οἰκίας μου
ποιῶν ὑπερηφανίαν. λαλῶν ἄδικα
οὐ κατεύθυνεν ἐνώπιον τῶν ὀφθαλ-
μῶν μου.
εἰς τὰς πρωΐας ἀπέκτεινον πάν-
τας τοὺς ἁμαρτωλοὺς τῆς γῆς, τοῦ ἐξο-
λεθρεῦσαι ἐκ πόλεως κυρίου πάν-
τας τοὺς ἐργαζομένους τὴν ἀνομίαν.

Προσευχὴ τῷ πτωχῷ, ὅταν ἀκη-
διάσῃ καὶ ἐναντίον κυρίου ἐκχέῃ
τὴν δέησιν αὐτοῦ. ρα.

ΚΥριε εἰσάκουσον τῆς προσευχῆς
μου, καὶ ἡ κραυγή μου πρὸς
σὲ ἐλθέτω.
μὴ ἀποστρέψῃς τὸ πρόσωπόν σου
ἀπ' ἐμοῦ. ἐν ᾗ ἂν ἡμέρᾳ θλίβωμαι,
κλῖνον πρός με τὸ οὖς σου. ἐν ᾗ ἂν
ἡμέρᾳ ἐπικαλέσωμαί σε, ταχὺ ἐπά-
κουσόν μου.
ὅτι ἐξέλιπον ὡσεὶ καπνὸς αἱ ἡμέ-
ραι μου, καὶ τὰ ὀστᾶ μου ὡσεὶ φρύγιον
συνεφρύγησαν.

proximis suis, hunc
persequebar. superbo
oculo, & insatiabili
corde, cum hoc non e-
6 debam. †Oculi mei ad
fideles terræ, vt sedeant
ipsi mecum. Ambulãs
in via immaculata, hic
mihi ministrabat.
7 †Non habitabat in
medio domus meæ qui
facit superbiam, qui lo-
quitur iniqua, non di-
rexit in conspectu ocu-
8 lorum meorum. †In
matutino interficiebã
omnes peccatores ter-
ræ, vt disperderem de
ciuitate Dñi omnes o-
perantes iniquitatem.

1 †Oratio pauperi, cum
anxius fuerit, & co-
ram Dño effuderit
precem suam. c i.

2 DOmine exaudi o-
rationem meam,
& clamor meus ad te
3 veniat. †Non auertas fa
ciem tuã à me. in qua-
cunque die tribulor,
inclina ad me aurem
tuam; in quacunque
die inuocauero te, ve-
locitet exaudi me.
4 †Quia defecerũt sicut
fumus dies mei, & ossa
mea sicut cremium a-
ruerunt.

† Percussus sum vt
fœnũ, & aruit cor meũ,
quia oblitus sũ come-
dere panem meum.
† A voce gemitus mei
adhæsit os meum car-
ni meæ. † Similis factus
sum pelicano solitu-
dinis; factus sum sicut
nycticorax in domici-
lio. † Vigilaui & factus
sum sicut passer solita-
rius in tecto. † Tota die
exprobrabãt mihi ini-
mici mei, & qui lauda-
bant me aduersum me
iurabant. † Quia cine-
rem tanquam panem
mãducabam, & pocu-
lum meum cum fletu
miscebam: † A facie iræ
tuæ & indignationis
tuæ, quia eleuans alli-
sisti me. † Dies mei
sicut vmbra declinaue-
runt, & ego sicut fœnũ
arui. † Tu autem Dñe
in æternum permanes,
& memoriale tuum in
generationem & gene-
rationem. † Tu exurgẽs
misereberis Sion, quia
tempus miserendi eius,
quia venit tempus.
† Quoniam placuerũt
seruis tuis lapides eius,
& terræ eius misere-
buntur.

5 ἐπλήγην ὡσεὶ χόρτος, καὶ ἐξη-
ράνθη ἡ καρδία μου, ὅτι ἐπελαθόμην
τοῦ φαγεῖν τὸν ἄρτον μου.
6 ἀπὸ φωνῆς τοῦ στεναγμοῦ μου ἐκολ-
λήθη τὸ ὀστοῦν μου τῇ σαρκί μου.
7 ὡμοιώθην πελεκᾶνι ἐρημικῷ,
ἐγενήθην ὡσεὶ νυκτικόραξ ἐν οἰκο-
πέδῳ.
8 ἠγρύπνησα καὶ ἐγενόμην ὡς στρου-
θίον μονάζον ἐπὶ δώματι.
9 ὅλην τὴν ἡμέραν ὠνείδιζόν με οἱ
ἐχθροί μου, καὶ οἱ ἐπαινοῦντές με
κατ' ἐμοῦ ὤμνυον.
10 ὅτι σποδὸν ὡσεὶ ἄρτον ἔφαγον, καὶ
τὸ πόμα μου μετὰ κλαυθμοῦ ἐκίρνων
11 ἀπὸ προσώπου τῆς ὀργῆς σου καὶ
τοῦ θυμοῦ σου, ὅτι ἐπάρας κατέῤῥα-
ξάς με.
12 αἱ ἡμέραι μου ὡσεὶ σκιὰ ἐκλίθη-
σαν, κἀγὼ ὡσεὶ χόρτος ἐξηράνθην.
13 σὺ δὲ κύριε εἰς τὸν αἰῶνα μένεις,
καὶ τὸ μνημόσυνόν σου εἰς γενεὰν
καὶ γενεάν.
14 σὺ ἀναστὰς οἰκτειρήσεις τὴν σιών,
ὅτι καιρὸς τοῦ οἰκτειρῆσαι αὐτήν, ὅτι
ἥκει καιρός.
15 ὅτι εὐδόκησαν οἱ δοῦλοί σου τοὺς
λίθους αὐτῆς, καὶ τὸν χοῦν αὐτῆς
οἰκτειρήσουσι.

καὶ φοβη-

καὶ φοβηθήσονται τὰ ἔθνη τὸ ὄνομα 16
κυρίου, καὶ πάντες οἱ βασιλεῖς τῆς
γῆς τὴν δόξαν σου.
ὅτι οἰκοδομήσει κύριος τὴν σιών, 17
καὶ ὀφθήσεται ἐν τῇ δόξῃ αὐτοῦ.
ἐπέβλεψεν ἐπὶ τὴν προσευχὴν 18
τῶν ταπεινῶν, καὶ οὐκ ἐξουδένωσε τὴν
δέησιν αὐτῶν.
γραφήτω αὕτη εἰς γενεὰν ἑτέραν, 19
καὶ λαὸς ὁ κτιζόμενος αἰνέσει τὸν κύριον.
ὅτι ἐξέκυψεν ἐξ ὕψους ἁγίου αὐ- 20
τοῦ, κύριος ἐξ οὐρανοῦ ἐπὶ τὴν γῆν
ἐπέβλεψε·
τοῦ ἀκοῦσαι τοῦ στεναγμοῦ τῶν πεπε- 21
δημένων, τοῦ λῦσαι τοὺς υἱοὺς τῶν τεθα-
νατωμένων·
τοῦ ἀναγγεῖλαι ἐν σιὼν τὸ ὄνομα 22
κυρίου, καὶ τὴν αἴνεσιν αὐτοῦ ἐν ἱε-
ρουσαλήμ.
ἐν τῷ ἐπισυναχθῆναι λαοὺς ἐπὶ 23
τὸ αὐτό, καὶ βασιλεῖς τοῦ δουλεύειν
τῷ κυρίῳ.
ἀπεκρίθη αὐτῷ ἐν ὁδῷ ἰσχύος 24
αὐτοῦ, τὴν ὀλιγότητα τῶν ἡμερῶν μου
ἀνάγγειλόν μοι. μὴ ἀναγάγῃς 25
με ἐν ἡμίσει ἡμερῶν μου, ἐν γενεᾷ
γενεῶν τὰ ἔτη σου.
κατ' ἀρχὰς σὺ κύριε τὴν γῆν 26
ἐθεμελίωσας, καὶ ἔργα τῶν χειρῶν σου
εἰσὶν οἱ οὐρανοί.

† Et timebunt gentes nomen Dñi, & omnes reges terræ gloriã tuã. † Quia ædificabit Dominus Sion, & videbitur in gloria sua. † Respexit in orationem humiliũ, & non spreuit precem eorum. † Scribatur hæc in generatione altera, & populus qui creatur laudabit Dominum. † Quia prospexit de excelso sancto suo, Dominus de cælo in terram aspexit: † Vt audiret gemitum compeditorum, vt solueret filios interemptorum: † Vt annuncient in Sion nomen Domini, & laudem eius in Hierusalem. † In conueniendo populos in vnum, & reges vt seruiant Domino. † Respondit ei in via virtutis suæ, paucitatem dierũ meorum † nuncia mihi. Ne reuoces me in dimidio dierum meorũ, in gñatione gñationũ anni tui. † Initio tu Domine terram fundasti, & opera manuũ tuarum sunt cæli.

† Ipsi peribunt, tu au-
tem permanes. & oēs
sicut vestimentum ve-
terascent: & sicut oper-
toriū vertes eos, & mu
tabuntur. † Tu autem
idem ipse es, & anni tui
non deficient. † Filij
seruorum tuorū habi-
tabunt, & semen eorū
in seculum dirigetur.

27 αὐτοὶ ἀπολοῦνται, σὺ δὲ διαμέ-
νεις. καὶ πάντες ὡς ἱμάτιον παλαιω-
θήσονται, καὶ ὡσεὶ περιβόλαιον ἑλίξεις
αὐτοὺς καὶ ἀλλαγήσονται.
28 σὺ δὲ ὁ αὐτὸς εἶ, καὶ τὰ ἔτη σου
οὐκ ἐκλείψουσιν.
29 οἱ υἱοὶ τῶν δούλων σου κατασκηνώ-
σουσι, καὶ τὸ σπέρμα αὐτῶν εἰς τὸν
αἰῶνα κατευθυνθήσεται.

† Psalmus Dauid. CII.

Benedic anima mea
Domino, & omnia
quæ intra me sunt, no-
mini sancto eius.
† Benedic anima mea
Domino, & noli obli-
uisci omnes retributio-
nes eius. † Qui propi-
tiatur omnibus iniqui-
tatibus tuis, qui sanat
oēs infirmitates tuas.
† Qui redimit de in-
teritu vitam tuam, qui
coronat te in miseri-
cordia & miserationi-
bus. † Qui replet in bo-
nis desiderium tuum, re-
nouabitur vt aquilæ
iuuentus tua. † Faciens
misericordias Dñs &
iudicium omnibus in-
iuriā patientibus. † No-
tas fecit vias suas Moy-

1 Ψαλμὸς τοῦ δαυίδ. ρβ'.

Εὐλόγει ἡ ψυχή μου τὸν κύριον,
καὶ πάντα τὰ ἐντός μου τὸ
ὄνομα τὸ ἅγιον αὐτοῦ.
2 εὐλόγει ἡ ψυχή μου τὸν κύριον,
καὶ μὴ ἐπιλανθάνου πάσας τὰς ἀν-
ταποδόσεις αὐτοῦ.
3 τὸν εὐιλατεύοντα πάσαις ταῖς ἀ-
νομίαις σου, τὸν ἰώμενον πάσας τὰς νό-
σους σου.
4 τὸν λυτρούμενον ἐκ φθορᾶς τὴν
ζωήν σου, τὸν στεφανοῦντά σε ἐν ἐλέει
καὶ οἰκτιρμοῖς.
5 τὸν ἐμπιπλῶντα ἐν ἀγαθοῖς
τὴν ἐπιθυμίαν σου, ἀνακαινισθή-
σεται ὡς ἀετοῦ ἡ νεότης σου.
6 ποιῶν ἐλεημοσύνας ὁ κύριος καὶ
κρίμα πᾶσι τοῖς ἀδικουμένοις.
7 ἐγνώρισε τὰς ὁδοὺς αὐτοῦ τῷ μωυ-

σῇ

σῇ, τοῖς υἱοῖς ἰσραὴλ τὰ θελήματα
αὐτοῦ.
οἰκτίρμων καὶ ἐλεήμων ὁ κύριος, 8
μακρόθυμος καὶ πολυέλεος.
οὐκ εἰς τέλος ὀργισθήσεται, οὐδὲ 9
εἰς τὸν αἰῶνα μηνιεῖ.
οὐ κατὰ τὰς ἀνομίας ἡμῶν ἐποίησεν 10
ἡμῖν, οὐδὲ κατὰ τὰς ἁμαρτίας ἡμῶν ἀν-
ταπέδωκεν ἡμῖν.
ὅτι κατὰ τὸ ὕψος τοῦ οὐρανοῦ ἀπὸ τῆς 11
γῆς ἐκραταίωσε κύριος τὸ ἔλεος
αὐτοῦ ἐπὶ τοὺς φοβουμένους αὐτόν.
καθόσον ἀπέχουσιν ἀνατολαὶ ἀ- 12
πὸ δυσμῶν, ἐμάκρυνεν ἀφ᾽ ἡμῶν
τὰς ἀνομίας ἡμῶν.
καθὼς οἰκτείρει πατὴρ υἱούς, ᾠκ- 13
τείρησε κύριος τοὺς φοβουμένους
αὐτόν.
ὅτι αὐτὸς ἔγνω τὸ πλάσμα ἡμῶν, 14
ἐμνήσθη ὅτι χοῦς ἐσμεν.
ἄνθρωπος ὡσεὶ χόρτος, αἱ ἡμέ- 15
ραι αὐτοῦ ὡσεὶ ἄνθος τοῦ ἀγροῦ οὕτως
ἐξανθήσει.
ὅτι πνεῦμα διῆλθεν ἐν αὐτῷ, καὶ 16
οὐχ ὑπάρξει, καὶ οὐκ ἐπιγνώσεται ἔτι
τὸν τόπον αὐτοῦ.
τὸ δὲ ἔλεος τοῦ κυρίου ἀπὸ τοῦ αἰῶ- 17
νος καὶ ἕως τοῦ αἰῶνος ἐπὶ τοὺς φοβου-
μένους αὐτόν. καὶ ἡ δικαιοσύνη αὐτοῦ
ἐπὶ υἱοῖς υἱῶν·

ſi, filiis Iſrael volun-
tates ſuas. † Miſerator
& miſericors Domi-
nus, lōganimis & mul-
tum miſericors. † Non
in finem iraſcetur, ne-
que in æternū comminabitur:
† Non ſecūdū
iniquitates noſtras fe-
cit nobis, neq; ſecūdū
peccata noſtra retri-
buit nobis. † Quoniam
ſecundūm altitudinem
cæli à terra corrobora-
uit Dñs miſericordiam
ſuam ſuper timētes ſe.
† Quantū diſtat Ortus
ab Occidēte, longè fe-
cit à nobis iniquitates
noſtras. † Sicut miſere-
tur pater filiorū, miſer-
tus eſt Dñs timentibus
ſe. † Quoniam ipſe co-
gnouit figmētum no-
ſtrum, recordatus eſt
quoniam puluis ſum⁹.
† Homo ſicut fœnum,
dies eius tanquam flos
agri ſic efflorebit.
† Quoniā ſpiritus per-
trāſiuit in illo, & non
ſubſiſtet, & nō cogno-
ſcet amplius locū ſuū.
† Miſericordia autem
Dñi ab æterno & vſq;
in ęternū ſuper timen-
tes eum. & iuſtitia il-
lius in filios filiorum.

† his qui seruant testa-
mentum eius, & me-
mores sunt mãdatorũ
ipsius ad faciẽdum ea.
† Dñs in cælo parauit
sedem suã, & regnum
ipsius omnibus domi-
natur. † Benedicite Dño
omnes angeli eius, po-
tentes virtute facientes
verbum illius, ad au-
diendũ vocem sermo-
num eius. † Benedicite
Dño omnes virtutes e-
ius, ministri eius qui fa-
citis voluntatem eius.
† Benedicite Domino
omnia opera eius, in
omni loco dominatio-
nis eius benedic anima
mea Domino.

18 τοῖς φυλάσσουσι τὴν διαθήκην
αὐτοῦ, καὶ μεμνημένοις τῶν ἐντολῶν αὐτοῦ
τοῦ ποιῆσαι αὐτάς.
19 κύριος ἐν τῷ οὐρανῷ ἡτοίμασε τὸν
θρόνον αὐτοῦ, καὶ ἡ βασιλεία αὐτοῦ
πάντων δεσπόζει.
20 εὐλογεῖτε τὸν κύριον πάντες ἄγ-
γελοι αὐτοῦ, δυνατοὶ ἰσχύϊ ποιοῦντες
τὸν λόγον αὐτοῦ, τοῦ ἀκοῦσαι τῆς φωνῆς
τῶν λόγων αὐτοῦ.
21 εὐλογεῖτε τὸν κύριον πᾶσαι αἱ
δυνάμεις αὐτοῦ, λειτουργοὶ αὐτοῦ
ποιοῦντες τὸ θέλημα αὐτοῦ.
22 εὐλογεῖτε τὸν κύριον πάντα τὰ
ἔργα αὐτοῦ, ἐν παντὶ τόπῳ τῆς δεσπο-
τείας αὐτοῦ· εὐλόγει ἡ ψυχή μου
τὸν κύριον.

† Psalmus Dauid pro
mundi commenda-
tione. CIII.

BEnedic anima mea
Dño, Dñe Deus
meus magnificatus es
vehemẽter. confessio-
nẽ & decorẽ induisti:
† Amictus lumine sicut
vestimento, extendens
cælum sicut pellem.
† Qui tegit in aquis
superiora eius, qui po-
nit nubes ascensum
suum. Qui ambulat su
per pennas ventorum.

1 Ψαλμὸς τῷ Δαυὶδ ὑπὲρ τῆς τοῦ
κόσμου συστάσεως.

ργ΄.

Εὐλόγει ἡ ψυχή μου τὸν κύ-
ριον, κύριε ὁ θεός μου ἐμεγα-
λύνθης σφόδρα. ἐξομολόγησιν καὶ
μεγαλοπρέπειαν ἐνεδύσω.
2 ἀναβαλλόμενος φῶς ὡς ἱμάτιον,
ἐκτείνων τὸν οὐρανὸν ὡσεὶ δέρριν.
3 ὁ στεγάζων ἐν ὕδασι τὰ ὑπερῷα
αὐτοῦ, ὁ τιθεὶς νέφη τὴν ἐπίβασιν αὐ-
τοῦ. ὁ περιπατῶν ἐπὶ πτερύγων ἀνέμων.

ὁ ποιῶν

ὁ ποιῶν τοὺς ἀγγέλους αὐτοῦ πνεύ- 4
ματα, καὶ τοὺς λειτουργοὺς αὐτοῦ πυ-
ρὸς φλόγα.
ὁ θεμελιῶν τὴν γῆν ἐπὶ τὴν ἀ- 5
σφάλειαν αὐτῆς, οὐ κλιθήσεται εἰς
τὸν αἰῶνα τοῦ αἰῶνος.
ἄβυσσος ὡς ἱμάτιον τὸ περιβό- 6
λαιον αὐτοῦ, ἐπὶ τῶν ὀρέων στήσονται
ὕδατα.
ἀπὸ ἐπιτιμήσεώς σου φεύξονται, 7
ἀπὸ φωνῆς βροντῆς σου δειλιάσουσιν.
ἀναβαίνουσιν ὄρη, καὶ καταβαί- 8
νουσι πεδία εἰς τὸν τόπον ὃν ἐθεμε-
λίωσας αὐτά.
ὅριον ἔθου ὃ οὐ παρελεύσονται, οὐδὲ 9
ἐπιστρέψουσι καλύψαι τὴν γῆν.
ὁ ἐξαποστέλλων πηγὰς ἐν φά- 10
ραγξιν, ἀνὰ μέσον τῶν ὀρέων διε-
λεύσονται ὕδατα.
ποτιοῦσι πάντα τὰ θηρία τοῦ ἀ- 11
γροῦ, προσδέξονται ὄναγροι εἰς
δίψαν αὐτῶν.
ἐπ' αὐτὰ τὰ πετεινὰ τοῦ οὐρανοῦ 12
κατασκηνώσει, ἐκ μέσου τῶν πετρῶν
δώσουσι φωνήν.
ποτίζων ὄρη ἐκ τῶν ὑπερῴων αὐτοῦ, 13
ἀπὸ καρποῦ τῶν ἔργων σου χορτασθή-
σεται ἡ γῆ.
ὁ ἐξανατέλλων χόρτον τοῖς κτή- 14
νεσι, καὶ χλόην τῇ δουλείᾳ τῶν ἀν-
θρώπων,

† Qui facit angelos
suos spiritus, & mini-
stros suos ignis flam-
mam. † Qui fundat
terram super stabilita-
tem suam, non incli-
nabitur in seculum se-
culi. † Abyssus sicut ve-
stimentũ amictus eius,
super montes stabunt
aquæ. † Ab increpatio-
ne tua fugient, à voce
tonitrui tui formida-
bunt. † Ascendũt mon-
tes, & descendunt cãpi
in locum quẽ fundasti
eis. † Terminum po-
suisti quem non trans-
gredientur, neque con-
uertentur operire terrã.
† Qui emittis fontes
in conuallibus, inter
medium mõtium per-
transibunt aquæ.
† Potabunt omnes be-
stiæ agri, expectabunt
onagri in siti sua.
† Super ea volucres
cæli habitabũt, de me-
dio petrarum dabunt
vocem. † Rigans mon-
tes de superioribus suis,
de fructu operum tuo-
rum satiabitur terra.
† Producens fœnum
iumentis, & herbam
seruituti hominum:

ut educas panem de terra: † Et vinum lætificat cor hominis: ut exhilaret faciē in oleo, & panis cor hominis confirmat.

† Saturabuntur ligna campi, cedri Libani quas plantasti.

† Illic passeres nidificabunt, erodij domus dux est eorum.

† Montes excelsi ceruis, petra refugium erinaceis. † Fecit Lunam in tempora, Sol cognouit occasum suū.

† Posuisti tenebras, & facta est nox; in ipsa pertransibunt omnes bestiæ syluæ.

† Catuli leonum rugientes ut rapiant, & quærant à Deo escam sibi. † Ortus est Sol & congregati sunt, & in cubilibus suis collocabuntur.

† Exibit homo ad opus suum, & ad operationem suam usque ad vesperum.

† Quàm magnificata sunt opera tua Domine! omnia in sapientia fecisti. impleta est terra creatione tua.

† Hoc mare magnū &

θρώπων, τοῦ ἐξαγαγεῖν ἄρτον ἐκ τῆς γῆς.
15 καὶ οἶνος εὐφραίνει καρδίαν ἀν-
θρώπου· τοῦ ἱλαρῦναι πρόσωπον ἐν
ἐλαίῳ, καὶ ἄρτος καρδίαν ἀνθρώ-
που στηρίζει.
16 χορτασθήσονται τὰ ξύλα τοῦ πε-
δίου, αἱ κέδροι τοῦ Λιβάνου ἃς ἐ-
φύτευσας.
17 ἐκεῖ στρουθία ἐννοσσεύσουσι· τοῦ
ἐρωδιοῦ ἡ κατοικία ἡγεῖται αὐτῶν.
18 ὄρη τὰ ὑψηλὰ ταῖς ἐλάφοις, πέ-
τρα καταφυγὴ τοῖς λαγωοῖς.
19 ἐποίησε σελήνην εἰς καιρούς, ὁ ἥ-
λιος ἔγνω τὴν δύσιν αὐτοῦ.
20 ἔθου σκότος καὶ ἐγένετο νύξ· ἐν
αὐτῇ διελεύσονται πάντα τὰ θη-
ρία τοῦ δρυμοῦ.
21 σκύμνοι ὠρυόμενοι τοῦ ἁρπά-
σαι, καὶ ζητῆσαι παρὰ τῷ θεῷ βρῶ-
σιν αὐτοῖς.
22 ἀνέτειλεν ὁ ἥλιος καὶ συνήχθη-
σαν καὶ εἰς τὰς μάνδρας αὐτῶν κοι-
τασθήσονται.
23 ἐξελεύσεται ἄνθρωπος ἐπὶ τὸ
ἔργον αὐτοῦ, καὶ ἐπὶ τὴν ἐργασίαν
αὐτοῦ ἕως ἑσπέρας.
24 ὡς ἐμεγαλύνθη τὰ ἔργα σου κύ-
ριε, πάντα ἐν σοφίᾳ ἐποίησας. ἐ-
πληρώθη ἡ γῆ τῆς κτίσεώς σου.
25 αὕτη ἡ θάλασσα ἡ μεγάλη καὶ
εὐρύ-

εὐρύχωρος. ἐκεῖ ἑρπετὰ ὧν οὐκ
ἔστιν ἀριθμὸς, ζῷα μικρὰ μετὰ
μεγάλων.

ἐκεῖ πλοῖα διαπορεύονται, δρά- 26
κων οὗτος ὃν ἔπλασας ἐμπαίζειν
αὐτῷ.

πάντα πρὸς σὲ προσδοκῶσι, δοῦ- 27
ναι τὴν τροφὴν αὐτῶν εἰς εὔκαιρον·

δόντος σου αὐτοῖς, συλλέξουσιν. 28
ἀνοίξαντος σου τὴν χεῖρα, τὰ σύμ-
παντα πλησθήσονται χρηστότητος.

ἀποστρέψαντος δέ σου τὸ πρόσω- 29
πον, ταραχθήσονται. ἀντανελεῖς τὸ
πνεῦμα αὐτῶν καὶ ἐκλείψουσι, καὶ εἰς τὸν
χοῦν αὐτῶν ἐπιστρέψουσιν.

ἐξαποστελεῖς τὸ πνεῦμά σου, καὶ 30
κτισθήσονται, καὶ ἀνακαινιεῖς τὸ
πρόσωπον τῆς γῆς.

ἤτω ἡ δόξα κυρίου εἰς τοὺς αἰῶ- 31
νας, εὐφρανθήσεται κύριος ἐπὶ τοῖς
ἔργοις αὐτοῦ.

ὁ ἐπιβλέπων ἐπὶ τὴν γῆν καὶ ποιῶν 32
αὐτὴν τρέμειν, ὁ ἁπτόμενος τῶν
ὀρέων καὶ καπνίζονται.

ᾄσω τῷ κυρίῳ ἐν τῇ ζωῇ μου, ψα- 33
λῶ τῷ θεῷ μου ἕως ὑπάρχω.

ἡδυνθείη αὐτῷ ἡ διαλογή μου. 34
ἐγὼ δὲ εὐφρανθήσομαι ἐπὶ τῷ
κυρίῳ.

ἐκλείποιεν ἁμαρτωλοὶ ἀπὸ τῆς 35
γῆς

spatiosum: illic reptilia
quorum non est nu-
merus, animalia pu-
silla cum magnis.
† Illic naues pertranse-
unt, draco iste quem
formasti ad illudendū
ei. † Omnia ad te ex-
pectant, vt des escam
illis in tempore. † Dāte
te illis, colligent. ape-
riente te manum, om-
nia implebuntur boni-
tate. † Auertēte autem
te faciem, turbabūtur.
auferes spiritum eorū
& deficient, & in pul-
uerem suum reuerten-
tur. † Emittes spiritum
tuum, & creabuntur,
& renouabis faciem
terræ. † Sit gloria Do-
mini in sæculum, lætabi-
tur Dominus in o-
peribus suis.
† Qui respicit in ter-
ram, & facit eam tre-
mere, qui tangit mon-
tes, & fumigant.
† Cantabo Domino in
vita mea, psallam Deo
meo quam diu sum.
† Iucundum sit ei
eloquium meum, ego
vero delectabor in Do-
mino. † Deficiant
peccatores à terra

& iniqui, ita vt non
sint ipsi. benedic ani-
ma mea Domino.
Alleluia.

CIIII.

Confitemini Dño,
& inuocate no-
men eius: annunciate
inter gentes opera eius:
† Cantate ei & psal-
lite ei, narrate omnia
mirabilia eius:
† Laudamini in no-
mine sancto eius, læ-
tetur cor quærentium
Dominum:
† Quærite Domi-
num & confirmami-
ni, quærite faciem eius
semper.
† Mementote mira-
bilium eius quæ fecit:
prodigia eius & iudi-
cia oris eius. † Semen
Abraham serui eius, fi-
lij Iacob electi eius.
† Ipse Dominus Deus
noster, in vniuersa ter-
ra iudicia eius.
† Memor fuit in se-
culum testamenti sui,
verbi quod mandauit
in mille generationes:
† Quod disposuit A-
braham, & iuramenti
sui Isaac. † Et sta-
tuit illud Iacob in

γῆς, καὶ ἄνομοι, ὥστε μὴ ὑπάρχειν
αὐτούς· εὐλόγει ἡ ψυχή μου τὸν κύ-
ριον. ἀλληλούια.

ρδ'.

1 ΕΞομολογεῖσθε τῷ κυρίῳ, καὶ
ἐπικαλεῖσθε τὸ ὄνομα αὐτοῦ. ἀ-
παγγείλατε ἐν τοῖς ἔθνεσι τὰ ἔργα
αὐτοῦ·
2 ᾄσατε αὐτῷ καὶ ψάλατε αὐτῷ.
διηγήσασθε πάντα τὰ θαυμάσια
αὐτοῦ·
3 ἐπαινεῖσθε ἐν τῷ ὀνόματι τῷ ἁ-
γίῳ αὐτοῦ. εὐφρανθήτω καρδία
ζητούντων τὸν κύριον,
4 ζητήσατε τὸν κύριον καὶ κραται-
ώθητε. ζητήσατε τὸ πρόσωπον
αὐτοῦ διαπαντός·
5 μνήσθητε τῶν θαυμασίων αὐτοῦ ὧν
ἐποίησε. τὰ τέρατα αὐτοῦ καὶ τὰ κρί-
ματα τοῦ στόματος αὐτοῦ.
6 σπέρμα ἀβραὰμ δοῦλοι αὐτοῦ,
υἱοὶ ἰακὼβ ἐκλεκτοὶ αὐτοῦ.
7 αὐτὸς κύριος ὁ θεὸς ἡμῶν, ἐν πά-
σῃ τῇ γῇ τὰ κρίματα αὐτοῦ.
8 ἐμνήσθη εἰς τὸν αἰῶνα διαθήκης
αὐτοῦ, λόγου οὗ ἐνετείλατο εἰς χιλίας
γενεάς.
9 ὃν διέθετο τῷ ἀβραάμ, καὶ τοῦ ὅρ-
κου αὐτοῦ τῷ ἰσαάκ.
10 καὶ ἔστησεν αὐτὸν τῷ ἰακὼβ εἰς
πρόσταγμα

πρόσταγμα, καὶ τῷ ἰσραὴλ εἰς διαθήκην αἰώνιον.
λέγων, σοὶ δώσω τὴν γῆν χα- 11
ναάν, σχοίνισμα κληρονομίας ὑμῶν·
ἐν τῷ εἶναι αὐτοὺς ἀριθμῷ βρα- 12
χεῖς, ὀλιγοστοὺς καὶ παροίκους ἐν
αὐτῇ.
καὶ διῆλθον ἐξ ἔθνους εἰς ἔθνος, καὶ 13
ἐκ βασιλείας εἰς λαὸν ἕτερον.
οὐκ ἀφῆκεν ἄνθρωπον ἀδικῆσαι 14
αὐτούς, καὶ ἤλεγξεν ὑπὲρ αὐτῶν
βασιλεῖς.
μὴ ἅπτεσθε τῶν χριστῶν μου, καὶ ἐν 15
τοῖς προφήταις μου μὴ πονηρεύεσθε.
καὶ ἐκάλεσε λιμὸν ἐπὶ τὴν γῆν, 16
πᾶν στήριγμα ἄρτου συνέτριψεν.
ἀπέστειλεν ἔμπροσθεν αὐτῶν ἄν- 17
θρωπον, εἰς δοῦλον ἐπράθη ἰωσήφ.
ἐταπείνωσαν ἐν πέδαις τοὺς πό- 18
δας αὐτοῦ, σίδηρον διῆλθεν ἡ ψυχὴ
αὐτοῦ.
μέχρι τοῦ ἐλθεῖν τὸν λόγον αὐτοῦ, 19
τὸ λόγιον κυρίου ἐπύρωσεν αὐτόν.
ἀπέστειλε βασιλεὺς καὶ ἔλυσεν αὐ- 20
τόν, ἄρχων λαοῦ καὶ ἀφῆκεν αὐτόν.
κατέστησεν αὐτὸν κύριον τοῦ οἴκου 21
αὐτοῦ, καὶ ἄρχοντα πάσης τῆς κτή-
σεως αὐτοῦ.
τοῦ παιδεῦσαι τοὺς ἄρχοντας 22
αὐτοῦ

præceptum, & Israel in
testamētum æternum:
† Dicens, Tibi dabo
terram Chanaan, funi-
culū hęreditatis vestrę.
† Cùm essent ipsi nu-
mero modici, paucis-
simi & incolæ in ea.
† Et pertransierunt de
gente in gentem, & de
regno ad populum al-
terum. † Non reliquit
hominem nocere eis,
& corripuit pro eis re-
ges. † Nolite tangere
christos meos, & in
prophetis meis nolite
malignari. † Et vocauit
famem super terram,
omne firmamentū pa-
nis contriuit. † Misit
ante eos virum, in ser-
uum venundatus est
Ioseph. † Humiliaue-
rūt in compedibus pe-
des eius, ferrum per-
transiit anima eius.
† Donec veniret verbū
eius, eloquium Domini
inflammauit eum.
† Misit rex & soluit eū,
princeps populi & di-
misit eum. † Constituit
eum dominum domus
suæ, & principē om-
nis possessionis suæ.
† Vt erudiret principes

eius sicut semetipsum,
& senes eius prudentiã
doceret. † Et intrauit Is-
rael in Ægyptum, & Ia-
cob accola fuit in terra
Cham. † Et auxit popu-
lum suũ vehementer,
& firmauit eum super
inimicos eius. † Cõuer-
tit cor eius vt odirent
populum eius, vt dolũ
facerent in seruos eius.
† Misit Moysen seruũ
suum, Aaron quem e-
legit sibi. † Posuit in eis
verba signorum suo-
rum, & prodigiorum
suorũ in terra Cham.
† Misit tenebras &
obscurauit; quia exa-
cerbauerunt sermones
suos. † Conuertit a-
quas eorum in sangui-
nem, & occidit pisces
eorum. † Edidit ter-
ra eorum ranas in pe-
netralibus regum ipso-
rum. † Dixit, & ve-
nit cynomyia, & cini-
phes in omnibus fini-
bus eorum. † Posuit
pluuias eorum grandi-
nem, ignem comburẽ-
tem in terra ipsorum.
† Et percussit vineas
eorũ, & ficulneas eo-
rum, & cõtriuit omne
lignum finiũ eorum.

αὐτοῦ ὡς ἑαυτὸν, καὶ τοὺς πρεσβυ-
τέρους αὐτοῦ σοφίσαι.
23 καὶ εἰσῆλθεν Ἰσραὴλ εἰς Αἴγυπτον,
καὶ Ἰακὼβ παρῴκησεν ἐν γῇ Χάμ.
24 καὶ ηὔξησε τὸν λαὸν αὐτοῦ σφόδρα,
καὶ ἐκραταίωσεν αὐτὸν ὑπὲρ τοὺς
ἐχθροὺς αὐτοῦ.
25 μετέστρεψε τὴν καρδίαν αὐτῶν,
τοῦ μισῆσαι τὸν λαὸν αὐτοῦ, τοῦ δολιοῦσθαι
ἐν τοῖς δούλοις αὐτοῦ.
26 ἐξαπέστειλε Μωυσῆν τὸν δοῦλον αὐ-
τοῦ, Ἀαρὼν ὃν ἐξελέξατο ἑαυτῷ.
27 ἔθετο ἐν αὐτοῖς τοὺς λόγους τῶν
σημείων αὐτοῦ, καὶ τῶν τεράτων αὐ-
τοῦ ἐν γῇ Χάμ.
28 ἐξαπέστειλε σκότος καὶ ἐσκό-
τασεν· ὅτι παρεπίκραναν τοὺς λό-
γους αὐτοῦ.
29 μετέστρεψε τὰ ὕδατα αὐτῶν εἰς
αἷμα, καὶ ἀπέκτεινε τοὺς ἰχθύας
αὐτῶν.
30 ἐξῆρψεν ἡ γῆ αὐτῶν βατράχους
ἐν τοῖς ταμιείοις τῶν βασιλέων αὐτῶν.
31 εἶπε, καὶ ἦλθε κυνόμυια, καὶ σκνῖ-
πες ἐν πᾶσι τοῖς ὁρίοις αὐτῶν.
32 ἔθετο τὰς βροχὰς αὐτῶν χάλα-
ζαν, πῦρ καταφλέγον ἐν τῇ γῇ αὐτῶν.
33 καὶ ἐπάταξε τὰς ἀμπέλους αὐτῶν
καὶ τὰς συκὰς αὐτῶν, καὶ συνέτριψε
πᾶν ξύλον ὁρίου αὐτῶν.

εἶπε,

εἶπε, καὶ ἦλθεν ἀκρὶς, καὶ βροῦχος, 34
οὗ οὐκ ἦν ἀριθμός.

καὶ κατέφαγε πάντα χόρτον ἐν 35
τῇ γῇ αὐτῶν, καὶ κατέφαγε πάντα τὸν
καρπὸν τῆς γῆς αὐτῶν.

καὶ ἐπάταξε πᾶν πρωτότοκον ἐν 36
τῇ γῇ αὐτῶν, ἀπαρχὴν παντὸς πόνου
αὐτῶν.

καὶ ἐξήγαγεν αὐτοὺς ἐν ἀργυρίῳ 37
καὶ χρυσίῳ, καὶ οὐκ ἦν ἐν ταῖς φυλαῖς
αὐτῶν ὁ ἀσθενῶν.

εὐφράνθη Αἴγυπτος ἐν τῇ ἐξό- 38
δῳ αὐτῶν, ὅτι ἐπέπεσεν ὁ φόβος
αὐτῶν ἐπ' αὐτούς.

διεπέτασε νεφέλην εἰς σκέπην 39
αὐτοῖς καὶ πῦρ τοῦ φωτίσαι αὐτοῖς
τὴν νύκτα.

ᾔτησαν καὶ ἦλθεν ὀρτυγομήτρα καὶ 40
ἄρτον οὐρανοῦ ἐνέπλησεν αὐτούς.

διέρρηξε πέτραν, καὶ ἐρρύησαν ὕ- 41
δατα, ἐπορεύθησαν ἐν ἀνύδροις
ποταμοί.

ὅτι ἐμνήσθη τοῦ λόγου τοῦ ἁγίου 42
αὐτοῦ, τοῦ πρὸς Ἀβραὰμ τὸν δοῦλον
αὐτοῦ.

καὶ ἐξήγαγε τὸν λαὸν αὐτοῦ ἐν ἀ- 43
γαλλιάσει, καὶ τοὺς ἐκλεκτοὺς αὐτοῦ
ἐν εὐφροσύνῃ.

καὶ ἔδωκεν αὐτοῖς χώρας ἐθνῶν, 44
καὶ πόνους λαῶν κατεκληρονόμησαν·

† Dixit, & venit locusta, & bruchus, cuius non erat numerus.

† Et comedit omne fœnum in terra eorũ, & comedit omnẽ fructum terræ eorum.

† Et percussit omne primogenitũ in terra eorum, primitias omnis laboris eorũ. † Et eduxit eos in argento & auro: & non erat in tribubus eorum infirmus.

† Lætata est Ægyptus in profectione eorum, quia incubuit timor eorum super eos.

† Expandit nubem in protectionem eis, & ignẽ vt luceret eis per noctem. † Petierunt & venit coturnix, & pane cæli saturauit eos.

† Dirupit petram, & fluxerunt aquæ, abierunt in siccis flumina.

† Quoniam memor fuit verbi sancti sui, quod ad Abrahã puerum suum. † Et eduxit populum suum in exultatione, & electos suos in lætitia.

† Et dedit illis regiones gentium, & labores populorum possederunt.

† Vt custodiant iusti-
ficationes eius, & Le-
gem eius requirant. Al-
leluia.

CVI Hebr.

† Alleluia. c v.

CONfitemini Dño
quoniam bonus,
quoniam in seculũ mi-
sericordia eius. † Quis
loquetur potẽtias Dñi,
auditas faciet omnes
laudes eius?

† Beati qui custo-
diunt iudicium, & fa-
ciunt iustitiam in om-
ni tempore. † Memen-
to nostri Domine in
beneplacito populi tui,
visita nos in salutari
tuo. † Ad videndum in
bonitate electorũ tuo-
rum, ad lætandum in
lætitia gentis tuæ, vt
lauderis cum hæredi-
tate tua. † Peccauimus
cum patribus nostris,
iniustè egimus, iniqui-
tatem fecimus. † Patres
nostri in Ægypto non
intellexerunt mirabilia
tua, non fuerunt me-
mores multitudinis
misericordiæ tuę. & ir-
ritauerunt ascendentes
in rubro mari. † Et sal-
uauit eos propter no-

45 ὅπως ἂν φυλάξωσι τὰ δικαιώ-
ματα αὐτοῦ, καὶ τὸν νόμον αὐτοῦ ἐκ-
ζητήσωσιν. ἀλληλούϊα.

1 Ἀλληλούϊα. ρε΄.

Ἐξομολογεῖσθε τῷ κυρίῳ ὅτι χρη-
στός, ὅτι εἰς τὸν αἰῶνα τὸ ἔλεος
αὐτοῦ.
2 τίς λαλήσει τὰς δυναστείας τοῦ
κυρίου, ἀκουστὰς ποιήσει πάσας τὰς
αἰνέσεις αὐτοῦ;
3 μακάριοι οἱ φυλάσσοντες κρί-
σιν, καὶ ποιοῦντες δικαιοσύνην ἐν
παντὶ καιρῷ.
4 μνήσθητι ἡμῶν κύριε ἐν τῇ εὐδο-
κίᾳ τοῦ λαοῦ σου, ἐπίσκεψαι ἡμᾶς
ἐν τῷ σωτηρίῳ σου.
5 τοῦ ἰδεῖν ἐν τῇ χρηστότητι τῶν ἐκ-
λεκτῶν σου, τοῦ εὐφρανθῆναι ἐν τῇ
εὐφροσύνῃ τοῦ ἔθνους σου, τοῦ ἐπαι-
νεῖσθαι μετὰ τῆς κληρονομίας σου.
6 ἡμάρτομεν μετὰ τῶν πατέρων ἡμῶν,
ἠνομήσαμεν, ἠδικήσαμεν.
7 οἱ πατέρες ἡμῶν ἐν αἰγύπτῳ οὐ
συνῆκαν τὰ θαυμάσιά σου, οὐκ ἐ-
μνήσθησαν τοῦ πλήθους τοῦ ἐλέους σου,
καὶ παρεπίκραναν ἀναβαίνοντες ἐν
τῇ ἐρυθρᾷ θαλάσσῃ.

8 καὶ ἔσωσεν αὐτοὺς ἕνεκεν τοῦ ὀνό-
ματος

ματος αὐτοῦ τοῦ γνωρίσαι τὴν δυνα-
στείαν αὐτοῦ.
Καὶ ἐπετίμησε τῇ ἐρυθρᾷ θαλάσσῃ, 9
καὶ ἐξηράνθη. καὶ ὡδήγησεν αὐτοὺς ἐν
ἀβύσσῳ ὡς ἐν ἐρήμῳ.
καὶ ἔσωσεν αὐτοὺς ἐκ χειρὸς μι- 10
σοῦντος. καὶ ἐλυτρώσατο αὐτοὺς ἐκ
χειρὸς ἐχθρῶν.
ἐκάλυψεν ὕδωρ τοὺς θλίβοντας 11
αὐτούς· εἷς ἐξ αὐτῶν οὐχ ὑπελείφθη.
καὶ ἐπίστευσαν τῷ λόγῳ αὐτοῦ, καὶ 12
ᾖσαν τὴν αἴνεσιν αὐτοῦ.
ἐτάχυναν, ἐπελάθοντο τῶν ἔργων 13
αὐτοῦ, οὐχ ὑπέμειναν τὴν βουλὴν
αὐτοῦ.
καὶ ἐπεθύμησαν ἐπιθυμίαν ἐν τῇ 14
ἐρήμῳ, καὶ ἐπείρασαν τὸν θεὸν ἐν
ἀνύδρῳ.
καὶ ἔδωκεν αὐτοῖς τὸ αἴτημα αὐ- 15
τῶν, ἐξαπέστειλε πλησμονὴν εἰς τὰς
ψυχὰς αὐτῶν.
καὶ παρώργισαν τὸν Μωυσῆν ἐν 16
τῇ παρεμβολῇ, τὸν Ἀαρὼν τὸν ἅγιον
κυρίου.
ἠνοίχθη ἡ γῆ καὶ κατέπιε Δα- 17
θὰν, καὶ ἐκάλυψεν ἐπὶ τὴν συνα-
γωγὴν Ἀβειρών.
καὶ ἐξεκαύθη πῦρ ἐν τῇ συνα- 18
γωγῇ αὐτῶν, φλὸξ κατέφλεξεν ἁ-
μαρτωλούς.

men suum: vt notam faceret potentiã suam.
† Et increpuit rubrum mare, & exiccatum est. & deduxit eos in abysso sicut in deserto:
† Et saluauit eos de manu odientis. & redemit eos de manu inimicorum. † Operuit aqua tribulantes eos: vnus ex eis non remásit. † Et crediderunt verbo eius, & cantauerunt laudem eius.
† Citò fecerunt, obliti sunt operum eius, non sustinuerunt cõsilium eius. † Et concupierunt concupiscẽtiam in deserto, & tentauerunt Deum in inaquoso.
† Et dedit eis petitionem ipsorum, misit saturitatem in animas eorum. † Et irritauerunt Moysen in castris, Aaron sanctum Domini.
† Aperta est terra & deglutiuit Dathan, & operuit super congregationem Abiron.
† Et exarsit ignis in synagoga eorum, flamma combussit peccatores.

† Et fecerunt vitulum in Oreb, & adorauerũt sculptile. † Et mutauerunt gloriam suam in similitudinem vituli comedentis fœnum.

† Et obliti sunt Deum qui saluat eos, qui fecit magnalia in Ægypto,

† Mirabilia in terra Cham, terribilia in mari rubro. † Et dixit vt disperderet eos, si nõ Moyses electus eius stetisset in cõfractione in conspectu eius, vt auerteret iram eius, ne disperderet eos. † Et pro nihilo habuerunt terram desiderabilem, nõ crediderũt verbo eius.

† Et murmurauerunt in tabernaculis suis, nõ exaudierunt vocẽ Domini. † Et eleuauit manum suam super eos, vt prosterneret eos in deserto, † & vt deiiceret semen eorũ in nationibus, & dispergeret eos in regionibus.

† Et initiati sunt Beelphegor, & comederũt sacrificia mortuorum.

† Et irritauerunt eum in adinuentionibus suis, & multiplicata est in eis ruina.

19 καὶ ἐποίησαν μόσχον ἐν χωρὴβ, καὶ
προσεκύνησαν τῷ γλυπτῷ.
20 καὶ ἠλλάξαντο τὴν δόξαν αὐτῶν ἐν
ὁμοιώματι μόσχου ἐσθίοντος χόρτον.
21 καὶ ἐπελάθοντο τοῦ θεοῦ τοῦ σώ-
ζοντος αὐτοὺς τοῦ ποιήσαντος με-
γάλα ἐν αἰγύπτῳ,
22 θαυμάσια ἐν γῇ χὰμ, φοβερὰ
ἐπὶ θαλάσσης ἐρυθρᾶς.
23 καὶ εἶπε τοῦ ἐξολοθρεῦσαι αὐτοὺς,
εἰ μὴ μωυσῆς ὁ ἐκλεκτὸς αὐτοῦ ἔστη
ἐν τῇ θραύσει ἐνώπιον αὐτοῦ, τοῦ ἀπο-
στρέψαι τὸν θυμὸν αὐτοῦ, τοῦ μὴ ἐξολο-
θρεῦσαι αὐτούς.
24 καὶ ἐξουδένωσαν γῆν ἐπιθυμητήν,
οὐκ ἐπίστευσαν τῷ λόγῳ αὐτοῦ.
25 καὶ ἐγόγγυσαν ἐν τοῖς σκηνώ-
μασιν αὐτῶν, οὐκ εἰσήκουσαν τῆς
φωνῆς κυρίου.
26 καὶ ἐπῆρε τὴν χεῖρα αὐτοῦ ἐπ'
αὐτοὺς, τοῦ καταβαλεῖν αὐτοὺς ἐν τῇ
ἐρήμῳ.
27 καὶ τοῦ καταβαλεῖν τὸ σπέρμα
αὐτῶν ἐν τοῖς ἔθνεσι, καὶ διασκορ-
πίσαι αὐτοὺς ἐν ταῖς χώραις.
28 καὶ ἐτελέσθησαν τῷ βεελφεγὼρ,
καὶ ἔφαγον θυσίας νεκρῶν.
29 καὶ παρώξυναν αὐτὸν ἐν τοῖς ἐπι-
τηδεύμασιν αὐτῶν, καὶ ἐπληθύνθη ἐν
αὐτοῖς ἡ πτῶσις.

καὶ

καὶ ἔστη φινεὲς καὶ ἐξιλάσατο, καὶ 30
ἐκόπασεν ἡ θραῦσις,
καὶ ἐλογίσθη αὐτῷ εἰς δικαιοσύνην, 31
εἰς γενεὰν καὶ γενεὰν ἕως τοῦ αἰῶνος.
καὶ παρώργισαν αὐτὸν ἐπὶ ὕδα- 32
τος ἀντιλογίας, καὶ ἐκακώθη μωυ-
σῆς δι᾽ αὐτούς·
ὅτι παρεπίκραναν τὸ πνεῦμα 33
αὐτοῦ, καὶ διέστειλεν ἐν τοῖς χείλεσιν
αὐτοῦ.
οὐκ ἐξωλόθρευσαν τὰ ἔθνη ἃ εἶπε 34
κύριος αὐτοῖς.
καὶ ἐμίγησαν ἐν τοῖς ἔθνεσι, καὶ 35
ἔμαθον τὰ ἔργα αὐτῶν.
καὶ ἐδούλευσαν τοῖς γλυπτοῖς 36
αὐτῶν, καὶ ἐγενήθη αὐτοῖς εἰς σκάν-
δαλον.
καὶ ἔθυσαν τοὺς υἱοὺς αὐτῶν, καὶ τὰς 37
θυγατέρας αὐτῶν τοῖς δαιμονίοις.
καὶ ἐξέχεαν αἷμα ἀθῷον, αἷμα 38
υἱῶν αὐτῶν καὶ θυγατέρων, ὧν ἔθυσαν
τοῖς γλυπτοῖς χαναάν, καὶ ἐφονοκτο-
νήθη ἡ γῆ ἐν τοῖς αἵμασι.
καὶ ἐμιάνθη ἐν τοῖς ἔργοις αὐτῶν, 39
καὶ ἐπόρνευσαν ἐν τοῖς ἐπιτηδεύ-
μασιν αὐτῶν.
καὶ ὠργίσθη θυμῷ κύριος ἐπὶ 40
τὸν λαὸν αὐτοῦ, καὶ ἐβδελύξατο τὴν κλη-
ρονομίαν αὐτοῦ.

† Et stetit Phinees, & placauit, & cessauit quassatio: † Et reputatũ est ei ad iustitiã, in generationem & gñationẽ vsq; in sempiternũ. † Et irritauerunt eum ad aquam cõtradictionis, & vexat⁹ est Moyses propter eos. † Quia exacerbauerunt spiritũ eius, & distinxit in labiis suis. † Non disperdiderunt gẽtes quas dixit Dñs illis: † Et commixti sunt inter gẽtes, & didicerũt opera eorum. † Et seruierunt sculptilibus eorum, & factum est illis in scandalum. † Et immolauerunt filios suos & filias suas dæmoniis. † Et effuderunt sanguinẽ innocentem, sanguinem filiorum suorũ & filiarum, quos sacrificauerunt sculptilibus Chanaan. Et infecta est terra in sanguinibus, † & cõtaminata est in operibus eorum. & fornicati sunt in adinuẽtionibus suis. † Et iratus est furore Dominus in populum suum, & abominatus est hæreditatem suam.

† Et tradidit eos in manus inimicorum, & dominati sunt eorum qui oderunt eos.

† Et tribulauerunt eos inimici eorum, & humiliati sunt sub manibus eorum.

† Sæpe liberauit eos, ipsi autem exacerbauerunt eum in consilio suo. & humiliati sunt in iniquitatibus suis.

† Et vidit Dominus cùm tribularentur ipsi, cùm ipse exaudiret orationem eorum.

† Et memor fuit testamenti sui, & pœnituit eum secundùm multitudinem misericordiæ suæ. † Et dedit eos in misericordias in conspectu omnium qui ceperant eos. † Saluos fac nos Domine Deus noster, & congrega nos de nationibus: vt confiteamur nomini tuo sancto, vt gloriemur in laude tua.

† Benedictus Dominus Deus Israel à seculo & vsque in seculum. & dicet omnis populus: Fiat, Fiat, Alleluia.

41 καὶ παρέδωκεν αὐτοὺς εἰς χεῖρας
ἐχθρῶν, καὶ ἐκυρίευσαν αὐτῶν οἱ
μισοῦντες αὐτούς.
42 καὶ ἔθλιψαν αὐτοὺς οἱ ἐχθροὶ
αὐτῶν, καὶ ἐταπεινώθησαν ὑπὸ τὰς
χεῖρας αὐτῶν.
43 πλεονάκις ἐῤῥύσατο αὐτοὺς, αὐ-
τοὶ δὲ παρεπίκραναν αὐτὸν ἐν τῇ
βουλῇ αὐτῶν. καὶ ἐταπεινώθησαν ἐν
ταῖς ἀνομίαις αὐτῶν.
44 καὶ εἶδε κύριος ἐν τῷ θλίβεσθαι
αὐτοὺς, ἐν τῷ αὐτὸν εἰσακοῦσαι τῆς
δεήσεως αὐτῶν.
45 καὶ ἐμνήσθη τῆς διαθήκης αὐτοῦ,
καὶ μετεμελήθη κατὰ τὸ πλῆθος
τοῦ ἐλέους αὐτοῦ.
46 καὶ ἔδωκεν αὐτοὺς εἰς οἰκτιρμοὺς
ἐναντίον πάντων τῶν αἰχμαλωτευ-
σάντων αὐτούς.
47 Σῶσον ἡμᾶς κύριε ὁ θεὸς ἡμῶν,
καὶ ἐπισυνάγαγε ἡμᾶς ἐκ τῶν ἐθνῶν·
τοῦ ἐξομολογήσασθαι τῷ ὀνόματί σου
τῷ ἁγίῳ, τοῦ ἐγκαυχᾶσθαι ἐν τῇ αἰ-
νέσει σου.
48 εὐλογητὸς κύριος ὁ θεὸς ἰσραὴλ
ἀπὸ τοῦ αἰῶνος καὶ ἕως τοῦ αἰῶνος·
καὶ ἐρεῖ πᾶς ὁ λαὸς, γένοιτο γένοιτο.
ἀλληλούια.

Ἐξομο-

Quintus Psalmorū liber,

ρϛ'.

Ἐξομολογεῖσθε τῷ κυρίῳ ὅτι χρη-
στός, ὅτι εἰς τὸν αἰῶνα τὸ ἔλεος
αὐτοῦ.
εἰπάτωσαν οἱ λελυτρωμένοι ὑπὸ
κυρίου, οὓς ἐλυτρώσατο ἐκ χειρὸς
ἐχθροῦ, καὶ ἐκ τῶν χωρῶν
συνήγαγεν αὐτούς· ἀπὸ ἀνατολῶν,
καὶ δυσμῶν, καὶ βορρᾶ, καὶ θαλάσσης.
ἐπλανήθησαν ἐν τῇ ἐρήμῳ ἐν
ἀνύδρῳ. ὁδὸν πόλεως κατοικητη-
ρίου οὐχ εὗρον πεινῶντες καὶ
διψῶντες, ἡ ψυχὴ αὐτῶν ἐν αὐτοῖς
ἐξέλιπεν.
καὶ ἐκέκραξαν πρὸς κύριον ἐν
τῷ θλίβεσθαι αὐτούς, καὶ ἐκ τῶν ἀναγ-
κῶν αὐτῶν ἐρρύσατο αὐτούς.
καὶ ὡδήγησεν αὐτοὺς εἰς ὁδὸν εὐ-
θεῖαν, τοῦ πορευθῆναι εἰς πόλιν
κατοικητηρίου.
ἐξομολογησάσθωσαν τῷ κυρίῳ
τὰ ἐλέη αὐτοῦ, καὶ τὰ θαυμάσια αὐτοῦ
τοῖς υἱοῖς τῶν ἀνθρώπων.
ὅτι ἐχόρτασε ψυχὴν κενήν, καὶ
ψυχὴν πεινῶσαν ἐνέπλησεν ἀγαθῶν.
καθημένους ἐν σκότει καὶ σκιᾷ θα-
νάτου, πεπεδημένους ἐν πτωχείᾳ καὶ
σιδήρῳ.
ὅτι παρεπίκραναν τὰ λόγια τοῦ
θεοῦ, καὶ τὴν βουλὴν τοῦ ὑψίστου παρώ-
ξυναν.

C V I. Heb. CVII

1 COnfitemini Dño
quoniam bonus,
quoniam in sæculum
misericordia eius. †Di-
2 cant qui redempti sunt
à Dño, quos redemit
de manu inimici, † &
3 de regionibus cōgrega-
uit eos: ab Oriente, &
Occidēte, & Aquilone,
& mari, † errauerūt in
4 solitudine in inaquoso.
Viá ciuitatis habitaculi
5 non inuenerūt esuriē-
tes & sitientes: anima
eorum in ipsis defecit.
† Et clamauerunt ad
6 Dñm cùm tribularen-
tur ipsi, & de necessita-
tibus eorū eripuit eos.
7 † Et deduxit eos in
viam rectam, vt irent
in ciuitatem habitatio-
nis. † Confiteantur Do-
8 mino misericordiæ e-
ius, & mirabilia eius
filiis hominum.
† Quia satiauit animā
9 inanem, & animam e-
surientem satiauit bo-
10 nis. † Sedentes in tene-
bris & vmbra mortis,
vinctos in mendicitate
& ferro. † Quia exa-
11 cerbauerunt eloquia
Dei, & consilium Al-
tissimi irritauerunt.

† Et humiliatum est in laboribus cor eorum; infirmati sunt, & non fuit qui adiuuaret. † Et clamauerunt ad Dñm cùm tribularētur ipsi, & de necessitatibus eorum liberauit eos. † Et eduxit eos de tenebris & vmbra mortis, & vincula eorū disrupit.

† Confiteantur Dño misericordiæ eius, & mirabilia eius filiis hominum. † Quia contriuit portas æreas, & vectes ferreos confregit.

† Suscepit eos de via iniquitatis eorum, propter enim iniustitias suas humiliati sunt.

† Omnem escam abominata est anima eorum, & appropinquauerunt vsque ad portas mortis. † Et clamauerunt ad Dñm cùm tribularentur ipsi, & de necessitatibus eorum liberauit eos. † Misit verbum suum, & sanauit eos, & eripuit eos de interitionibus eorum.

† Confiteantur Dño misericordiæ eius, & mirabilia eius filiis hominum.

12 καὶ ἐταπεινώθη ἐν κόποις ἡ καρ-
δία αὐτῶν, ἠσθένησαν καὶ οὐκ ἦν ὁ
βοηθῶν.
13 καὶ ἐκέκραξαν πρὸς κύριον ἐν
τῷ θλίβεσθαι αὐτούς, καὶ ἐκ τῶν ἀναγ-
κῶν αὐτῶν ἔσωσεν αὐτούς.
14 καὶ ἐξήγαγεν αὐτοὺς ἐκ σκότους
καὶ σκιᾶς θανάτου, καὶ τοὺς δεσμοὺς
αὐτῶν διέρρηξεν·
15 ἐξομολογησάσθωσαν τῷ κυρίῳ
τὰ ἐλέη αὐτοῦ, καὶ τὰ θαυμάσια αὐτοῦ
τοῖς υἱοῖς τῶν ἀνθρώπων.
16 ὅτι συνέτριψε πύλας χαλκᾶς,
καὶ μοχλοὺς σιδηροῦς συνέθλασεν.
17 ἀντελάβετο αὐτῶν ἐξ ὁδοῦ ἀνομίας
αὐτῶν, διὰ γὰρ τὰς ἀνομίας αὐτῶν
ἐταπεινώθησαν.
18 πᾶν βρῶμα ἐβδελύξατο ἡ ψυχὴ
αὐτῶν, καὶ ἤγγισαν ἕως τῶν πυλῶν
τοῦ θανάτου.
19 καὶ ἐκέκραξαν πρὸς κύριον ἐν
τῷ θλίβεσθαι αὐτούς, καὶ ἐκ τῶν ἀναγ-
κῶν αὐτῶν ἔσωσεν αὐτούς.
10 ἀπέστειλε τὸν λόγον αὐτοῦ, καὶ ἰά-
σατο αὐτούς, καὶ ἐρρύσατο αὐτοὺς ἐκ
τῶν διαφθορῶν αὐτῶν.
21 ἐξομολογησάσθωσαν τῷ κυρίῳ
τὰ ἐλέη αὐτοῦ, καὶ τὰ θαυμάσια αὐτοῦ
τοῖς υἱοῖς τῶν ἀνθρώπων.

καὶ

καὶ θυσάτωσαν αὐτῷ θυσίαν αἰ- 22
νέσεως, καὶ ἐξαγγειλάτωσαν τὰ ἔργα
αὐτοῦ ἐν ἀγαλλιάσει.
οἱ καταβαίνοντες εἰς θάλασσαν 23
ἐν πλοίοις, ποιοῦντες ἐργασίαν ἐν
ὕδασι πολλοῖς·
αὐτοὶ εἶδον τὰ ἔργα κυρίου, καὶ 24
τὰ θαυμάσια αὐτοῦ ἐν τῷ βυθῷ.
εἶπε, καὶ ἔστη πνεῦμα καταιγίδος, 25
καὶ ὑψώθη τὰ κύματα αὐτῆς.
ἀναβαίνουσιν ἕως τῶν οὐρανῶν, καὶ 26
καταβαίνουσιν ἕως τῶν ἀβύσσων. ἡ
ψυχὴ αὐτῶν ἐν κακοῖς ἐτήκετο·
ἐταράχθησαν, ἐσαλεύθησαν ὡς 27
ὁ μεθύων, καὶ πᾶσα ἡ σοφία αὐτῶν
κατεπόθη.
καὶ ἐκέκραξαν πρὸς κύριον ἐν 28
τῷ θλίβεσθαι αὐτοὺς, καὶ ἐκ τῶν ἀναγ-
κῶν αὐτῶν ἐξήγαγεν αὐτούς.
καὶ ἐπέταξε τῇ καταιγίδι, καὶ ἔστη 29
εἰς αὔραν, καὶ ἐσίγησαν τὰ κύματα
αὐτῆς.
καὶ εὐφράνθησαν, ὅτι ἡσύχασαν, 30
καὶ ὡδήγησεν αὐτοὺς ἐπὶ λιμένα θε-
λήματος αὐτοῦ.
ἐξομολογησάσθωσαν τῷ κυρίῳ 31
τὰ ἐλέη αὐτοῦ, καὶ τὰ θαυμάσια αὐτοῦ
τοῖς υἱοῖς τῶν ἀνθρώπων.
ὑψωσάτωσαν αὐτὸν ἐν ἐκκλη- 32
σίᾳ λαοῦ, καὶ ἐν καθέδρᾳ πρεσβυ-

† Et sacrificent ei sa-
crificium laudis, & an-
nuncient opera eius in
exultatione. † Qui de-
scendunt in mare in
nauibus, facientes ope-
rationem in aquis mul
tis: † Ipsi viderunt ope-
ra Dñi, & mirabilia e-
ius in profundo. † Di-
xit, & stetit spiritus ꝓ-
cellæ, & exaltati sunt
fluctus eius. † Ascēdūt
vsque ad cælos, & de-
scendūt vsque ad abys-
sos. anima eorum in
malis tabescebat. † tur-
bati sunt, moti sunt sic-
ut ebrius, & omnis sa-
pientia eorū deuorata
est. † Et clamauerūt ad
Dñm cùm tribularen-
tur ipsi, & de necessita-
tibus eorū eduxit eos.
† Et statuit procellam,
& stetit in auram, &
siluerunt fluctus eius.
† Et lætati sunt quia si-
luerunt, & deduxit eos
in portum voluntatis
eius. † Confiteantur
Domino misericordiæ
eius, & mirabilia eius
filiis hominum.
† Exaltent eum in
ecclesia plebis, & in
cathedra senio-

rum laudent eum. † Posuit flumina in desertum, & exitus aquarum in sitim. † Terram fructiferā in salsuginē, à malitia inhabitantiū in ea. † Posuit desertū in stagna aquarum, & terrā sine aqua in exitus aquarum. † Et collocauit illic esurientes, & cōstituerunt ciuitates habitationis. † Et seminauerūt agros, & plātauerunt vineas, & fecerūt fructū natiuitatis. † Et benedixit eis, & multiplicati sunt nimis, & iumēta eorū non minuit. † Et pauci facti sunt, & vexati sunt à tribulatione malorū & doloris. † Effusa est contemptio super pricipes eorū, & errare fecit eos in inuio & non in via. † Et adiuuit pauperem de inopia, & posuit sicut oues familias. † Videbūt recti & lætabūtur, & oīs iniquitas oppilabit os suum. † Quis sapiens & custodiet hæc, & intelligent misericordias Domini?

† Canticum Psalmi David. cviii.

τέρων αἰνεσάτωσαν αὐτόν.
33 ἔθετο ποταμοὺς εἰς ἔρημον, καὶ διεξό-
δους ὑδάτων εἰς δίψαν.
34 γῆν καρποφόρον εἰς ἅλμην, ἀπὸ
κακίας τῶν κατοικούντων ἐν αὐτῇ.
35 ἔθετο ἔρημον εἰς λίμνας ὑδάτων,
καὶ γῆν ἄνυδρον εἰς διεξόδους ὑδάτων.
36 καὶ κατῴκισεν ἐκεῖ πεινῶντας, καὶ
συνεστήσαντο πόλεις κατοικεσίας.
37 καὶ ἔσπειραν ἀγρούς, καὶ ἐφύτευ-
σαν ἀμπελῶνας, καὶ ἐποίησαν καρπὸν
γεννήματος.
38 καὶ εὐλόγησεν αὐτούς, καὶ ἐπλη-
θύνθησαν σφόδρα, καὶ τὰ κτήνη
αὐτῶν οὐκ ἐσμίκρυνε.
39 καὶ ὠλιγώθησαν καὶ ἐκακώθησαν
ἀπὸ θλίψεως κακῶν καὶ ὀδύνης.
40 ἐξεχύθη ἐξουδένωσις ἐπ' ἄρχοντας
αὐτῶν, καὶ ἐπλάνησεν αὐτοὺς ἐν ἀ-
βάτῳ καὶ οὐχ ὁδῷ.
41 καὶ ἐβοήθησε πένητι ἐκ πτω-
χείας, καὶ ἔθετο ὡς πρόβατα πατριάς.
42 ὄψονται εὐθεῖς καὶ εὐφρανθή-
σονται, καὶ πᾶσα ἀνομία ἐμφράξει
τὸ στόμα αὐτῆς.
43 τίς σοφὸς καὶ φυλάξει ταῦτα, καὶ
συνήσουσι τὰ ἐλέη τοῦ κυρίου;

1 Ὠιδὴ ψαλμοῦ τῷ Δαυίδ.
ρζ'.

Ἑτοίμη

Ἑτοίμη ἡ καρδία μου ὁ θεός, 2
ἑτοίμη ἡ καρδία μου, ᾄσομαι
καὶ ψαλῶ ἐν τῇ δόξῃ μου.
ἐξεγέρθητι ἡ δόξα μου, ἐξεγέρθητι 3
ψαλτήριον καὶ κιθάρα, ἐξεγερθή-
σομαι ὄρθρου.
ἐξομολογήσομαί σοι ἐν λαοῖς κύ- 4
ριε, ψαλῶ σοι ἐν ἔθνεσιν.
ὅτι μέγα ἐπάνω τῶν οὐρανῶν τὸ 5
ἔλεός σου, καὶ ἕως τῶν νεφελῶν ἡ
ἀλήθειά σου.
ὑψώθητι ἐπὶ τοὺς οὐρανοὺς ὁ θεός, καὶ 6
ἐπὶ πᾶσαν τὴν γῆν ἡ δόξα σου.
ὅπως ἂν ῥυσθῶσιν οἱ ἀγαπητοί 7
σου, σῶσον τῇ δεξιᾷ σου καὶ ἐπά-
κουσόν μου.
ὁ θεὸς ἐλάλησεν ἐν τῷ ἁγίῳ αὐ- 8
τοῦ, ὑψωθήσομαι καὶ διαμεριῶ σί-
κιμα, καὶ τὴν κοιλάδα τῶν σκηνῶν
διαμετρήσω.
ἐμός ἐστι γαλαάδ, καὶ ἐμός ἐστι μα- 9
νασσῆς, καὶ ἐφραὶμ ἀντίληψις τῆς κε-
φαλῆς μου, ἰούδας βασιλεύς μου·
μωὰβ λέβης τῆς ἐλπίδος μου. ἐπὶ 10
τὴν ἰδουμαίαν ἐπιβαλῶ τὸ ὑπό-
δημά μου, ἐμοὶ ἀλλόφυλοι ὑπε-
τάγησαν.
τίς ἀπάξει με εἰς πόλιν περιο- 11
χῆς, ἢ τίς ὁδηγήσει με ἕως τῆς ἰ-
δουμαίας;

Parauī cor meum
Deus, paratum cor
meum, cātabo & psal-
lam in gloria mea.
† Exurge gloria mea,
exurge psalterium &
cithara, exurgam dilu-
culo. † Confitebor tibi
in populis Dñe, psallā
tibi in nationibus.
† Quia magna super
cælos misericordia tua,
& vsque ad nubes ve-
ritas tua. † Exaltare su-
per cælos Deus, & su-
per omnē terram glo-
ria tua. † Vt liberentur
dilecti tui, saluum fac
dextera tua & exaudi
me. † Deus locutus est
in sancto suo, Exulta-
bo & diuidam Sichi-
mam, & cōuallem ta-
bernaculorum dime-
tiar. † Meus est Ga-
laad, & meus est Ma-
nasses, & Ephraim sus-
ceptio capitis mei. Iuda
rex meus. † Moab lebes
spei meæ. in Idumæam
extendam calciamen-
tum meum, mihi alie-
nigenæ subditi sunt.
† Quis deducet me
in ciuitatē munitam,
aut quis deducet me
vsque in Idumæam?

† Nonne tu Deus qui repulisti nos? & non exibis Deus in virtutibus nostris? † Da nobis auxilium de tribulatione, & vana salus hominis. † In Deo faciemus virtutem, & ipse ad nihilũ deducet inimicos nostros.

† In finẽ Psalmus David. CVIII.

DEus laudẽ meam ne tacueris:

† Quia os peccatoris & os dolosi super me apertũ est, locuti sunt aduersum me lingua dolosa: † Et sermonibus odij circũdederũt me, & expugnauerunt me gratis. † Pro eo vt diligerent me, detrahebant mihi; ego autẽ orabã. † Et posuerunt aduersum me mala pro bonis, & odium pro dilectione mea. † Constitue super eum peccatorem, & diabolus stet à dextris eius. † Cùm iudicatur ipse exeat condemnatus, & oratio eius fiat in peccatum. † Fiant dies eius pauci, & episcopatum eius accipiat alter.

12 οὐχὶ σὺ ὁ θεὸς ὁ ἀπωσάμενος ἡ-
μᾶς; καὶ οὐκ ἐξελεύσῃ ὁ θεὸς ἐν ταῖς
δυνάμεσιν ἡμῶν;
13 δὸς ἡμῖν βοήθειαν ἐκ θλίψεως, καὶ
ματαία σωτηρία ἀνθρώπου.
14 ἐν τῷ θεῷ ποιήσομεν δύναμιν, καὶ
αὐτὸς ἐξουδενώσει τοὺς ἐχθροὺς ἡμῶν.

1 Εἰς τὸ τέλος ψαλμὸς τῷ δαυίδ.

ρή.

Ὁ θεὸς τὴν αἴνεσίν μου μὴ
παρασιωπήσῃς
2 ὅτι στόμα ἁμαρτωλοῦ καὶ στόμα δο-
λίου ἐπ' ἐμὲ ἠνοίχθη. ἐλάλησαν
κατ' ἐμοῦ γλώσσῃ δολίᾳ·
3 καὶ λόγοις μίσους ἐκύκλωσάν με,
καὶ ἐπολέμησάν με δωρεάν.
4 ἀντὶ τοῦ ἀγαπᾶν με, ἐνδιέβαλλόν
με, ἐγὼ δὲ προσευχόμην.
5 καὶ ἔθεντο κατ' ἐμοῦ κακὰ ἀντὶ
ἀγαθῶν, καὶ μῖσος ἀντὶ τῆς ἀγα-
πήσεώς μου.
6 κατάστησον ἐπ' αὐτὸν ἁμαρτωλόν,
καὶ διάβολος στήτω ἐκ δεξιῶν αὐτοῦ.
7 ἐν τῷ κρίνεσθαι αὐτὸν ἐξέλθοι κα-
ταδεδικασμένος, καὶ ἡ προσευχὴ
αὐτοῦ γενέσθω εἰς ἁμαρτίαν.
8 γενηθήτωσαν αἱ ἡμέραι αὐτοῦ ὀλί-
γαι, καὶ τὴν ἐπισκοπὴν αὐτοῦ λά-
βοι ἕτερος.

γενηθήτωσαν οἱ υἱοὶ αὐτοῦ ὀρφανοί, 9
καὶ ἡ γυνὴ αὐτοῦ χήρα.
σαλευόμενοι μεταναστήτωσαν οἱ 10
υἱοὶ αὐτοῦ, καὶ ἐπαιτησάτωσαν, ἐκβλη-
θήτωσαν ἐκ τῶν οἰκοπέδων αὐτῶν.
ἐξερευνησάτω δανειστὴς πάντα 11
ὅσα ὑπάρχει αὐτῷ, καὶ διαρπασά-
τωσαν ἀλλότριοι τοὺς πόνους αὐτοῦ.
μὴ ὑπαρξάτω αὐτῷ ἀντιλήπ- 12
τωρ, μηδὲ γενηθήτω οἰκτίρμων τοῖς
ὀρφανοῖς αὐτοῦ.
γενηθήτω τὰ τέκνα αὐτοῦ εἰς ἐξο- 13
λόθρευσιν, ἐν γενεᾷ μιᾷ ἐξαλειφθείη
τὸ ὄνομα αὐτοῦ.
ἀναμνησθείη ἡ ἀνομία τῶν πατέρων 14
αὐτοῦ ἔναντι κυρίου, καὶ ἡ ἁμαρτία
τῆς μητρὸς αὐτοῦ μὴ ἐξαλειφθείη.
γενηθήτωσαν ἐναντίον κυρίου 15
διαπαντὸς, καὶ ἐξολοθρευθείη ἐκ γῆς
τὸ μνημόσυνον αὐτῶν.
ἀνθ' ὧν οὐκ ἐμνήσθη ποιῆσαι ἔ- 16
λεος, καὶ κατεδίωξεν ἄνθρωπον πέ-
νητα καὶ πτωχὸν, καὶ κατανενυγμένον
τῇ καρδίᾳ τοῦ θανατῶσαι.
καὶ ἠγάπησε κατάραν, καὶ ἥξει αὐ- 17
τῷ· καὶ οὐκ ἠθέλησεν εὐλογίαν,
καὶ μακρυνθήσεται ἀπ' αὐτοῦ.
καὶ ἐνεδύσατο κατάραν ὡς ἱμά- 18
τιον, καὶ εἰσῆλθεν ὡσεὶ ὕδωρ εἰς τὰ
ἔγκατα

† Fiant filij eius orpha-
ni, & vxor eius vidua.
† Nutantes transfe-
rantur filij eius, & mē-
dicent; eiciantur de
habitationibus suis.
† Scrutetur fœnerator
omnia quæ sunt ei, &
diripiant alieni labores
eius. † Non sit illi ad-
iutor, neque sit qui mi-
sereatur pupillis eius.
† Fiant nati eius in
interitum, in genera-
tione vna deleatur no-
men eius. † In me-
moriam redeat iniqui-
tas patrum eius in con
spectu Domini, & pec-
catum matris eius non
deleatur. † Fiant con-
tra Dominum semper,
& dispereat de terra
memoria eorum.
† Pro eo quòd non
est recordatus facere
misericordiam, & per-
secutus est hominem
inopem & mendicum,
& compunctum cor-
de mortificare. † Et di-
lexit maledictionem,
& veniet ei; & noluit
benedictioné, & elon-
gabitur ab eo. † Et in-
duit maledictionem
sicut vestimentum, &
intrauit sicut aqua in

interiora eius, & sicut oleum in ossibus eius. † Fiat ei sicut vestimentum quo operitur, & sicut zona qua semper præcingitur. † Hoc opus eorum qui detrahunt mihi à Dño, & qui loquuntur mala aduersus animam meam. † Et tu Dñe Dñe fac mecum, propter nomē tuum, quia suauis misericordia tua. Libera me, † quia egenus & pauper sum ego, & cor meū conturbatum est intra me. † Sicut vmbra cùm declinat ipsa, ablatus sum; excussus sū sicut locustæ. † Genua mea infirmata sunt à ieiunio, & caro mea immutata est propter oleum. † Et ego factus sum opprobrium illis; viderunt me, mouerūt capita sua. † Adiuua me Dñe Deus meus, & saluū me fac secūdùm misericordiam tuam. † Et sciāt quoniā manus tua hæc, & tu Dñe fecisti eam. † Maledicēt illi, & tu benedices. Qui insurgunt in me, confundantur; seruus autem tuus lætabitur.

ἔγκατα αὐτοῦ, καὶ ὡσεὶ ἔλαιον ἐν τοῖς
ὀστέοις αὐτοῦ.
19 γενηθήτω αὐτῷ ὡς ἱμάτιον ὃ περι-
βάλλεται, καὶ ὡσεὶ ζώνη ἣν διαπαν-
τὸς περιζώννυται.
20 τοῦτο τὸ ἔργον τῶν ἐνδιαβαλλόντων
με παρὰ κυρίου, καὶ τῶν λαλούντων
πονηρὰ κατὰ τῆς ψυχῆς μου.
21 καὶ σὺ κύριε κύριε ποίησον μετ'
ἐμοῦ, ἕνεκεν τοῦ ὀνόματός σου, ὅτι
χρηστὸν τὸ ἔλεός σου. ῥῦσαί με,
22 ὅτι πτωχὸς καὶ πένης εἰμὶ ἐγώ, καὶ
ἡ καρδία μου τετάρακται ἐντός μου.
23 ὡσεὶ σκιὰ ἐν τῷ ἐκκλῖναι αὐτὴν
ἀντανῃρέθην, ἐξετινάχθην ὡσεὶ
ἀκρίδες.
24 τὰ γόνατά μου ἠσθένησαν ἀπὸ
νηστείας, καὶ ἡ σάρξ μου ἠλλοιώθη δι'
ἔλαιον.
25 κἀγὼ ἐγενήθην ὄνειδος αὐτοῖς,
εἴδοσάν με, ἐσάλευσαν κεφαλὰς
αὐτῶν.
26 βοήθησόν μοι κύριε ὁ θεός μου, καὶ
σῶσόν με κατὰ τὸ ἔλεός σου.
27 καὶ γνώτωσαν ὅτι ἡ χείρ σου αὕ-
τη, καὶ σὺ κύριε ἐποίησας αὐτήν.
28 καταράσονται αὐτοί, καὶ σὺ εὐλο-
γήσεις. οἱ ἐπανιστάμενοί μοι αἰσχυν-
θήτωσαν, ὁ δὲ δοῦλός σου εὐφραν-
θήσεται.

ἐνδυ-

ἐνδυσάσθωσαν οἱ ἐνδιαβάλλον- 29
τές με ἐντροπήν, καὶ περιβαλέσθω-
σαν ὡς διπλοΐδα αἰσχύνην αὐτῶν.
ἐξομολογήσομαι τῷ κυρίῳ σφό- 30
δρα ἐν τῷ στόματί μου, καὶ ἐν μέ-
σῳ πολλῶν αἰνέσω αὐτόν.
ὅτι παρέστη ἐκ δεξιῶν πένητος τοῦ 31
σῶσαι ἐκ τῶν καταδιωκόντων τὴν
ψυχήν μου.

Ψαλμὸς τῷ δαυίδ. ρθʹ. 1

Εἶπεν ὁ κύριος τῷ κυρίῳ μου,
κάθου ἐκ δεξιῶν μου, ἕως ἂν θῶ
τοὺς ἐχθρούς σου ὑποπόδιον τῶν πο-
δῶν σου.
ῥάβδον δυνάμεως ἐξαποστελεῖ σοι 2
κύριος ἐκ σιών, καὶ κατακυρίευε
ἐν μέσῳ τῶν ἐχθρῶν σου.
μετὰ σοῦ ἡ ἀρχὴ ἐν ἡμέρᾳ τῆς δυ- 3
νάμεώς σου, ἐν ταῖς λαμπρότησι τῶν
ἁγίων σου. ἐκ γαστρὸς πρὸ ἑωσφόρου
ἐξεγέννησά σε.
ὤμοσε κύριος καὶ οὐ μεταμεληθή- 4
σεται· σὺ ἱερεὺς εἰς τὸν αἰῶνα, κατὰ τὴν
τάξιν μελχισεδέκ.
κύριος ἐκ δεξιῶν σου συνέθλα- 5
σεν ἐν ἡμέρᾳ ὀργῆς αὐτοῦ βασιλεῖς.
κρινεῖ ἐν τοῖς ἔθνεσι, πληρώσει 6
πτώματα, συνθλάσει κεφαλὰς
ἐπὶ γῆς πολλῶν.

ἐκ

† Induantur qui de-
trahunt mihi pudore,
& operiantur sicut di-
ploide confusione sua.
† Confitebor Dño ni-
mis in ore meo, & in
medio multorũ lauda-
bo eum. † Quia astitit
à dextris pauperis, vt
saluam faceret à per-
sequentibus animam
meam.

† Psalmus Dauid.
CIX.

Dixit Dñs Domino
meo: Sede à dex-
tris meis, donec ponã
inimicos tuos scabellũ
pedum tuorum. † Vir-
gam virtutis emittet ti-
bi Dñs ex Sion, & do-
minare in medio ini-
micorũ tuorum. † Tecũ
principium in die vir-
tutis tuæ, in splẽdorib9
sanctorum tuorũ. ex
vtero ante luciferũ ge-
nui te. † Iurauit Dñs,
& nõ pœnitebit eum:
Tu sacerdos in ętérnũ,
secundùm ordinẽ Mel-
chisedech. † Dñs à de-
xtris tuis confregit in
die iræ suæ reges. † Iu-
dicabit in nationibus,
implebit ruinas, con-
quassabit capita in ter-
ra multorum.

†De torrente in via bi-
bet, propterea exalta-
bit caput.

† Alleluia. c x.

CONfitebor tibi Do-
mine in toto corde
meo, in consilio iusto-
rum & congregatione.
†Magna opera Dñi, ex-
quisita in omnes vo-
luntates eius. † Con-
fessio & magnificentia
opus eius, & iustitia e-
ius manet in seculum
seculi. † Memoriam
fecit mirabilium suo-
rum. Misericors & mi-
serator Dominus,
† Escam dedit timen-
tibus se. memor erit in
seculum testamẽti sui.
† Virtutem operum
suorũ annunciauit po-
pulo suo; vt det illis
hæreditatem gentium.
† Opera manuum e-
ius, veritas & iudicium.
Fidelia omnia manda-
ta eius, † Confirmata
in seculum seculi, facta
in veritate & æquitate.
† Redemptionem mi-
sit populo suo, man-
dauit in æternum te-
stamentum suum, san-
ctum & terribile no-
men eius.

7 ἐκ χειμάῤῥου ἐν ὁδῷ πίεται, διὰ
τοῦτο ὑψώσει κεφαλήν.

1 Ἀλληλούϊα. ρι.

Ἐξομολογήσομαί σοι κύριε ἐν
ὅλῃ καρδίᾳ μου ἐν βουλῇ εὐθέων
καὶ συναγωγῇ.
2 μεγάλα τὰ ἔργα κυρίου, ἐξεζη-
τημένα εἰς πάντα τὰ θελήματα αὐτοῦ.
3 ἐξομολόγησις καὶ μεγαλοπρέπεια
τὸ ἔργον αὐτοῦ, καὶ ἡ δικαιοσύνη αὐτοῦ
μένει εἰς τὸν αἰῶνα τοῦ αἰῶνος.
4 μνείαν ἐποιήσατο τῶν θαυμασίων
αὐτοῦ. ἐλεήμων καὶ οἰκτίρμων ὁ
κύριος.
5 τροφὴν ἔδωκε τοῖς φοβουμένοις
αὐτόν. μνησθήσεται εἰς τὸν αἰῶνα
διαθήκης αὐτοῦ.
6 ἰσχὺν ἔργων αὐτοῦ ἀνήγγειλε τῷ
λαῷ αὐτοῦ. τοῦ δοῦναι αὐτοῖς κληρο-
νομίαν ἐθνῶν.
7 ἔργα χειρῶν αὐτοῦ ἀλήθεια καὶ κρί-
σις. πισταὶ πᾶσαι αἱ ἐντολαὶ αὐτοῦ,
8 ἐστηριγμέναι εἰς τὸν αἰῶνα τοῦ
αἰῶνος, πεποιημέναι ἐν ἀληθείᾳ
καὶ εὐθύτητι.
9 λύτρωσιν ἀπέστειλε τῷ λαῷ αὐτοῦ.
ἐνετείλατο εἰς τὸν αἰῶνα διαθήκην
αὐτοῦ· ἅγιον καὶ φοβερὸν τὸ ὄνομα
αὐτοῦ.

ἀρχὴ

ἀρχὴ σοφίας φόβος κυρίου· σύν- 10
εσις δὲ ἀγαθὴ πᾶσι τοῖς ποιοῦσιν
αὐτήν. ἡ αἴνεσις αὐτοῦ μένει εἰς τὸν αἰῶ-
να τοῦ αἰῶνος.

Ἀλληλούϊα. ριά.

Μακάριος ἀνὴρ ὁ φοβούμε- 1
νος τὸν κύριον, ἐν ταῖς ἐν-
τολαῖς αὐτοῦ θελήσει σφόδρα.
δυνατὸν ἐν τῇ γῇ ἔσται τὸ σπέρ- 2
μα αὐτοῦ, γενεὰ εὐθείων εὐλογηθήσεται.
δόξα καὶ πλοῦτος ἐν τῷ οἴκῳ αὐ- 3
τοῦ, καὶ ἡ δικαιοσύνη αὐτοῦ μένει εἰς τὸν
αἰῶνα τοῦ αἰῶνος.
ἐξανέτειλεν ἐν σκότει φῶς τοῖς 4
εὐθέσιν, ἐλεήμων καὶ οἰκτίρμων καὶ
δίκαιος.
χρηστὸς ἀνὴρ ὁ οἰκτείρων καὶ κι- 5
χρῶν, οἰκονομήσει τοὺς λόγους αὐτοῦ
ἐν κρίσει·
ὅτι εἰς τὸν αἰῶνα οὐ σαλευθήσεται. 6
εἰς μνημόσυνον αἰώνιον ἔσται δί-
καιος. ἀπὸ ἀκοῆς πονηρᾶς οὐ 7
φοβηθήσεται. ἑτοίμη ἡ καρδία αὐτοῦ
ἐλπίζειν ἐπὶ κύριον,
ἐστήρικται ἡ καρδία αὐτοῦ, οὐ μὴ φοβη- 8
θῇ ἕως οὗ ἐπίδῃ ἐπὶ τοὺς ἐχθροὺς αὐτοῦ.
ἐσκόρπισεν, ἔδωκε τοῖς πένησιν, 9
ἡ δικαιοσύνη αὐτοῦ μένει εἰς τὸν αἰῶνα
O τοῦ αἰῶ-

† Initium sapientiæ ti-
mor Dñi, intellectus au-
tem bonus omnibus fa-
cientibus eum. Lauda-
tio eius manet in secu-
lum seculi.

† Alleluia. CXI.

BEatus vir qui timet
Dñm, in mandatis
eius volet nimis.
† Potens in terra erit se-
men eius, generatio re-
ctorum benedicetur.
† Gloria & diuitiæ in
domo eius, & iustitia
eius manet in seculum
seculi. † Exortum est
in tenebris lumen re-
ctis, misericors & mise-
rator, & iustus.
† Iocundus vir qui mi-
seretur & commodat,
disponet sermones suos
in iudicio: † Quia in
æternum non commo-
uebitur. In memoria
æterna erit iustus: † ab
auditione mala non ti-
mebit. Paratum cor e-
ius sperare in Domino,
† confirmatum est cor
eius: non timebit, do-
nec despiciat in inimi-
cos suos. † Dispersit, de-
dit pauperibus, iustitia
eius manet in seculum

seculi. cornu eius exaltabitur in gloria.

† Peccator videbit & irascetur, dentibus suis fremet & tabescet. desiderium peccatoris peribit.

Hebr. Alleluia. CXII.

LAudate pueri Dñm, laudate nomē Dñi.

† Sit nomen Dñi benedictum, ex hoc nunc & vsque in seculum.

† Ab ortu Solis vsque ad occasum, laudabile nomen Dñi. † Excelsus super oēs gentes Dñs, super cælos gloria eius.

† Quis sicut Dominus Deus noster, qui in altis habitat, † & humilia respicit, in cælo & in terra? † Suscitans à terra inopem, & de stercore erigens pauperem: † Vt collocet eum cum principibus, cum principibus populi sui.

† Qui habitare facit sterilem in domo, matrem super filios lætantem. Alleluia.

Alle. CXIII.

IN exitu Israel de Ægypto, domus Iacob de populo barbaro:

† Facta est Iudæa sanctificatio eius,

τοῦ αἰῶνος. τὸ κέρας αὐτοῦ ὑψωθήσεται ἐν δόξῃ.

10 ἁμαρτωλὸς ὄψεται καὶ ὀργισθήσεται, τοὺς ὀδόντας αὐτοῦ βρύξει καὶ τακήσεται. ἐπιθυμία ἁμαρτωλοῦ ἀπολεῖται.

Ἀλληλούια. ριβʹ.

1 ΑἸνεῖτε παῖδες κύριον, αἰνεῖτε τὸ ὄνομα κυρίου.

2 εἴη τὸ ὄνομα κυρίου εὐλογημένον ἀπὸ τοῦ νῦν καὶ ἕως τοῦ αἰῶνος.

3 ἀπὸ ἀνατολῶν ἡλίου μέχρι δυσμῶν, αἰνετὸν τὸ ὄνομα κυρίου.

4 ὑψηλὸς ἐπὶ πάντα τὰ ἔθνη ὁ κύριος, ἐπὶ τοὺς οὐρανοὺς ἡ δόξα αὐτοῦ.

5 τίς ὡς κύριος ὁ θεὸς ἡμῶν, ὁ ἐν ὑψηλοῖς κατοικῶν,

6 καὶ τὰ ταπεινὰ ἐφορῶν, ἐν τῷ οὐρανῷ καὶ ἐν τῇ γῇ;

7 ὁ ἐγείρων ἀπὸ γῆς πτωχὸν, καὶ ἀπὸ κοπρίας ἀνυψῶν πένητα·

8 τοῦ καθίσαι αὐτὸν μετὰ ἀρχόντων, μετὰ ἀρχόντων λαοῦ αὐτοῦ.

9 ὁ κατοικίζων στεῖραν ἐν οἴκῳ, μητέρα ἐπὶ τέκνοις εὐφραινομένην·

Ἀλληλούια.

ριγʹ.

1 ΕΝ ἐξόδῳ Ἰσραὴλ ἐξ Αἰγύπτου, οἴκου Ἰακὼβ ἐκ λαοῦ βαρβάρου·

2 ἐγενήθη Ἰουδαία ἁγίασμα αὐτοῦ.

Ἰσραὴλ

Ἰσραὴλ ἐξουσία αὐτοῦ.
ἡ θάλασσα εἶδε καὶ ἔφυγεν, ὁ Ἰορ- 3
δάνης ἐστράφη εἰς τὰ ὀπίσω.
τὰ ὄρη ἐσκίρτησαν ὡσεὶ κριοί, καὶ 4
οἱ βουνοὶ ὡς ἀρνία προβάτων.
τί σοί ἐστι θάλασσα ὅτι ἔφυγες; 5
καὶ σὺ Ἰορδάνη ὅτι ἐστράφης εἰς τὰ ὀ-
πίσω; τὰ ὄρη ὅτι ἐσκιρτή- 6
σατε ὡσεὶ κριοί, καὶ οἱ βουνοὶ ὡς
ἀρνία προβάτων;
ἀπὸ προσώπου κυρίου ἐσαλεύθη 7
ἡ γῆ, ἀπὸ προσώπου τοῦ θεοῦ Ἰακώβ·
τοῦ στρέψαντος τὴν πέτραν εἰς 8
λίμνας ὑδάτων, καὶ τὴν ἀκρότομον
εἰς πηγὰς ὑδάτων.

ΜΗ ἡμῖν κύριε μὴ ἡμῖν, ἀλλ' 1
ἢ τῷ ὀνόματί σου δὸς δό-
ξαν, ἐπὶ τῷ ἐλέει σου καὶ τῇ ἀλη-
θείᾳ σου.
μήποτε εἴπωσι τὰ ἔθνη, ποῦ ἐστιν 2
ὁ θεὸς αὐτῶν;
ὁ δὲ θεὸς ἡμῶν ἐν τῷ οὐρανῷ καὶ ἐν 3
τῇ γῇ, πάντα ὅσα ἠθέλησεν ἐποίησε.
τὰ εἴδωλα τῶν ἐθνῶν, ἀργύριον καὶ 4
χρυσίον, ἔργα χειρῶν ἀνθρώπων·
στόμα ἔχουσι, καὶ οὐ λαλήσουσιν· 5
ὀφθαλμοὺς ἔχουσι καὶ οὐκ ὄψονται.
ὦτα ἔχουσι, καὶ οὐκ ἀκούσονται· ῥῖ- 6

Israel potestas eius.
† Mare vidit & fu-
git, Iordanis conuersus
est retrorsum. † Montes
exultauerunt vt arietes,
& colles sicut agni o-
uium. † Quid tibi est
mare, quòd fugisti? &
tu Iordanis, quia con-
uersus es retrorsum?
† Montes quòd exulta-
stis sicut arietes, & col-
les sicut agni ouium?
† A facie Dñi mota est
terra, à facie Dei Iacob:
† Qui cõuertit petram
in stagna aquarum, &
rupẽ in fontes aquarũ.

Psalmus CXV. secun- CXV
dum Hebraeos.

NOn nobis Dñe
nõ nobis, sed no-
mini tuo da gloriam,
super misericordia tua
& veritate tua; † Ne-
quando dicant gentes:
Vbi est Deus eorum?
† Deus autem noster
in cælo, & in terra: oĩa
quæcũque voluit fecit.
† Simulachra gentium
argẽtum & aurũ, ope-
ra manuum hominũ:
† Os habent, & non lo-
quentur: oculos habẽt,
& non videbunt:
Aures habent, &
non audient: nares

habent, & non odorabunt. † Manus habent, & non palpabunt: pedes habent, & non ambulabunt: non ſonabũt in gutture ſuo. † Similes illis fiant qui faciũt ea, & omnes qui confidunt in eis. † Domus Iſrael ſperauit in Domino, adiutor & protector eorum eſt.

† Domus Aaron ſperauit in Domino, adiutor & protector eorum eſt. † Qui timent Dominum ſperauerũt in Domino, adiutor & protector eorum eſt.

† Dñs memor exiſtẽs noſtri benedixit nobis, benedixit domui Iſrael, benedixit domui Aaron. † Benedixit timentibus Dominum, puſillis cum magnis.

† Adiiciat Dñs ſuper vos, ſuper vos & ſuper filios veſtros. † Benedicti vos à Domino, qui fecit cælum & terram.

† Cælum cæli Domino, terram autem dedit filiis hominum.

† Non mortui laudabunt te Domine, neque omnes qui deſcendunt in infernum:

νας ἔχουσι, καὶ οὐκ ὀσφρανθήσονται.
7 χεῖρας ἔχουσι, καὶ οὐ ψηλαφήσουσι.
πόδας ἔχουσι, καὶ οὐ περιπατήσουσιν,
οὐ φωνήσουσιν ἐν τῷ λάρυγγι αὐτῶν·
8 ὅμοιοι αὐτοῖς γένοιντο οἱ ποιοῦν-
τες αὐτά, καὶ πάντες οἱ πεποιθότες
ἐπ' αὐτοῖς.
9 οἶκος ἰσραὴλ ἤλπισεν ἐπὶ κύ-
ριον, βοηθὸς καὶ ὑπερασπιστὴς αὐ-
τῶν ἐστι.
10 οἶκος ἀαρὼν ἤλπισεν ἐπὶ κύ-
ριον, βοηθὸς καὶ ὑπερασπιστὴς αὐ-
τῶν ἐστι.
11 οἱ φοβούμενοι τὸν κύριον ἤλπι-
σαν ἐπὶ κύριον, βοηθὸς καὶ ὑπερ-
ασπιστὴς αὐτῶν ἐστι.
12 κύριος μνησθεὶς ἡμῶν εὐλόγη-
σεν ἡμᾶς, εὐλόγησε τὸν οἶκον ἰσραήλ,
εὐλόγησε τὸν οἶκον ἀαρών.
13 εὐλόγησε τοὺς φοβουμένους τὸν κύ-
ριον, τοὺς μικροὺς μετὰ τῶν μεγάλων.
14 προσθείη κύριος ἐφ' ὑμᾶς, ἐφ'
ὑμᾶς καὶ ἐπὶ τοὺς υἱοὺς ὑμῶν.
15 εὐλογημένοι ὑμεῖς τῷ κυρίῳ, τῷ
ποιήσαντι τὸν οὐρανὸν καὶ τὴν γῆν.
16 ὁ οὐρανὸς τοῦ οὐρανοῦ τῷ κυρίῳ,
τὴν δὲ γῆν ἔδωκε τοῖς υἱοῖς τῶν ἀν-
θρώπων.
17 οὐχ οἱ νεκροὶ αἰνέσουσί σε κύ-
ριε, οὐδὲ πάντες οἱ καταβαίνοντες
εἰς ᾅδου· ἀλλ'

ἀλλ' ἡμεῖς οἱ ζῶντες εὐλογήσο- 18
μεν τὸν κύριον, ἀπὸ τοῦ νῦν καὶ ἕως τοῦ
αἰῶνος. ἀλληλούϊα.

ριδ'.

Ἠγάπησα, ὅτι εἰσακούσεται κύ- 1
ριος τῆς φωνῆς τῆς δεήσεώς μου.
ὅτι ἔκλινε τὸ οὖς αὐτοῦ ἐμοί, καὶ 2
ἐν ταῖς ἡμέραις μου ἐπικαλέσομαι.
περιέσχον με ὠδῖνες θανάτου, 3
κίνδυνοι ᾅδου εὕροσάν με. θλῖψιν
καὶ ὀδύνην εὗρον·
καὶ τὸ ὄνομα κυρίου ἐπεκαλεσά- 4
μην, ὦ κύριε ῥῦσαι τὴν ψυχήν μου.
ἐλεήμων ὁ κύριος καὶ δίκαιος, 5
καὶ ὁ θεὸς ἡμῶν ἐλεεῖ.
φυλάσσων τὰ νήπια ὁ κύριος, 6
ἐταπεινώθην καὶ ἔσωσέ με.
ἐπίστρεψον ψυχή μου εἰς τὴν ἀ- 7
νάπαυσίν σου, ὅτι κύριος εὐηργέ-
τησέ σε.
ὅτι ἐξείλετο τὴν ψυχήν μου ἐκ 8
θανάτου, τοὺς ὀφθαλμούς μου ἀπὸ δα-
κρύων, καὶ τοὺς πόδας μου ἀπὸ ὀλι-
σθήματος.
εὐαρεστήσω ἐνώπιον κυρίου ἐν χώ- 9
ρᾳ ζώντων. Ἀλληλούϊα.

ριε'.

Ἐπίστευσα, διὸ ἐλάλησα, ἐγὼ δὲ 10
ἐταπεινώθην σφόδρα.

† Sed nos qui viuimus
benedicemus Domino,
ex hoc nunc & vsque
in seculum. Alleluia.

CXIIII. *Secundum Hebr.* CXVI.

Dilexi, quoniã ex-
audiet Dñs vocẽ
orationis meæ. † Quia
inclinauit aurem suam
mihi, & in diebus meis
inuocabo. † Circunde-
derũt me dolores mor-
tis, pericula inferni in-
uenerunt me. Tribula-
tionẽ & dolorẽ inueni,
† & nomen Dñi inuo-
caui: ô Dñe, libera a-
nimam meam. † Mise-
ricors Dñs & iustus, &
Deus noster miseretur:
† Custodiens paruulos
Dñs: humiliatus sum
& liberauit me. † Con-
uertere anima mea in
requiem tuã, quia Dñs
benefecit tibi. † Quia
eripuit animam meam
de morte, oculos meos
à lachrymis, & pedes
meos à lapsu. † Placebo
in conspectu Dñi in re-
gione viuẽtiũ. Alleluia.

CXV.

Credidi, propter
quod locutus sum;
ego autem humiliatus
sum nimis.

† Ego autem dixi in excessu meo: Omnis homo mendax.

† Quid retribuam Domino pro omnibus quæ retribuit mihi?

† Calicem salutaris accipiam, & nomen Domini inuocabo.

† Vota mea Domino reddam, coram omni populo eius.

† Pretiosa in conspectu Domini mors sanctorum eius.

† O Domine ego seruus tuus, ego seruus tuus, & filius ancillæ tuæ, dirupisti vincula mea.

† Tibi sacrificabo hostiam laudis, & in nomine Dñi inuocabo. † Vota mea Dño reddam, in conspectu omnis populi eius. † In atriis domus Dñi, in medio tui Hierusalem. Alleluia.

CXVI Sec. Heb. CXVII. *& sic de seq.*

Laudate Dominum omnes gentes, laudate eũ omnes populi.

† Quoniam confirmata est misericordia eius super nos, & veritas Domini manet in æternum. Alleluia.

11 ἐγὼ δὲ εἶπα ἐν τῇ ἐκστάσει μου, πᾶς ἄνθρωπος ψεύστης.

12 τί ἀνταποδώσω τῷ κυρίῳ περὶ πάντων ὧν ἀνταπέδωκέ μοι;

13 ποτήριον σωτηρίου λήψομαι, καὶ τὸ ὄνομα κυρίου ἐπικαλέσομαι.

14 τὰς εὐχάς μου τῷ κυρίῳ ἀποδώσω, ἐναντίον παντὸς τοῦ λαοῦ αὐτοῦ.

15 τίμιος ἐναντίον κυρίου ὁ θάνατος τῶν ὁσίων αὐτοῦ.

16 ὦ κύριε ἐγὼ δοῦλος σός, ἐγὼ δοῦλος σός, καὶ υἱὸς τῆς παιδίσκης σου, διέρρηξας τοὺς δεσμούς μου.

17 σοὶ θύσω θυσίαν αἰνέσεως, καὶ ἐν ὀνόματι κυρίου ἐπικαλέσομαι.

18 τὰς εὐχάς μου τῷ κυρίῳ ἀποδώσω, ἐναντίον παντὸς τοῦ λαοῦ αὐτοῦ.

19 ἐν αὐλαῖς οἴκου κυρίου ἐν μέσῳ σου ἱερουσαλήμ. Ἀλληλούϊα.

ρις'

1 Αἰνεῖτε τὸν κύριον πάντα τὰ ἔθνη, ἐπαινέσατε αὐτὸν πάντες οἱ λαοί.

2 ὅτι ἐκραταιώθη τὸ ἔλεος αὐτοῦ ἐφ' ἡμᾶς, καὶ ἡ ἀλήθεια τοῦ κυρίου μένει εἰς τὸν αἰῶνα. ἀλληλούϊα.

Ἐξομο-

ριζ΄.

Ἐξομολογεῖσθε τῷ κυρίῳ ὅτι ἀ- 1
γαθός, ὅτι εἰς τὸν αἰῶνα τὸ ἔ-
λεος αὐτοῦ.
εἰπάτω δὴ οἶκος Ἰσραήλ, ὅτι ἀ- 2
γαθός, ὅτι εἰς τὸν αἰῶνα τὸ ἔλεος αὐτοῦ.
εἰπάτω δὴ οἶκος Ἀαρών, ὅτι ἀ- 3
γαθός, ὅτι εἰς τὸν αἰῶνα τὸ ἔλεος
αὐτοῦ.
εἰπάτωσαν δὴ πάντες οἱ φοβού- 4
μενοι τὸν κύριον, ὅτι ἀγαθός, ὅτι εἰς
τὸν αἰῶνα τὸ ἔλεος αὐτοῦ.
ἐκ θλίψεως ἐπεκαλεσάμην τὸν 5
κύριον, καὶ ἐπήκουσέ μου εἰς πλα-
τυσμόν.
κύριος ἐμοὶ βοηθός, καὶ οὐ φοβη- 6
θήσομαι τί ποιήσει μοι ἄνθρωπος.
κύριος ἐμοὶ βοηθός, κἀγὼ 7
ἐπόψομαι τοὺς ἐχθρούς μου.
ἀγαθὸν πεποιθέναι ἐπὶ κύριον, ἢ 8
πεποιθέναι ἐπ᾽ ἄνθρωπον.
ἀγαθὸν ἐλπίζειν ἐπὶ κύριον, ἢ 9
ἐλπίζειν ἐπ᾽ ἄρχουσι.
πάντα τὰ ἔθνη ἐκύκλωσάν με, 10
καὶ τῷ ὀνόματι κυρίου ἠμυνάμην
αὐτούς.
κυκλώσαντες ἐκύκλωσάν με, καὶ 11
τῷ ὀνόματι κυρίου ἠμυνάμην αὐτούς.
ἐκύκλωσάν με ὡσεὶ μέλισσαι κη- 12
ρίον, καὶ ἐξεκαύθησαν ὡς πῦρ ἐν ἀ-

CXVII.

Confitemini Dño
quoniam bonus,
quoniam in seculũ mi-
sericordia eius. † Dicat
nũc domus Israel, quo-
niã bonus, quoniam in
seculũ misericordia e-
ius. † Dicat nũc domus
Aaron, quoniã bonus,
quoniã in seculũ mise-
ricordia eius. † Dicant
nunc omnes qui timẽt
Dñm, quoniam bonus,
quoniam in seculũ mi-
sericordia eius. † De tri-
bulatione inuocaui Do-
minũ, & exaudiuit me
in latitudine. † Dñs mi-
hi adiutor, & non ti-
mebo quid faciet mihi
homo. † Dñs mihi ad-
iutor, & ego despiciam
inimicos meos. † Bonũ
est confidere in Dño,
quàm confidere in ho-
mine. † Bonũ est spera-
re in Dño, quàm spera-
re in principibus. † Oẽs
gentes circuierunt me,
& nomine Dñi vl-
tus sum in eos. † Cir-
cundãtes circũdederũt
me, & noĩe Dñi vltus
sum in eos. † Circun-
dederunt me sicut a-
pes fauum, & exarse-
runt sicut ignis in spi-

nis, & nomine Domi-
ni vltus sum in eos.
† Impulsus euersus
sum vt caderē, & Do-
minus suscepit me.
† Fortitudo mea &
laus mea Dñs, & fa-
ctus est mihi in salutē.
† Vox exultationis &
salutis in tabernaculis
iustorum. dextera Dñi
fecit virtutē: † Dextera
Dñi exaltauit me. dex-
tera Dñi fecit virtutē:
† Non moriar, sed viuā,
& narrabo opera Dñi.
† Castigans castigauit
me Dñs, & morti non
tradidit me. † Aperite
mihi portas iustitię: in-
gressus in eas confite-
bor Domino. † Hæc
porta Domini, iusti in-
trabunt in eam. † Con-
fitebor tibi quoniā ex-
audisti me, & factus es
mihi in salutem.
† Lapidem quem re-
probauerunt ædifican-
tes, hic factus est in ca-
put anguli.
† A Domino factum
est istud, & est mirabi-
le in oculis nostris.
† Hæc dies quam fecit
Dominus, exultemus
& lætemur in ea.

κάνθαις, καὶ τῷ ὀνόματι κυρίου ἠ-
μυνάμην αὐτούς.
13 ὠσθεὶς ἀνετράπην τοῦ πεσεῖν, καὶ
ὁ κύριος ἀντελάβετό μου.
14 ἰσχύς μου καὶ ὕμνησίς μου ὁ κύριος,
καὶ ἐγένετό μοι εἰς σωτηρίαν.
15 φωνὴ ἀγαλλιάσεως καὶ σωτηρίας
ἐν σκηναῖς δικαίων. δεξιὰ κυρίου
ἐποίησε δύναμιν·
16 δεξιὰ κυρίου ὕψωσέ με· δεξιὰ
κυρίου ἐποίησε δύναμιν·
17 οὐκ ἀποθανοῦμαι, ἀλλὰ ζήσομαι,
καὶ διηγήσομαι τὰ ἔργα κυρίου.
18 παιδεύων ἐπαίδευσέ με ὁ κύ-
ριος, καὶ τῷ θανάτῳ οὐ παρέδωκέ με.
19 ἀνοίξατέ μοι πύλας δικαιοσύ-
νης, εἰσελθὼν ἐν αὐταῖς ἐξομολογή-
σομαι τῷ κυρίῳ.
20 αὕτη ἡ πύλη τοῦ κυρίου, δίκαιοι
εἰσελεύσονται ἐν αὐτῇ.
21 ἐξομολογήσομαί σοι ὅτι ἐπήκου-
σάς μου, καὶ ἐγένου μοι εἰς σωτηρίαν.
22 λίθον ὃν ἀπεδοκίμασαν οἱ οἰκο-
δομοῦντες, οὗτος ἐγενήθη εἰς κε-
φαλὴν γωνίας.
23 παρὰ κυρίου ἐγένετο αὕτη, καὶ ἔστι
θαυμαστὴ ἐν ὀφθαλμοῖς ἡμῶν.
24 αὕτη ἡ ἡμέρα ἣν ἐποίησεν ὁ κύ-
ριος, ἀγαλλιασώμεθα καὶ εὐφραν-
θῶμεν ἐν αὐτῇ.

ὦ κύριε

ὦ κύριε σῶσον δὴ, ὦ κύριε εὐό- 25
δωσον δή.
εὐλογημένος ὁ ἐρχόμενος ἐν ὀνό- 26
ματι κυρίου. εὐλογήκαμεν ὑμᾶς ἐξ
οἴκου κυρίου.
θεὸς κύριος καὶ ἐπέφανεν ἡμῖν. 27
συστήσασθε ἑορτὴν ἐν τοῖς πυκάζου-
σιν, ἕως τῶν κεράτων τοῦ θυσιαστηρίου.
θεός μου εἶ σὺ, καὶ ἐξομολογήσο- 28
μαί σοι· θεός μου εἶ σὺ, καὶ ὑψώσω
σε. ἐξομολογήσομαί σοι, ὅτι ἐπήκου-
σάς μου, καὶ ἐγένου μοι εἰς σωτηρίαν.
ἐξομολογεῖσθε τῷ κυρίῳ, ὅτι ἀ- 29
γαθὸς, ὅτι εἰς τὸν αἰῶνα τὸ ἔλεος
αὐτοῦ. ἀλληλούϊα.

ALEPH. ριη'.

Μακάριοι ἄμωμοι ἐν ὁδῷ, οἱ 1
πορευόμενοι ἐν νόμῳ κυρίου.
μακάριοι οἱ ἐξερευνῶντες τὰ 2
μαρτύρια αὐτοῦ, ἐν ὅλῃ καρδίᾳ
ἐκζητήσουσιν αὐτόν.
οὐ γὰρ οἱ ἐργαζόμενοι τὴν ἀνο- 3
μίαν, ἐν ταῖς ὁδοῖς αὐτοῦ ἐπορεύ-
θησαν.
σὺ ἐνετείλω τὰς ἐντολάς σου τοῦ 4
φυλάξασθαι σφόδρα.
ὄφελον κατευθυνθείησαν αἱ ὁ- 5
δοί μου τοῦ φυλάξασθαι τὰ δικαιώμα-
τά σου.

† O Dñe saluũ me fac
iam, ô Dñe bene pro-
sperare iam. † Benedi-
ctus qui venit in noĩe
Dñi: benediximus vo-
bis de domo Domini.
† Deus Dñs & illuxit
nobis. cõstituite diẽ so-
lennẽ in condensis, vs-
que ad cornua altaris.
† Deus meus es tu, &
confitebor tibi; Deus
meus es tu, & exalta-
bo te. Confitebor tibi,
quoniã exaudisti me,
& factus es mihi in sa-
lutẽ. † Cõfitemini Dño
quoniam bonus, quo-
niam in seculũ miseri-
cordia eius. Alleluia.

CXVIII. N.

Beati immaculati
in via, qui ambu-
lant in Lege Domini.
† Beati qui scrutantur
testimonia eius, in to-
to corde exquirent
eum.
† Non enim qui operã-
tur iniquitatem, in viis
eius ambulauerunt.
† Tu mandasti mãda-
ta tua custodiri nimis.
† Vtinam dirigãtur viæ
meæ ad custodiendas
iustificationes tuas!

† Tunc non cōfundar,
cùm perſpexero in om
nibus mandatis tuis.
† Cōfitebor tibi in di-
rectione cordis, in eo
quod didici iudicia iu-
ſtitiç tuę. † Iuſtificatio-
nes tuas cuſtodiā, non
me derelinquas vſque
quaque. ב † I N quo
corriget adoleſcentior
viam ſuam? in cuſto-
diendo ſermones tuos.
† In toto corde meo
exquiſiui te, ne repellas
me à mandatis tuis.
† In corde meo abſcō-
di eloquia tua, vt non
peccē tibi. † Benedictus
es Dñe, doce me iuſtifi-
cationes tuas. † In labiis
meis pronunciaui om-
nia iudicia oris tui. † In
via teſtimoniorū tuo-
rū delectatus ſum, ſicut
in omnibus diuitiis.
† In mādatis tuis exer-
cebor, & conſiderabo
vias tuas. † In iuſtifica-
tionibus tuis medita-
bor, non obliuiſcar ſer
mones tuos.
ג † R E T R I B V E
ſeruo tuo, viuifica me,
& cuſtodiam ſermones
tuos.
† Reuela oculos meos,

6 τότε οὐ μὴ αἰσχυνθῶ, ἐν τῷ με
ἐπιβλέπειν ἐπὶ πάσας τὰς ἐντο-
λάς σου.
7 ἐξομολογήσομαί σοι ἐν εὐθύτητι
καρδίας, ἐν τῷ μεμαθηκέναι με τὰ
κρίματα τῆς δικαιοσύνης σου.
8 τὰ δικαιώματά σου φυλάξω, μή
με ἐγκαταλίπῃς ἕως σφόδρα.
9 B E T H. Ἐν τίνι κατορθώσει
νεώτερος τὴν ὁδὸν αὐτοῦ; ἐν τῷ φυ-
λάξασθαι τοὺς λόγους σου.
10 ἐν ὅλῃ καρδίᾳ μου ἐξεζήτησά
σε, μὴ ἀπώσῃ με ἀπὸ τῶν ἐντολῶν σου.
11 ἐν τῇ καρδίᾳ μου ἔκρυψα τὰ λό-
γιά σου, ὅπως ἂν μὴ ἁμάρτω σοι.
12 εὐλογητὸς εἶ κύριε, δίδαξόν με
τὰ δικαιώματά σου.
13 ἐν τοῖς χείλεσί μου ἐξήγγειλα
πάντα τὰ κρίματα τοῦ στόματός σου.
14 ἐν τῇ ὁδῷ τῶν μαρτυρίων σου ἐτέρ-
φθην, ὡς ἐπὶ παντὶ πλούτῳ.
15 ἐν ταῖς ἐντολαῖς σου ἀδολεσχήσω,
καὶ κατανοήσω τὰς ὁδούς σου.
16 ἐν τοῖς δικαιώμασί σου μελετή-
σω, οὐκ ἐπιλήσομαι τῶν λόγων σου.
17 G I M E L. Ἀνταπόδος τῷ
δούλῳ σου, ζῆσόν με, καὶ φυλάξω τοὺς
λόγους σου.
18 ἀποκάλυψον τοὺς ὀφθαλμούς μου,

καὶ κατανοήσω τὰ θαυμάσια ἐκ τοῦ
νόμου σου.
πάροικός ἐγώ εἰμι ἐν τῇ γῇ, μὴ 19
ἀποκρύψῃς ἀπ' ἐμοῦ τὰς ἐντολάς σου.
ἐπεπόθησεν ἡ ψυχή μου τοῦ ἐπι- 20
θυμῆσαι τὰ κρίματά σου ἐν παντὶ
καιρῷ.
ἐπετίμησας ὑπερηφάνοις, ἐπι- 21
κατάρατοι οἱ ἐκκλίνοντες ἀπὸ τῶν
ἐντολῶν σου.
περίελε ἀπ' ἐμοῦ ὄνειδος καὶ ἐξ- 22
ουδένωσιν, ὅτι τὰ μαρτύριά σου
ἐξεζήτησα.
καὶ γὰρ ἐκάθισαν ἄρχοντες, καὶ 23
κατ' ἐμοῦ κατελάλουν· ὁ δὲ δοῦλός
σου ἠδολέσχει ἐν τοῖς δικαιώμασί σου.
καὶ γὰρ τὰ μαρτύριά σου μελέτη 24
μου ἐστὶ, καὶ αἱ συμβουλίαι μου τὰ
δικαιώματά σου.
DALETH. Ἐκολλήθη τῷ ἐ- 25
δάφει ἡ ψυχή μου, ζῆσόν με κατὰ τὸν
λόγον σου.
τὰς ὁδούς μου ἐξήγγειλα καὶ ἐπή- 26
κουσάς μου, δίδαξόν με τὰ δικαιώ-
ματά σου.
ὁδὸν δικαιωμάτων σου συνέτισόν 27
με, καὶ ἀδολεσχήσω ἐν τοῖς θαυμα-
σίοις σου.
ἐνύσταξεν ἡ ψυχή μου ἀπὸ ἀκη- 28
δίας, βεβαίωσόν με ἐν τοῖς λόγοις
σου.
ὁδὸν

& conſiderabo mira-
bilia de Lege tua.
† Incola ego ſum in
terra, non abſcondas à
me mandata tua.
† Concupiuit anima
mea deſiderare iudicia
tua in omni tempore.
† Increpaſti ſuperbos:
maledicti qui declināt
à mandatis tuis.
† Aufer à me oppro-
brium & cōtemptum,
quia teſtimonia tua
exquiſiui.
† Et enim ſederunt
principes, & aduerſum
me loquebātur: ſeruus
autē tuus exercebatur
in iuſtificationibꝰ tuis.
† Et enim teſtimonia
tua meditatio mea eſt:
& conſilia mea iuſtifi-
cationes tuæ.
ד † ADHAESIT
pauimēto anima mea:
viuifica me ſecundum
verbum tuum. † Vias
meas enunciaui, & ex-
audiſti me: doce me iu-
ſtificationes tuas.
† Viam iuſtificatio-
num tuarum inſtrue
me, & exercebor in
mirabilibus tuis.
† Dormitauit anima
mea præ tædio, confir-
ma me in verbis tuis.

† Viā iniquitatis amoue à me, & Lege tua miserere mei. † Viam veritatis elegi, iudicia tua non sum oblitus.

† Adhæsi testimoniis tuis, Dñe, noli me confundere. † Viam mandatorū tuorū cucurri, cùm dilatasti cor meū.

ה Legem pone mihi Dñe, viam iustificationum tuarum, & exquiram eam semper.

† Da mihi intellectū, & scrutabor Legē tuā, & custodiam illam in toto corde meo. † Deduc me in semitā mādatorum tuorū, quia ipsam volui. † Inclina cor meū in testimonia tua, & non in auaritiā. † Auerte oculos meos ne videant vanitatem, in via tua viuifica me.

† Statue seruo tuo eloquiū tuum in timore tuo. † Amputa opprobriū meū quod suspicatus sum, quia iudicia tua iocunda. † Ecce concupiui mandata tua, in æquitate tua viuifica me. ו † Et veniat sup me misericordia tua Dñe, salutare tuum secūdum eloquiū tuum.

29 ὁδὸν ἀδικίας ἀπόστησον ἀπ' ἐμοῦ,
καὶ τῷ νόμῳ σου ἐλέησόν με.
30 ὁδὸν ἀληθείας ἡρετισάμην, τὰ
κρίματά σου οὐκ ἐπελαθόμην.
31 ἐκολλήθην τοῖς μαρτυρίοις σου
κύριε, μή με καταισχύνῃς.
32 ὁδὸν ἐντολῶν σου ἔδραμον, ὅταν
ἐπλάτυνας τὴν καρδίαν μου.
33 Η Ε. Νομοθέτησόν με κύριε
τὴν ὁδὸν τῶν δικαιωμάτων σου, καὶ ἐκ-
ζητήσω αὐτὴν διαπαντός.
34 Συνέτισόν με, καὶ ἐξερευνήσω τὸν
νόμον σου, καὶ φυλάξω αὐτὸν ἐν ὅλῃ
καρδίᾳ μου.
35 ὁδήγησόν με ἐν τῇ τρίβῳ τῶν ἐντο-
λῶν σου, ὅτι αὐτὴν ἠθέλησα.
36 κλῖνον τὴν καρδίαν μου εἰς τὰ
μαρτύριά σου, καὶ μὴ εἰς πλεονεξίαν.
37 ἀπόστρεψον τοὺς ὀφθαλμούς μου τοῦ
μὴ ἰδεῖν ματαιότητα, ἐν τῇ ὁδῷ σου
ζῆσόν με.
38 στῆσον τῷ δούλῳ σου τὸ λόγιόν σου
εἰς τὸν φόβον σου.
39 περίελε τὸν ὀνειδισμόν μου ὃν ὑπώ-
πτευσα, ὅτι τὰ κρίματά σου χρηστά.
40 ἰδοὺ ἐπεθύμησα τὰς ἐντολάς σου,
ἐν τῇ δικαιοσύνῃ σου ζῆσόν με.
41 V A V. Καὶ ἔλθοι ἐπ' ἐμὲ τὸ
ἔλεός σου κύριε, τὸ σωτήριόν σου
κατὰ τὸν λόγον σου.

καὶ ἀποκριθήσομαι τοῖς ὀνειδί- 42
ζουσί μοι λόγον, ὅτι ἤλπισα ἐπὶ τοῖς
λόγοις σου.
καὶ μὴ περιέλῃς ἐκ τοῦ στόματός 43
μου λόγον ἀληθείας ἕως σφόδρα, ὅτι
ἐπὶ τοῖς κρίμασί σου ἐπήλπισα.
καὶ φυλάξω τὸν νόμον σου διὰ- 44
παντὸς, εἰς τὸν αἰῶνα καὶ εἰς τὸν αἰῶ-
να τοῦ αἰῶνος.
καὶ ἐπορευόμην ἐν πλατυσμῷ, ὅτι 45
τὰς ἐντολάς σου ἐξεζήτησα.
καὶ ἐλάλουν ἐν τοῖς μαρτυρίοις 46
σου ἐναντίον βασιλέων, καὶ οὐκ ἠ-
σχυνόμην.
Ἐμελέτων ἐν ταῖς ἐντολαῖς σου, 47
αἷς ἠγάπησα σφόδρα.
καὶ ἦρα τὰς χεῖράς μου πρὸς τὰς 48
ἐντολάς σου, ἃς ἠγάπησα, καὶ ἠδο-
λέσχουν ἐν τοῖς δικαιώμασί σου.

ΖΑΙΝ. Μνήσθητι τῶν λόγων σου 49
τῷ δούλῳ σου ὧν ἐπήλπισάς με.
αὕτη με παρεκάλεσεν ἐν τῇ τα- 50
πεινώσει μου, ὅτι τὸ λόγιόν σου ἔζη-
σέ με.
ὑπερήφανοι παρηνόμουν ἕως 51
σφόδρα, ἀπὸ δὲ τοῦ νόμου σου οὐκ
ἐξέκλινα.
ἐμνήσθην τῶν κριμάτων σου ἀπ᾽ 52
αἰῶνος κύριε, καὶ παρεκλήθην.

ἀθυ-

† Et respondebo exprobrantibus mihi verbũ, quia speraui in sermonibus tuis. † Et ne auferas de ore meo verbũ veritatis vsquequaque, quia in iudiciis tuis supersperaui. † Et custodiam Legẽ tuam semper in seculum & in seculum seculi.

† Et ambulabam in latitudine, quia mandata tua exquisiui. † Et loquebar in testimoniis tuis in conspectu regũ, & non confundebar.

† Et meditabar in mãdatis tuis, quæ dilexi nimis. † Et leuaui manus meas ad mandata tua, quæ dilexi, & exercebar in iustificationibus tuis.

† † MEMOR esto verborũ tuorum seruo tuo, in quibus spem dedisti mihi. † Hæc me consolata est in humilitate mea, quia eloquiũ tuum viuificauit me.

† Superbi iniquè agebant vsquequaque: à Lege autẽ tua non declinaui. † Memor fui iudiciorum tuorum à seculo Domine, & consolatus sum.

† Defectio tenuit me
à peccatoribus derelin-
quentibus Legē tuam.
† Cantabiles erãt mihi
iuſtificationes tuæ, in
loco peregrinationis
meæ. † Memor fui in
nocte noīs tui Dñe, &
cuſtodiui Legem tuã.
† Hæc facta eſt mihi,
quia iuſtificationes tuas
exquiſiui. ח † Por-
tio mea es Dñe, dixi
cuſtodire Legē tuam.
† Deprecatus ſum fa-
ciem tuã in toto corde
meo: miſerere mei ſe-
cũdum eloquiũ tuum.
† Cogitaui vias tuas,
& conuerti pedes meos
in teſtimonia tua.
† Paratus ſum & non
ſum turbatus, vt cuſto-
diam mandata tua.
† Funes peccatorũ cir-
cumplexi ſunt me, &
Legem tuam non ſum
oblitus. † Media nocte
ſurgebam, ad confiten-
dum tibi ſuper iudicia
iuſtificationis tuæ.
† Particeps ego ſum
omniũ timentium te,
& cuſtodientiũ man-
data tua. † Miſericordia
tua Dñe plena terra: iu-
ſtificationes tuas doce
me.

53 ἀθυμία κατέσχε με ἀπὸ ἁμαρτω-
λῶν τῶν ἐγκαταλιμπανόντων τὸν
νόμον σου.
54 ψαλτὰ ἦσάν μοι τὰ δικαιώμα-
τά σου, ἐν τόπῳ παροικίας μου.
55 ἐμνήσθην ἐν νυκτὶ τοῦ ὀνόματός
σου κύριε, καὶ ἐφύλαξα τὸν νόμον σου.
56 αὕτη ἐγενήθη μοι, ὅτι τὰ δικαιώ-
ματά σου ἐξεζήτησα.
57 ΗΕΤΗ. Μερίς μου εἶ κύριε,
εἶπα τοῦ φυλάξασθαι τὸν νόμον σου.
58 ἐδεήθην τοῦ προσώπου σου ἐν
ὅλῃ καρδίᾳ μου, ἐλέησόν με κατὰ τὸ
λόγιόν σου.
59 διελογισάμην τὰς ὁδούς σου, καὶ
ἐπέστρεψα τοὺς πόδας μου εἰς τὰ
μαρτύριά σου.
60 ἡτοιμάσθην καὶ οὐκ ἐταράχθην,
τοῦ φυλάξασθαι τὰς ἐντολάς σου.
61 σχοινία ἁμαρτωλῶν περιεπλά-
κησάν μοι, καὶ τοῦ νόμου σου οὐκ ἐ-
πελαθόμην.
62 μεσονύκτιον ἐξεγειρόμην, τοῦ ἐξο-
μολογεῖσθαί σοι ἐπὶ τὰ κρίματα τῆς
δικαιοσύνης σου.
63 μέτοχος ἐγώ εἰμι πάντων τῶν φο-
βουμένων σε, καὶ τῶν φυλασσόντων
τὰς ἐντολάς σου.
64 τοῦ ἐλέους σου κύριε πλήρης ἡ γῆ,
τὰ δικαιώματά σου δίδαξόν με.

ΤΕΤΗ.

ΤΕΤΗ. Χρηστότητα ἐποίησας 65
μετὰ τοῦ δούλου σου κύριε κατὰ τὸν λόγον σου.
χρηστότητα, καὶ παιδείαν, καὶ 66
γνῶσιν δίδαξόν με, ὅτι ταῖς ἐντο-
λαῖς σου ἐπίστευσα.
πρὸ τοῦ με ταπεινωθῆναι, ἐγὼ ἐ- 67
πλημμέλησα, διὰ τοῦτο τὸ λόγιόν σου
ἐφύλαξα.
χρηστὸς εἶ σὺ κύριε, καὶ ἐν τῇ 68
χρηστότητί σου δίδαξόν με τὰ δι-
καιώματά σου.
ἐπληθύνθη ἐπ᾽ ἐμὲ ἀδικία ὑπερ- 69
ηφάνων, ἐγὼ δὲ ἐν ὅλῃ καρδίᾳ μου
ἐξερευνήσω τὰς ἐντολάς σου.
ἐτυρώθη ὡς γάλα ἡ καρδία αὐτῶν, 70
ἐγὼ δὲ τὸν νόμον σου ἐμελέτησα.
ἀγαθόν μοι ὅτι ἐταπείνωσάς με, 71
ὅπως ἂν μάθω τὰ δικαιώματά σου.
ἀγαθός μοι ὁ νόμος τοῦ στόμα- 72
τός σου, ὑπὲρ χιλιάδας χρυσίου
καὶ ἀργυρίου.
ΙΟΔ. Αἱ χεῖρές σου ἐποίησάν 73
με καὶ ἔπλασάν με, συνέτισόν με καὶ
μαθήσομαι τὰς ἐντολάς σου.
οἱ φοβούμενοί σε ὄψονταί με καὶ 74
εὐφρανθήσονται, ὅτι εἰς τοὺς λόγους
σου ἐπήλπισα.
ἔγνων κύριε ὅτι δικαιοσύνη τὰ 75
κρίματά σου, καὶ ἀληθείᾳ ἐταπείνω-
σάς με.

ט † BONITATEM fecisti cum seruo tuo Dñe secundùm verbum tuum. † Bonitatem, & disciplinā, & scientiam doce me, quia mādatis tuis credidi. † Priusquā humiliarer, ego deliqui, proptereà eloquiū tuū custodiui. † Bonus es tu Domine, & in bonitate tua doce me iustificationes tuas.

† Multiplicata est super me iniquitas superborum, ego autem in toto corde meo scrutabor mādata tua. † Coagulatum est sicut lac cor eorū, ego verò Legē tuā meditatus sum. † Bonum mihi quia humiliasti me, vt discam iustificationes tuas. † Bona mihi lex oris tui super millia auri & argenti. י † MANVS tuæ fecerūt me & plasmauerunt me: da intellectum mihi, & discam mandata tua. † Qui timēt te, videbūt me & lætabūtur, quia in verba tua supersperaui.

† Cognoui Dñe quia æquitas iudicia tua, & veritate humiliasti me.

γενη-

πᾶσαι αἱ ἐντολαί σου ἀλήθεια. 86
ἀδίκως κατεδίωξάν με, βοήθη-
σόν μοι.
παρὰ βραχὺ συνετέλεσάν με ἐν 87
τῇ γῇ. ἐγὼ δὲ οὐκ ἐγκατέλιπον τὰς
ἐντολάς σου.
κατὰ τὸ ἔλεός σου ζῆσόν με, καὶ 88
φυλάξω τὰ μαρτύρια τοῦ στόμα-
τός σου.
LAMED. Εἰς τὸν αἰῶνα κύριε 89
ὁ λόγος σου διαμένει ἐν τῷ οὐρανῷ.
εἰς γενεὰν καὶ γενεὰν ἡ ἀλήθειά 90
σου. ἐθεμελίωσας τὴν γῆν καὶ δια-
μένει.
τῇ διατάξει σου διαμένει ἡμέρα, 91
ὅτι τὰ σύμπαντα δοῦλα σά.
εἰ μὴ ὅτι ὁ νόμος σου μελέτη μου 91
ἐστὶ, τότε ἂν ἀπωλόμην ἐν τῇ ταπει-
νώσει μου.
εἰς τὸν αἰῶνα οὐ μὴ ἐπιλάθωμαι τῶν 93
δικαιωμάτων σου, ὅτι ἐν αὐτοῖς ἔζη-
σάς με.
Σός εἰμι ἐγὼ, σῶσόν με, ὅτι τὰ 94
δικαιώματά σου ἐξεζήτησα.
ἐμὲ ὑπέμειναν ἁμαρτωλοὶ τοῦ 95
ἀπολέσαι με· τὰ μαρτύριά σου
συνῆκα.
πάσης συντελείας εἶδον πέρας, 96
πλατεῖα ἡ ἐντολή σου σφόδρα.

P MEM.

† Omnia mandata tua veritas. inique persecuti sunt me, adiuua me. † Paulominus consummauerit me in terra; ego autem non dereliqui mandata tua. † Secundum misericordiam tuam viuifica me, & custodiam testimonia oris tui.

ל † In æternum Domine verbum tuum permanet in cælo. † In generatione & generatione veritas tua. fundasti terram & permanet. † Ordinatione tua perseuerat dies, quoniam omnia seruiunt tibi. † Nisi quòd Lex tua meditatio mea est, tunc fortè perijssem in humilitate mea. † In æternum non obliuiscar iustificationes tuas, quoniã in ipsis viuificasti me. † Tuus sum ego, saluum me fac, quoniam iustificationes tuas exquisiui. † Me expectauerunt peccatores vt perderent me, testimonia tua intellexi. † Omnis consummationis vidi finem; latum mandatum tuum nimis.

ם † QVAM dilexi
Legem tuam Domine!
tota die meditatio mea
est. † Super inimicos
meos prudentem me
fecisti mandato tuo,
quia in æternum mihi
est. † Super omnes do-
cẽtes me intellexi, quia
testimonia tua medi-
tatio mea est.
† Super senes intel-
lexi, quia mandata
tua quæsiui.
† Ab omni via mala
prohibui pedes meos,
vt custodiã verba tua.
† A iudiciis tuis non
declinaui, quia tu le-
gem posuisti mihi.
† Quàm dulcia fau-
cibus meis eloquia
tua, super mel ori meo.
† A mandatis tuis in-
tellexi, propterea odi-
ui omnem viam ini-
quitatis.
נ † LVCERNA pe-
dibus meis Lex tua, &
lumen semitis meis.
† Iuraui & statui
custodire iudicia iusti-
tiæ tuæ. † Humiliatus
sum vsquequaque Do-
mine, viuifica me se-
cũdũm verbum tuum.
† Voluntaria oris
mei, beneplacita

97 ΜΕΜ. Ὡς ἠγάπησα τὸν νόμον
σου κύριε. ὅλην τὴν ἡμέραν με-
λέτη μού ἐστι.
98 ὑπὲρ τοὺς ἐχθρούς μου ἐσόφισάς
με τὴν ἐντολήν σου, ὅτι εἰς τὸν αἰῶ-
να ἐμοί ἐστιν.
99 ὑπὲρ πάντας τοὺς διδάσκον-
τάς με συνῆκα, ὅτι τὰ μαρτύριά
σου μελέτη μού ἐστιν.
100 ὑπὲρ πρεσβυτέρους συνῆκα, ὅτι
τὰς ἐντολάς σου ἐξεζήτησα.
101 ἐκ πάσης ὁδοῦ πονηρᾶς ἐκώ-
λυσα τοὺς πόδας μου, ὅπως ἂν φυ-
λάξω τοὺς λόγους σου.
102 ἀπὸ τῶν κριμάτων σου οὐκ ἐξέ-
κλινα, ὅτι σὺ ἐνομοθέτησάς με.
103 ὡς γλυκέα τῷ λάρυγγί μου
τὰ λόγιά σου ὑπὲρ μέλι τῷ στό-
ματί μου.
104 ἀπὸ τῶν ἐντολῶν σου συνῆκα, διὰ
τοῦτο ἐμίσησα πᾶσαν ὁδὸν ἀ-
δικίας.
105 ΝΥΝ. Λύχνος τοῖς ποσί μου
ὁ νόμος σου, καὶ φῶς ταῖς τρίβοις μου.
106 ὤμοσα καὶ ἔστησα τοῦ φυλάξασθαι
τὰ κρίματα τῆς δικαιοσύνης σου.
107 ἐταπεινώθην ἕως σφόδρα κύ-
ριε, ζῆσόν με κατὰ τὸν λόγον σου.
108 τὰ ἑκούσια τοῦ στόματός μου, εὐ-
δόκησον

εὐδόκησον δὴ κύριε, καὶ τὰ κρίμα-
τά σου δίδαξόν με.
ἡ ψυχή μου ἐν ταῖς χερσί σου 109
διαπαντὸς, καὶ τοῦ νόμου σου οὐκ ἐπε-
λαθόμην.
ἔθεντο ἁμαρτωλοὶ παγίδα μοι, 110
καὶ ἐκ τῶν ἐντολῶν σου οὐκ ἐπλα-
νήθην.
ἐκληρονόμησα τὰ μαρτύριά 111
σου εἰς τὸν αἰῶνα, ὅτι ἀγαλλίαμα
τῆς καρδίας μου εἰσίν.
ἔκλινα τὴν καρδίαν μου τοῦ ποιῆ- 112
σαι τὰ δικαιώματά σου εἰς τὸν αἰῶ-
να δι' ἀντάμειψιν.
SAMECH. Παρανόμους ἐ- 113
μίσησα, τὸν δὲ νόμον σου ἠγάπησα.
βοηθός μου καὶ ἀντιλήπτωρ μου 114
εἶ σὺ, εἰς τοὺς λόγους σου ἐπήλπισα.
ἐκκλίνατε ἀπ' ἐμοῦ πονηρευό- 115
μενοι, καὶ ἐξερευνήσω τὰς ἐντολὰς
τοῦ θεοῦ μου.
ἀντιλαβοῦ μου κατὰ τὸ λόγιόν σου 116
καὶ ζῆσόν με, καὶ μὴ καταισχύνῃς με
ἀπὸ τῆς προσδοκίας μου.
βοήθησόν μοι, καὶ σωθήσομαι, καὶ 117
μελετήσω ἐν τοῖς δικαιώμασί σου
διαπαντός.
ἐξουδένωσας πάντας τοὺς ἀπο- 118
στατοῦντας ἀπὸ τῶν δικαιωμάτων
σου, ὅτι ἄδικον τὸ ἐνθύμημα αὐτῶν.

fac iam Domine, & iudicia tua doce me. † Anima mea in manibus tuis semper, & Legem tuam non sum oblitus. † Posuerunt peccatores laqueum mihi, & de mādatis tuis non erraui. † Hæreditate acquisiui testimonia tua in æternum, quia exultatio cordis mei sunt. † Inclinaui cor meū ad faciēdas iustificationes tuas in æternū propter retributionē.

O † INIQVOS odio habui, at Legem tuam dilexi. † Adiutor meus & susceptor meus es tu, in verba tua supersperaui. † Declinate à me maligni, & scrutabor mandata Dei mei. † Suscipe me secundùm eloquium tuum, & viuifica me, & non confundas me ab expectatione mea. † Adiuua me, & saluus ero, & meditabor in iustificationibus tuis semper. † Spreuisti oēs discedentes à iustificationibus tuis, quia iniusta cogitatio eorum.

† Præuaricantes reputaui omnes peccatores terræ, ideo dilexi testimonia tua.

† Confige â timore tuo carnes meas, â iudiciis enim tuis timui.

ע † Feci iudicium & iustitiam, non tradas me calumniantibus me.

† Suscipe seruum tuum in bonum, non calumnientur me superbi.

† Oculi mei defecerunt in salutare tuum, & in eloquium iustitię tuæ. † Fac cum seruo tuo secundùm misericordiam tuam, & iustificationes tuas doce me. † Seruus tuus sum ego: da intellectũ mihi, & sciã testimonia tua. † Tẽpus faciẽdi Dño, dissipauerũt Legem tuam. † Ideò dilexi mandata tua super aurum & topazion.

† Propterea ad omnia mandata tua dirigebar, omnem viam iniquam odio habui.

פ † Mirabilia testimonia tua, ideo scrutata est ea aïa mea.

119 παραβαίνοντας ἐλογισάμην πάν-
τας τοὺς ἁμαρτωλοὺς τῆς γῆς, διὰ
τοῦτο ἠγάπησα τὰ μαρτύριά σου.
120 καθήλωσον ἐκ τοῦ φόβου σου τὰς
σάρκας μου, ἀπὸ γὰρ τῶν κριμά-
των σου ἐφοβήθην.
121 Α Ι Ν. Ἐποίησα κρίμα καὶ
δικαιοσύνην, μὴ παραδῷς με τοῖς
ἀδικοῦσί με.
122 ἔκδεξαι τὸν δοῦλόν σου εἰς ἀ-
γαθόν. μὴ συκοφαντησάτωσάν με
ὑπερήφανοι.
123 οἱ ὀφθαλμοί μου ἐξέλιπον εἰς τὸ
σωτήριόν σου, καὶ εἰς τὸ λόγιον τῆς
δικαιοσύνης σου.
124 ποίησον μετὰ τοῦ δούλου σου κατὰ τὸ
ἔλεός σου, καὶ τὰ δικαιώματά σου
δίδαξόν με.
125 δοῦλός σου εἰμὶ ἐγώ, συνέτισόν
με, καὶ γνώσομαι τὰ μαρτύριά σου.
126 καιρὸς τοῦ ποιῆσαι τῷ κυρίῳ.
διεσκέδασαν τὸν νόμον σου.
127 διὰ τοῦτο ἠγάπησα τὰς ἐντολάς
σου ὑπὲρ χρυσίον καὶ τοπάζιον.
128 διὰ τοῦτο πρὸς πάσας τὰς ἐν-
τολάς σου κατωρθούμην, πᾶσαν ὁδὸν
ἄδικον ἐμίσησα.
129 Ρ Η Ε. Θαυμαστὰ τὰ μαρτύ-
ριά σου, διὰ τοῦτο ἐξηρεύνησεν αὐ-
τὰ ἡ ψυχή μου.

ἡ δή-

ἡ δήλωσις τῶν λόγων σου φωτιεῖ καὶ 130
συνετιεῖ νηπίους.

τὸ στόμα μου ἤνοιξα, καὶ εἵλκυ- 131
σα πνεῦμα, ὅτι τὰς ἐντολάς σου
ἐπεπόθουν.

ἐπίβλεψον ἐπ' ἐμὲ καὶ ἐλέησόν 132
με, κατὰ τὸ κρίμα τῶν ἀγαπώντων
τὸ ὄνομά σου.

τὰ διαβήματά μου κατεύθυνον 133
κατὰ τὸ λόγιόν σου, καὶ μὴ κατακυ-
ριευσάτω μου πᾶσα ἀνομία.

λύτρωσαί με ἀπὸ συκοφαντίας 134
ἀνθρώπων, καὶ φυλάξω τὰς ἐντο-
λάς σου.

τὸ πρόσωπόν σου ἐπίφανον ἐπὶ 135
τὸν δοῦλόν σου, καὶ δίδαξόν με τὰ
δικαιώματά σου.

διεξόδους ὑδάτων κατέδυσαν 136
οἱ ὀφθαλμοί μου, ἐπεὶ οὐκ ἐφύ-
λαξα τὸν νόμον σου.

ΖΑΔΕ. Δίκαιος εἶ κύριε, καὶ 137
εὐθεῖς αἱ κρίσεις σου.

ἐνετείλω δικαιοσύνην τὰ μαρ- 138
τύριά σου, καὶ ἀλήθειαν σφόδρα.

ἐξέτηξέ με ὁ ζῆλός σου, ὅτι ἐπε- 139
λάθοντο τῶν λόγων σου οἱ ἐχθροί μου.

πεπυρωμένον τὸ λόγιόν σου σφό- 140
δρα, καὶ ὁ δοῦλός σου ἠγάπησεν
αὐτό.

νεώτερος ἐγώ εἰμι καὶ ἐξουδε- 141

† Declaratio sermonũ tuorum illuminabit, & intellectum dabit paruulis. † Os meũ aperui, & attraxi spiritũ, quia mandata tua desiderabam. † Aspice in me & miserere mei, secundũm iudiciũ diligentiũ nomen tuum. † Gressus meos dirige secundũm eloquiũ tuum, & non dominetur mei omnis iniustitia.

† Redime me à calumniis hominum, & custodiam mandata tua. † Faciem tuam illumina super seruum tuum, & doce me iustificationes tuas.

† Exitus aquarum deduxerunt oculi mei, quia non custodiui Legem tuam.

x † IVSTVS es Domine, & recta iudicia tua. † Mandasti iustitiam testimonia tua, & veritatem nimis. † Tabescere me fecit zelus tuus, quia obliti sunt verba tua inimici mei. † Ignitum eloquiũ tuũ vehementer, & seruus tuus dilexit illud.

† Adolescentulus ego sum & contem-

ptus, iustificatiões tuas
non sum oblitus.
† Iustitia tua iustitia
in æternum, & Lex
tua veritas. † Tribula-
tiones & angustiæ in-
uenerunt me, manda: a
tua meditatio mea.
† Æquitas testimo-
nia tua in æternum;
intellectũ da mihi, &
viuã. ק † CLAMAVI
in toto corde meo, ex-
audi me Dñe, iustifica-
tiones tuas requiram.
† Clamaui ad te, sal-
uum me fac, & custo-
diam testimonia tua.
† Præueni in immatu-
ritate, & clamaui, in
verba tua supersperaui.
† Preuenerũt oculi mei
ad diluculum, vt me-
ditarer eloquia tua.
† Vocem meam audi
Dñe, secũdùm miseri-
cordiã tuam, secũdùm
iudicium tuũ viuifica
me. † Appropinquaue-
rũt persequẽtes me ini-
quitati; à Lege autẽ tua
lõgè facti sunt. † Propè
es tu Dñe, & omnes
viæ tuæ veritas. † Initiò
cognoui de testimo-
niis tuis, quia in æter-
num fundasti ea.

νωμένος, τὰ δικαιώματά σου οὐκ
ἐπελαθόμην.
142 ἡ δικαιοσύνη σου δικαιοσύνη
εἰς τὸν αἰῶνα, καὶ ὁ νόμος σου ἀλήθεια.
143 θλίψεις καὶ ἀνάγκαι εὕροσάν
με· αἱ ἐντολαί σου μελέτη μου.
144 δικαιοσύνη τὰ μαρτύριά σου
εἰς τὸν αἰῶνα· συνέτισόν με, καὶ
ζήσομαι.
145 COPH. Ἐκέκραξα ἐν ὅλῃ
καρδίᾳ μου, ἐπάκουσόν μου κύριε,
τὰ δικαιώματά σου ἐκζητήσω.
146 ἐκέκραξά σοι, σῶσόν με, καὶ
φυλάξω τὰ μαρτύριά σου.
147 προέφθασα ἐν ἀωρίᾳ, καὶ ἐκέ-
κραξα, εἰς τοὺς λόγους σου
ἐπήλπισα.
148 προέφθασαν οἱ ὀφθαλμοί μου
πρὸς ὄρθρον τοῦ μελετᾶν τὰ λό-
149 γιά σου· τῆς φωνῆς μου ἄκου-
σον κύριε κατὰ τὸ ἔλεός σου, κατὰ
τὸ κρίμα σου ζῆσόν με.
150 προσήγγισαν οἱ καταδιώκοντές
με ἀνομίᾳ, ἀπὸ δὲ τοῦ νόμου σου ἐ-
μακρύνθησαν.
151 ἐγγὺς εἶ σὺ κύριε, καὶ πᾶσαι
αἱ ὁδοί σου ἀλήθεια.
152 κατ' ἀρχὰς ἔγνων ἐκ τῶν μαρ-
τυρίων σου, ὅτι εἰς τὸν αἰῶνα ἐθεμε-
λίωσας αὐτά.

Res.

RES. Ἴδε τὴν ταπείνωσίν μου 153
καὶ ἐξελοῦ με, ὅτι τοῦ νόμου σου οὐκ
ἐπελαθόμην.
κρῖνον τὴν κρίσιν μου, καὶ λύ- 154
τρωσαί με, διὰ τὸν λόγον σου ζῆ-
σόν με.
μακρὰν ἀπὸ ἁμαρτωλῶν σωτη- 155
ρία, ὅτι τὰ δικαιώματά σου οὐκ
ἐξεζήτησαν.
οἱ οἰκτιρμοί σου πολλοὶ κύριε, 156
κατὰ τὸ κρίμά σου ζῆσόν με.
πολλοὶ οἱ ἐκδιώκοντές με καὶ 157
θλίβοντές με, ἐκ τῶν μαρτυρίων
σου οὐκ ἐξέκλινα.
εἶδον ἀσυνετοῦντας καὶ ἐξετηκό- 158
μην, ὅτι τὰ λόγιά σου οὐκ ἐφυ-
λάξαντο.
ἴδε ὅτι τὰς ἐντολάς σου ἠγάπη- 159
σα κύριε, ἐν τῷ ἐλέει σου ζῆσόν με.
ἀρχὴ τῶν λόγων σου ἀλήθεια, καὶ 160
εἰς τὸν αἰῶνα πάντα τὰ κρίματα
τῆς δικαιοσύνης σου.
SCHIN. Ἄρχοντες κατε- 161
δίωξάν με δωρεάν, καὶ ἀπὸ τῶν λό-
γων σου ἐδειλίασεν ἡ καρδία μου.
ἀγαλλιάσομαι ἐγὼ ἐπὶ τὰ λό- 162
γιά σου, ὡς ὁ εὑρίσκων σκῦλα
πολλά.
ἀδικίαν ἐμίσησα καὶ ἐβδελυξά- 163
μην, τὸν δὲ νόμον σου ἠγάπησα.

ר † VIDE humilitatem meã & eripe me, quia Legem tuam non sum oblitus. † Iudica iudicium meum & redime me, propter eloquium tuum viuifica me. † Longè à peccatoribus salus, quia iustificationes tuas non exquisierunt. † Misericordiæ tuæ multę Domine, secundũ iudiciũ tuum viuifica me. † Multi qui persequũtur me & tribulant me, à testimoniis tuis non declinaui. † Vidi præuaricantes, & tabescebam, quia eloquia tua non custodierunt. † Vide quoniã mãdata tua dilexi, Dñe, in misericordia tua viuifica me. † Principiũ verborum tuorum veritas, & in æternum omnia iudicia iustitiæ tuæ. ש † PRINCIPES persecuti sunt me gratis, & à verbis tuis formidauit cor meum. † Lætabor ego super eloquia tua, sicut qui inuenit spolia multa. † Iniquitatem odio habui & abominatus sũ: Legẽ autem tuã dilexi.

† Septies in die laudem dixi tibi, super iudicia iustitiæ tuæ. † Pax multa diligentibus Legem tuam, & non est illis scandalum. † Expectabam salutare tuũ Domine, & mandata tua dilexi. † Custodiuit anima mea testimonia tua, & dilexit ea vehementer. † Seruaui mandata tua & testimonia tua, quia omnes viæ meæ in conspectu tuo Domine.

ת. † APPROPINQVET deprecatio mea in conspectu tuo Dñe, iuxta eloquiũ tuum da mihi intellectum. † Intret postulatio mea in cõspectu tuo Dñe, secũdum eloquium tuum eripe me. † Eructet labia mea hymnum, cùm docueris me iustificationes tuas. † Pronuntiet lingua mea eloquia tua, quia omnia mandata tua æquitas.

† Fiat manus tua vt saluet me, quoniã mandata tua elegi. † Concupiui salutare tuum Domine, & Lex tua meditatio mea est.

164 ἑπτάκις τῆς ἡμέρας ᾔνεσά σε, ἐπὶ
τὰ κρίματα τῆς δικαιοσύνης σου.
165 εἰρήνη πολλὴ τοῖς ἀγαπῶσι τὸν
νόμον σου, καὶ οὐκ ἔστιν αὐτοῖς
σκάνδαλον.
166 προσεδόκων τὸ σωτήριόν σου
κύριε, καὶ τὰς ἐντολάς σου ἠγάπησα.
167 ἐφύλαξεν ἡ ψυχή μου τὰ μαρ-
τύριά σου, καὶ ἠγάπησεν αὐτὰ
σφόδρα.
168 ἐφύλαξα τὰς ἐντολάς σου καὶ
τὰ μαρτύριά σου, ὅτι πᾶσαι αἱ
ὁδοί μου ἐναντίον σου κύριε.
169 ΤΑΥ. Ἐγγισάτω ἡ δέησίς μου
ἐνώπιόν σου κύριε, κατὰ τὸ λόγιόν
σου συνέτισόν με.
170 εἰσέλθοι τὸ ἀξίωμά μου ἐνώπιόν
σου κύριε, κατὰ τὸ λόγιόν σου ῥῦ-
σαί με.
171 ἐξερεύξαιντο τὰ χείλη μου ὕ-
μνον, ὅταν διδάξῃς με τὰ δικαιώ-
ματά σου.
172 φθέγξαιτο ἡ γλῶσσά μου τὰ
λόγιά σου, ὅτι πᾶσαι αἱ ἐντολαί
σου δικαιοσύνη.
173 γενέσθω ἡ χείρ σου τοῦ σῶσαί με, ὅτι
τὰς ἐντολάς σου ᾑρετισάμην.
174 ἐπεπόθησα τὸ σωτήριόν σου κύ-
ριε, καὶ ὁ νόμος σου μελέτη μού ἐστι.

ζήσεται

ζήσεται ἡ ψυχή μου καὶ αἰνέσει σε, 175
καὶ τὰ κρίματά σου βοηθήσει μοι.
ἐπλανήθην ὡς πρόβατον ἀπολω- 176
λός, ζήτησον τὸν δοῦλόν σου, ὅτι
τὰς ἐντολάς σου οὐκ ἐπελαθόμην.

ᾨδὴ τῶν ἀναβαθμῶν. 1

ριθʹ.

Πρὸς κύριον ἐν τῷ θλίβεσθαί
με ἐκέκραξα, καὶ εἰσήκου-
σέ μου.
κύριε ῥῦσαι τὴν ψυχήν μου 2
ἀπὸ χειλέων ἀδίκων καὶ ἀπὸ γλώσ-
σης δολίας.
τί δοθείη σοι καὶ τί προστεθείη σοι 3
πρὸς γλῶσσαν δολίαν;
τὰ βέλη τοῦ δυνατοῦ ἠκονημένα σὺν 4
τοῖς ἄνθραξι τοῖς ἐρημικοῖς.
οἴμοι ὅτι ἡ παροικία μου ἐμα- 5
κρύνθη, κατεσκήνωσα μετὰ τῶν σκη-
νωμάτων Κηδάρ.
πολλὰ παρῴκησεν ἡ ψυχή μου μετὰ 6
τῶν μισούντων τὴν εἰρήνην
ἤμην εἰρηνικός. ὅταν ἐλάλουν αὐ- 7
τοῖς, ἐπολέμουν με δωρεάν.

ᾨδὴ τῶν ἀναβαθμῶν. 1

ρκʹ.

Ἦρα τοὺς ὀφθαλμούς μου εἰς τὰ
ὄρη, ὅθεν ἥξει ἡ βοήθειά μου.

† Viuet anima mea &
laudabit te, & iudicia
tua adiuuabunt me.
† Erraui sicut ouis quæ
periit: quære seruum
tuum, quia mandata
tua non sum oblitus.

Canticum graduum.

CXIX. Hebr. CXX

AD Dñm cum
tribularer clama-
ui, & exaudiuit me.
† Domine libera ani-
mam meam à labiis
iniquis, & à lingua do-
losa. † Quid detur tibi
& quid apponatur tibi
ad linguam dolosam?
† Sagittæ potentis acu-
tę cum carbonibus de-
solatoriis. † Hei mihi,
quia incolatus meus
prolongatus est, habi-
taui cum tabernaculis
Cedar: † multum in-
cola fuit anima mea.
Cum his qui oderunt
pacem † eram pacifi-
cus. Cùm loquebar il-
lis, impugnabant me
gratis.

† Canticum graduum.

CXX. Hebr. CXXI

LEuaui oculos meos
in montes, vnde ve-
niet auxilium meum.

† Auxilium meum à
Dño, qui fecit cælum
& terram. † Non det in
commotionem pedem
tuum, neque dormitet
qui custodit te. † Ecce
non dormitabit neque
dormiet qui custodit
Israel. † Dñs custodiat
te, Dñs protectio tua
super manū dexteram
tuam. † Per diem Sol
non vret te, neque Lu-
na per noctem. † Dñs
custodiat te ab omni
malo, custodiat animā
tuam Dñs. † Dñs cu-
stodiat introitū tuum
& exitum tuū, ex hoc
nunc & vsque in se-
culum.

† Canticum graduum.
CXXI.

LÆtatus sum in iis
quæ dicta sunt mi-
hi, In domum Dñi ibi-
mus. † Stantes erāt pe-
des nostri in atriis tuis
Hierusalem. † Hierusa-
lem quæ ædificatur vt
ciuitas, cuius partici-
patio eius in idipsum.
† Illuc enim ascende-
runt tribus, tribus Dñi;
testimonium Israel, ad
confitendum nomini
Domini. † Quia illic
sederunt sedes in iu-

2 ἡ βοήθειά μου παρὰ κυρίου τοῦ
ποιήσαντος τὸν οὐρανὸν καὶ τὴν γῆν.
3 μὴ δώῃς εἰς σάλον τὸν πόδα σου, μὴ
δὲ νυστάξῃ ὁ φυλάσσων σε.
4 ἰδοὺ οὐ νυστάξει οὐδὲ ὑπνώσει ὁ φυ-
λάσσων τὸν ἰσραήλ.
5 κύριος φυλάξει σε, κύριος σκέ-
πη σου ἐπὶ χεῖρα δεξιάν σου.
6 ἡμέρας ὁ ἥλιος οὐ συγκαύσει σε,
οὐδὲ ἡ σελήνη τὴν νύκτα.
7 κύριος φυλάξει σε ἀπὸ παν-
τὸς κακοῦ, φυλάξει τὴν ψυχήν σου
ὁ κύριος.
8 κύριος φυλάξει τὴν εἴσοδόν σου
καὶ τὴν ἔξοδόν σου, ἀπὸ τοῦ νῦν καὶ
ἕως τοῦ αἰῶνος.

1 Ὠιδὴ τῶν ἀναβαθμῶν.
ρκά.

ΕΥφράνθην ἐπὶ τοῖς εἰρηκόσι
μοι, εἰς οἶκον κυρίου πορευ-
σόμεθα.
2 ἑστῶτες ἦσαν οἱ πόδες ἡμῶν ἐν ταῖς
αὐλαῖς σου ἱερουσαλήμ.
3 ἱερουσαλὴμ οἰκοδομουμένη ὡς πό-
λις, ἧς ἡ μετοχὴ αὐτῆς ἐπὶ τὸ αὐτό.
4 ἐκεῖ γὰρ ἀνέβησαν αἱ φυλαί, φυ-
λαὶ κυρίου, μαρτύριον τῷ ἰσραὴλ τοῦ
ἐξομολογήσασθαι τῷ ὀνόματι κυρίου·
5 ὅτι ἐκεῖ ἐκάθισαν θρόνοι εἰς κρί-
σιν,

σιν, θρόνοι ἐπὶ οἶκον δαυίδ.
ἐρωτήσατε δὴ τὰ εἰς εἰρήνην τὴν 6
ἱερουσαλὴμ, καὶ εὐθηνία τοῖς ἀγα-
πῶσί σε.
γενέσθω εἰρήνη ἐν τῇ δυνάμει σου, 7
καὶ εὐθηνία ἐν ταῖς πυργοβάρεσί σου.
ἕνεκα τῶν ἀδελφῶν μου καὶ τῶν 8
πλησίον μου, ἐλάλουν δὴ εἰρήνην
περὶ σοῦ.
ἕνεκα τοῦ οἴκου κυρίου τοῦ θεοῦ ἡμῶν 9
ἐξεζήτησα ἀγαθά σοι.

Ὠιδὴ τῶν ἀναβαθμῶν. 1

ρκβ´.

Πρὸς σὲ ἦρα τοὺς ὀφθαλμούς
μου τὸν κατοικοῦντα ἐν τῷ
οὐρανῷ.
ἰδοὺ ὡς ὀφθαλμοὶ δούλων εἰς χεῖ- 2
ρας τῶν κυρίων αὐτῶν, ὡς ὀφθαλμοὶ
παιδίσκης εἰς χεῖρας τῆς κυρίας
αὐτῆς, οὕτως οἱ ὀφθαλμοὶ ἡμῶν
πρὸς κύριον τὸν θεὸν ἡμῶν, ἕως οὗ
οἰκτειρῆσαι ἡμᾶς.
ἐλέησον ἡμᾶς κύριε, ἐλέησον ἡ- 3
μᾶς, ὅτι ἐπὶ πολὺ ἐπλήσθημεν ἐξ-
ουδενώσεως.
ἐπὶ πλεῖον ἐπλήσθη ἡ ψυχὴ ἡμῶν, 4
τὸ ὄνειδος τοῖς εὐθηνοῦσι καὶ ἡ ἐξου-
δένωσις τοῖς ὑπερηφάνοις.

Ὠιδὴ

dicio, ſedes ſuper do-
mum Dauid. † Rogate
iam quæ ad pacē Hie-
ruſalem, & abundãtia
diligentibus te.
† Fiat pax in virtute
tua, & abundantia in
turribus tuis.
† Propter fratres meos
& proximos meos, lo-
quebar iam pacē de te.
† Propter domum Do-
mini Dei noſtri quæſi-
ui bona tibi.

† Canticum graduum.
CXXII.

AD te leuaui ocu-
los meos, qui ha-
bitas in cælo.
† Ecce ſicut oculi ſer-
uorum in manibus do-
minorum ſuorum, ſic-
ut oculi ancillæ in ma-
nibus dominæ ſuæ, ita
oculi noſtri ad Dñm
Deum noſtrum, donec
miſereatur noſtri.
† Miſerere noſtri Do-
mine, miſerere noſtri,
quoniam multum re-
pleti ſumus deſpectione.
† Multum repleta eſt
anima noſtra, oppro-
brium abundantibus,
& deſpectio ſuperbis.

† Canticum graduum.
CXXIII.

Nisi quia Domi-
nus erat in no-
bis, dicat nunc Israel:
† Nisi quia Dñs erat in
nobis, cùm exurgerét
homines in nos: ‖ Fortè
viuos deglutissent nos,
cùm irasceretur furor
eius in nos:
† Forsitan aqua absor-
buisset nos; torrentem
pertrãsisset anima no-
stra. † forsitan per-
trãsisset anima nostra
aquam intolerabilem.
† Benedictus Dñs, qui
nõ dedit nos in captio-
nem dentibus eorum.
† Anima nostra sicut
passer erepta est de la-
queo venantium. la-
queus contritus est, &
nos liberati sumus.
† Adiutorium no-
strum in nomine Do-
mini, qui fecit cælum
& terram.

1 Ὠδὴ τῶν ἀναβαθμῶν.
ρκγʹ.

Εἰ μὴ ὅτι κύριος ἦν ἐν ἡμῖν, εἰ-
πάτω δὴ Ἰσραήλ·
2 εἰ μὴ ὅτι κύριος ἦν ἐν ἡμῖν, ἐν τῷ
ἐπαναστῆναι ἀνθρώπους ἐφ᾽ ἡμᾶς·
3 ἄρα ζῶντας ἂν κατέπιον ἡμᾶς,
ἐν τῷ ὀργισθῆναι τὸν θυμὸν αὐτῶν
ἐφ᾽ ἡμᾶς.
4 ἄρα τὸ ὕδωρ ἂν κατεπόντισεν ἡ-
μᾶς, χείμαρρον διῆλθεν ἡ ψυχὴ
ἡμῶν.
5 ἄρα διῆλθεν ἡ ψυχὴ ἡμῶν τὸ
ὕδωρ τὸ ἀνυπόστατον.
6 εὐλογητὸς κύριος, ὃς οὐκ ἔδω-
κεν ἡμᾶς εἰς θήραν τοῖς ὀδοῦσιν αὐτῶν.
7 ἡ ψυχὴ ἡμῶν ὡς στρουθίον ἐρρύ-
σθη ἐκ τῆς παγίδος τῶν θηρευόντων. ἡ
παγὶς συνετρίβη, καὶ ἡμεῖς ἐρρύ-
σθημεν.
8 ἡ βοήθεια ἡμῶν ἐν ὀνόματι κυ-
ρίου, τοῦ ποιήσαντος τὸν οὐρανὸν
καὶ τὴν γῆν.

† Canticum graduum.
CXXIIII.

Qui confidunt in
Dño, sicut mons
Sion; non cõmouebi-
tur in æternum, qui ha-
bitat ‖ Hierusalē. Mon-
tes in circuitu eius,

1 Ὠδὴ τῶν ἀναβαθμῶν.
ρκδʹ.

Οἱ πεποιθότες ἐπὶ κύριον ὡς
ὄρος Σιών, οὐ σαλευθήσεται
εἰς τὸν αἰῶνα, ὁ κατοικῶν
2 Ἱερουσαλήμ. ὄρη κύκλῳ αὐτῆς,
καὶ

καὶ ὁ κύριος κύκλῳ τοῦ λαοῦ αὐτοῦ, ἀπὸ
τοῦ νῦν καὶ ἕως τοῦ αἰῶνος.
ὅτι οὐκ ἀφήσει κύριος τὴν ῥάβ- 3
δον τῶν ἁμαρτωλῶν ἐπὶ τὸν κλῆρον τῶν
δικαίων. ὅπως ἂν μὴ ἐκτείνωσιν οἱ
δίκαιοι ἐν ἀνομίαις χεῖρας αὐτῶν.
ἀγάθυνον κύριε τοῖς ἀγαθοῖς καὶ 4
τοῖς εὐθέσι τῇ καρδίᾳ.
τοὺς δὲ ἐκκλίνοντας εἰς τὰς στραγ- 5
γαλιάς, ἀπάξει κύριος μετὰ τῶν ἐρ-
γαζομένων τὴν ἀνομίαν. εἰρήνη ἐπὶ
τὸν ἰσραήλ.

Ὠιδὴ τῶν ἀναβαθμῶν. 1

ρκε.

ΕΝ τῷ ἐπιστρέψαι κύριον τὴν αἰ-
χμαλωσίαν σιών, ἐγενήθημεν
ὡσεὶ παρακεκλημένοι.
τότε ἐπλήσθη χαρᾶς τὸ στόμα 2
ἡμῶν, καὶ ἡ γλῶσσα ἡμῶν ἀγαλλιά-
σεως. τότε ἐροῦσιν ἐν τοῖς ἔθνεσιν,
ἐμεγάλυνε κύριος τοῦ ποιῆσαι
μετ' αὐτῶν.
ἐμεγάλυνε κύριος τοῦ ποιῆσαι 3
μεθ' ἡμῶν, ἐγενήθημεν εὐφραινό-
μενοι, ἐπίστρεψον κύριε τὴν 4
αἰχμαλωσίαν ἡμῶν ὡς χειμάρ-
ρους ἐν τῷ νότῳ.
οἱ σπείροντες ἐν δάκρυσιν, ἐν ἀ- 5
γαλλιάσει θεριοῦσι.

πορευό-

& Dñs in circuitu po-
puli sui, ex hoc nunc
& vsque in seculum.
† Quia non relinquet
Dñs virgã peccatorum
super sorte iustorum,
vt non extendant iusti
ad iniquitatem manus
suas. † Bene fac Dñe
bonis & rectis corde.
† Declinantes autem
in obligationes, addu-
cet Dominus cum o-
perãtibus iniquitatem.
Pax super Israel.

† Canticum graduum.

CXXV.

IN conuertendo Do-
minus captiuitatem
Sion, facti sumus sicut
consolati.
† Tunc repletum est
gaudio os nostrum, &
lingua nostra exulta-
tione. Tunc dicent in-
ter gentes, Magnifica-
uit Dñs facere cũ eis:
† Magnificauit Dñs fa-
cere nobiscum, facti su
mus lętantes. † Con-
uerte Domine capti-
uitatem nostram sicut
torrens in Austro.
† Qui seminãt in la-
chrymis, in exultatio-
ne metent.

† Euntes ibant, & flebant mittentes semina sua. venientes autẽ venient in exultatione, portantes manipulos suos.

† Canticum graduum.
CXXVI.

NIsi Dominus ædificauerit domum, in vanum laborauerũt qui ædificant. nisi Dñs custodierit ciuitatem, frustrà vigilauit qui custodit. † Vanum est vobis ante lucem surgere. surgite postquàm sederitis, qui manducatis panẽ doloris, cùm dederit dilectis suis somnum. † Ecce hæreditas Dñi filij merces fructꝰ ventris. † Sicut sagittæ in manu potẽtis, ita filij excussorum. † Beatus qui implebit desideriũ suum ex ipsis. non confundẽtur cùm loquentur inimicis suis in portis.

† Canticum graduum.
CXXVII.

BEati omnes qui timent Dominum, qui ambulant in viis eius.

6 πορευόμενοι ἐπορεύοντο, καὶ ἔ-
κλαιον βάλλοντες τὰ σπέρματα αὐ-
τῶν. ἐρχόμενοι δὲ ἥξουσιν ἐν ἀγαλ-
λιάσει αἴροντες τὰ δράγματα αὐτῶν.

1 Ὠδὴ τῶν ἀναβαθμῶν.
ρκϛʹ.

ΕΑν μὴ κύριος οἰκοδομήσῃ οἶ-
κον εἰς μάτην ἐκοπίασαν οἱ
οἰκοδομοῦντες. ἐὰν μὴ κύριος φυ-
λάξῃ πόλιν εἰς μάτην ἠγρύπνησεν
ὁ φυλάσσων.
2 εἰς μάτην ὑμῖν ἐστὶ τὸ ὀρθρίζειν.
ἐγείρεσθε μετὰ τὸ καθῆσθαι, οἱ ἐσθίον-
τες ἄρτον ὀδύνης, ὅταν δῷ τοῖς ἀγα-
πητοῖς αὐτοῦ ὕπνον.
3 ἰδοὺ ἡ κληρονομία κυρίου υἱοὶ ὁ
μισθὸς τοῦ καρποῦ τῆς γαστρός.
4 ὡσεὶ βέλη ἐν χειρὶ δυνατοῦ, οὕτως
οἱ υἱοὶ τῶν ἐκτετιναγμένων.
5 μακάριος ὃς πληρώσει τὴν ἐ-
πιθυμίαν αὐτοῦ ἐξ αὐτῶν. οὐ καταισχυν-
θήσονται, ὅταν λαλῶσι τοῖς ἐχθροῖς
αὐτῶν ἐν πύλαις.

1 Ὠδὴ τῶν ἀναβαθμῶν.
ρκζʹ.

ΜΑκάριοι πάντες οἱ φοβού-
μενοι τὸν κύριον, οἱ πο-
ρευόμενοι ἐν ταῖς ὁδοῖς αὐτοῦ.

τοὺς

τοὺς πόνους τῶν καρπῶν σου φάγε- 2
σαι. μακάριος εἶ καὶ καλῶς σοι ἔσται.
ἡ γυνή σου ὡς ἄμπελος εὐθη- 3
νοῦσα ἐν τοῖς κλίτεσι τῆς οἰκίας
σου. οἱ υἱοί σου ὡς νεόφυτα ἐλαιῶν
κύκλῳ τῆς τραπέζης σου.
ἰδοὺ οὕτως εὐλογηθήσεται ἄνθρω- 4
πος ὁ φοβούμενος τὸν κύριον.
εὐλογήσαι σε κύριος ἐκ Σιών 5
καὶ ἴδοις τὰ ἀγαθὰ Ἱερουσαλὴμ πά-
σας τὰς ἡμέρας τῆς ζωῆς σου.
καὶ ἴδοις υἱοὺς τῶν υἱῶν σου. εἰρή- 6
νη ἐπὶ τὸν Ἰσραήλ.

Ὠιδὴ τῶν ἀναβαθμῶν. 1

ρκή.

ΠΛεονάκις ἐπολέμησάν με ἐκ
νεότητός μου, εἰπάτω δὴ
Ἰσραήλ.
πλεονάκις ἐπολέμησάν με ἐκ 2
νεότητός μου, καὶ γὰρ οὐκ ἠδυνήθη-
σάν μοι.
ἐπὶ τὸν νῶτόν μου ἐτέκταινον οἱ 3
ἁμαρτωλοί, ἐμάκρυναν τὴν ἀνο-
μίαν αὐτῶν.
κύριος δίκαιος συνέκοψεν αὐ- 4
χένας ἁμαρτωλῶν.
αἰσχυνθήτωσαν καὶ ἀποστραφήτω- 5
σαν εἰς τὰ ὀπίσω πάντες οἱ μισοῦν-
τες Σιών.

γενη-

† Labores fructuũ tuo-
rum manducabis. bea-
tus es & bene tibi erit.
† Vxor tua ſicut vitis
abundans in lateribus
domus tuæ. filij tui
ſicut nouellæ oliuarũ
in circuitu mẽſæ tuæ.
† Ecce ſic benedicetur
homo qui timet Dñm.
† Benedicat tibi Dñs
ex Sion, & videas bo-
na Hieruſalem omni-
bus diebus vitæ tuæ.
† Et videas filios filio-
rum tuorum. pax ſu-
per Iſrael.

† Canticum graduum.

CXXVIII. Hebr. CXXIX

SÆpè expugnauerũt
me à iuuẽtute mea,
dicat nunc Iſrael.
† Sæpè expugnaue-
runt me à iuuentute
mea: etenim non po-
tuerunt mihi.
† Supra dorſum meũ
fabricauerunt peccato-
res, prolongauerunt
iniquitatem ſuam.
† Dominus iuſtus
concidit ceruices pec-
catorum.
† Confundantur &
conuertantur retror-
ſum omnes qui oder-
unt Sion.

† Fiant sicut fœnum
tectorum, quod prius-
quàm euellatur exa-
ruit. † De quo non
impleuit manũ suam
qui metit, & sinum
suum qui manipulos
colligit. † Et non dixe-
runt qui præteribant:
Benedictio Dñi super
vos, benediximus vo-
bis in nomine Dñi.

† Canticum graduum.

C X X I X.

DE profundis cla-
maui ad te Dñe:
† Dñe exaudi vocem
meam. fiant aures tuæ
intendentes in vocem
deprecationis meæ.
† Si iniquitates obser-
uaueris Dñe, Dñe quis
sustinebit? † Quia apud
te propitiatio est. Pro-
pter nomen tuum † su-
stinui te Dñe: sustinuit
anima mea in verbum
tuum, sperauit † anima
mea in Dño. A custo-
dia matutina vsq; ad
noctẽ, à custodia ma-
tutina, † speret Israel in
Domino. Quia apud
Dñm misericordia, &
copiosa apud eum re-
demptio. † Et ipse re-
dimet Israel ex omni-
bus iniquitatibus eius.

6 γενηθήτωσαν ὡσεὶ χόρτος δω-
μάτων, ὃς πρὸ τοῦ ἐκσπασθῆναι
ἐξηράνθη.
7 οὗ οὐκ ἐπλήρωσε τὴν χεῖρα αὐτοῦ
ὁ θερίζων, καὶ τὸν κόλπον αὐτοῦ ὁ τὰ
δράγματα συλλέγων.
8 Καὶ οὐκ εἶπαν οἱ παράγοντες, εὐ-
λογία κυρίου ἐφ' ὑμᾶς, εὐλογήκα-
μεν ὑμᾶς ἐν ὀνόματι κυρίου.

1 Ὠιδὴ τῶν ἀναβαθμῶν.

ρκθ'.

ΕΚ βαθέων ἐκέκραξά σοι κύριε·
2 κύριε εἰσάκουσον τῆς φωνῆς
μου. γενηθήτω τὰ ὦτά σου προσέ-
χοντα εἰς τὴν φωνὴν τῆς δεήσεώς μου.
3 ἐὰν ἀνομίας παρατηρήσῃς κύ-
ριε, κύριε τίς ὑποστήσεται;
4 ὅτι παρὰ σοὶ ὁ ἱλασμός ἐστιν. ἕνε-
κεν τοῦ ὀνόματός σου
5 ὑπέμεινά σε κύριε, ὑπέμεινεν
ἡ ψυχή μου εἰς τὸν λόγον σου, ἤλπισεν
6 ἡ ψυχή μου ἐπὶ τὸν κύριον. ἀπὸ
φυλακῆς πρωΐας μέχρι νυκτὸς, ἀ-
7 πὸ φυλακῆς πρωΐας ἐλπισάτω
ἰσραὴλ ἐπὶ τὸν κύριον. ὅτι παρὰ
τῷ κυρίῳ τὸ ἔλεος, καὶ πολλὴ παρ'
αὐτῷ λύτρωσις·
8 καὶ αὐτὸς λυτρώσεται τὸν ἰσραὴλ ἐκ
πασῶν τῶν ἀνομιῶν αὐτοῦ.

Ὠιδὴ

Ὠιδὴ τῶν ἀναβαθμῶν. 1
ρλ΄.

Κύριε οὐχ ὑψώθη ἡ καρδία
μου, οὐδὲ ἐμετεωρίσθησαν οἱ
ὀφθαλμοί μου· οὐδὲ ἐπορεύθην ἐν με-
γάλοις, οὐδὲ ἐν θαυμασίοις ὑπὲρ ἐμέ.
εἰ μὴ ἐταπεινοφρόνουν, ἀλλὰ ὕ- 2
ψωσα τὴν ψυχήν μου· ὡς τὸ ἀπο-
γεγαλακτισμένον ἐπὶ τὴν μητέρα
αὐτοῦ, ὡς ἀνταποδώσεις ἐπὶ τὴν ψυ-
χήν μου.
ἐλπισάτω Ἰσραὴλ ἐπὶ τὸν κύριον 3
ἀπὸ τοῦ νῦν καὶ ἕως τοῦ αἰῶνος.

Ὠιδὴ τῶν ἀναβαθμῶν. ρλα΄. 1
ΜΝήσθητι κύριε τοῦ Δαυίδ, καὶ
πάσης τῆς πραΰτητος αὐτοῦ.
ὡς ὤμοσε τῷ κυρίῳ, ηὔξατο τῷ 2
θεῷ Ἰακώβ.
εἰ εἰσελεύσομαι εἰς σκήνωμα οἴ- 3
κου μου, εἰ ἀναβήσομαι ἐπὶ κλίνης
στρωμνῆς μου·
εἰ δώσω ὕπνον τοῖς ὀφθαλμοῖς 4
μου, καὶ τοῖς βλεφάροις μου νυσταγμόν,
καὶ ἀνάπαυσιν τοῖς κροτάφοις μου
ἕως οὗ εὕρω τόπον τῷ κυρίῳ, σκή- 5
νωμα τῷ θεῷ Ἰακώβ.
ἰδοὺ ἠκούσαμεν αὐτὴν ἐν Ἐ- 6
φραθᾷ· εὕρομεν αὐτὴν ἐν τοῖς πε-
δίοις τοῦ δρυμοῦ.

Q εἰσελευ-

† Canticum graduum
CXXX. Hebr. CXXXI

Domine non est
exaltatum cor
meum, neque elati sunt
oculi mei: neque am-
bulaui in magnis, neq;
in mirabilibus super
me. † Si non humiliter
sentiebam, sed exaltaui
animam meam. Sicut
ablactatum super ma-
trem suam, ita retri-
bues in anima mea.
† Speret Israel in Do-
mino, ex hoc nunc &
vsque in seculum.

† Canticum graduum.
CXXXI.

Memento Domine
Dauid, & omnis
mansuetudinis eius.
† Sicut iurauit Dño,
votũ vouit Deo Iacob:
† Si introiero in ta-
bernaculum domus
meæ, si ascendero in le-
ctum strati mei: † Si
dedero somnum ocu-
lis meis, & palpebris
meis dormitationem,
& requiem temporibus
meis; † Donec inueniã
locum Domino, ta-
bernaculũ Deo Iacob.
† Ecce audiuimus eã in
Ephrata, inuenimus
eam in campis syluæ.

† Introibimus in tabernacula eius, adorabimus in loco vbi steterunt pedes eius.

† Surge Domine in requiē tuam, tu & arca sanctificationis tuę.

† Sacerdotes tui induentur iustitia, & sancti tui exultabunt.

† Propter Dauid seruum tuum non auertas faciem christi tui.

† Iurauit Dominus Dauid veritatē, & non frustrabitur eam: De fructu ventris tui ponam super sedē tuam.

† Si custodierint filij tui testamentum meū, & testimonia mea hęc quæ docebo eos, & filij eorum vsque in seculum sedebunt super sedem tuam. † Quoniam elegit Dominus Sion, elegit eam in habitationem sibi.

† Hæc requies mea in seculum seculi: hic habitabo, quoniam elegi eam. † Venationem eius benedicens benedicam, pauperes eius saturabo panibus. † Sacerdotes eius induam salutare, & sancti eius exultatione exultabūt.

7 εἰσελευσόμεθα εἰς τὰ σκηνώ-
ματα αὐτοῦ· προσκυνήσομεν εἰς τὸν
τόπον οὗ ἔστησαν οἱ πόδες αὐτοῦ.
8 ἀνάστηθι κύριε εἰς τὴν ἀνάπαυ-
σίν σου, σὺ καὶ ἡ κιβωτὸς τοῦ ἁγιά-
σματός σου.
9 οἱ ἱερεῖς σου ἐνδύσονται δικαιοσύ-
νην, καὶ οἱ ὅσιοί σου ἀγαλλιάσονται.
10 ἕνεκεν δαυὶδ τοῦ δούλου σου μὴ
ἀποστρέψῃς τὸ πρόσωπον τοῦ χρι-
στοῦ σου.
11 ὤμοσε κύριος τῷ δαυὶδ ἀλή-
θειαν, καὶ οὐ μὴ ἀθετήσει αὐτήν. ἐκ
καρποῦ τῆς κοιλίας σου θήσομαι
ἐπὶ τοῦ θρόνου σου.
12 ἐὰν φυλάξωνται οἱ υἱοί σου τὴν
διαθήκην μου, καὶ τὰ μαρτύριά
μου ταῦτα ἃ διδάξω αὐτούς, καὶ οἱ
υἱοὶ αὐτῶν ἕως τοῦ αἰῶνος καθιοῦνται
ἐπὶ τοῦ θρόνου σου.
13 ὅτι ἐξελέξατο κύριος τὴν σιών, ᾑ-
ρετίσατο αὐτὴν εἰς κατοικίαν ἑαυτῷ.
14 αὕτη ἡ κατάπαυσίς μου εἰς αἰῶ-
να αἰῶνος, ὧδε κατοικήσω ὅτι ᾑρε-
τισάμην αὐτήν.
15 τὴν θήραν αὐτῆς εὐλογῶν εὐλογήσω,
τοὺς πτωχοὺς αὐτῆς χορτάσω ἄρτων.
16 τοὺς ἱερεῖς αὐτῆς ἐνδύσω σωτη-
ρίαν, καὶ οἱ ὅσιοι αὐτῆς ἀγαλλιάσει
ἀγαλλιάσονται.

ὅτι

ἐκεῖ ἐξανατελῶ κέρας τῷ Δαυίδ, 17
ἡτοίμασα λύχνον τῷ χριστῷ μου.
τοὺς ἐχθροὺς αὐτοῦ ἐνδύσω αἰσχύ- 18
νην· ἐπὶ δὲ αὐτὸν ἐξανθήσει τὸ ἁ-
γίασμά μου.

Ὠδὴ τῶν ἀναβαθμῶν. 1

ρλβʹ.

ΙΔοὺ δὴ τί καλὸν, ἢ τί τερπνὸν, ἀλλ'
ἢ τὸ κατοικεῖν ἀδελφοὺς ἐπὶ τὸ αὐτό.
ὡς μύρον ἐπὶ κεφαλῆς τὸ καταβαῖ- 2
νον ἐπὶ πώγωνα, τὸν πώγωνα τοῦ
Ἀαρὼν, τὸ καταβαῖνον ἐπὶ τὴν ὤαν
τοῦ ἐνδύματος αὐτοῦ.
ὡς δρόσος Ἀερμὼν ἡ καταβαίνου- 3
σα ἐπὶ τὰ ὄρη Σιών. ὅτι ἐκεῖ ἐνετεί-
λατο κύριος τὴν εὐλογίαν, ζωὴν
ἕως τοῦ αἰῶνος.

Ὠδὴ τῶν ἀναβαθμῶν. 1

ρλγʹ.

ΙΔοὺ δὴ εὐλογεῖτε τὸν κύριον πάν-
τες οἱ δοῦλοι κυρίου, οἱ ἑστῶτες ἐν
οἴκῳ κυρίου, ἐν αὐλαῖς οἴκου θεοῦ
ἡμῶν. ἐν ταῖς νυξὶν ἐπάρατε 2
τὰς χεῖρας ὑμῶν εἰς τὰ ἅγια, καὶ εὐ-
λογεῖτε τὸν κύριον.
εὐλογήσαι σε κύριος ἐκ Σιὼν, ὁ 3
ποιήσας τὸν οὐρανὸν καὶ τὴν γῆν.

† Illic producam cor-
nu Dauid, paraui lu-
cernam christo meo.
† Inimicos eius induā
cōfusione: super ipsum
autem efflorebit san-
ctificatio mea.

† Canticum graduum.

CXXXII.

ECce iam quid bo-
num, aut quid io-
cundum? nisi habita-
re fratres in vnum.
† Sicut vnguentum in
capite quod descendit
in barbam, barbā Aa-
ron, quod descendit in
oram vestimenti eius.
† Sicut ros Hermon
qui descendit in mon-
tes Sion: quoniam illic
mādauit Dominus be-
nedictionem, vitam vs-
que in seculum.

† Canticum graduum.

CXXXIII.

ECce nunc benedi-
cite Domino om-
nes serui Domini: qui
statis in domo Dn̄i, in
atriis domus Dei no-
stri. In noctibus † ex-
tollite manus vestras in
sancta, & benedicite
Dn̄m. † Benedicat te
Dn̄s ex Sion, qui fecit
cælum & terram.

Alleluia. CXXXIIII.

LAudate nomen Domini, laudate serui Dominum.
† Qui statis in domo Domini, in atriis domus Dei nostri.
† Laudate Dominum quia bonus Dominus, psallite nomini eius quoniã suaue. † Quoniam Iacob elegit sibi Dominus, Israel in possessionem sibi. † Quia ego cognoui, quòd magnus Dominus, & Dominus noster præ omnibus diis. † Omnia quæcunque voluit Dñs fecit in cęlo & in terra, in mari, & in omnibus abyssis. † Educens nubes ab extremo terræ, fulgura in pluuiam fecit. qui producit ventos de thesauris suis.
† Qui percussit primogenita Ægypti, ab homine vsque ad pecus.
† Misit signa & prodigia in medio tui Ægypte, in Pharaonem & in omnes seruos eius.
† Qui percussit gentes multas, & occidit reges fortes: † Seon regem Amorræorum, & Og regem Basan,

Ἀλληλούϊα. ρλδ'.

1 ΑΙνεῖτε τὸ ὄνομα κυρίου, αἰ-
νεῖτε δοῦλοι κύριον.
2 οἱ ἑστῶτες ἐν οἴκῳ κυρίου, ἐν αὐ-
λαῖς οἴκου θεοῦ ἡμῶν.
3 αἰνεῖτε τὸν κύριον ὅτι ἀγαθὸς κύ-
ριος, ψάλατε τῷ ὀνόματι αὐτοῦ ὅτι
καλόν.
4 ὅτι τὸν ἰακὼβ ἐξελέξατο ἑαυτῷ
ὁ κύριος, ἰσραὴλ εἰς περιουσιασμὸν
ἑαυτῷ.
5 ὅτι ἐγὼ ἔγνωκα, ὅτι μέγας ὁ κύ-
ριος, καὶ ὁ κύριος ἡμῶν παρὰ πάν-
τας τοὺς θεούς.
6 πάντα ὅσα ἠθέλησεν ὁ κύριος
ἐποίησεν ἐν τῷ οὐρανῷ καὶ ἐν τῇ γῇ
ἐν ταῖς θαλάσσαις καὶ ἐν πάσαις ταῖς
ἀβύσσοις.
7 ἀνάγων νεφέλας ἐξ ἐσχάτου τῆς γῆς,
1 ἀστραπὰς εἰς ὑετὸν ἐποίησεν. ὁ ἐξά-
γων ἀνέμους ἐκ θησαυρῶν αὐτοῦ.
8 ὃς ἐπάταξε τὰ πρωτότοκα αἰ-
γύπτου ἀπὸ ἀνθρώπου ἕως κτήνους.
9 ἐξαπέστειλε σημεῖα καὶ τέρατα ἐν
μέσῳ σου αἴγυπτε, ἐν φαραὼ καὶ ἐν
πᾶσι τοῖς δούλοις αὐτοῦ.
10 ὃς ἐπάταξεν ἔθνη πολλά, καὶ ἀ-
πέκτεινε βασιλεῖς κραταιούς·
11 τὸν σηὼν βασιλέα τῶν ἀμορ-
ραίων, καὶ τὸν ὢγ βασιλέα τῆς βασάν,

καὶ πάσας τὰς βασιλείας χαναάν.
καὶ ἔδωκε τὴν γῆν αὐτῶν κλη- 12
ρονομίαν, κληρονομίαν ἰσραὴλ λαῷ
αὐτοῦ.
κύριε τὸ ὄνομά σου εἰς τὸν αἰῶ- 13
να, καὶ τὸ μνημόσυνόν σου εἰς γενεὰν
καὶ γενεάν.
ὅτι κρινεῖ κύριος τὸν λαὸν αὐτοῦ, 14
καὶ ἐπὶ τοῖς δούλοις αὐτοῦ παρακλη-
θήσεται.
τὰ εἴδωλα τῶν ἐθνῶν ἀργύριον καὶ 15
χρυσίον, ἔργα χειρῶν ἀνθρώπων.
στόμα ἔχουσι καὶ οὐ λαλήσουσιν, 16
ὀφθαλμοὺς ἔχουσι καὶ οὐκ ὄψονται.
ὦτα ἔχουσι καὶ οὐκ ἐνωτισθή- 17
σονται, οὐδὲ γάρ ἐστι πνεῦμα ἐν τῷ
στόματι αὐτῶν.
ὅμοιοι αὐτοῖς γένοιντο οἱ ποιοῦν- 18
τες αὐτά, καὶ πάντες οἱ πεποιθότες
ἐπ' αὐτοῖς.
οἶκος ἰσραὴλ εὐλογήσατε τὸν κύ- 19
ριον· οἶκος ἀαρὼν εὐλογήσατε τὸν
κύριον. οἶκος λευὶ εὐλο- 20
γήσατε τὸν κύριον. οἱ φοβούμενοι
τὸν κύριον εὐλογήσατε τὸν κύριον.
εὐλογητὸς κύριος ἐκ σιὼν ὁ 21
κατοικῶν ἱερουσαλήμ. ἀλληλούϊα.

ρλε'.

Ἐξομολογεῖσθε τῷ κυρίῳ ὅτι ἀ- 1
γαθὸς, ὅτι εἰς τὸν αἰῶνα τὸ ἔλεος
αὐτοῦ.

& omnia regna Chanaan. † Et dedit terram eorum hæreditatē, hęreditatem Israel populo suo. † Domine nomen tuum in æternum, & memoriale tuum in generationē & generationem. † Quia iudicabit Dominus populum suū, & in seruis suis deprecabitur. † Simulachra gentium argentum & aurū, opera manuum hominum. † Os habēt & non loquentur, oculos habēt & non videbunt. † Aures habent & non audient, neque enim est spiritus in ore ipsorum. † Similes illis fiant qui faciūt ea, & omnes qui cōfidunt in eis. † Domus Israel benedicite Dño. dom⁹ Aarō benedicite Dño. † Domus Leui benedicite Dño, qui timetis Dñm benedicite Domino. † Benedict⁹ Dñs ex Sion qui habitat Hierusalem. Alleluia.

CXXXV. Heb. CXXXVI

Confitemini Domino quoniā bonus, quoniam in seculum misericordia eius.

† Confitemini Deo deorũ, quoniã in seculum misericordia eius. † Cõfitemini Dño dñorum, quoniam in seculum misericordia eius.

† Qui fecit mirabilia magna solus, quoniam in seculũ misericordia eius. † Qui fecit cælos in intellectu, quoniam in seculũ misericordia eius. † Qui firmauit terram super aquas, quoniam in seculũ misericordia eius. † Qui fecit luminaria magna sol⁹, quoniã in seculũ misericordia eius: † Solem in potestatẽ diei, quoniã in seculũ misericordia eius. † Lunam & stellas in potestatẽ noctis, quoniã in seculũ misericordia eius. † Qui percussit Ægyptũ cum primogenitis eorum, quoniã in seculũ misericordia eius. † Et eduxit Israel de medio eorum, quoniã in seculum misericordia eius.

† In manu potenti & in brachio excelso, quoniam in seculum misericordia eius.

† Qui diuisit rubrum

2 ἐξομολογεῖσθε τῷ θεῷ τῶν θεῶν, ὅτι εἰς τὸν αἰῶνα τὸ ἔλεος αὐτοῦ.

3 ἐξομολογεῖσθε τῷ κυρίῳ τῶν κυρίων, ὅτι εἰς τὸν αἰῶνα τὸ ἔλεος αὐτοῦ.

4 τῷ ποιήσαντι θαυμάσια μεγάλα μόνῳ, ὅτι εἰς τὸν αἰῶνα τὸ ἔλεος αὐτοῦ.

5 τῷ ποιήσαντι τοὺς οὐρανοὺς ἐν συνέσει, ὅτι εἰς τὸν αἰῶνα τὸ ἔλεος αὐτοῦ.

6 τῷ στερεώσαντι τὴν γῆν ἐπὶ τῶν ὑδάτων, ὅτι εἰς τὸν αἰῶνα τὸ ἔλεος αὐτοῦ.

7 τῷ ποιήσαντι φῶτα μεγάλα μόνῳ, ὅτι εἰς τὸν αἰῶνα τὸ ἔλεος αὐτοῦ.

8 τὸν ἥλιον εἰς ἐξουσίαν τῆς ἡμέρας, ὅτι εἰς τὸν αἰῶνα τὸ ἔλεος αὐτοῦ.

9 τὴν σελήνην καὶ τοὺς ἀστέρας εἰς ἐξουσίαν τῆς νυκτός, ὅτι εἰς τὸν αἰῶνα τὸ ἔλεος αὐτοῦ.

10 τῷ πατάξαντι Αἴγυπτον σὺν τοῖς πρωτοτόκοις αὐτῶν, ὅτι εἰς τὸν αἰῶνα τὸ ἔλεος αὐτοῦ.

11 καὶ ἐξαγαγόντι τὸν Ἰσραὴλ ἐκ μέσου αὐτῶν, ὅτι εἰς τὸν αἰῶνα τὸ ἔλεος αὐτοῦ.

12 ἐν χειρὶ κραταιᾷ καὶ ἐν βραχίονι ὑψηλῷ, ὅτι εἰς τὸν αἰῶνα τὸ ἔλεος αὐτοῦ.

13 τῷ καταδιελόντι τὴν ἐρυθρὰν θά-

θάλασσαν εἰς διαιρέσεις, ὅτι εἰς τὸν
αἰῶνα τὸ ἔλεος αὐτοῦ.
καὶ διαγαγόντι τὸν Ἰσραὴλ διὰ 14
μέσου αὐτῆς, ὅτι εἰς τὸν αἰῶνα τὸ
ἔλεος αὐτοῦ.
καὶ ἐκτινάξαντι Φαραὼ καὶ τὴν 15
δύναμιν αὐτοῦ εἰς θάλασσαν ἐρυθράν,
ὅτι εἰς τὸν αἰῶνα τὸ ἔλεος αὐτοῦ.
τῷ διαγαγόντι τὸν λαὸν αὐτοῦ ἐν 16
τῇ ἐρήμῳ, ὅτι εἰς τὸν αἰῶνα τὸ ἔλεος
αὐτοῦ.
τῷ πατάξαντι βασιλεῖς μεγά- 17
λους, ὅτι εἰς τὸν αἰῶνα τὸ ἔλεος αὐτοῦ.
καὶ ἀποκτείναντι βασιλεῖς κρα- 18
ταιούς, ὅτι εἰς τὸν αἰῶνα τὸ ἔλεος
αὐτοῦ.
τὸν Σηὼν βασιλέα τῶν Ἀμορραίων, 19
ὅτι εἰς τὸν αἰῶνα τὸ ἔλεος αὐτοῦ.
καὶ τὸν Ὢγ βασιλέα τῆς Βασάν, ὅτι 20
εἰς τὸν αἰῶνα τὸ ἔλεος αὐτοῦ.
καὶ δόντι τὴν γῆν αὐτῶν κληρο- 21
νομίαν, ὅτι εἰς τὸν αἰῶνα τὸ ἔλεος
αὐτοῦ.
κληρονομίαν Ἰσραὴλ δούλῳ αὐτοῦ, 22
ὅτι εἰς τὸν αἰῶνα τὸ ἔλεος αὐτοῦ.
ὅτι ἐν τῇ ταπεινώσει ἡμῶν ἐμνή- 23
σθη ἡμῶν ὁ κύριος, ὅτι εἰς τὸν αἰῶνα
τὸ ἔλεος αὐτοῦ.
καὶ ἐλυτρώσατο ἡμᾶς ἐκ τῶν 24

mare in diuisiones, quoniam in seculum misericordia eius. † Et eduxit Israel per medium eius, quoniam in seculum misericordia eius. † Et excussit Pharaoné & exercitũ eius in mari rubro, quoniã in seculũ misericordia eius. † Qui traduxit populũ suum per desertũ, quoniam in seculũ misericordia eius. † Qui percussit reges magnos, quoniã in seculũ misericordia eius. † Et occidit reges fortes, quoniam in seculum misericordia eius. † Seon regem Amorrhæorũ, quoniam in seculũ misericordia eius. † Et Og regem Basan, quoniam in seculũ misericordia eius. † Et dedit terram eorũ hæreditaté, quoniam in seculum misericordia eius. † Hæreditatem Israel seruo suo, quoniam in seculum misericordia eius.

† Quia in humilitate nostra memor fuit noster Dñs, quoniã in seculũ misericordia eius.

† Et redemit nos ab

inimicis noſtris, quo-
niam in ſeculũ miſeri-
cordia eius. † Qui dat
eſcã omni carni, quo-
niam in ſeculũ miſeri-
cordia eius. † Confite-
mini Deo cæli, quoniã
in ſeculum miſericor-
dia eius.

† Dauid per Ieremiã.

Pſalm. CXXXVI.

SVper flumina Ba-
bylonis illic ſedi-
mus,& fleuimus dum
recordaremur nos Siõ.
† In ſalicibus in medio
eius ſuſpendimus or-
gana noſtra. † Quia il-
lic interrogauerunt nos
qui captiuos duxerunt
nos, verba cantionum;
& qui abduxerũt nos,
hymnum, Cantate no-
bis de canticis Sion:
† Quomodo cantabi-
mus canticum Dñi in
terra aliena? † Si oblitus
fuero tui Hieruſalem,
obliuioni detur dextera
mea. † Adhęreat lingua
mea faucibus meis, ſi
non tui meminero, ſi
non propoſuero Hie-
ruſalẽm ſicut in prin-
cipio lætitiæ meæ.
† Memor eſto Do-
mine filiorum Edom

ἐχθρῶν ἡμῶν, ὅτι εἰς τὸν αἰῶνα τὸ ἔ-
λεος αὐτοῦ.
25 ὁ διδοὺς τροφὴν πάσῃ σαρκί, ὅτι
εἰς τὸν αἰῶνα τὸ ἔλεος αὐτοῦ.
26 ἐξομολογεῖσθε τῷ θεῷ τοῦ οὐρα-
νοῦ, ὅτι εἰς τὸν αἰῶνα τὸ ἔλεος αὐτοῦ.

1 Τῷ δαυὶδ διὰ ἱερεμίου.

ρλϛʹ.

ΕΠὶ τῶν ποταμῶν βαβυλῶνος ἐκεῖ
ἐκαθίσαμεν καὶ ἐκλαύσαμεν ἐν
τῷ μνησθῆναι ἡμᾶς τῆς σιών.
2 ἐπὶ ταῖς ἰτέαις ἐν μέσῳ αὐτῆς
ἐκρεμάσαμεν τὰ ὄργανα ἡμῶν.
3 ὅτι ἐκεῖ ἐπηρώτησαν ἡμᾶς οἱ αἰ-
χμαλωτεύσαντες ἡμᾶς, λόγους ᾠ-
δῶν, καὶ οἱ ἀπαγαγόντες ἡμᾶς ὕ-
μνον, ᾄσατε ἡμῖν ἐκ τῶν ᾠδῶν σιών·
4 πῶς ᾄσωμεν τὴν ᾠδὴν κυρίου
ἐπὶ γῆς ἀλλοτρίας;
5 ἐὰν ἐπιλάθωμαί σου ἱερουσαλήμ,
ἐπιλησθείη ἡ δεξιά μου.
6 κολληθείη ἡ γλῶσσά μου τῷ λά-
ρυγγί μου, ἐὰν μή σου μνησθῶ. ἐὰν
μὴ προανατάξωμαι τὴν ἱερουσα-
λὴμ ὡς ἐν ἀρχῇ τῆς εὐφροσύνης μου.
7 μνήσθητι κύριε τῶν υἱῶν ἐδὼμ τὴν
ἡμέραν

ἡμέραν Ἱερουσαλήμ. τῶν λεγόντων,
ἐκκενοῦτε ἐκκενοῦτε, ἕως τῶν θε-
μελίων αὐτῆς.
θυγάτηρ Βαβυλῶνος ἡ ταλαί- 8
πωρος. μακάριος ὃς ἀνταποδώ-
σει σοι τὸ ἀνταπόδομά σου ὃ ἀντα-
πέδωκας ἡμῖν.
μακάριος ὃς κρατήσει καὶ ἐδαφιεῖ 9
τὰ νήπιά σου πρὸς τὴν πέτραν.

Ψαλμὸς τῷ Δαυὶδ Ἀγγαίου καὶ 1
Ζαχαρίου. ρλζʹ.

Ἐξομολογήσομαί σοι κύριε ἐν
ὅλῃ καρδίᾳ μου, καὶ ἐναντίον
ἀγγέλων ψαλῶ σοι, ὅτι ἤκουσας
πάντα τὰ ῥήματα τοῦ στόματός μου.
προσκυνήσω πρὸς ναὸν ἅγιόν σου, 2
καὶ ἐξομολογήσομαι τῷ ὀνόματί σου,
ἐπὶ τῷ ἐλέει σου καὶ τῇ ἀληθείᾳ
σου. ὅτι ἐμεγάλυνας ἐπὶ πᾶν τὸ ὄ-
νομα τὸ ἅγιόν σου.
ἐν ᾗ ἂν ἡμέρᾳ ἐπικαλέσωμαί σε, 3
ταχὺ ἐπάκουσόν μου. πολυωρήσεις
με ἐν ψυχῇ μου δυνάμει σου.
ἐξομολογησάσθωσάν σοι κύριε 4
πάντες οἱ βασιλεῖς τῆς γῆς, ὅτι ἤ-
κουσαν πάντα τὰ ῥήματα τοῦ στό-
ματός σου.
καὶ ᾀσάτωσαν ἐν ταῖς ὁδοῖς κυ- 5
ρίου, ὅτι μεγάλη ἡ δόξα κυρίου.

in die Hierusalem. qui
dicunt: Exinanite, exi-
nanite vsque ad fun-
damentum eius. † Filia
Babylonis misera. bea-
tus qui retribuet tibi
retributionem tuam,
quam retribuisti nobis.
† Beatus qui tenebit &
allidet paruulos tuos
ad petram.

† Psalmus Dauid Ag-
gæi & Zachariæ.
CXXXVII.

COnfitebor tibi
Dñe in toto cor-
de meo, & in cõspectu
angelorũ psallam tibi,
quoniã audisti omnia
verba oris mei. † Ad-
orabo ad templũ san-
ctum tuũ, & confite-
bor nomini tuo, super
misericordia tua & ve-
ritate tua. quoniã ma-
gnificasti super omne
nomẽ sanctum tuum.
† In quacunque die in-
uocauero te, velociter
exaudi me. multiplica-
bis me in anima mea
virtute tua. † Cõfitean-
tur tibi Dñe oẽs Reges
terræ, quia audierunt
omnia verba oris tui.
† Et cantent in viis Do-
mini quoniam magna
gloria Domini:

† Quoniam excelsus Dñs, & humilia respicit, & alta à longè cognoscit. † Si ambulauero in medio tribulationis, viuificabis me. Super iram inimicorum meorum extẽdisti manus tuas, & saluũ fecit me dextera tua. † Dñs retribuet pro me. Dñe misericordia tua in seculũ, opera manuum tuarum ne despicias.

† In finem Dauid psalmus Zacharię in dispersione.

CXXXVIII.

DOmine probasti me & cognouisti me. tu cognouisti sessionem meam & resurrectionem meam. † Tu intellexisti cogitationes meas de longè. † Semitam meam & funiculum meum tu inuestigasti: & oẽs vias meas præuidisti, † quia non est dolʳ in lingua mea. Ecce Dñe tu cognouisti † omnia nouissima & antiqua. Tu formasti me, & posuisti super me manũ tuam. † Mirabilis facta est scientia tua ex me, confortata est, non potero ad eã.

6 ὅτι ὑψηλὸς κύριος, καὶ τὰ ταπει-
νὰ ἐφορᾷ, καὶ τὰ ὑψηλὰ ἀπὸ μα-
κρόθεν γινώσκει.
7 ἐὰν πορευθῶ ἐν μέσῳ θλίψεως,
ζήσεις με. ἐπ' ὀργὴν ἐχθρῶν μου
ἐξέτεινας χεῖράς σου, καὶ ἔσωσέ με
ἡ δεξιά σου.
8 κύριος ἀνταποδώσει ὑπὲρ ἐμοῦ.
κύριε τὸ ἔλεός σου εἰς τὸν αἰῶνα, τὰ
ἔργα τῶν χειρῶν σου μὴ παρίδῃς.

1 Εἰς τὸ τέλος τῷ Δαυὶδ ψαλμὸς
Ζαχαρίου ἐν τῇ διασπορᾷ.
ρλη.

Κύριε ἐδοκίμασάς με, καὶ ἔ-
γνως με. σὺ ἔγνως τὴν καθέ-
δραν μου καὶ τὴν ἔγερσίν μου.
2 σὺ συνῆκας τοὺς διαλογισμούς μου
ἀπὸ μακρόθεν.
3 τὴν τρίβον μου καὶ τὴν σχοῖνόν
μου σὺ ἐξιχνίασας, καὶ πάσας τὰς
ὁδούς μου προεῖδες·
4 ὅτι οὐκ ἔστι δόλος ἐν γλώσσῃ μου.
ἰδοὺ κύριε σὺ ἔγνως πάντα τὰ
ἔσχατα καὶ τὰ ἀρχαῖα. σὺ ἔπλα-
5 σάς με καὶ ἔθηκας ἐπ' ἐμὲ τὴν χεῖ-
ρά σου.
6 ἐθαυμαστώθη ἡ γνῶσίς σου ἐξ ἐ-
μοῦ, ἐκραταιώθη, οὐ μὴ δύνωμαι
πρὸς αὐτήν.

ποῦ πορευθῶ ἀπὸ τοῦ πνεύμα- 7
τός σου, καὶ ἀπὸ τοῦ προσώπου σου
ποῦ φύγω;
ἐὰν ἀναβῶ εἰς τὸν οὐρανὸν, σὺ ἐκεῖ 8
εἶ· ἐὰν καταβῶ εἰς τὸν ᾅδην, πάρει.
ἐὰν ἀναλάβοιμι τὰς πτέρυγάς 9
μου κατ' ὄρθρον, καὶ κατασκηνώσω
εἰς τὰ ἔσχατα τῆς θαλάσσης·
καὶ γὰρ ἐκεῖ ἡ χείρ σου ὁδηγήσει με, 10
καὶ καθέξει με ἡ δεξιά σου.
καὶ εἶπα, ἄρα σκότος καταπα- 11
τήσει με, καὶ νὺξ φωτισμὸς ἐν τῇ
τρυφῇ μου.
ὅτι σκότος οὐ σκοτισθήσεται ἀπὸ 12
σοῦ, καὶ νὺξ ὡς ἡμέρα φωτισθήσεται.
ὡς τὸ σκότος αὐτῆς, οὕτως καὶ τὸ
φῶς αὐτῆς.
ὅτι σὺ ἐκτήσω τοὺς νεφρούς μου, 13
ἀντελάβου μου ἐκ γαστρὸς μητρός μου.
ἐξομολογήσομαί σοι ὅτι φοβε- 14
ρῶς ἐθαυμαστώθης. θαυμάσια τὰ ἔρ-
γα σου, καὶ ἡ ψυχή μου γινώσκει
σφόδρα.
οὐκ ἐκρύβη τὸ ὀστοῦν μου ἀπὸ 15
σοῦ ὃ ἐποίησας ἐν κρυφῇ, καὶ ἡ ὑπό-
στασίς μου ἐν τοῖς κατωτάτοις τῆς γῆς.
τὸ ἀκατέργαστόν μου εἶδον οἱ ὀφ- 16
θαλμοί σου, καὶ ἐπὶ τὸ βιβλίον σου
πάντες γραφήσονται. ἡμέραι πλα-
σθήσονται, καὶ οὐθεὶς ἐν αὐτοῖς.

ἐμοὶ

† Quò ibo à ſpiritu
tuo, & à facie tua
quò fugiam?
† Si aſcendero in cæ-
lũ, tu illic es: ſi deſcen-
dero in infernũ, ades.
† Si ſumpſero pennas
meas diluculò, & ha-
bitauero in extremis
maris, † & enim illic
manº tua deducet me,
& tenebit me dextera
tua. † Et dixi: Forſi-
tan tenebræ conculca-
bũt me, & nox illumi-
natio in delicijs meis.
Quia tenebræ non
obſcurabuntur à te,
& nox ſicut dies illu-
minabitur. ſicut tene-
bræ eius, ita & lumen
eius. † Quia tu poſſedi-
ſti renes meos, ſuſcepi-
ſti me de vtero matris
meæ. † Confitebor tibi
quia terribiliter mirifi-
catus es. mirabilia o-
pera tua, & anima mea
cognoſcit nimis. † Non
eſt occultatum os meũ
à te quod feciſti in oc-
culto, & ſubſtãtia mea
in inferioribus terræ.
† Imperfectũ meũ vi-
derunt oculi tui, & in
libro tuo omnes ſcri-
bentur. dies forma-
buntur, & nemo in eis.

† Mihi autem nimis
honorificati sunt ami-
ci tui Deus, nimis con-
fortati sunt principatus
eorum. † Dinumerabo
eos, & super arenam
multiplicabuntur. Ex-
urrexi, & adhuc sum
tecũ: † Si occideris pec-
catores Deus. Viri san-
guinũ declinate à me,
† quia litigiosi estis in
cogitationibus. acci-
pient in vanitate ciui-
tates tuas. † Nónne qui
oderunt te Dñe oderã,
& super inimicos tuos
tabescebam? † Perfecto
odio oderã illos, in ini-
micos facti sunt mihi.
† Proba me Deus, &
scito cor meũ: interro-
ga me, & cognosce se-
mitas meas. † Et vide si
via iniquitatis in me,
& deduc me in via æ-
terna.

In finem psalmus Da-
uid. CXXXIX.

Eripe me Domine
ab homine malo,
à viro iniquo eripe me.
† Qui cogitauerunt
iniquitatem in corde,
tota die constituebant
prœlia.

17 ἐμοὶ δὲ λίαν ἐτιμήθησαν οἱ φίλοι
σου ὁ θεός, λίαν ἐκραταιώθησαν αἱ
ἀρχαὶ αὐτῶν.
18 ἐξαριθμήσομαι αὐτοὺς καὶ ὑπὲρ
ἄμμον πληθυνθήσονται. ἐξηγέρ-
θην, καὶ ἔτι εἰμὶ μετὰ σοῦ.
19 ἐὰν ἀποκτείνης ἁμαρτωλοὺς ὁ
θεός. ἄνδρες αἱμάτων ἐκκλίνατε
20 ἀπ᾽ ἐμοῦ· ὅτι ἐρισταί ἐστε εἰς
διαλογισμούς. λήψονται εἰς ματαιό-
τητα τὰς πόλεις σου.
21 οὐχὶ τοὺς μισοῦντάς σε κύριε
ἐμίσησα, καὶ ἐπὶ τοὺς ἐχθρούς σου
ἐξετηκόμην;
22 τέλειον μῖσος ἐμίσουν αὐτούς, εἰς
ἐχθροὺς ἐγένοντό μοι.
23 δοκίμασόν με ὁ θεός, καὶ γνῶθι
τὴν καρδίαν μου. ἔτασόν με, καὶ
γνῶθι τὰς τρίβους μου.
24 καὶ ἴδε εἰ ὁδὸς ἀνομίας ἐν ἐμοί,
καὶ ὁδήγησόν με ἐν ὁδῷ αἰωνίᾳ.

1 Εἰς τὸ τέλος ψαλμὸς τῷ δαυίδ.
ρλθʹ.

2 Ἐξελοῦ με κύριε ἐξ ἀνθρώπου
πονηροῦ, ἀπὸ ἀνδρὸς ἀδίκου ῥῦ-
σαί με.
3 οἵτινες ἐλογίσαντο ἀδικίαν ἐν
καρδίᾳ, ὅλην τὴν ἡμέραν παρε-
τάσσοντο πολέμους.

ἠκόνησαν γλῶσσαν αὐτῶν ὡσεὶ ὄ- 4
φεως, ἰὸς ἀσπίδων ὑπὸ τὰ χείλη
αὐτῶν. διάψαλμα.
φύλαξόν με κύριε ἐκ χειρὸς ἁ- 5
μαρτωλοῦ, ἀπὸ ἀνθρώπων ἀδίκων
ἐξελοῦ με. οἵτινες διελογίσαντο τοῦ
ὑποσκελίσαι τὰ διαβήματά μου.
ἔκρυψαν ὑπερήφανοι παγίδα 6
μοι. διάψαλμα. καὶ σχοινίοις διέ-
τειναν παγίδας τοῖς ποσί μου, ἐχό-
μενα τρίβου σκάνδαλα ἔθεντό μοι.
εἶπα τῷ κυρίῳ, θεός μου εἶ σύ, 7
ἐνώτισαι κύριε τὴν φωνὴν τῆς δεή-
σεώς μου.
κύριε κύριε δύναμις τῆς σωτη- 8
ρίας μου ἐπεσκίασας ἐπὶ τὴν κεφα-
λήν μου ἐν ἡμέρᾳ πολέμου.
μὴ παραδῷς με κύριε ἀπὸ τῆς 9
ἐπιθυμίας μου ἁμαρτωλῷ· διελογί-
σαντο κατ' ἐμοῦ, μὴ ἐγκαταλίπῃς
με, μήποτε ὑψωθῶσιν. διάψαλμα.
ἡ κεφαλὴ τοῦ κυκλώματος αὐ- 10
τῶν, κόπος τῶν χειλέων αὐτῶν κα-
λύψει αὐτούς.
πεσοῦνται ἐπ' αὐτοὺς ἄνθρακες 11
ἐν πυρί, καταβαλεῖς αὐτοὺς ἐν τα-
λαιπωρίαις, καὶ οὐ μὴ ὑποστῶσι.
ἀνὴρ γλωσσώδης οὐ κατευθυν- 12
θήσεται ἐπὶ τῆς γῆς. ἄνδρα ἄδικον
κακὰ θηρεύσει εἰς διαφθοράν.

ἔγνων

† Acuerunt linguam suam sicut serpētis: venenum aspidum sub labiis eorum. † Custodi me Domine de manu peccatoris, ab hominibus iniquis eripe me. qui cogitauerunt supplātare gressꝰ meos. † Absconderunt superbi laqueū mihi. & funibus extenderunt laqueum pedibus meis: iuxta iter scandala posuerunt mihi. † Dixi Dño: Deus meus es tu: exaudi Domine vocē deprecationis meæ. † Dñe Dñe virtus salutis meæ, obumbrasti super caput meum in die belli. † Ne tradas me Dñe à desiderio meo peccatori. cogitauerūt contra me, ne derelinquas me, ne forte exaltentur. † Caput circuitus eorū, labor labiorum ipsorum operiet eos. † Cadent super eos carbones in ignem, deiicies eos in miseriis, & non subsistant. † Vir linguosus non dirigetur in terra. virum iniustum mala capiēt in interitu.

κατεπόθησαν ἐχόμενα πέτρας οἱ 6
κριταὶ αὐτῶν. ἀκούσονται τὰ ῥή-
ματά μου, ὅτι ἡδύνθησαν·
ὡσεὶ πάχος γῆς ἐρράγη ἐπὶ τῆς 7
γῆς, διεσκορπίσθη τὰ ὀστᾶ αὐτῶν
παρὰ τὸν ᾅδην.
ὅτι πρὸς σὲ κύριε κύριε οἱ ὀφ- 8
θαλμοί μου, ἐπὶ σοὶ ἤλπισα, μὴ ἀν-
τανέλῃς τὴν ψυχήν μου.
φύλαξόν με ἀπὸ παγίδος ἧς συνε- 9
στήσαντό μοι, καὶ ἀπὸ σκανδάλων
τῶν ἐργαζομένων τὴν ἀνομίαν.
πεσοῦνται ἐν ἀμφιβλήστρῳ αὐτῶν 10
οἱ ἁμαρτωλοί· κατὰ μόνας εἰμὶ ἐγὼ
ἕως ἂν παρέλθω.

Συνέσεως τῷ Δαυὶδ ἐν τῷ εἶναι 1
αὐτὸν ἐν τῷ σπηλαίῳ προσευ-
χόμενον. ρμά.

Φωνῇ μου πρὸς κύριον ἐκέκρα- 2
ξα, φωνῇ μου πρὸς κύριον
ἐδεήθην.
ἐκχεῶ ἐνώπιον αὐτοῦ τὴν δέησίν 3
μου, τὴν θλῖψίν μου ἐνώπιον αὐτοῦ
ἀπαγγελῶ.
ἐν τῷ ἐκλείπειν ἐξ ἐμοῦ τὸ πνεῦ- 4
μά μου, καὶ σὺ ἔγνως τὰς τρίβους μου. 5
ἐν ὁδῷ ταύτῃ ᾗ ἐπορευόμην, ἔκρυ-
ψαν παγίδα μοι.

κατε-

† Absorpti sunt iun-
cti petræ iudices eorũ.
audiẽt verba mea, quo-
niã suauia sunt: † Sicut
crassitudo terræ erupta
est super terram, dissi-
pata sunt ossa eorũ se-
cus infernũ. † Quia ad
te Dñe Dñe oculi mei;
in te speraui, non au-
feras animam meam.
† Custodi me à laqueo
quem statuerũt mihi,
& à scandalis operan-
tium iniquitatem.
† Cadent in retiaculo
eorum peccatores: sin-
gulariter sum ego do-
nec transeam.

† Intellectus Dauid cũ
esset ipse in spelunca
orans. CXLI.

VOce mea ad Do-
minum clamaui:
voce mea ad Domi-
num deprecatus sum.
† Effundam in con-
spectu eius orationem
meam, tribulationem
meam ante ipsum pro-
nunciabo. † In defi-
ciendo ex me spiritum
meum, & tu cognoui-
sti semitas meas. In via
hac quã ambulabam,
absconderũt laqueum
mihi.

† Considerabam ad
dexteram & videbam,
& non erat qui cogno-
sceret me. Periit fuga à
me, & non est qui re-
quirat animã meam.
† Clamaui ad te Dñe:
dixi, Tu es spes mea,
portio mea es in terra
viuentium. † Intẽde ad
deprecationem meam,
quia humiliatus sum
nimis. Libera me à per-
sequentibus me, quia
cõfortati sunt sup me.
† Educ de custodia a-
nimam meã, ad confi-
tendum nomini tuo:
me expectabunt iusti,
donec retribuas mihi.
† Psalmus Dauid, quã-
do persequebatur eũ
Absalom filius eius.

CXLII.

DOmine exaudi o-
rationem meam,
auribus percipe obse-
cratione͂ meã in verita-
te tua: exaudi me in
iustitia tua. † Et non in-
tres in iudicium cum
seruo tuo, quia non iu-
stificabitur in cõspectu
tuo oĩs viuens. † Quia
persecutus est inimicus
animã meã, humilia-
uit in terra vitã meã;
collocauit me in ob-

5 κατενόουν εἰς τὰ δεξιὰ καὶ ἐπέ-
βλεπον, καὶ οὐκ ἦν ὁ ἐπιγινώσκων
με. ἀπώλετο φυγὴ ἀπ᾽ ἐμοῦ, καὶ οὐκ
ἔστιν ὁ ἐκζητῶν τὴν ψυχήν μου.
6 ἐκέκραξα πρὸς σὲ κύριε εἶπα,
σὺ εἶ ἡ ἐλπίς μου, μερίς μου εἶ ἐν
γῇ ζώντων.
7 πρόσχες πρὸς τὴν δέησίν μου ὅτι
ἐταπεινώθην σφόδρα. ῥῦσαί με ἐκ
τῶν καταδιωκόντων με, ὅτι ἐκραταιώ-
θησαν ὑπὲρ ἐμέ.
8 ἐξάγαγε ἐκ φυλακῆς τὴν ψυχήν
μου, τοῦ ἐξομολογήσασθαι τῷ ὀνόματί
σου· ἐμὲ ὑπομενοῦσι δίκαιοι ἕως οὗ
ἀνταποδῷς μοι.

1 Ψαλμὸς τῷ δαυὶδ ὁπότε κατε-
δίωκεν αὐτὸν ἀβεσσαλὼμ ὁ υἱὸς
αὐτοῦ. ρμβ΄.

ΚΥριε εἰσάκουσον τῆς προσευχῆς
μου, ἐνώτισαι τὴν δέησίν μου ἐν
τῇ ἀληθείᾳ σου· εἰσάκουσόν μου ἐν
τῇ δικαιοσύνῃ σου,
2 καὶ μὴ εἰσέλθῃς εἰς κρίσιν μετὰ
τοῦ δούλου σου, ὅτι οὐ δικαιωθήσεται
ἐνώπιόν σου πᾶς ζῶν·
3 ὅτι κατεδίωξεν ὁ ἐχθρὸς τὴν ψυ-
χήν μου, ἐταπείνωσεν εἰς γῆν τὴν
ζωήν μου· ἐκάθισέ με ἐν σκοτει-

νοῖς ὡς νεκροὺς αἰῶνος.
καὶ ἠκηδίασεν ἐπ' ἐμὲ τὸ πνεῦ- 4
μά μου· ἐν ἐμοὶ ἐταράχθη ἡ καρ-
δία μου·
ἐμνήσθην ἡμερῶν ἀρχαίων· ἐμε- 5
λέτησα ἐν πᾶσι τοῖς ἔργοις σου, ἐν
ποιήμασι τῶν χειρῶν σου ἐμελέτων.
διεπέτασα πρὸς σὲ τὰς χεῖράς 6
μου, ἡ ψυχή μου ὡς γῆ ἄνυδρός σοι.
ταχὺ εἰσάκουσόν μου κύριε, ἐξέ- 7
λιπε τὸ πνεῦμά μου· μὴ ἀποστρέψῃς
τὸ πρόσωπόν σου ἀπ' ἐμοῦ, καὶ ὁ-
μοιωθήσομαι τοῖς καταβαίνουσιν εἰς
λάκκον.
ἀκουστὸν ποίησόν μοι τὸ πρωῒ τὸ 8
ἔλεός σου, ὅτι ἐπὶ σοὶ ἤλπισα· γνώ-
ρισόν μοι κύριε ὁδὸν, ἐν ᾗ πορεύ-
σομαι, ὅτι πρὸς σὲ ἦρα τὴν ψυ-
χήν μου.
ἐξελοῦ με ἐκ τῶν ἐχθρῶν μου, κύ- 9
ριε πρὸς σὲ κατέφυγον·
δίδαξόν με τοῦ ποιεῖν τὸ θέλημά 10
σου· ὅτι σὺ εἶ ὁ θεός μου· τὸ πνεῦμά
σου τὸ ἀγαθὸν ὁδηγήσει με ἐν γῇ
εὐθείᾳ.
ἕνεκεν τοῦ ὀνόματός σου κύριε ζή- 11
σεις με· ἐν τῇ δικαιοσύνῃ σου ἐξάξεις
ἐκ θλίψεως τὴν ψυχήν μου.
καὶ ἐν τῷ ἐλέει σου ἐξολοθρεύ- 12

scuris sicut mortuos
seculi. † Et anxiatus est
super me spiritus meus,
in me turbatum est
cor meum. † Memor
fui dierum antiquorũ;
meditatus sum in om-
nibus operibus tuis; in
factis manuũ tuarum
meditabar. † Expãdi ad
te manus meas; anima
mea sicut terra sine a-
qua tibi. † Velociter ex-
audi me Dñe, defecit
spiritus meus: nõ auer-
tas faciẽ tuã à me, &
similis ero descenden-
tibus in lacũ. † Auditã
fac mihi manè miseri-
cordiam tuã; quia in te
speraui: notã fac mihi
Dñe viã, in qua ambu-
lem; quia ad te leuaui
animã meã. † Eripe me
de inimicis meis Dñe,
ad te confugi. † Doce
me, vt faciam volunta-
tẽ tuã: quia tu es Deus
meus: spiritus tuus bo-
nus deducet me in ter-
ram rectam. † Propter
nomen tuum Domi-
ne viuificabis me; in
æquitate tua educes de
tribulatione animam
meam. † Et in miseri-
cordia tua disperdes

inimicos meos, & perdes omnes qui tribulãt animã meam; quoniã ego seruus tuus sum.

† Psalmus Dauid ad Goliath. CXLIII.

BEnedictus Dominus Deus meus, qui docet manus meas ad prœlium, digitos meos ad bellum. † Misericordia mea & refugium meum, susceptor me⁹ & liberator meus: protector meus, & in ipso speraui, qui subdit populum meũ sub me. † Dñe quid est homo, quia innotuisti ei? aut filius hominis quia reputas eum? † Homo vanitati similis factus est; dies eius sicut vmbra prætereunt. † Dñe inclina cælos & descẽde: tange montes, & fumigabunt. † Fulgura coruscationem & dissipabis eos; emitte sagittas tuas, & conturbabis eos. † Emitte manum tuam de alto, eripe me & libera me de aquis multis, de manu filiorum alienorum.

† Quorum os locutum est vanitatem,

σεις τοὺς ἐχθρούς μου, καὶ ἀπολεῖς πάν-
τας τοὺς θλίβοντας τὴν ψυχήν μου,
ὅτι ἐγὼ δοῦλός σου εἰμί.

1 Ψαλμὸς τῷ Δαυὶδ πρὸς τὸν Γολιάθ.
ρμγ´.

ΕΥλογητὸς κύριος ὁ θεός μου ὁ
διδάσκων τὰς χεῖράς μου εἰς
παράταξιν, τοὺς δακτύλους μου εἰς
πόλεμον.
2 ἔλεός μου καὶ καταφυγή μου, ἀν-
τιλήπτωρ μου καὶ ῥύστης μου, ὑπερ-
ασπιστής μου, καὶ ἐπ' αὐτῷ ἤλπισα·
ὁ ὑποτάσσων τὸν λαόν μου ὑπ' ἐμέ.
3 κύριε τί ἐστιν ἄνθρωπος, ὅτι ἐ-
γνώσθης αὐτῷ; ἢ υἱὸς ἀνθρώπου, ὅτι
λογίζῃ αὐτῷ;
4 ἄνθρωπος ματαιότητι ὡμοιώθη,
αἱ ἡμέραι αὐτοῦ ὡσεὶ σκιὰ παράγουσι.
5 κύριε κλῖνον οὐρανούς σου καὶ κατά-
βηθι, ἅψαι τῶν ὀρέων καὶ καπνι-
σθήσονται.
6 ἄστραψον ἀστραπὴν καὶ σκορ-
πιεῖς αὐτούς. ἐξαπόστειλον τὰ βέλη
σου, καὶ συνταράξεις αὐτούς.
7 ἐξαπόστειλον τὴν χεῖρά σου ἐξ
ὕψους, ἐξελοῦ με καὶ ῥῦσαί με ἐξ ὑ-
δάτων πολλῶν, ἐκ χειρὸς υἱῶν ἀλ-
λοτρίων.
8 ὧν τὸ στόμα ἐλάλησε ματαιότητα,

καὶ

καὶ ἡ δεξιὰ αὐτῶν, δεξιὰ ἀδικίας.
ὁ θεὸς ᾠδὴν καινὴν ᾄσομαί σοι, 9
ἐν ψαλτηρίῳ δεκαχόρδῳ ψαλῶ
σοι. τῷ διδόντι τὴν σωτη- 10
ρίαν τοῖς βασιλεῦσι, τῷ λυτρου-
μένῳ δαυὶδ τὸν δοῦλον αὐτοῦ ἐκ
ῥομφαίας πονηρᾶς.
ῥῦσαί με καὶ ἐξελοῦ με ἐκ χειρὸς 11
υἱῶν ἀλλοτρίων ὧν τὸ στόμα ἐλάλησε
ματαιότητα, καὶ ἡ δεξιὰ αὐτῶν δε-
ξιὰ ἀδικίας.
ὧν οἱ υἱοὶ αὐτῶν ὡς νεόφυτα ἱδρυ- 12
μένα ἐν τῇ νεότητι αὐτῶν· αἱ θυγατέ-
ρες αὐτῶν κεκαλλωπισμέναι, περικε-
κοσμημέναι ὡς ὁμοίωμα ναοῦ.
τὰ ταμιεῖα αὐτῶν πλήρη, ἐξερευ- 13
γόμενα ἐκ τούτου εἰς τοῦτο· τὰ πρόβα-
τα αὐτῶν πολύτοκα πληθύνοντα ἐν
ταῖς ἐξόδοις αὐτῶν.
οἱ βόες αὐτῶν παχεῖς· οὐκ ἔστι κα- 14
τάπτωμα φραγμοῦ, οὐδὲ διέξο-
δος, οὐδὲ κραυγὴ ἐν ταῖς πλα-
τείαις αὐτῶν.
ἐμακάρισαν τὸν λαὸν ᾧ ταῦτά 15
ἐστι· μακάριος ὁ λαὸς οὗ κύριος
ὁ θεὸς αὐτοῦ.

& dextera corũ dexte-
ra iniquitatis. † Deus
canticum nouũ cãtabo
tibi, in psalterio deca-
chordo psallam tibi.
† Qui das salutẽ regib⁹,
qui redemisti Dauid
seruum tuũ de gladio
maligno. † Eripe me &
erue me de manu filio-
rũ alienorũ, quorũ os
locutũ est vanitatẽ; &
dextera eorum dextera
iniquitatis. † Quorũ fi-
lij eorũ sicut nouellæ
plantatæ in iuuentute
sua: filiæ eorũ cõposi-
tę, circũornatę vt simi-
litudo templi. † Prom-
ptuaria eorũ plena, e-
ructantia ex hoc in il-
lud: oues eorum fœ-
tosæ abundantes in e-
gressibus suis. † Boues
eorum crassæ: non est
ruina maceriæ, neque
transitus, neque cla-
mor in plateis eorum.
† Beatum dixerunt po-
pulum cui hæc sunt:
beatus populus cuius
Dominus Deus eius.

Αἴνεσις τοῦ δαυίδ. ρμδʹ. 1
Ὑψώσω σε ὁ θεός μου ὁ βασιλεύς
μου, καὶ εὐλογήσω τὸ ὄνομά

† Laudatio Dauid.
CXLIIII. Hebr. CXLV
Exaltabo te Deus
meus rex meus,
& benedicam nomini

tuo in seculum, & in seculum seculi. † Per singulos dies benedicam tibi, & laudabo nomen tuum in seculum, & in seculũ seculi. † Magnus Dñs & laudabilis nimis, & magnitudinis eius non est finis. † Generatio & generatio laudabit opera tua, & potentiam tuam pronunciabunt. † Magnificentiã gloriæ sanctitatis tuæ loquentur, & mirabilia tua narrabunt. † Et virtutem terribilium tuorum dicet, & magnitudinem tuam narrabunt. † Memoriam abundantiæ suauitatis tuæ eructabũt, & iustitia tua exultabunt. † Miserator & misericors Dominus, patiens, & multum misericors. † Suauis Dominus vniuersis, & miserationes eius super omnia opera eius. † Confiteantur tibi Domine omnia opera tua, & sancti tui benedicãt tibi. † Gloriam regni tui dicent, & potentiam tuã loquẽtur.

σου εἰς τὸν αἰῶνα, καὶ εἰς τὸν αἰῶνα
τοῦ αἰῶνος.
2 καθ' ἑκάστην ἡμέραν εὐλογήσω
σε, καὶ αἰνέσω τὸ ὄνομά σου εἰς τὸν αἰῶ-
να καὶ εἰς τὸν αἰῶνα τοῦ αἰῶνος.
3 μέγας κύριος καὶ αἰνετὸς σφό-
δρα, καὶ τῆς μεγαλωσύνης αὐτοῦ
οὐκ ἔστι πέρας.
4 γενεὰ καὶ γενεὰ ἐπαινέσει τὰ ἔρ-
γα σου, καὶ τὴν δύναμίν σου ἀ-
παγγελοῦσι.
5 τὴν μεγαλοπρέπειαν τῆς δόξης τῆς
ἁγιωσύνης σου λαλήσουσι, καὶ τὰ θαυ-
μάσιά σου διηγήσονται.
6 καὶ τὴν δύναμιν τῶν φοβερῶν
σου ἐροῦσι, καὶ τὴν μεγαλωσύνην
σου διηγήσονται.
7 μνήμην τοῦ πλήθους τῆς χρηστότη-
τός σου ἐξερεύξονται, καὶ τῇ δικαιο-
σύνῃ σου ἀγαλλιάσονται.
8 οἰκτίρμων καὶ ἐλεήμων ὁ κύριος,
μακρόθυμος καὶ πολυέλεος.
9 χρηστὸς κύριος τοῖς σύμπασι, καὶ
οἱ οἰκτιρμοὶ αὐτοῦ ἐπὶ πάντα τὰ
ἔργα αὐτοῦ.
10 ἐξομολογησάσθωσάν σοι κύριε
πάντα τὰ ἔργα σου, καὶ οἱ ὅσιοί σου
εὐλογησάτωσάν σε.
11 δόξαν τῆς βασιλείας σου ἐροῦσι, καὶ
τὴν δυναστείαν σου λαλήσουσι.

τοῦ γνωρίσαι τοῖς υἱοῖς τῶν ἀνθρώ- 12
πων τὴν δυναστείαν σου, καὶ τὴν
δόξαν τῆς μεγαλοπρεπείας τῆς βα-
σιλείας σου.
ἡ βασιλεία σου βασιλεία πάντων 13
τῶν αἰώνων, καὶ ἡ δεσποτεία σου ἐν πά-
σῃ γενεᾷ καὶ γενεᾷ. πιστὸς κύριος
ἐν πᾶσι τοῖς λόγοις αὐτοῦ, καὶ ὅσιος
ἐν πᾶσι τοῖς ἔργοις αὐτοῦ.
ὑποστηρίζει κύριος πάντας τοὺς 14
καταπίπτοντας, καὶ ἀνορθοῖ πάντας
τοὺς κατερραγμένους.
οἱ ὀφθαλμοὶ πάντων εἰς σὲ ἐλπί- 15
ζουσι, καὶ σὺ δίδως τὴν τροφὴν
αὐτῶν ἐν εὐκαιρίᾳ.
ἀνοίγεις σὺ τὴν χεῖρά σου, καὶ ἐμ- 16
πιπλᾷς πᾶν ζῷον εὐδοκίας.
δίκαιος κύριος ἐν πάσαις ταῖς 17
ὁδοῖς αὐτοῦ, καὶ ὅσιος ἐν πᾶσι τοῖς
ἔργοις αὐτοῦ.
ἐγγὺς κύριος πᾶσι τοῖς ἐπικα- 18
λουμένοις αὐτὸν, πᾶσι τοῖς ἐπικα-
λουμένοις αὐτὸν ἐν ἀληθείᾳ.
θέλημα τῶν φοβουμένων αὐτὸν 19
ποιήσει, καὶ τῆς δεήσεως αὐτῶν εἰσα-
κούσεται, καὶ σώσει αὐτούς.
φυλάσσει κύριος πάντας τοὺς ἀ- 20
γαπῶντας αὐτὸν, καὶ πάντας τοὺς ἁ-
μαρτωλοὺς ἐξολοθρεύσει.
αἴνεσιν κυρίου λαλήσει τὸ στόμα 21

† Vt notam faciant
filiis hominum poten-
tiam tuam, & glo-
riam magnificentię re-
gni tui. † Regnũ tuum
regnum omniũ secu-
lorũ, & dominatio tua
in omni generatione &
generatione. Fidelis Do-
minus in omnib⁹ ver-
bis suis, & sanctus in
omnibus operib⁹ suis.
† Sustentat Dominus
omnes qui corruunt, &
erigit omnes elisos.
† Oculi omnium in te
sperãt, & tu das escam
illorum in tempore o-
portuno. † Aperis tu
manum tuam, & im-
ples omne animal be-
nedictione. † Iustus Dñs
in omnibus viis suis, &
sanctus in omnibus o-
peribus suis. † Propè
Dominus omnibus in-
uocantibus eum, om-
nibus inuocantibus eũ
in veritate. † Volunta-
tem timentium se fa-
ciet, & deprecationem
eorum exaudiet, & sal-
uos faciet eos. † Custo-
dit Dñs oẽs diligentes
se, & omnes peccatores
disperdet. † Laudatio-
nem Dñi loquetur os

meum, & benedicat
õis caro nomini sancto
eius, in seculum & in
seculũ seculi. Alleluia.

Aggæi & Zachariæ.

KLVI Psal. CXLV.

LAuda anima mea 1
Dñm. † Laudabo 2
Dñm in vita mea, psal
lam Deo meo quãdiu
sum. † Nolite cõfidere 3
in principibus, in filiis
hominum, quibus non 4
est salus. † Exibit spiritus
eius, & reuertetur in
terram suam; in illa
die peribunt omnes co
gitationes eius. † Bea- 5
tus cuius Deus Iacob
adiutor eius, spes eius
in Domino Deo ipsius.
† Qui fecit cælum & 6
terram, mare & omnia
quæ in eis; qui custodit
veritatem in seculum.
† Qui facit iudicium
iniuriam patientibus, 7
qui dat escam esurien-
tibus: Dominus soluit
compeditos. † Domi-
nus illuminat cæcos, 8
Dominus erigit elisos,
Dominus diligit iu-
stos. † Dominus cu- 9
stodit aduenas, pupil-
lum & viduã suscipiet,

μου, καὶ εὐλογείτω πᾶσα σὰρξ τὸ
ὄνομα τὸ ἅγιον αὐτοῦ, εἰς τὸν αἰῶνα καὶ
εἰς τὸν αἰῶνα τοῦ αἰῶνος. ἀλληλούια.

Ἀγγαίου καὶ Ζαχαρίου.

ρμέ.

ΑΙνει ἡ ψυχή μου τὸν κύριον.
αἰνέσω κύριον ἐν τῇ ζωῇ
μου, ψαλῶ τῷ θεῷ μου ἕως ὑπάρχω.
μὴ πεποίθατε ἐπ' ἄρχοντας, ἐπὶ
υἱοὺς ἀνθρώπων οἷς οὐκ ἔστι σωτηρία.
ἐξελεύσεται τὸ πνεῦμα αὐτοῦ, καὶ
ἐπιστρέψει εἰς τὴν γῆν αὐτοῦ ἐν ἐκείνῃ
τῇ ἡμέρᾳ ἀπολοῦνται πάντες οἱ δια-
λογισμοὶ αὐτοῦ.
μακάριος οὗ ὁ θεὸς ἰακὼβ βοη-
θὸς αὐτοῦ, ἡ ἐλπὶς αὐτοῦ ἐπὶ κύριον
τὸν θεὸν αὐτοῦ.
τὸν ποιήσαντα τὸν οὐρανὸν καὶ τὴν
γῆν, τὴν θάλασσαν καὶ πάντα τὰ
ἐν αὐτοῖς· τὸν φυλάσσοντα ἀλήθειαν
εἰς τὸν αἰῶνα.
ποιοῦντα κρίμα τοῖς ἀδικουμέ-
νοις, διδόντα τροφὴν τοῖς πεινῶσι·
κύριος λύει πεπεδημένους.
κύριος σοφοῖ τυφλούς, κύριος
ἀνορθοῖ κατερραγμένους, κύριος
ἀγαπᾷ δικαίους.
κύριος φυλάσσει τοὺς προσηλύ-
τους· ὀρφανὸν καὶ χήραν ἀναλήψεται,
καὶ

καὶ ὁδὸν ἁμαρτωλῶν ἀφανιεῖ.

βασιλεύσει κύριος εἰς τὸν αἰῶνα, ὁ θεός σου Σιὼν εἰς γενεὰν καὶ γενεάν.

Ἀλληλούϊα. ρμϛʹ.

ΑΙνεῖτε τὸν κύριον ὅτι ἀγαθὸς ψαλμός· τῷ θεῷ ἡμῶν ἡδυνθείη αἴνεσις.

οἰκοδομῶν Ἱερουσαλὴμ ὁ κύριος, τὰς διασπορὰς τοῦ Ἰσραὴλ ἐπισυνάξει. ὁ ἰώμενος τοὺς συντετριμμένους τὴν καρδίαν, καὶ δεσμεύων τὰ συντρίμματα αὐτῶν.

ὁ ἀριθμῶν πλήθη ἄστρων, καὶ πᾶσιν αὐτοῖς ὀνόματα καλῶν.

μέγας ὁ κύριος ἡμῶν, καὶ μεγάλη ἡ ἰσχὺς αὐτοῦ, καὶ τῆς συνέσεως αὐτοῦ οὐκ ἔστιν ἀριθμός.

ἀναλαμβάνων πραεῖς ὁ κύριος, ταπεινῶν δὲ ἁμαρτωλοὺς ἕως τῆς γῆς.

ἐξάρξατε τῷ κυρίῳ ἐν ἐξομολογήσει, ψάλατε τῷ θεῷ ἡμῶν ἐν κιθάρᾳ. τῷ περιβάλλοντι τὸν οὐρανὸν ἐν νεφέλαις, τῷ ἑτοιμάζοντι τῇ γῇ ὑετόν· τῷ ἐξανατέλλοντι ἐν ὄρεσι χόρτον, καὶ χλόην τῇ δουλείᾳ τῶν ἀνθρώπων.

διδόντι τοῖς κτήνεσι τροφὴν αὐτῶν, καὶ τοῖς νεοσσοῖς τῶν κοράκων τοῖς ἐπικαλουμένοις αὐτόν.

& viam peccatorum
10 disperdet. †Regnabit
Dñs in seculum, Deus
tuus Sion in generatio-
nem & generationem. Hebr.
Alleluia. CXLVI. CXLV
1 LAudate Dominum
quoniã bonus psal-
mus: Deo nostro io-
cunda sit laudatio.
2 † Ædificans Hierusa-
lem Dñs, dispersiones
Israel cõgregabit. †Qui
3 sanat cõtritos corde, &
alligat contritiones eo-
rũ. †Qui numerat mul
4 titudines stellarum, &
omnibus eis nomina
vocans. †Magnus Dñs
5 noster, & magna virtus
eius, & sapientiæ eius
non est numerus.
6 †Suscipiens mansuetos
Dñs, humilians autem
peccatores vsq; ad ter-
7 ram. †Præcinite Dño
in confessione, psallite
8 Deo nostro in cithara.
†Qui operit cœlum in
nubibus, qui parat ter-
ræ pluuiam: qui produ-
cit in montibus fœnũ,
& herbam seruituti ho
minum. †Qui dat iu-
9 mentis escam ipsorum,
& pullis coruorum in-
uocantibus eum.

† Non in fortitudine equi voluntatem habebit, neque in tibiis viri beneplacitum est ei. † Beneplacitũ est Dño super timẽtes eũ, & in eis qui sperãt super misericordia ei⁹. Alleluia.

Aggæi & Zachariæ. CXLVII.

LAuda Hierusalem Dñm, lauda Deum tuũ Sion. † Quoniã cõfortauit seras portarum tuarum, benedixit filiis tuis in te. † Qui posuit fines tuos pacem, & adipe frumẽti satiat te. † Qui emittit eloquiũ suum terræ, velociter currit sermo eius. † Qui dat niuem suam sicut lanam, nebulam sicut cinerem spargit. † Mittit crystallũ suam sicut buccellas: ante faciem frigoris eius quis sustinebit? † Emittet verbum suũ, & liquefaciet ea: flabit spiritus eius, & fluent aquæ. † Qui annunciat verbum suum Iacob, iustitias & iudicia sua Israel. † Non fecit taliter omni nationi, & iudicia sua non manife-

10 οὐκ ἐν τῇ δυναστείᾳ τοῦ ἵππου θε-
λήσει, οὐδὲ ἐν ταῖς κνήμαις τοῦ ἀν-
δρὸς εὐδοκεῖ
11 εὐδοκεῖ κύριος ἐν τοῖς φοβουμέ-
νοις αὐτὸν, καὶ ἐν τοῖς ἐλπίζουσιν ἐπὶ
τὸ ἔλεος αὐτοῦ. ἀλληλούϊα.

Ἀγγαίου καὶ ζαχαρίου. ρμζʹ.

12 ΕΠαίνει ἱερουσαλὴμ τὸν κύριον,
αἴνει τὸν θεόν σου σιών.
13 ὅτι ἐνίσχυσε τοὺς μοχλοὺς τῶν πυλῶν
σου εὐλόγησε τοὺς υἱούς σου ἐν σοί.
14 ὁ τιθεὶς τὰ ὅριά σου εἰρήνην, καὶ
στέαρ πυροῦ ἐμπιπλῶν σε.
15 ὁ ἀποστέλλων τὸ λόγιον αὐτοῦ τῇ
γῇ, ἕως τάχους δραμεῖται ὁ λόγος
αὐτοῦ.
16 διδόντος χιόνα αὐτοῦ ὡσεὶ ἔριον,
ὁμίχλην ὡσεὶ σποδὸν πάσσοντος.
17 βάλλοντος κρύσταλλον αὐτοῦ ὡσεὶ
ψωμοὺς, κατὰ πρόσωπον ψύχους αὐτοῦ
τίς ὑποστήσεται;
18 ἐξαποστελεῖ τὸν λόγον αὐτοῦ, καὶ τή-
ξει αὐτά· πνεύσει τὸ πνεῦμα αὐτοῦ,
καὶ ῥυήσεται ὕδατα.
19 ὁ ἀπαγγέλλων τὸν λόγον αὐτοῦ τῷ
ἰακὼβ, δικαιώματα καὶ κρίματα
αὐτοῦ τῷ ἰσραήλ.
20 οὐκ ἐποίησεν οὕτως παντὶ ἔθνει,
καὶ τὰ κρίματα αὐτοῦ οὐκ ἐδήλω-

σεν αὐτοῖς. ἀλληλούϊα.

Ἀγγαίου καὶ Ζαχαρίου. ρμή.

Αἰνεῖτε τὸν κύριον ἐκ τῶν οὐ- 1
ρανῶν, αἰνεῖτε αὐτὸν ἐν τοῖς
ὑψίστοις.
αἰνεῖτε αὐτὸν πάντες οἱ ἄγγελοι 2
αὐτοῦ, αἰνεῖτε αὐτὸν πᾶσαι αἱ δυνά-
μεις αὐτοῦ.
αἰνεῖτε αὐτὸν ἥλιος καὶ σελήνη, 3
αἰνεῖτε αὐτὸν πάντα τὰ ἄστρα καὶ
τὸ φῶς.
αἰνεῖτε αὐτὸν οἱ οὐρανοὶ τῶν οὐρα- 4
νῶν, καὶ τὸ ὕδωρ τὸ ὑπεράνω τῶν οὐ-
ρανῶν. αἰνεσάτωσαν τὸ ὄνομα 5
κυρίου ὅτι αὐτὸς εἶπε, καὶ ἐγενήθησαν·
αὐτὸς ἐνετείλατο, καὶ ἐκτίσθησαν.
ἔστησεν αὐτὰ εἰς τὸν αἰῶνα, καὶ εἰς 6
τὸν αἰῶνα τοῦ αἰῶνος, πρόσταγμα
ἔθετο, καὶ οὐ παρελεύσεται.
αἰνεῖτε τὸν κύριον ἐκ τῆς γῆς, δρά- 7
κοντες καὶ πᾶσαι ἄβυσσοι.
πῦρ, χάλαζα, χιών, κρύσταλλος, 8
πνεῦμα καταιγίδος, τὰ ποιοῦντα
τὸν λόγον αὐτοῦ.
τὰ ὄρη καὶ πάντες οἱ βουνοί, ξύ- 9
λα καρποφόρα καὶ πᾶσαι κέδροι.
τὰ θηρία καὶ πάντα τὰ κτήνη, ἑρ- 10
πετὰ καὶ πετεινὰ πτερωτά.
βασιλεῖς τῆς γῆς καὶ πάντες λαοί, 11
ἄρχοντες καὶ πάντες κριταὶ γῆς.

statuit eis. Alleluia.

Aggæi & Zachariæ.

CXLVIII.

Laudate Dominum de cælis, laudate eum in excelsis.
† Laudate eum omnes angeli eius, laudate eũ omnes virtutes eius.
† Laudate eum Sol & Luna, laudate eum omnes stellæ & lumẽ.
† Laudate eum cæli cælorum, & aqua quæ super cælos.
† Laudent nomen Domini; quia ipse dixit, & facta sunt; ipse mandauit, & creata sunt.
† Statuit ea in seculum, & in seculum seculi: præceptum posuit, & non præteribit. † Laudate Dominum de terra, dracones & omnes abyssi.
† Ignis, grando, nix, glacies, spiritus procellarum, quæ faciũt verbum eius. † Montes & omnes colles, ligna fructifera & omnes cedri.
† Bestiæ & vniuersa pecora, serpentes & volucres pennatæ. † Reges terræ & omnes populi, principes & omnes iudices terræ.

† Iuuenes & virgines,
ſenes cum iunioribus,
† Laudent nomẽ Dñi,
quia exaltatum eſt no-
men eius ſolius : cõfeſ-
ſio eius ſuper terram
& cælum. † Et exalta-
bit cornu populi ſui:
hymnus omnibus ſan-
ctis eius, filiis Iſrael, po-
pulo appropinquanti
ſibi.

Alleluia. c x l i x.

CAntate Domino
cãticum nouum,
laus eius in eccleſia ſan
ctorum. † Lætetur Iſ-
rael in eo qui fecit eũ,
& filij Sion exultent in
rege ſuo. † Laudẽt no-
men eius in choro, in
tympano & pſalterio
pſallant ei. † Quia be-
neplacitum eſt Dño in
populo ſuo, & exalta-
bit mãſuetos in ſalute.
† Exultabunt ſancti in
gloria, & lætabuntur
in cubilibus ſuis.
† Exultationes Dei in
gutture eorum, & gla-
dij ancipites in mani-
bus eorum. † Ad fa-
ciendam vindictam in
nationibus, increpatio-
nes in populis. † Ad alli
gandos reges eorum in

12 νεανίσκοι καὶ παρθένοι, πρεσβύ-
τεροι μετὰ νεωτέρων,
13 αἰνεσάτωσαν τὸ ὄνομα κυρίου,
ὅτι ὑψώθη τὸ ὄνομα αὐτοῦ μόνου· ἡ ἐξο-
μολόγησις αὐτοῦ ἐπὶ γῆς καὶ οὐρανοῦ.
14 καὶ ὑψώσει κέρας λαοῦ αὐτοῦ·
ὕμνος πᾶσι τοῖς ὁσίοις αὐτοῦ, τοῖς υἱοῖς
ἰσραὴλ, λαῷ ἐγγίζοντι αὐτῷ.

Ἀλληλούϊα, ρμθ΄.

1 ΑΣατε τῷ κυρίῳ ᾆσμα καινὸν,
ἡ αἴνεσις αὐτοῦ, ἐν ἐκκλησίᾳ
ὁσίων.
2 εὐφρανθήτω ἰσραὴλ ἐπὶ τῷ ποιή-
σαντι αὐτόν· καὶ υἱοὶ σιὼν ἀγαλλιά-
σθωσαν ἐπὶ τῷ βασιλεῖ αὐτῶν.
3 αἰνεσάτωσαν τὸ ὄνομα αὐτοῦ ἐν
χορῷ, ἐν τυμπάνῳ, καὶ ψαλτηρίῳ
ψαλάτωσαν αὐτῷ.
4 ὅτι εὐδοκεῖ κύριος ἐν τῷ λαῷ
αὐτοῦ, καὶ ὑψώσει πραεῖς ἐν σωτηρίᾳ.
5 καυχήσονται ὅσιοι ἐν δόξῃ, καὶ
ἀγαλλιάσονται ἐπὶ τῶν κοιτῶν αὐτῶν.
6 αἱ ὑψώσεις τοῦ θεοῦ ἐν τῷ λάρυγγι
αὐτῶν, καὶ ῥομφαῖαι δίστομοι ἐν ταῖς
χερσὶν αὐτῶν·
7 τοῦ ποιῆσαι ἐκδίκησιν ἐν τοῖς ἔ-
θνεσιν, ἐλεγμοὺς ἐν τοῖς λαοῖς.
8 τοῦ δῆσαι τοὺς βασιλεῖς αὐτῶν ἐν
πέδαις,

πέδαις, καὶ τοὺς ἐνδόξους αὐτῶν ἐν χει-
ροπέδαις σιδηραῖς.
τοῦ ποιῆσαι ἐν αὐτοῖς κρίμα ἔγ- 9
γραπτον· δόξα αὕτη ἔσται πᾶσι τοῖς
ὁσίοις αὐτοῦ.

Ἀλληλούϊα. ρν'.

ΑΙνεῖτε τὸν θεὸν ἐν τοῖς ἁγίοις 1
αὐτοῦ, αἰνεῖτε αὐτὸν ἐν στερεώ-
ματι δυνάμεως αὐτοῦ.
αἰνεῖτε αὐτὸν ἐπὶ ταῖς δυναστείαις 2
αὐτοῦ, αἰνεῖτε αὐτὸν κατὰ τὸ πλῆθος
τῆς μεγαλωσύνης αὐτοῦ.
αἰνεῖτε αὐτὸν ἐν ἤχῳ σάλπιγγος, 3
αἰνεῖτε αὐτὸν ἐν ψαλτηρίῳ καὶ κιθάρᾳ.
αἰνεῖτε αὐτὸν ἐν τυμπάνῳ καὶ 4
χορῷ, αἰνεῖτε αὐτὸν ἐν χορδαῖς καὶ
ὀργάνῳ.
αἰνεῖτε αὐτὸν ἐν κυμβάλοις εὐή- 5
χοις, αἰνεῖτε αὐτὸν ἐν κυμβάλοις
ἀλαλαγμοῦ.
πᾶσα πνοὴ αἰνεσάτω τὸν κύριον.

ΤΕΛΟΣ.

compedibus, & nobi-
les eorum in manicis
ferreis: † Vt faciant in
eis iudicium conscri-
ptum: gloria hæc erit
omnibus sanctis eius.

Alleluia. CL.

LAudate Deum in
sanctis eius, lau-
date eum in firma-
mento virtutis eius.
† Laudate eum in vir-
tutibus eius, laudate
eum secundum multi-
tudinem magnitudinis
eius. † Laudate eum
in sono tubæ, laudate
eum in psalterio & ci-
thara. † Laudate eum
in tympano & choro,
laudate eum in chor-
dis & organo. † Lau-
date eum in cymbalis
bene sonantibus, lau-
date eum in cymbalis
iubilationis. † Omnis
spiritus laudet Dñm.

FINIS.

ΠΙΝΑΞ ΤΩΝ ΨΑΛΜΩΝ.

Εἶπεν

Ἐπὶ

Κύριε

M.

O.

Ὁ θεὸς

Π.

Σ.

Τὰ

PSALMORVM
INDEX.

A.

B.

C.

Confite-

Expectans

T.

www.ingramcontent.com/pod-product-compliance
Lightning Source LLC
Chambersburg PA
CBHW030350270326
41926CB00009B/1041

* 9 7 8 3 7 4 1 1 4 1 7 6 8 *